Michael Morris

DIE EINEN NENNEN ES

# FAKE NEWS

**DIE ANDEREN ENTHÜLLUNGEN!**

Wer einmal lügt, dem glaubt man nicht...

amadeus-verlag.com

Copyright © 2017 by
**Amadeus Verlag GmbH & Co. KG**
Birkenweg 4
74576 Fichtenau
Fax: 07962-710263
www.amadeus-verlag.com
Email: amadeus@amadeus-verlag.com

**Druck:**
CPI – Ebner & Spiegel, Ulm
**Satz und Layout:**
Jan Udo Holey
**Umschlaggestaltung:**
Amadeus Holey

ISBN 978-3-938656-41-9

# INHALTSVERZEICHNIS

Einleitung .................................................... S. 5

## TEIL 1 – WUNDERWELT DER TECHNIK

- Das Internet der Dinge.................................. S. 15
- Robotik ..................................................... S. 25
- Wie man ein Imperium aufbaut ........................... S. 31
- Moderne Landwirtschaft ................................. S. 37
- Flugdrohnen............................................... S. 42
- Autonomes Fahren........................................ S. 46
- 3-D-Drucker................................................ S. 53
- Kampfroboter ............................................. S. 55
- Humanoide Roboter...................................... S. 61
- Androiden & Cyborgs.................................... S. 66
- Uncanny-Valley-Hypothese ............................. S. 71
- Menschliche Klone ....................................... S. 76
- Nanoroboter............................................... S. 81
- Künstliche Intelligenz ................................... S. 93
- Silicon Valley ............................................. S. 103

## TEIL 2 – DIE WELT MIT ANDEREN AUGEN SEHEN

- Arbeitslose – die größte Armee der Welt................ S. 119
- Der Arbeitsmarkt der Zukunft........................... S. 126
- Gute Jobaussichten....................................... S. 132
- Wohin mit den „Nutzlosen Essern?" ..................... S. 139
- Europa im Krieg.......................................... S. 150
- Die Lüge ist die neue Wahrheit......................... S. 159
- „German Angst" macht „Refugees Welcome"............ S. 171
- Von Hipstern und Schneeflocken........................ S. 182
- Die politisch-ideologische Hybris ...................... S. 191
- „Fake News"............................................... S. 201

- Das Trump-Phänomen .................................. S. 214
- Donald Trump und Big Data ........................... S. 227
- Die Abschaffung des Bargeldes ....................... S. 233
- Das indische Bargeldexperiment ...................... S. 241
- Das alte System kollabiert .......................... S. 247

**TEIL 3 – „*DER WELTRAUM, UNENDLICHE WEITEN...*"**

- Verschwunden – Missing 411 .......................... S. 258
- Eine Flut von Enthüllungen .......................... S. 270
- Von Riesen, Göttern und dem galaktischen „Superbowl". S. 281
- Die Anfänge der menschlichen Raumfahrt .............. S. 288
- Das Geheime Weltraumprogramm ........................ S. 293
- Nibiru – Planet X ................................... S. 304
- Wenn's hart auf hart kommt .......................... S. 315

Schlusswort ............................................ S. 322

Literatur- und Quellenverzeichnis ...................... S. 326
Bildquellenverzeichnis ................................. S. 340
Sachregister ........................................... S. 342
Namenregister .......................................... S. 344

# Einleitung

Als im Mai 2015 mein viertes Buch mit dem Titel „Was Sie nicht wissen sollen 2" erschien, war ich fest davon überzeugt, dass ich kein weiteres Buch mehr schreiben würde. Warum? Zum einen, weil ich auch noch viele andere Interessen und Aufgaben habe, und es zudem effektivere und einfachere Wege gibt, Geld zu verdienen. Doch Geld war bei weitem nicht der einzige Grund. Es war so, dass ich das Gefühl hatte, dass meine Bücher nichts bewirken würden. Ich hatte sie geschrieben, weil ich hoffte, damit einen positiven Beitrag zum Erwachen der Menschheit leisten zu können, dass die darin von mir aufbereiteten Informationen und meine eigenen Gedanken zu den Themen, den von mir erhofften Wandel im menschlichen Bewusstsein unterstützen würden oder sogar beschleunigen könnten. Das mag vermessen klingen, doch ich wollte einen positiven Beitrag leisten, indem ich der organisierten Verdummung durch die Massenmedien und die Politik etwas entgegensetzte.

Ja, meine Bücher wurden in mehrere Sprachen übersetzt und von vielen Menschen gelesen, doch ich konnte in der Welt, die mich umgab, keine wirkliche Veränderung zum Guten feststellen. Vielmehr hatte ich das Gefühl, dass die meisten Menschen immer verrückter und aggressiver wurden.

Zum Dritten ist es so, dass das Schreiben eines Buches sehr aufwendig ist. Es kostet mich sehr viel Zeit und Energie, ein Buch zu schreiben, damit ich es wirklich mit gutem Gewissen „auf die Menschheit loslassen kann". Es braucht Monate der Recherche und weitere Monate des eigentlichen Schreibens, und danach Wochen der Korrekturen und der Feinabstimmung mit dem Verlag. Dazu kam, dass einige der wichtigsten alternativen Nachrichtenportale, die meine Bücher einer größeren Leserschaft zugänglich machten, und für die ich gelegentlich Artikel schrieb, so vehement von „Trollen" attackiert wurden, dass einige von ihnen aufgaben und ich mir die Frage stellte, ob es das alles wert war. Wer heute dem Mainstream öffentlich widerspricht, muss mit harten Angriffen rechnen.

Was also hat letztlich meine Meinung geändert? Warum habe ich erneut ein Buch geschrieben? Nun, zum einen waren es die aufmunternden Worte vieler Leser, die mir zeigten, dass ich im Kleinen doch etwas zu bewirken schien. Zum anderen war es das, was sich in Europa und in den USA seit 2015 abspielt. Ich habe seitdem so viel Unsinn und Unwahrheiten gehört, dass ich nicht anders konnte, als mich wieder hinzusetzen und erneut zu schreiben, um der schier unglaublichen Desinformation der Mainstreammedien und der Politik entgegenzutreten. Ich konnte einfach nicht mehr stillhalten.

Um das gleich vorweg zu nehmen: Dies ist kein Buch über die „Flüchtlingskrise". Aber dieses Ereignis war die Initialzündung für ein weiteres Buch. Parallel zu diesem Großereignis fanden nämlich sehr viele andere, äußerst interessante Dinge statt, die von der Presse weitestgehend verschwiegen wurden. Das nährte in mir das Gefühl, dass die Flüchtlingsproblematik im Grunde eines der größten Ablenkungsmanöver der Geschichte war.

Zahlreiche Studien belegen, dass bis zum Jahr 2025 die meisten Jobs auf Erden von Computern, Robotern und Androiden erledigt werden, was unser gesamtes wirtschaftliches und soziales System komplett über den Haufen werfen wird. Seit 2015 haben Wissenschaftler der NASA, des Vatikans und vieler renommierter Institute weltweit zudem wahre Bomben an Informationen über das Weltall losgelassen, das ihrer Überzeugung nach voller Leben ist. Mehrere Konsortien bereiten alles für große bewohnbare Stationen auf dem Mars vor. All das ging öffentlich völlig im Zuge der Flüchtlingskrise unter.

Und dann kam noch die Präsidentenwahl in den USA dazu, die von großen Emotionen und Skandalen gekennzeichnet war und mit einer wahren Sensation endete. Mich persönlich hat das Ergebnis zwar nicht überrascht, weil ich es genau so vorhergesagt hatte, aber die emotionalen Folgen der Wahl von Donald Trump zum neuen US-Präsidenten waren auch für mich überraschend. Das Aufbäumen des alten Systems, das im Sterben lag, brachte Kuriositäten wie z.B. die Debatte um vermeintliche „Fake News" zutage und die Welt schien von Tag zu Tag verrückter zu werden. Doch ich erkannte in all den vermeintlich voneinander getrennten Themen einen roten Faden, den sonst offenbar kaum jemand bislang gesehen hatte.

Also machte ich mich nach langem Zögern wieder daran, neben zahlreichen persönlichen Gesprächen mit interessanten Menschen einige Monate meines Lebens vor dem Computer zu verbringen, um ein neues Buch zu schreiben, dessen Inhalt man nicht in wenigen Worten zusammenzufassen kann.

Jeder, der dieses Buch in Händen hält, weiß oder ahnt schon, dass uns gewaltige Umwälzungen bevorstehen, ja, dass sie längst begonnen haben. Jeder Mensch, mit dem ich in den letzten Jahren gesprochen habe, egal in welchem Land, egal aus welcher sozialen Schicht, spürt, dass unsere Welt vor gewaltigen Herausforderungen steht und bald nichts mehr so sein wird, wie wir es gewohnt sind. Damit möchte ich Ihnen keine Angst machen, ganz im Gegenteil, vielmehr möchte ich Ihnen Antworten auf viele Fragen geben, die Sie längst plagen. Nur wer die Fakten kennt, kann sich auf das Kommende vorbereiten. Und dass „etwas Großes" kommt, wissen wir alle. Doch *was* und *warum*, ist für viele Menschen noch nicht zu greifen.

Vor Jahren habe ich mit meiner Aufklärungsarbeit über das Finanzsystem, das Geldwesen und seine Hintermänner begonnen. Ich habe über die „Neue Weltordnung", das Streben der „Geheimen Weltregierung" nach der Weltherrschaft geschrieben und mit jedem neuen Buch, das ich weiter schreibe, entdecke ich neue Ebenen der Verschwörungen und Täuschungen. Wann immer ich glaube, dass ich alles begriffen habe, löst sich wie bei einer Zwiebel eine weitere Schale ab und es kommen neue Ungeheuerlichkeiten zum Vorschein. Das ist manchmal frustrierend, doch es ist wichtig, nicht auf halber Strecke enttäuscht aufzugeben, weil das genau das Ziel der Strippenzieher ist. Jede neue Entdeckung und Erkenntnis macht mich freier und weist mir den Weg zurück in die eigentliche Welt.

Bisher hatte ich immer das Gefühl, einzelne Bereiche des großen Ganzen besser zu verstehen, andere aber blieben mir rätselhaft und unverständlich. Doch langsam habe ich das Gefühl, dass ich einen ersten groben Überblick über das große Ganze bekommen habe, und ich werde versuchen, diesen groben Umriss dessen, wie ich die Welt heute sehe, in Worte zu fassen und mit Ihnen zu teilen. Ich fürchte jedoch, dass die meisten von Ihnen geschockt sein werden. Entweder sie werden glauben, ich sei übergeschnappt oder sie werden es mit der Angst zu tun bekommen und das Buch weglegen. Oder aber, sie gehören zu jener kleinen Gruppe von mutigen und entschlossenen Menschen, die wirklich in der Lage sind, ihre antrainierten Scheuklappen abzulegen und alles, was sie bisher für „die Wahrheit" hielten, zu revidieren.

Sind Sie bereit, durch jene Tür zu gehen, die alles für Sie verändern könnte? Ich hoffe es inständig, denn wir brauchen mehr „Lichtarbeiter", mehr „Whistleblower", mehr „Kämpfer für Wahrheit" und mehr mutige, kritische Geister. Denn nichts ist mächtiger als die Wahrheit, auch wenn sie uns im ersten Moment nicht gefallen mag. Am Ende ist sie das Einzige, was unseren Geist befreien kann!

*„Wenn jeder anstatt einem neuen Fernsehgerät Frieden verlangen würde, dann würde es Frieden geben."*

John Lennon

Ich erhebe wie immer keinen Anspruch auf die einzige alleinige Wahrheit, denn die gibt es nicht. Doch ich hoffe, dass ich Ihnen einige gute Argumente für die zahlreichen Gespräche und Diskussionen liefern kann, die wir alle rund um den Erdball führen und die vermutlich bald noch heftiger und emotionaler werden dürften.

In diesem Buch möchte ich Ihnen einiges aufzeigen, was Ihnen die Politiker und die meisten Medienvertreter ganz bewusst verschweigen, weil sie Angst vor den Konsequenzen haben, die dieses Wissen mit sich bringt. Ich hoffe inständig, Ihnen damit einen guten Dienst zu leisten, Sie zu inspirieren und zum Denken und Handeln anzuregen. Wenn mir das gelingt, dann hat es sich gelohnt, dieses Buch zu schreiben.

*Michael Morris* im Februar 2017

# TEIL 1 – Wunderwelt der Technik

Als ich im Sommer 2014 zum ersten Mal ein Auto selbstständig einparken sah, schwankte ich zwischen Faszination, Begeisterung und Befremden. Ich hatte das Gefühl, dass eine neue Zeitrechnung angebrochen war, und dass dies erst der Anfang weitreichender Veränderungen sein würde. Doch war mir zu dem Zeitpunkt noch nicht klar, wie umfangreich diese Veränderungen sein würden, und wie sehr sie mein und unser aller Leben schon sehr bald beeinflussen werden. Ich sah vieles mit einem Mal mit anderen Augen und ich nahm Dinge wahr, die ich zuvor nicht gesehen hatte.

Um Ihnen ein Bild von dem zu zeichnen, was uns in den nächsten zehn bis fünfzehn Jahren erwarten wird, möchte ich jedoch zunächst einen kleinen Schritt zurück machen. Der erste funktionierende, vollautomatische Rechner des deutschen Ingenieurs *Konrad Zuse* aus dem Jahr 1941 trug den Namen „Z3" und er gilt heute als die Vorstufe des modernen Computers. Doch es war der Ungar *Johann „John" von Neumann*, der Zuses Werk wenige Jahre später in der Nachkriegszeit in den USA weiterentwickelte und jene Urtypen von Computern schuf, die wir im Grunde heute noch benutzen und die lange Zeit als „Von-Neumann-Rechner" bezeichnet wurden.

Im Jahr 1993, also rund ein halbes Jahrhundert später, kaufte ich mir meinen ersten eigenen Computer, ein *Apple Powerbook Duo 210*. Das war ein schicker grauer Laptop mit winzigem Schwarz-Weiß-Bildschirm. Im Grunde war er eine Schreibmaschine mit Bildschirm. Heute, ein weiteres viertel Jahrhundert später, organisieren die meisten Menschen in der westlichen Welt ihr gesamtes Leben mittels eines kleinen Mobiltelefons. Sie verwalten darin nicht nur Daten wie Telefonnummern oder Fotos, sie steuern damit auch immer öfter die Heizung und die Jalousien in ihrem Haus und bezahlen damit den Parkschein für ihr Auto. Das Tempo, mit dem die Computerisierung voranschreitet, ist atemberaubend, und die meisten Menschen sind bemüht, stets auf dem neuesten Stand der Technik zu bleiben. Was sie jedoch zumeist nicht wissen, ist, dass das, was ihnen für viel Geld als die „neueste Technik" verkauft wird, in Wahrheit Schnee von gestern ist. Alles, was wir heute für „neu" halten, ist Jahrzehnte alte Technologie, die der militärisch-industrielle Komplex und seine geheimen Ableger für die Endverbraucher freigegeben hat.

Unter dem Begriff „militärisch-industrieller Komplex" versteht man das enge, großteils geheime Zusammenspiel von Politikern, Militärs, der Rüstungsindustrie und der Raumfahrtindustrie, die im Verborgenen neue Waffen und Technologien entwickeln, die dann nur bestimmten staatlichen und privaten Elite-Einheiten zur Verfügung gestellt werden. Erst wenn man selbst neue, bessere Systeme entwickelt hat, werden nach und nach die alten Systeme an die offizielle Industrie weitergereicht, die sie den Konsumenten dann als „das Neueste vom Neuen" verkauft. In Wahrheit ist das, was man uns also oft als „neu" verkauft, bereits im Stillen vor Jahrzehnten entwickelt und von einigen Auserwählten genutzt worden. Doch solange man den „alten Schrott" als neue Erfindung teuer an die „Konsumenten" verkaufen kann, wird man das auch tun. Es ist jedoch sehr wahrscheinlich, dass wir sehr bald als Kollektiv dahinterkommen werden, dass wir Jahrzehnte lang über den Stand der Technik belogen wurden. Dann wird es zwangsläufig zu einem Quantensprung in jedem nur vorstellbaren Bereich kommen.

Computer bestimmen heute bereits alle Bereiche unseres Lebens. Sie haben uns die einfachere Ablage von Dokumenten ermöglicht und den schnelleren Zugang zu Informationen gebracht, was gerade beim Schreiben eines Sachbuches ein echter Segen ist. Wir bestellen mit ihrer Hilfe Waren über das Internet, rufen das Taxi über die Smartphone-App und wechseln online unseren Stromanbieter. Die meisten Menschen finden reale Orte nicht mehr mittels Landkarten oder Wegbeschreibung durch andere Menschen, sondern sie folgen der Ansage eines kleinen Computers, den sie in Händen halten. Sie finden Orte in der Natur nur noch mittels GPS-Daten, zu denen sie ihr Mobiltelefon führt.

Wenn sie etwas wissen wollen, fragen sie nicht mehr ihre Eltern oder Großeltern, sondern „Siri" oder „Cortana", die Sprachassistenten in ihren Smart-Phones, eine Art schlichter Avatar-Sekretärinnen. Die meisten Menschen machen sich mehr und mehr von Computern abhängig, ohne sich dessen bewusst zu sein. Sie bejubeln die Tatsache, dass Computer immer kleiner, schneller und günstiger werden. Mittlerweile plaudern oder flirten sie sogar lieber mit „Siri" als mit echten Menschen. Immer mehr Computerbegeisterte gehen mittlerweile dazu über, ihre „Spielzeuge" nicht mehr in Händen zu halten, sondern sie sich in den Körper implantieren zu lassen. Sie beherrschen die Technik nicht, sondern werden davon beherrscht.

Während manche Zeitgenossen süchtig nach immer mehr Technik sind, haben andere von uns (vor allem die älteren Semester) Probleme, mit den bisherigen technischen Entwicklungen der letzten Jahrzehnte mitzuhalten. Oder aber sie empfinden wenigstens eine natürliche Skepsis gegen die alles bestimmenden „Blechtrottel", weil sie den Eindruck haben, dass die Menschheit immer unmenschlicher wird. Während die einen danach trachten, mit der Technik zu verschmelzen, sehnen sich andere Zeitgenossen wieder verstärkt nach einem Leben ohne Handy oder Computer. Sogenannte „LOHAS" (*Lifestyles of Health and Sustainability*) geben viel Geld für Slow-Food und Entschleunigung aus, sie suchen vermehrt nach Ruhe und Einfachheit, nach einem neuen Bezug zur Natur, nach einfachen und klaren Lösungen und Antworten in einer Welt, die immer komplexer und undurchsichtiger wird. Wir leben in Zeiten massiver Veränderungen, sowohl im technischen als auch im sozialen Bereich, und ein solcher Wandel führt immer zu Spaltungen in der Gesellschaft – vor allem, wenn die Politik nicht in der Lage ist, auf die Veränderungen entsprechend zu reagieren.

Immer öfter erleben wir in der Politik eine krasse Schwarz-Weiß-Malerei und ein Unvermögen, auf andere Meinungen, Bedürfnisse oder Wünsche einzugehen. Ich stelle in der gesamten westlichen Welt mit Schrecken einen ideologisch geprägten Extremismus fest, in dem anderen Meinungen nicht mehr mit Interesse oder Toleranz begegnet wird, sondern mit Aggression und sogar mit Hass. Dieser Hass spitzt sich jüngst vor allem im Internet zu, weil die scheinbar anonyme virtuelle Welt von manch verwirrtem Zeitgenossen als Möglichkeit des Aggressionsabbaus ohne Folgen verstanden wird – ein klares Indiz für völlige Ahnungslosigkeit.

Es entwickeln sich immer mehr Parallelgesellschaften, die zum einen davon beeinflusst werden, wie schnell jemand mit dem rasanten technischen Fortschritt klarkommt. Zum anderen jedoch stellen sich auch immer mehr Menschen die Frage nach dem Sinn vieler elektronischer Spielsachen, da sie erkennen, dass diese häufig zu Abschottung, Einsamkeit und zu asozialem Verhalten führen. Genau dieses asoziale Verhalten ist es, das unsere Diskussionen – etwa in der Flüchtlingsfrage – kennzeichnet.

Doch haben nicht alle Erfindungen in der Menschheitsgeschichte immer ein Für und ein Wider ausgelöst? Haben sie nicht immer polarisiert und Ängste geschürt? So oder so werden wir lernen müssen, mit einer immer komplexeren und mit einer sich immer schneller wandelnden Welt umzugehen, ohne uns dabei die Köpfe einzuschlagen.

Wir selbst haben die Welt zu dem gemacht, was sie heute ist, sei es durch Forscherdrang und der Gier nach mehr oder durch Ignoranz und Passivität. So oder so werden wir dafür die Verantwortung tragen müssen. Wenn uns der Ist-Zustand nicht gefällt, dann sollten wir dringend gegensteuern, denn dann wird uns die Zukunft noch weniger gefallen. Sie existiert nämlich bereits, und zwar nicht nur in den Köpfen jener Alpha-Männchen und -Weibchen, die ich die „Geheime Weltregierung" nenne. Es gibt einige Gruppen menschlicher und nichtmenschlicher Natur, die danach trachten, den Menschen mit der Maschine zu verschmelzen und so eine neue Rasse der Mensch-Maschine oder des maschinellen Menschen zu erschaffen. Ich spreche hier nicht von Science-Fiction als wissenschaftlicher Zukunftsmusik, sondern davon, dass es längst Robotermenschen, humanoide Klone und vieles mehr gibt.

In der industriellen Fertigung und in der Landwirtschaft haben Computer längst Einzug gehalten. Simple Roboter melken Kühe ohne menschliche Hilfe, nur von Mikrochips gesteuert. Seit einigen Jahren bewegen sich selbst große Maschinen wie Mähdrescher immer öfter von alleine über die Felder, und „Agrobots" zupfen auf Feldern Unkraut. Die moderne „Präzisionslandwirtschaft" hat nichts mehr mit jener bäuerlichen Idylle zu tun, die uns in der Werbung gerne vorgegaukelt wird.[1]

In Kopenhagen fahren die Metro-Züge bereits seit 2002 vollautomatisch und fahrerlos. In wenigen Jahren werden nach dem Willen der kalifornischen Industrie überall in der westlichen Welt selbstfahrende Autos und LKW unterwegs sein. Dann wird es keine Berufsfahrer mehr geben. Wenn es keine Fahrer mehr gibt, braucht es auch keine Fahrschulen und Fahrlehrer mehr. Es ist auch nur noch eine Frage der Zeit, bis diese selbstfahrenden Fahrzeuge dann auch von Robotern repariert werden. Es ist bereits heute so, dass KFZ-Mechaniker bei neueren Autos Computer anschließen müssen, um eine Fehlerquelle zu identifizieren. In Kürze werden sich die Computer in Form von Robotern selbst anschließen können. Und all das wird sehr viel schneller gehen, als Sie, liebe Leserin, lieber Leser, sich das momentan vorstellen – sehr viel schneller!

In modernen Krankenhäusern werden zahlreiche Operationen bereits von Robotern durchgeführt – noch unter Anleitung und Aufsicht menschlicher Ärzte und die Herstellung von Autos erfolgt meist ohnehin nur noch mittels Robotern. So setzt der britische Luxusautobauer *Jaguar Land Rover* in seiner 2014 eröffneten chinesischen Fabrik in *Changshu* rund 320 Roboter ein. Auch Unterhaltungselektronik wird heute meist von Robotern gebaut.

Auf japanischen Baustellen übernehmen fahrerlose Roboter-Bagger bereits immer mehr Aufgaben und Drohnen liefern ihnen die Orientierung aus der Luft. Sie schaffen heute in zwei Stunden, wofür früher Menschen eine Woche brauchten.[2] Vermessungstechniker sind also künftig ebenso überflüssig wie hunderte anderer Berufe.

Die Robotisierung wird die Welt bis zum Jahr 2030 vermutlich mindestens so gravierend verändern, wie die Erfindung der Dampfmaschine oder die Elektrifizierung der Haushalte im späten 19. Jahrhundert – vermutlich aber noch gravierender. Zahlreichen Studien zufolge werden bis zum Jahr 2035 zwischen 50 und 80 Prozent aller bisherigen Arbeitsplätze nicht mehr existieren, weil die Jobs von Maschinen erledigt werden – und zwar schneller, besser und günstiger. Maschinen werden nicht krank, sie bekommen keine Kinder und sie gründen keine Gewerkschaften. Sie sind nach Ansicht der großen Konzerne die idealen Mitarbeiter.

Sie persönlich werden sich jetzt vielleicht fragen, ob Ihr Beruf zu denen zählt, die es im Jahr 2030 mit großer Sicherheit nicht mehr geben wird. Die Antwort ist mit hoher Wahrscheinlichkeit „Ja!" Doch dazu kommen wir später. Erst sollten wir uns vergegenwärtigen, wie weit Roboter bereits in menschliche Berufe vorgedrungen sind.

Falls Sie sich jetzt fragen, was all das mit „Fake News" zu tun hat, dann bitte ich Sie um Geduld, weil sich das im Laufe des Buches klären wird.

Das nach dem *Intel*-Mitbegründer Gordon E. Moore benannte „Mooresche Gesetz" (*Moore's law*) lehrt uns, dass sich die Leistung von Prozessoren, also die Rechenleistung oder Geschwindigkeit von Computern, alle 18 Monate verdoppelt, bei gleichzeitig sinkenden Kosten. Wir sind also mit exponentiellem Wachstum konfrontiert, was bedeutet, dass Computer in allen Ausformungen immer rascher klüger oder „intelligenter" werden – anders als der Mensch, der sich nur sehr langsam weiterentwickelt.

In Asien hat der Einzug der Robotik in alle Bereiche des Lebens bereits stattgefunden. Bei uns wird der Einsatz von Robotern als verlängerter Arm der Computer in den kommenden Jahren ein wenig zeitversetzt stattfinden. Er betrifft die Gastronomie ebenso wie die Polizei, das Militär oder die Altenpflege. In wenigen Jahren werden Autos, Busse und LKW selbstständig fahren und Roboter werden Pakete austragen, Gebäude reinigen und Liebesdienste verrichten – das ist kein Witz!

*„Ich denke, es ist keine Übertreibung zu sagen, dass wir an der Schwelle zur Vollendung eines extremen Übels stehen, eines Übels, dessen Möglichkeiten weit über das hinausgehen, was Massenvernichtungswaffen für Nationalstaaten bedeuteten, das einigen extremen Individuen unglaubliche und furchtbare Macht verleihen wird."*
Bill Joy, Computerwissenschaftler und Gründer von *Sun Microsystems*[3]

Ich halte es für ratsam, uns der Gefahren bewusst zu werden, die das Erschaffen künstlicher Wesen und künstlicher Welten mit sich bringen. Denn die Folgen könnten unser Leben auf eine Weise beeinflussen, wie selbst ihre Schöpfer aus dem Silicon Valley das nie vorgehabt hatten. Sie könnten, ohne es zu wollen, die „Hölle auf Erden" erschaffen. Ich bin bei weitem nicht der Einzige, der das so sieht, selbst Genies wie *Prof. Stephen Hawking* warnen davor, dass die Entwicklung hochintelligenter, künstlicher Wesen das Ende der Menschheit bedeuten könnte![4]

Die meisten Menschen sind immer noch davon überzeugt, dass sie einer Maschine weit überlegen sind, doch das ist ein schwerwiegender Irrtum! Bereits im Jahr 2006 verlor der amtierende Schachweltmeister *Wladimir Kramnik* mehrmals gegen das Schachprogramm *Deep Fritz*[5]. Der IBM-Rechner *Watson* schlug seine menschlichen Mitspieler im Jahr 2011 beim Ratespiel „Jeopardy", und spätestens seit dem Sieg des Google-Computers *AlphaGo* über den Go-Weltmeister *Lee Sedol* im März 2016, haben wir die Schwelle zu einem neuen Zeitalter überschritten. Wir befinden uns im Vorhof einer neuen Ära, in der die Computer über den Menschen herrschen werden, weil sie ihm in Punkto Intelligenz und bald auch in Punkto manueller Fähigkeiten überlegen sein werden.⁽⁶⁾ Wenn man dem Whistleblower Corey Goode glauben mag, sind sie es längst. Lassen Sie uns daher einen Blick auf die spannende Welt von Robotern, künstlichen Intelligenzen, Avataren, Cyborgs und Androiden werfen. Lassen Sie uns jene Welt beleuchten, die längst existiert, obwohl die meisten Menschen davon noch gar nichts mitbekommen haben. *Willkommen in der Wunderwelt der Technik! Treten Sie ein und staunen Sie!*

## *Das Internet der Dinge*

Das Internet ist eine phänomenale Erfindung, die heute aus unserem Leben kaum mehr wegzudenken ist. Doch ist den wenigsten von uns klar, welches Ausmaß das Internet mittlerweile hat und immer weiter bekommt. Die Datenmengen, die heute täglich rund um den Globus verschoben, gespeichert und wieder gelöscht werden, sprengen meine persönliche Vorstellungskraft, und je mehr wir dazu übergehen, alles miteinander zu vernetzen, desto größer werden diese Datenmengen, das sogenannte „Big Data".

Der Begriff des „Internets der Dinge" (*Internet of Things*) geistert seit Jahren durch die Medien, obwohl die meisten Menschen nicht wirklich viel damit anfangen können. Im Grunde soll er aussagen, dass der klassische PC zuhause Stück für Stück durch viele kleine Computer ersetzt wird, die alle zusammengeschlossen sind und zentral gesteuert werden. Sogenannte „intelligente Gegenstände" sollen uns helfen, unser Leben besser zu organisieren.

Falls Sie bislang nicht wussten, dass Sie für die Bewältigung Ihres Lebens künftig Hilfe von vielen kleinen Maschinen brauchen, die intelligenter sind als Sie, so wissen Sie es jetzt! Das „Internet der Dinge" verbindet online alles mit allem. Wir tragen immer öfter „Wearables", also kleine Computer am Körper. Das kann ein Hörgerät ebenso sein wie eine „Smartwatch", mit der Sie nicht nur Ihren Puls messen können, sondern auch den Luftdruck und die Außentemperatur. *„Braucht doch kein Mensch!"*, werden Sie jetzt vielleicht sagen, doch wenn sie beim Discounter günstig zu haben sind, dann werden sie auch gekauft.

Solche „Activity Tracker" leiten ihre Daten dann an Ihren persönlichen Zentralrechner weiter und so können Sie sich jederzeit genau ansehen, wann Sie sich im letzten Jahr bei welchem Luftdruck und bei welcher Temperatur *wie* und *wieviel* bewegt haben. Ihr Smartphone spuckt Ihnen dann auf Wunsch jederzeit Tabellen und Diagramme über Ihre Bewegungsabläufe und Ihren Kalorienverbrauch aus. Das kann für Spitzensportler interessant sein, wird aber auch immer wieder gerne von Menschen genutzt, für die solche Informationen eigentlich unwichtig sind, denn alles, was sie wissen müssten, ist: *„Du fauler Sack bewegst Dich zu wenig!"*

All der technische Schnick-Schnack führte bislang weder zu mehr Intelligenz noch zu mehr Freiheit, noch zu besserer Gesundheit. Die zunehmende Technisierung seit Beginn des neuen Jahrtausends geht vielmehr augenscheinlich mit mehr Trägheit und Fettleibigkeit in weiten Teilen der Bevölkerung einher. Die konstant zunehmende Strahlenbelastung durch all die modernen Online-Geräte schädigt nicht nur unsere Gesundheit[7], sondern auch unsere geistige Entwicklung und unser soziales Verhalten. Konstante elektromagnetische Belastung (wie etwa durch „Smartmeter") führt laut Experten nachweislich zu zahlreichen Schädigungen beim Menschen.[8] In einem offenen Brief an die Weltgesundheitsorganisation wiesen hunderte Ärzte und Wissenschaftler aus der ganzen Welt im Jahr 2015 auf die bislang unterschätzten Folgen der Verstrahlung hin, die von *„Mobil- und Schnurlostelefonen und ihren Basisstationen, WLAN, Rundfunk- und Fernsehantennen, intelligenten Zählern (,smart meter') und Baby-Monitoren"* ausgehen.[9] Die Folgen der zunehmenden Verstrahlung der Menschen rund um den Globus sind demnach ein erhöhtes Krebsrisiko, zellulärer Stress, ein Anstieg gesundheitsschädlicher freier Radikaler, genetische Schäden, Unfruchtbarkeit, Defizite beim Lernen und Erinnern, neurologische Störungen und negative Auswirkungen auf das Allgemeinbefinden der Menschen. Die Ärzte fordern deswegen von den Behörden, dass vor allem Kinder und Schwangere deutlich besser aufgeklärt und geschützt werden müssten als bisher.

Doch viele Menschen lieben alles vermeintlich „Moderne", also wollen sie vernetzt sein. Vielleicht wollen sie es eigentlich gar nicht, aber wenn ihnen Medien und Werbung lange genug suggerieren, dass sie es sein müssen, dann wollen sie es irgendwann doch, weil sie Herdentiere sind und sich der Herde anpassen wollen.

Immer mehr Menschen können heute auf ihrem Smartphone jederzeit über die selbst installierten Überwachungskameras sehen, dass gerade niemand in ihrem Haus ist, oder dass die Amsel im Garten gerade ein Bad im Teich nimmt. Sie können in ihrem „Smart Home", ihrem „intelligenten Zuhause", auch von unterwegs mittels ihres Handys die Jalousien verdunkeln, die Heizung hochdrehen, ihren Kühlschrank kälter stellen oder das Backrohr schon vom Golfplatz aus anschalten. Toll, nicht?

Bis 2022 werden Schätzungen zufolge rund 14 Milliarden Geräte wie Sensoren, Sicherheitskameras, Elektrogeräte, Fahrzeuge und Produktionsmaschinen miteinander vernetzt sein.[10] Das Ziel der Entwickler solcher Dinge wie dem *Frauenhofer-Institut* ist es, dass der Mensch mit seinem Haus und seinem Auto eins wird. Er soll mit ihnen verschmelzen. Das Badezimmer soll künftig erkennen, ob sein Benutzer gesund ist. Wenn nicht, dann schickt es eine Warnung und einen Befund an den Arzt. Die „intelligente Herdplatte" optimiert den Energieverbrauch, im Wohnzimmer geht automatisch der Kamin an, wenn Sie romantische Gedanken haben und die künstliche Intelligenz, die Ihr Leben steuert, weiß genau, welche Musik gerade auf Grund Ihrer Gefühlslage die richtige für Sie ist. So in etwa spielt sich das Leben in der unterhaltsamen TV-Serie „Eureka" ab, wo das intelligente Haus „Sarah" meist besser weiß, was seine Bewohner wollen oder brauchen als diese selbst.

Wer nun glaubt, dass all dies nur Fantasie sei, irrt. Es gibt bereits Kühlschränke, die selbstständig über das Internet beim Supermarkt fehlende Lebensmittel und Getränke nachbestellen und nachhause liefern lassen. Sie erinnern auch daran, dass der Joghurt demnächst abläuft oder der Salat welk wird. Angesichts der Tatsache, dass konventionelles Gemüse heute dank Bestrahlung und Begasung ohnehin für Monate sein Erscheinungsbild nicht ändert, fragt man sich, wozu man solche Spielereien braucht. Vielleicht um das Verhalten der Konsumenten noch besser zu überwachen und zu steuern?

Viele Menschen finden einen Kühlschrank, der selbst einkauft, bestimmt toll, weil sie damit vor ihren Bekannten angeben können. Früher wurde man für den ersten Farbfernseher im Kiez bewundert, heute für den ersten sprechenden Kühlschrank. Je mehr wir uns alltägliche Entscheidungen von maschinellen Algorithmen, also Programmierungen, abnehmen lassen, desto abhängiger machen wir uns von Maschinen, und desto unflexibler und stumpfer werden wir selbst. Oder wie der Psychologe und Risikoforscher *Gerd Gigerenzer* es ausdrückte: „*Wenn der Mensch seine Entscheidungsautonomie abgibt, ist sein Menschsein bedroht.*"

Die Vorstellung, dass man wie in der 1980er-Jahre-Fernsehserie „Knight Rider" mittels Smartwatch seinem Auto den Befehl gibt „*K.I.T.T. hol mich ab!*", lässt viele Männerherzen höher schlagen. Doch auch viele Frauen konnten sich für ein Auto mit eigenem Willen und eigener Persönlichkeit wie den VW-Käfer „Herbie" aus den 1960er-Jahre-Filmen begeistern – zumindest so lange sie nicht tatsächlich auf unseren Straßen unterwegs waren. *Doch achte auf Deine Gedanken und Worte, denn sie erschaffen Deine Realität!*

Heute parkt das „Intelligente Auto" bereits selbstständig ein, es kann selbstständig fahren und das Garagentor auf- und zumachen. Noch ist dieser Luxus auf einige wenige Modelle beschränkt, doch in einigen Jahren werden alle neuen Autos mit solchen Gimmicks ausgestattet sein und noch viel mehr können. Sie werden miteinander kommunizieren, sich selbstständig zum Service anmelden und sich selbstständig mit Strom versorgen, denn Treibstoffe wie Benzin oder Diesel sollen nach dem Willen der Fortschrittsbegeisterten bald nicht mehr genutzt werden dürfen. Wenn dieses Szenario real wird, dann ist die Gefahr groß, dass nicht nur unsere sozialen Kontakte immer mehr verkümmern, sondern wir auch jegliche Kontrolle über unsere Fortbewegung und somit über unser Leben verlieren. Dann sagt uns unser Auto, wann wir wohin fahren sollen. Wir werden sukzessive verlernen, auf unseren Bauch, auf unsere Intuition und auf unsere innere Stimme zu hören.

Wir wissen aus zahlreichen Studien, dass die Menschen dort am glücklichsten sind und am ältesten werden, wo sie aktiv mit vielen anderen Menschen im Austausch sind, sich gesund ernähren und sich regelmäßig ausreichend bewegen. Wissenschafter haben sogenannte „Blaue Zonen" definiert – also Regionen auf Erden, in denen auffällig viele Menschen älter als hundert Jahre alt werden, und das Geheimnis dieser „glücklichen Menschen" besteht vorwiegend in ihrem Bezug zur Natur und darin, dass sie auf ihren Körper achten und hören.

Wozu es führt, wenn man keinen Schritt mehr zu Fuß geht, nicht mehr selbstständig denkt und zu viel Fastfood und Energydrinks konsumiert, sieht man heute nicht nur in den USA, sondern auch in immer mehr europäischen Ländern. Fettleibigkeit und Verblödung werden zu Volkskrankheiten. Das ist keine ausgewachsene Technik-Skepsis, sondern eine menschliche Einschätzung, die auf Erfahrung, Beobachtung und Intuition beruht, also auf etwas, das allgemein immer mehr zu verkümmern droht.

*„Viele Maschinen sind heute lernende Maschinen, die anhand der Daten, die man ihnen füttert, selbstständig Schlüsse ziehen oder Dinge erkennen. Was dabei herauskommt, ist nicht mehr zu prognostizieren. Ein Beispiel sind Abverkaufsprognosen für Supermärkte. Längst prognostizieren Maschinen, wieviel Fleisch oder Gemüse am Wochenende verkauft wird – aber nicht anhand einer von Menschenhand programmierten Software, sondern einer eigenständigen Optimierung aller Daten. Womit sie übrigens um rund 40 Prozent besser liegen als die Prognosen der menschlichen Experten. Wie das Maschinenergebnis allerdings im Detail zustande kommt, entzieht sich meist sogar der Einsicht der Datenwissenschaftler."*[11]

Christoph Kucklick, Soziologe und Journalist

Die Wahrheit ist, dass die großen Technologie-Konzerne in den USA und in Japan zusammen mit ihrem militärisch-industriellen Komplexen die Automatisierung und Vernetzung vorantreiben, ohne dabei die Frage zu stellen, ob das für die Menschheit an sich von Vorteil sein kann und wird. Deshalb ist meiner Meinung nach eine kritische Auseinandersetzung damit angebracht. Ich weiß von Insidern, dass die großen deutschen Autobauer allesamt mit dem Bau vernetzter Autos überfordert sind, weil das Vernetzen von Autos zueinander und zu den Geräten ihrer Besitzer größere Rechner- und Speicherplätze benötigt als derzeit vorhanden sind. Dieses „Big Data" schafft derzeit mehr Probleme, als es Lösungen bringt. Dennoch glauben alle, solche Autos möglichst rasch auf den Markt bringen zu müssen, weil sie sich von den großen Konzernen im Silicon Valley beeindrucken lassen und ihnen nacheifern. Sie sind Getriebene des Technikwahns.

Einige wenige große Technologie-Konzerne wie *Google, Apple, Cisco, Oracle, Facebook, Tesla* oder *Amazon* revolutionieren derzeit alles auf Erden, weil sie wie besessen nach technischen Neuerungen streben, nur um anderen eine Nasenlänge voraus zu sein und mehr Gewinn zu machen als andere. Die unentwegte Weiterentwicklung von Technologie ist bei ihnen längst zur Sucht geworden. Alle Menschen, die im Silicon Valley, dem Zentrum der Internetindustrie, arbeiten, werden vom Geist der Erneuerung um jeden Preis angetrieben.

*„Unsere Studenten überlegen sich, wie sie die Welt verändern können. Der zentrale Gedanke ist, einen Beitrag zu leisten!"*
Friedrich Prinz, Professor für Maschinentechnik an der *Universität Stanford*

Wenn die technischen Neuerungen rascher wachsen als unser Bedürfnis nach neuer Technologie, dann wird sie zum reinen Selbstzweck, dann dient die Technik nicht mehr dem Menschen, sondern der Mensch ist nur noch dazu da, den Großkonzernen jedes Jahr neue Spielereien abzukaufen, die sie eigentlich gar nicht brauchen und wollen. Der Mensch verkommt auch dabei zum Konsumenten. Doch neben solchen philosophischen Fragen gibt es auch noch enorme technische Herausforderungen. Die Datenmengen, die es künftig für vernetzte, selbstfahrende Autos brauchen wird, sind unvorstellbar und die Vernetzung von allem, das „Internet der Dinge", macht solche Netzwerke und Speicherplätze zum idealen Ziel von Hackern. Je mehr Geräte miteinander vernetzt werden und mittels Internet erreichbar sind, desto größer ist die Gefahr, dass sich Kriminelle darüber Zugang zu fremdem Eigentum verschaffen können.

Seit Jahren finden täglich unzählige Hackerangriffe rund um den Erdball statt und sie legen die Internetseiten von Firmen lahm oder blockieren deren E-Mail-Konten oder stehlen ihre Kundendaten. In den allermeisten Fällen erfährt die Öffentlichkeit nichts davon, weil jede Firma lieber „Lösegeld" zahlt, um ihre Daten zurückzubekommen als zuzugeben, dass Fremde in ihr Innerstes vorgedrungen sind. Doch ab und an ist der „Hack" so groß, dass sich der Anschlag nicht mehr verstecken lässt.

Am 21. Oktober 2016 legte ein Hackerangriff für mehrere Stunden nahezu 50 Prozent des US-Internets lahm. Die Webseiten großer Firmen wie *Twitter, Ebay, Spotify, Amazon, Netflix, AirBnb* und *Reddit* waren nicht nur in den USA, sondern auch in England, Japan und in Deutschland für Stunden nicht erreichbar. Auch Medien-Konzerne wie *CNN* und die *New York Times* waren davon betroffen, als Mitglieder des Kollektivs *New World Hackers* mittels eines „Denial-of-Service-Angriffs" die Firma *Dyn* lahmlegten, bei der die Anfragen der Endverbraucher auf Zugang zu diesen Webseiten zusammenliefen. *Dyn* ist quasi das, was früher das „Fräulein vom Amt" war, das die Verbindung vom Anrufer zum Angerufenen auf ihrem Steckbrett herstellte. Das geschieht heute elektronisch.

Die Hacker nutzten ihr Wissen über das „Internet der Dinge". Sie drangen in die Systeme von Überwachungskameras (CCTV-Kameras) ein, die von *Hangzhou Xiongmai Technology* hergestellt waren. Millionen von Menschen rund um den Erdball haben solche Kameras bei sich zuhause installiert. Die Kameras wurden über das Internet mit „Mirai-Malware", einer japanischen Schad-Software, infiziert und so aus der Ferne gekapert. Die „Piraten" ließen dann automatische Programme darüber laufen, sogenannte „Botnets" (Roboternetzwerke), die aus all den vielen einzelnen Kameras einen großen vernetzten „Zombie-Computer" machten. Der schickte dann unzählige Anfragen an die Internetseiten der überfallenen Firmen, und die riesigen Datenmengen ließen die Computersysteme der Opfer zusammenbrechen. „Das Fräulein vom Amt" konnte nicht mehr, ihre Finger glühten vom vielen Umstecken und sie brach zusammen.[12]

Die Firma *Xiongmai*, der Hersteller der betroffenen Kameras, gab keine Auskunft darüber, wieviele ihrer Produkte am 21. Oktober 2016 von *New World Hackers* genau infiltriert oder gekapert wurden, doch das spielt auch keine Rolle. Das Ergebnis zeigte eindeutig die Gefahren der globalen Vernetzung im *World Wide Web* auf. Denn nicht nur Überwachungskameras können von außen von Fremden übernommen und zweckentfremdet werden, auch Drucker, Router, Baby-Monitore oder etwa TV-Festplatten-Receiver können von Cyber-Kriminellen für ihre Machenschaft missbraucht werden, wenn sie online sind. Ohne es zu wollen oder zu wissen, wurden so Millionen unschuldiger Kunden zu Mittätern, weil sie den Kriminellen ihre ungeschützten Geräte zur Verfügung stellten. Somit werden nicht nur Firmen mittels Raub und Erpressung zu Opfern von Internet-Verbrechern, sondern solche Cyber-Kriminelle nutzen jeden aus, der sich ihnen als williges Opfer anbietet.[13] Netzwerk-Betreiber sind schon seit Jahren damit beschäftigt, ihre Kunden vor Cyber-Attacken zu schützen, doch nachdem mittlerweile stets mehrere Milliarden von Geräten gleichzeitig online sind, es ständig mehr werden und die meisten Menschen sich keine Gedanken über diese Dinge machen, oder sie auch gar nicht verstehen, ist Cyber-Kriminalität für Verbrecherorganisationen mittlerweile ein

Abb. 1: Der *WowWee RoboMe* Spielzeugroboter kann mit einem Smartphone ferngesteuert und individuell programmiert werden.

mindestens ebenso einträgliches Geschäft wie der Drogen- oder Waffenhandel. Im Grunde ist jedes Gerät, das heute online ist, ohne gut geschützt zu sein, eine Waffe.

Nun stellen Sie sich einmal vor, dass diese Angriffe nicht Nachrichtenkonzernen oder Anbietern „sozialer Netzwerke" gegolten hätten, sondern jenen Firmen, bei denen alle Fäden von „Smart Homes" und „Smart Cars" zusammenlaufen? Was, wenn sich plötzlich alle Autos in voller Fahrt abschalten oder vielleicht auch nur ein anderes Ziel ansteuern als gewollt? Was, wenn sich plötzlich im Haus alle Geräte abstellen? Wer alles miteinander online verbindet, setzt alles auf eine Karte, denn wenn diese Karte ausgestochen wird, ist alles weg. Wenn man bedenkt, dass Spielzeugroboter für Kinder immer beliebter werden und diese vermeintlich harmlosen kleinen Gesellen von den Kindern mittels Smartphone programmiert und ferngesteuert werden, dann braucht es nicht viel Fantasie sich auszumalen, was passiert, wenn Hacker sich in die Software von Millionen kleiner humanoider Roboter einschleichen und die Kontrolle über sie übernehmen. Wenn etwa der keine hundert Euro teure und 30 Zentimeter hohe *WowWee-RoboMe* Spielzeugroboter umprogrammiert würde, um Kinder zu attackieren, könnte der 1980er-Jahre-Horrorfilm-Klassiker „Chucky, die Mörderpuppe" auf ungeahnte Weise zur Realität werden. (siehe Abb. 1)

Oder stellen Sie sich vor, dass ein großer Hack die komplette Stromversorgung einer Region oder eines ganzen Landes ausschaltet! Ein solcher „Blackout" hätte heute katastrophale Folgen – vor allem für jene unter uns, die alles mittels ihrer Smartphones steuern. Denn wenn Sie das nicht mehr aufladen können, dann funktioniert in ihrem Leben nichts mehr. Ich kann jedem nur raten, einmal im Kopf – ohne jede Panik – durchzuspielen, was es bedeuten würde, wenn Sie nur für 48 Stunden keinen Strom hätten. Denken Sie einmal darüber nach, was heute alles von der Stromversorgung abhängig ist, von den meisten Haushaltsgeräten bis hin zur Zapfsäule an der Tankstelle!

Der deutsche Innenminister *Thomas de Maizière* warnte die deutsche Bevölkerung im August 2016 vor der realen Gefahr eines solchen Blackouts und forderte die Bundesbürger auf, sich auf ein solches Szenario vorzubereiten: *„Ich kann mir vorstellen, dass es Gruppen oder Staaten oder eine Mischung von Gruppen und Staaten gibt, die ein Interesse daran hätten, einmal auszuprobieren, wie resilient, wie anpassungsfähig die deutsche Gesellschaft mit Blick auf die Abhängigkeit von der Stromversorgung ist."*[14]

Was Kritiker dieser Aussage als „Panikmache" verurteilten, hat jedoch einen realen Hintergrund, denn es ist für Terroristen heute einfacher, die Stromversorgung einer kritischen Einrichtung, wie beispielsweise der Luftsicherung oder der Verkehrsüberwachung einer Stadt, lahmzulegen als einen Bombenanschlag zu begehen. Denn dafür brauchen die Kriminellen noch nicht einmal aus ihren Verstecken zu kriechen. Alles, was sie brauchen, sind Computer, eine Internetverbindung und das nötige Wissen und Handwerkszeug. Deswegen hatte der britische Regierungschef *George Osborne* bereits im November 2015 davor gewarnt, dass der IS (der sogenannte „Islamische Staat") bereits versucht habe, Banken, Schulen und militärische Einrichtungen lahmzulegen – bislang jedoch angeblich ohne Erfolg.

Wer glaubt, dass solche Hackerangriffe selten seien, der irrt gewaltig. Eine Studie des *Instituts für Demoskopie Allensbach* förderte im Jahr 2013 zutage, dass knapp neun von zehn Unternehmen in Deutschland bereits Opfer von Angriffen aus dem Internet geworden sind. Ein Fünftel der Firmen muss sich demnach sogar täglich oder mehrmals wöchentlich mit großem finanziellen und logistischen Aufwand gegen Attacken von Hackern wehren. Es ist also nahezu sicher, dass jeder von uns die Auswirkungen von Cyberkriminalität früher oder später zu spüren bekommt. Daher muss sich jeder von uns die Frage stellen, ob die Vorteile des „Internets der Dinge", also die Vernetzung von allem mit allem, für den Einzelnen wirklich die möglichen Nachteile übertreffen.[15] Vielleicht ist es ja doch nicht so schlau, alle Informationen über sich an einige wenige Großkonzerne abzugeben und sich von ihnen komplett abhängig zu machen?

*„Datenkonzerne wie Google und Facebook sind nicht nur umstritten, sondern auch Avantgarde. Da ist es spannend zu schauen, welche Mitarbeiter, welche Fähigkeiten suchen die eigentlich? ...Die Datenkonzerne legen keinen hohen Wert auf bestimmte Fachkenntnisse, sondern auf das*

*Talent, Lösungsansätze in unübersichtlichen Problemlagen zu finden. Oft gehört dazu, die Probleme, die man lösen möchte, überhaupt erst einmal zu erfinden. Gefragt sind Leute, die schnell Ressourcen aus den unterschiedlichsten Gebieten zusammenbringen können und rasch vergessen, was gestern wichtig war – um heute neue Ansätze zu entwickeln. Das wird, so vermute ich, eine zentrale digitale Begabung werden."*[16]

Christoph Kucklick, Soziologe und Journalist

Der Whistleblower *Edward Snowden* ist sich sicher, dass der US-Geheimdienst NSA zusammen mit Israelis jenen Computerwurm *Stuxnet* geschrieben hat, der im Juni 2010 mehr als hunderttausend Steuerungsanlagen der Firma *Siemens* auf der ganzen Welt lahmlegte, darunter auch die iranischen Zentrifugen zur Urananreicherung.

Unsere Welt befindet sich längst im Cyberkrieg. Doch dieser Krieg ist lautlos und er findet im Geheimen statt. Im Mai 2010, nur einen Monat vor dem Auftauchen von *Stuxnet*, hatte die *National Security Agency* (NSA) eine eigene neue Abteilung für den Krieg im Internet offiziell vorgestellt: das *United States Cyber Command* (USCYBERCOM). Seitdem soll die NSA zehntausende Software-Implantate in die Computeranlagen fremder Länder eingeschleust haben, was es ihr möglich macht, im Bedarfsfall per Knopfdruck die Kontrolle über Computer am anderen Ende der Welt zu übernehmen, um etwa militärischen Einrichtungen, Stromversorgern oder Krankenhäusern den Saft abzudrehen oder deren Steuerung zu manipulieren. Der Cyberkrieg hat die Welt verändert, da man Konzerne ebenso wie ganze Staaten heute ohne Armeen und ohne Multi-Milliarden-Budgets für Kriegsgerät angreifen und zerstören kann – es reichen einige Computer und eine Schar von Hackern. Dank dieser Bedrohung ist die IT-Sicherheit zum Multi-Milliarden-Geschäft geworden.

Das Internet ist eine tolle Sache, doch ich zweifle daran, dass es sinnvoll ist, wenn bereits Kleinkinder mit Robotern, Computern und Smartphones spielen. Immer mehr Kinder sind sozial gestört und hyperaktiv, weil sie ihre ersten Jahre in der virtuellen Welt verbringen. Bekommen sie es jedoch mit echten Menschen zu tun, die ihnen fremd sind, so sind sie heillos überfordert. Immer mehr Kinder leiden heute unter mangelnder sozialer Kompetenz, fälschlicherweise unter den Namen „ADS" oder „ADHS" als „Krankheit" bezeichnet.

Vieles, was heute als „Spielzeug" daherkommt, ist zudem in Wahrheit etwas ganz anderes. Im Februar 2017 verbot die deutsche Bundesnetzagentur den weiteren Vertrieb der Puppe „My Friend Cayla" des englischen Herstellers *Vivid*, weil sie keine Puppe sei, sondern eine getarnte „*Sende- oder Telekommunikationsanlage*". Die sprechende Puppe, die mit künstlicher Intelligenz ausgestattet sein soll, macht Fotos und hat ein eingebautes Mikro. Sie beantwortet Kindern nicht nur Fragen, sondern sie stellt ihnen auch welche. Die Antworten der Kinder soll die Puppe dann via Internet an den Hersteller weitergeleitet haben. Damit soll *Vivid* nicht nur an Name und Adresse seiner kleinen Kunden gekommen sein, sondern auch aktuelle Fotos erhalten, und deren Wünsche und Vorlieben erfahren haben, was das Unternehmen natürlich bestritt.[17] Warum bloß fällt mir in dem Zusammenhang wieder der Horrorfilm-Klassiker „Chucky, die Mörderpuppe" ein? Ich glaube, wir sollten wirklich dazu übergehen, wieder mehr Augenmerk auf zwischenmenschliche Kontakte zu legen und Kinder nicht unentwegt mit Technik ruhigzustellen, sondern ihnen zuallererst menschliche Gefühle und Werte beibringen.

## *Robotik*

Der Begriff „Robotik" oder „Robotertechnik" umreißt das Zusammenspiel von Informatik, Mechanik und Elektronik, also alles, was im weitesten Sinne mit „Robotern" zu tun hat. Die meisten Menschen müssen bei dem Gedanken an Roboter schmunzeln, denn sie halten sie für Spinnerei und Zukunftsmusik. Wenn man von „Robotern" spricht, dann denken die meisten Menschen immer noch an so putzige Kerle wie *C-3PO* oder *R2-D2* aus den „Star-Wars"-Filmen, an *Data*, den sympathischen Androiden aus „Star Trek – The Next Generation" oder sie denken an Arnold Schwarzenegger als „Terminator", den bislang berühmtesten Cyborg, einem Mischwesen aus Mensch und Maschine sowie aus lebendem Gewebe und Mikrochips. Doch das, was viele Menschen für „Science Fiction", also für wissenschaftliche Zukunftsmusik halten, ist längst Realität. Roboter sind bereits seit Jahren unter uns und werden in naher Zukunft die allermeisten wichtigen Arbeiten übernehmen. Die Berufsaussichten für Roboter sind hervorragend. Ihnen gehört die Zukunft, die wir vielleicht nicht mehr haben.

Als „Roboter" bezeichnet man Maschinen, die dazu gedacht sind, dem Menschen Arbeit abzunehmen, um ihm das Leben zu erleichtern. Die genaue Definition ist schwierig, doch man könnte sie als „Computer mit Armen" oder als „von Computern gesteuerte Maschinen" bezeichnen. Ein gutes Beispiel dafür sind jene Roboterarme, die etwa in der Autoindustrie in Fertigungsstraßen Teile zusammenbauen oder -schweißen. Der Ursprung des Wortes kommt aus dem Slawischen, „roboti" oder „robota", und bedeutet „arbeiten". Der Begriff „Roboter" geht auf die tschechischen Brüder *Karel* und *Josef Čapek* zurück. *Karel Čapek* verwendete den Begriff erstmals im Jahr 1920 im Theaterstück „R.U.R." für Wesen, die künstlich geschaffen wurden, um den Menschen Arbeit abzunehmen, jedoch dagegen revoltierten. Die Čapek-Brüder hatten ungeheuren Weitblick, denn neunzig Jahre nach ihrer visionären Wortschöpfung sind Roboter rund um den Erdball im Einsatz und auf dem besten Weg dazu, die Welt zu dominieren.

In den 1940er-Jahren schrieb der US-amerikanische Biochemiker *Isaac Asimov* (1920-1994), Sohn russischer Einwanderer, zahlreiche Kurzgeschichten und Romane über Roboter mit künstlichen Gehirnen. In seinen Geschichten entwickelten die künstlichen Wesen schließlich ein Eigenleben und wandten sich gegen ihre Erschaffer. Auf Asimovs Geschichten beruhen später alle Frankenstein-Geschichten und ein Großteil der modernen Science-Fiction-Literatur. Da *Isaac Asomiv* fürchtete, dass Roboter eines Tages zu mächtig werden könnten, entwickelte er im Jahr 1942 seine **„Drei Gesetze der Robotik"**. Diese „Asimov'schen Gesetze" lauten wie folgt:

1. Ein Roboter darf kein menschliches Wesen (wissentlich) verletzen oder durch Untätigkeit (wissentlich) zulassen, dass einem menschlichen Wesen Schaden zugefügt wird.
2. Ein Roboter muss den von einem Menschen gegebenen Befehl gehorchen – es sei denn, ein solcher Befehl würde mit Regel eins kollidieren.
3. Ein Roboter muss seine Existenz beschützen, solange dieser Schutz nicht mit Regel eins oder zwei kollidiert.

Damit legte Asimov fest, wie ein Roboter (der zu seiner Zeit offiziell noch gar nicht existierte) zu sein hätte. Im Lauf der Jahre verfeinerte er diese Gesetze, was in seinem 1950 erschienen Roman *I, Robot* (Ich, der

Roboter) deutlich herauskommt. Der Roman gilt als Meilenstein der Roboterliteratur und er war Vorlage zum gleichnamigen Film mit *Will Smith* aus dem Jahr 2004. In den 1960er-Jahren lernte Asimov *Eugene „Gene" Roddenberry* kennen, der sich ebenfalls sehr für Roboter und Künstliche Intelligenz interessierte. (siehe Abb. 2) Roddenberry war der Erfinder und Produzent der Fernsehserie „Star Trek" („Raumschiff Enterprise"), die erstmals 1966 in den USA ausgestrahlt wurde und ein Welthit war. Darin lebte die Menschheit im 23. Jahrhundert endlich friedlich und geeint zusammen. Gemeinsam mit mehreren anderen außerirdischen Lebensformen, gründeten die Erdlinge die „Vereinigten Föderation der Planeten", die mit ihren Raumschiffen die Weiten des Weltraums erkundete. Niemand wird je die berühmten Worte von Captain Kirk, alias *William Shatner*, vergessen: **„Beam mich rauf, Scotty."** Sie haben eine ganze Generation und deren Vorstellung vom Weltraum geprägt. „Raumschiff Enterprise" wurde nur drei Jahre lang produziert, doch es erfuhr mehrere Fortsetzungen („Next Generation, Deep Space Nine") und es entstanden daraus zahlreiche Kinofilme bis hinein in die heutige Zeit.

In den 1970er-Jahren verfassten Asimov und Roddenberry gemeinsam mehrere Science-Fiction-Bücher für junge Leser. Am bekanntesten ist die Reihe über den Roboter „Norby". Im Jahr 1979 wirkte Asimov als wissenschaftlicher Berater bei der Entstehung des ersten „Star-Trek"-Films mit, und man kann die Herren *Čapek*, *Asimov* und *Roddenberry* getrost als „Visionäre" bezeichnen, denn vieles von dem, was sie sich vor Jahrzehnten ausdachten, ist heute genau so unsere Realität geworden. Bleibt die Frage, ob sie auf irgendeine Art und Weise in der Lage waren, in die Zukunft zu sehen oder ob ihre starken Visionen unsere Zukunft geprägt haben. Oder gab es Roboter auch zu ihrer Zeit bereits und sie hatten Zugang zu geheimen Informationen, die der Öffentlichkeit durch deren Bücher und Filme erst nach und nach verabreicht werden sollten? Wir werden versuchen, uns diesen Fragen im Lauf des Buches anzunähern, und ich kann Ihnen durchaus überraschende Antworten dazu versprechen.

**Abb. 2:** Science-Fiction-Autor Isaac Asimov (links) und Gene Roddenberry, Erfinder von Raumschiff Enterprise (Star Trek)

Gleichförmige Arbeiten wie Schrauben, Schweißen, Sortieren oder Lackieren werden seit vielen Jahren in Fabriken selbstständig von Robotern erledigt. Doch waren Roboter und Mensch meist im Arbeitsprozess voneinander getrennt. Nun kommen immer häufiger sogenannte „Cobots" *(Co-Roboter, Collaborative Robots)* zum Einsatz. Cobots sind moderne, leichte Roboter mit großer Kraft, die Hand in Hand mit Menschen zusammenarbeiten. Cobot-Arme haben mehr Kraft als menschliche, lassen sich jedoch leicht programmieren, oder auch von Menschenhand bewegen. Sie sind zwar sehr kräftig, können jedoch gleichzeitig auch extrem präzise sein.

Roboter haben viele Erscheinungsformen. Sogenannte „Humanoide Roboter" sind dem Menschen in Aussehen und Funktion nachempfunden, doch auch unbemannte Fluggeräte oder Fahrzeuge werden als „Roboter" bezeichnet. Es gibt allerdings auch **„Roboter-Autoren"** und **„Roboter-Journalisten"**. *Prof. Philip Parker* von der *Insead Business School* hat einen Roboter entwickelt, der bereits über 200.000 Bücher verfasst haben soll. Der Roboter soll unter einer Stunde benötigen, um ein Sachbuch zu schreiben. Er sammelt Daten, nutzt bestehende Veröffentlichungen und schreibt sie nach einer bestimmten Formel um, inklusive Zukunftsprognosen.[18] Es gibt mir also zu denken, dass ich an einem Buch viele Monate arbeite! Bin ich ein Auslaufmodell?

Auch Nachrichten werden immer häufiger von Robotern verfasst! Das amerikanische Unternehmen „Automated Insights" verfasst jedes Jahr mehr als zehntausend Artikel via Journalisten-Roboter. Diese „automatisierten Einblicke" werden dann von der Nachrichtenagentur *Associated Press* als „News" publiziert. Die US-Software-Firma *Narrative Science* lässt auf dieselbe Weise Geschichten in den Bereichen Finanzen, Sport und Internet von ihrem sich selbstständig entwickelnden Computer-Programm *Quill* verfassen – einer sogenannten „Künstlichen Intelligenz". Die kalifornische Tageszeitung *LA Times* nutzt einen Computer-Algorithmus namens „Quakebot", um Berichte über Erdbeben zu verfassen, was in Kalifornien ein großes Thema ist. Der Vorteil dieses „Journalisten" ist, dass er um ein Vielfaches schneller Informationen einholt als seine menschlichen Kollegen, die entsprechenden Meldungen darüber schneller verfasst und nie schläft.[19] In diesem Fall sind seine Vorteile nicht zu bestreiten, denn gerade im Falle von Naturkatastrophen kann jede Minute wertvoll sein.

Weltweit wurden zwischen 2010 und 2015 etwa 1,1 Millionen neue Industrieroboter installiert. In den USA stiegen die Verkäufe von Robotern im Jahr 2016 bereits um 11 Prozent, in China gar um 16 Prozent. Chinesische Firmen haben nämlich das große Problem, dass die Lohnkosten im Reich der Mitte in den vergangenen Jahren deutlich gestiegen sind und die Chinesen mit Billigländern wie Vietnam, Thailand und Indonesien kaum noch mithalten können. Also tun die Chinesen seit einigen Jahren alles, um die teuren menschlichen Arbeitskräfte durch Roboter zu ersetzen. Das Hauptproblem dabei war jedoch, dass die chinesischen Roboterhersteller den Weltmarktführern aus Japan, Südkorea, den USA und Deutschland hinterherhinkten. Also kauften sie mit ihren unvorstellbar großen US-Dollar-Überschüssen im Westen ein wichtiges Unternehmen nach dem anderen auf und investierten hunderte Milliarden von Dollar in die eigene Entwicklung. So sind sowohl die US-amerikanische Firma *Segway Inc*, bekannt für ihren elektrischen Roller (siehe Abb. 3) als auch der Deutsche Roboterhersteller *Kuka* mittlerweile chinesisch.

**Abb. 3:** Auch der Segway-Roller ist mittlerweile in chinesischen Händen

Das Perlfluss-Delta im Süden Chinas ist das Herz der chinesischen Industrie. Die *Weltbank* bezeichnete es als den größten urbanen Raum der Welt, was mit seinen mehr als 60 Millionen Einwohnern nicht nur die Größe betrifft. In den kommenden Jahren wollen tausende Fabriken in dem Ballungsraum Arbeiter entlassen und in Roboter investieren.

Der deutsche Sportartikel-Hersteller *Adidas* produziert seit 2016 wieder in Deutschland und wirbt mit Schuhen „Made in Germany". Doch braucht das Unternehmen dafür keine menschlichen Arbeitskräfte mehr, weil die Schuhe in seiner neuen Fabrik in Ansbach von Robotern gefertigt werden.[20]

> *„Man kann behaupten, dass die Robotik-Technologie der Weg ist, um den Fertigungs-Standort China zu retten. Aber China hat enorm viele Arbeitskräfte. Was wird aus ihnen werden?"*[21]
> Yasheng Huang, Professor an der *MIT Sloan School of Management*

Diese Frage hatten sich bislang nur sehr wenige Menschen gestellt, doch ausgerechnet, als ich nach langer Vorarbeit und Recherche im Jahr 2016 an diesem Buch saß, fand das Thema plötzlich zunehmend Beachtung. Dennoch ist den meisten Menschen noch nicht einmal ansatzweise bewusst, wie weit die Robotik bereits fortgeschritten ist. Roboter arbeiten mittlerweile nicht nur in Bergwerken, in Einkaufszentren und Altersheimen, sondern auch als Soldaten und Polizisten, auch wenn sie dort noch nicht ganz ausgereift sind und noch nicht ganz den Wünschen ihrer Entwickler entsprechen. Ausgereift hingegen sind mobile Roboter in der Logistik im Innenbereich. Bei *Amazon* sind bereits seit 2012 mehr als 15.000 Lagerhaus-Roboter im Einsatz. Sie sehen wie flache, autonome Gabelstapler aus. In den Logistikzentren des Online-Händlers, in denen die bestellten Waren verpackt und versandt werden, teilt ein Mitarbeiter dem Roboter mit, welches Produkt er sucht. Der Roboter findet das entsprechende Regal in der riesigen Halle, fährt darunter, schraubt sich hoch, hebt es an und bringt es als Ganzes zu dem Mitarbeiter, der das Produkt entnimmt und verpackt. Der Roboter fährt das Regal wieder an seinen Platz zurück und bringt das nächste Regal für die nächste Bestellung. Das spart den menschlichen Mitarbeitern die Schlepperei und beschleunigt die Abläufe. Die Roboter haben aber gegenüber ihren menschlichen „Kollegen" noch andere Vorteile: sie beschweren sich nicht – zumindest noch nicht.

Unter dem Titel „*Obdachlos zu sein, ist besser, als für Amazon zu arbeiten.*" plauderte die Hochschulabsolventin *Nichole Gracely* im *Guardian* über ihre Erfahrungen als Mitarbeiterin in einem *Amazon*-Logistikzentrum im US-amerikanischen Pennsylvania:[22]

> „Ich bin obdachlos. Meine schlechtesten Tage heute sind besser als meine besten Tage, als ich noch bei Amazon gearbeitet habe. Nach Amazons Berechnungen war ich einer ihrer besten Verpacker – ich war eine Maschine, und mein Tempo steigerte sich während einer Schicht. Was sie nicht wussten ist, dass es nur daran lag, dass ich – hätte ich auch nur eine Minute nachgelassen – vor Langeweile und Erschöpfung zusammengebrochen wäre. In der Hochsaison trainierte ich regelmäßig die Aushilfskräfte. Wenn sie vorbei war, war ich wieder nur eine einfache Verpackerin, die sich irgendwo in einer Ecke der Halle zehn Stunden lang abplagt. Jede meiner Bewegungen wurde dabei unentwegt vom Management auf einem Com-

*puterbildschirm beobachtet. Ich habe mich nie einsamer gefühlt als in dieser Zeit. Ich arbeitete isoliert und lebte unter konstanter Überwachung. Amazon konnte uns Überstunden anschaffen und ich musste mich jedem Arbeitsplan, den sie für nötig hielten, fügen. Wenn sie keine Arbeit für uns hatten, schickten sie uns ohne Bezahlung nach Hause. Ich konnte immer öfter meine Rechnungen nicht bezahlen..."*

Als *Nichole Gracely* sich im Jahr 2012 Protesten gegen die Arbeitsbedingungen bei *Amazon* anschloss, verlor sie ihren Job. Sechs Monate später lief ihr Anspruch auf Arbeitslosengeld aus. Sie verlor alles und landete auf der Straße, wie hunderttausende anderer Amerikaner auch. Als sie den (oben in Auszügen zitierten) Artikel schrieb, lebte sie immer noch auf der Straße.

## *Wie man ein Imperium aufbaut*

Noch kann kein Roboter einen Menschen ersetzen, wenn es darum geht, im Regal ein Produkt zu identifizieren und es für den Versand fertig zu machen. *Amazon* versucht jedoch seit dem Jahr 2015 einen preisgünstigen Weg zu finden, um auch noch die letzten verbliebenen menschlichen Mitarbeiter in der Verpackung durch Roboter zu ersetzen.

Im Rahmen der „Amazon Picking Challenge" lässt *Amazon Robotics* mehrere Teams junger Tüftler aus verschiedenen Ländern jedes Jahr gegeneinander antreten, damit sie ihm ihre besten neuen technischen Entwicklungen im Bereich „Aussuchen und Verpacken von Waren" präsentieren. Dieser Wettstreit findet im Rahmen des *RoboCups* statt, einer Weltmeisterschaft für Fußballroboter, ein Event, das jährlich tausende junge Menschen begeistert. Für sie scheint es attraktiver zu sein, Roboter, die Fußball spielen, zu basteln, als sich selbst körperlich zu betätigen. Der Sieger dieses Wettstreits erhält einen Geldpreis, und *Amazon* rekrutiert so den Entwickler-Nachwuchs und kann auf deren neueste Technik zugreifen. So erspart sich der Konzern Millionen an eigenen Entwicklungskosten. Die jungen Roboter-Tüftler dürfen einmal für einige Stunden im Rampenlicht stehen und haben das Gefühl, einmal bei den ganz Großen dabei sein zu dürfen. So präsentiert sich *Amazon* als moderner, cooler Betrieb, der auf junge Menschen zugeht und sich für sie interessiert. Doch der Schein trügt.

Seit Jahren kommt es immer wieder in den Logistikzentren rund um den Globus zu Streiks, weil *Amazon* seine Mitarbeiter schlecht bezahlt, schlecht behandelt, ausspioniert und immer nur befristet anstellt. Zudem manipuliert der Weltkonzern ganze Märkte, übt großen Druck auf die US-Politik aus, zahlt kaum Steuern und versucht darüber hinaus noch, die Zukunft der gesamten Menschheit zu steuern.

2014 unterschrieben mehr als 1.500 deutsche und mehr als 900 US-amerikanische Schriftsteller Petitionen gegen *Amazon*, weil der Konzern versuchte, Konkurrenten aus dem Buchmarkt zu drängen, indem er als größter Onlinehändler weltweit die Händlermargen immer weiter erhöhte, sodass am Ende kaum noch Geld bei den Verlagen und Autoren ankam. Jene Verlage, die sich gegen diese Forderungen von *Amazon* wehrten, zahlten einen hohen Preis dafür, weil *Amazon* deren Bücher von allen Empfehlungslisten strich und die Auslieferung ihrer Bücher verschleppte oder ganz verhinderte, indem Titel solcher Verlage als nicht mehr verfügbar ausgewiesen wurden. Wer oder was steckt also hinter der coolen Firma *Amazon*?

*Amazon.com* wurde 1994 von dem Informatiker *Jeff Bezos* als Internet-Buchhandlung gegründet und trat rasch seinen Siegeszug rund um den Globus an. Ursprünglich wollte der Summa-cum-laude-Absolvent der Elite-Uni *Princeton* sein Unternehmen *Relentless* nennen, was so viel wie „gnadenlos" oder „unbarmherzig" bedeutet. Freunde sollen ihm davon abgeraten haben, was schade ist, denn diese Bezeichnung wird *Amazon* und Jeff Bezos absolut gerecht. Bezos hat mehr Macht als die meisten Politiker auf diesem Planeten und er dehnt seinen Einflussbereich kontinuierlich und unerbittlich aus. Obwohl *Amazon* mit mehr als hundert Milliarden US-Dollar-Umsatz im Jahr seit Jahren einer der umsatzstärksten Tech-Konzerne der Welt war, und jahrelang nur von *Apple* übertroffen wurde, hatte der Konzern bis 2015 offiziell nur Verluste gemacht und kaum jemals Steuern bezahlt. Denn Bezos investierte unentwegt riesige Summen in andere Geschäftsbereiche und dehnte sein Imperium in viele Richtungen aus.

Im September 2000 gründete der ausgewiesene „Star-Trek"-Fan Bezos das Raumfahrt-Unternehmen *Blue Origin.* Seitdem liefert er sich ein Wettrennen um den Weltraum mit *Tesla*-Gründer *Elon Musk*. Im Jahr 2016 konnte *Blue Origin* noch vor Musk eine wiederverwendbare Rakete starten und wieder auf der Erde landen lassen.

Doch das größte Warenhaus der Welt, die größte Online-Buchhandlung, den meistgenutzten eBook-Reader (*Kindle*) und ein eigenes Raumfahrtunternehmen zu besitzen, war dem Visionär und Eroberer Jeff Bezos nicht genug. Im Jahr 2010 gründete er *Amazon Studios*, ein Filmstudio, das mit Geld nur so um sich warf und zahlreiche renommierte Produzenten und Stoffentwickler an Land zog. Seitdem produziert das Studio in Los Angeles Fernsehserien und Filme, die entweder über Bezos eigenen Streaming-Kanal „Amazon Video" abgespielt werden oder zusammen mit *Warner Bros.* in die Kinos gebracht werden.

„Amazon Video" ist Teil von „Amazon Prime". Wer dieses Rundum-Sorglos-Paket abschließt, zahlt einen Jahresbeitrag und erhält dafür all seine Bestellungen bei *Amazon* innerhalb eines Tages, und er kann sich über *Amazon* unbegrenzt so viele Filme ansehen und so viel Musik abspielen, wie er möchte. Die bisher erfolgreichste *Amazon*-Serie war bis zum Jahr 2016 „The Man in the High Castle", die von Regie-Legende Ridley Scott mitproduziert wurde. Darin haben die Deutschen und die Japaner den 2. Weltkrieg gewonnen und herrschen nun über dem amerikanischen Kontinent.

Das Hauptproblem für *Amazons* Konkurrenten am Film-Streaming-Markt, wie „Netflix", ist, dass *Amazon Studios* keinen unmittelbaren Gewinn mit seiner Filmsparte machen muss. Wie den großen Feldherren in der Geschichte, geht es *Amazon* erst einmal um die Eroberung von Gebieten. Es geht darum, in einem bestimmten Markt erst einmal andere zu verdrängen – selbst wenn es dem Unternehmen Verluste bringt. Denn wenn alle Konkurrenz aus dem Markt gedrängt ist, kann das Unternehmen die Preise und die Marktkonditionen selbst bestimmen und wird langfristig Gewinne machen. Genau das ist es, was *Amazon* zuallererst auf dem Buchmarkt gemacht hatte: weltweit mussten tausende Buchhandlungen zusperren, weil sie mit dem defizitären Online-Buchhändler in Punkto Preis und Service nicht mithalten konnten. Dann eröffnete *Amazon* selbst im Jahr 2015 testweise eine physische Buchhandlung in Seattle. Wenn sie gut läuft, sollen hunderte weitere in der westlichen Welt folgen.

*„Wir machen mit unserem Video-Dienst auf ungewöhnliche Weise Geld. Wenn wir einen Golden Globe gewinnen, dann verkaufen wir dadurch mehr Schuhe. Und zwar ohne große Umwege. Denn wenn man sich die*

*Prime-Mitglieder ansieht, so kaufen sie mehr auf Amazon als Nicht-Prime-Mitglieder, und einer der Gründe dafür ist, wenn sie einmal ihren Jahrespreis bezahlt haben, dann schauen sie, wie sie aus dem Programm den maximalen Nutzen ziehen können. Also sehen sie sich in mehr Kategorien um – sie shoppen mehr. Viele ihrer Verhaltensmuster ändern sich auf eine Weise, die für uns geschäftlich sehr attraktiv ist. Und die Konsumenten nutzen unsere Dienste mehr."*

Jeff Bezos im Juni 2016[23]

Ich finde, dass man den Satz „*Viele ihrer Verhaltensmuster ändern sich auf eine Weise, die für uns geschäftlich sehr attraktiv ist.*", beachten und verinnerlichen sollte, denn er beschreibt das Geschäftskonzept von *Amazon* ganz vortrefflich: Wie ein erfolgreicher Feldherr unterwirft *Amazon* ganze Märkte, Staaten und „Konsumenten", um danach ihr Verhalten Jeff Bezos' eigenen Wünschen anzupassen. Anders ausgedrückt: Bezos verändert die Menschheit nach seiner eigenen Vorstellung.

Dafür gründete er im Jahr 2003 die *Bezos-Familien-Stiftung*, die von seinen Eltern geleitet wird und zusammen mit dem Eliten-Netzwerk *Aspen-Institut* Stipendien an vielversprechende Studenten vergibt.[24] Es ist jedoch wenig wahrscheinlich, dass dies uneigennützig ist, da Bezos von vielen Seiten beschuldigt wurde, trotz seines enormen Reichtums von weit mehr als 60 Milliarden US-Dollar-Privatvermögen so gut wie nichts je für karitative Einrichtungen oder Nachbarschaftsprojekte in seinem Lebensumfeld in Seattle[25] gespendet zu haben, sich aber dennoch als großzügig und menschenfreundlich darstellt. So schrieb das Magazin *Slate* im Jahr 2009: „*Es gibt Limonaden-Stände, die mehr für karitative Zwecke spenden als Amazon.*"[26] Wobei das Wort „Limonaden-Stand" oft als Synonym für „Kleinstunternehmer" steht.

Im Jahr 2013 kaufte Jeff Bezos für 250 Millionen Dollar die angeschlagene Traditionszeitung *Washington Post*, die größte Tageszeitung in Washington D.C., dem Regierungssitz der USA. Er steckte viel Geld in die Zeitung und nutzt sie seitdem intensiv, um die öffentliche Meinung zu beeinflussen und die US-Politik mitzugestalten. *Amazon* verbietet zudem seinen mehr als 90.000 Mitarbeitern in den USA, sich gewerkschaftlich zu organisieren. Im Mai 2014 wurde Bezos beim *Weltkongress des Internationalen Gewerkschaftsbundes* zum „Schlechtesten Chef der Welt" gewählt.

Die *Washington Post* hat sich für eine Lockerung der Regelungen für Einwanderer stark gemacht, um ewigen Nachschub an billigen, nicht gewerkschaftlich organisierten Arbeitskräften für *Amazon* zu garantieren.[27] Ja, ich weiß, das Märchen vom guten Menschen Jeff Bezos, vom Philanthropen und links-liberalen Vordenker für die „Gute Sache", klingt besser als meine Darstellung der Dinge – sie scheint nur leider nicht ganz der Wahrheit zu entsprechen.

Im Jahr 2014 erhielt *Amazon* – dank US-Außenministerin *Hillary Clinton* – den über zehn Jahre laufenden sechshundert-Millionen-Dollar-Auftrag mehrerer US-Geheimdienste, um für sie eine „Cloud" (einen mobilen Speicherplatz) aufzubauen, in der sie ihre Daten abspeichern konnten. So wollten fortan siebzehn verschiedene US-Institutionen ihre extrem sensiblen und geheimen Daten bei *Amazon* hinterlegen – von der Nationalen Sicherheitsbehörde NSA bis hin zur Küstenwache der Vereinigten Staaten.[28] Die Tatsache, dass die US-Behörden so viele geheime Unterlagen einem einzigen privaten Unternehmen anvertrauten, hat viele Journalisten weltweit stutzig gemacht und einen sehr bitteren Nachgeschmack hinterlassen.

Unter „Cloud Computing" versteht man übrigens die Ausführung von Programmen und das Abspeichern von Daten, die nicht auf dem lokalen Rechner (oder dem Smartphone) installiert sind, sondern auf einem anderen Rechner, der aus der Ferne mittels Internet-Verbindung aufgerufen wird. Das heißt, ich brauche selbst keine großen Speicherplätze mehr in meinem Computer, sondern ich brauche nur noch den Zugang zu dieser „Rechnerwolke", auf der alle Programme, die ich nutze und all meine Daten abgelegt sind – über irgend ein einfaches Gerät. Da heute immer mehr vernetzt wird, immer mehr Daten gesammelt, abgespeichert und Programme immer komplexer werden, ist es für Privatpersonen oder Firmen immer schwieriger geworden, selbst stets genug Rechnerleistung und Speicherplatz zur Verfügung zu stellen. Deshalb werden seit einigen Jahren von einigen wenigen großen Technologiefirmen solche Clouds zur Verfügung gestellt, in die man sich quasi einmieten kann. Man mietet damit bildlich gesprochen Speicherplatz in einer riesigen externen Festplatte. Das ist ein unvorstellbar großes und lukratives Geschäft, um das einige wenige Konzerne konkurrieren. Bis zum Jahr 2016 hatte *Amazon* die Nase vorn, und nach all den Jahren des Unternehmensverlustes schrieb *Amazon* im Jahr 2015 erstmals schwarze Zahlen.

Wenn alle Menschen und Firmen all ihre Daten einigen wenigen Konzernen anvertrauen, dann wird es denen vermutlich schwer fallen, der Versuchung zu widerstehen, all die Daten zum eigenen Vorteil zu nutzen. Dann ist es lächerlich, wenn in der Politik über „Datenschutz" und das angebliche „Recht auf Anonymität" im Internet diskutiert wird.

Jeff Bezos bedankte sich bei Hillary Clinton für den großen Cloud-Auftrag, indem die *Washington Post* im US-Präsidentschaftswahlkampf im Jahr 2016 gegen Hillarys innerparteilichen Konkurrenten *Bernie Sanders* wetterte, obwohl der landesweit viel beliebter war als Clinton. Clinton stach Sanders trotz ihrer zahlreichen Skandale und Verfehlungen aus und bekam von der *Washington Post* immer Rückendeckung. Ganz unerbittlich („Relentless"!) schoss sich die *Washington Post* danach auf Clintons Widersacher Donald Trump ein.[29] Bob Woodward, der Mitherausgeber der *Washington Post*, gab zu, dass die Zeitung allein zwanzig Leute abgestellt hatte, nur um in Trumps Vergangenheit zu wühlen und um ihn zu diskreditieren.[30]

> *„Ich respektiere Jeff Bezos, aber er kaufte die Washington Post, um politischen Einfluss zu haben, und ich muss euch sagen, dass unser Land nicht mehr das ist, was es war. Er will politischen Einfluss, damit Amazon davon profitiert. Das ist nicht in Ordnung. Und glaubt mir, wenn ich Präsident werde, Mann, dann werde ich dafür sorgen, dass die Probleme bekommen. Sie werden echte Probleme bekommen."*
> Donald Trump bei einer Rede in Texas am 26. Februar 2016[31]

Die *Washington Post* schlug auch immer in ihren Artikeln eine Bresche für den umstrittenen privaten Taxi-Anbieter *Uber*, ließ jedoch meist die Tatsache unerwähnt, dass Bezos *Uber*-Aktien im Wert von über einer Million Dollar besitzt.[32] Doch Bezos beeinflusst über seine Zeitung und seine Buch-Empfehlungslisten nicht nur die Wirtschafts- und Steuerpolitik der USA. Auch durch Spenden kann er bestimmten Themen und Strömungen gut Vorschub leisten, wie etwa für eine Gesetzesinitiative zur Legalisierung von gleichgeschlechtlicher Ehe.

Bezos spendete der neurowissenschaftlichen Abteilung der Elite-Uni *Princeton* 15 Millionen US-Dollar. Dafür schuf diese das *Bezos Center for Neural Circuit Dynamics*, in dem Hirnforscher herausfinden sollen, wie wir Menschen ticken und warum wir welche Entscheidungen treffen.[33] Bezos will nichts dem Zufall überlassen. Er will die Gesellschaft und die Welt nach seinen Vorstellungen prägen.

Der Unterschied zwischen Mensch und Roboter wird immer geringer und die Besitzer großer Firmen, wie Jeff Bezos, profitieren davon. Der Gründer der größten Buchhandlung, des größten Internetversandhauses und des meistgenutzten eBook-Readers der Welt gilt mittlerweile als einer der einflussreichsten Menschen auf diesem Planeten. Da verwundert es nicht, dass er im Jahr 2011 an der *Bilderberger*-Konferenz im Schweizerischen *St. Moritz* teilnahm. Gemeinsam mit einigen anderen Technologie-Milliardären, wie Bill Gates und Mark Zuckerberg, ist er unermüdlich dabei, diese Welt und die Menschheit umzugestalten. Dabei spielen Roboter und Künstliche Intelligenz eine enorm wichtige Rolle. Im März 2016 veranstaltete Amazon ein geheimes Treffen für mehrere hundert geladene Gäste aus der Robotik- und Unterhaltungsbranche im kalifornischen *Parker Palm Springs Resort*. Die dreitägige Veranstaltung lief unter dem Namen „MARS" („Machine learning, home Automation, Robotics and Space exploration", zu deutsch: „maschinelles Lernen, Heimautomatisierung, Robotik und Weltraumerforschung"). Da stellten Insider wie *Jeff Bezos*, Intel-Geschäftsführer *Brian Krzanich*, *Yves Behar* vom *Smart-Home-Solutions*-Hersteller *August* oder *Toyota-Research-Institute*-Geschäftsführer *Michael Cyrus* in Vorträgen die neuesten Errungenschaften in der Robotik vor. Im hochkarätigen Publikum lauschten Berühmtheiten aus Industrie und Showbusiness.[34] Wir dürfen also gespannt sein, was uns Hollywood in den kommenden Jahren zum Thema „Robotik" anbieten wird!

## *Moderne Landwirtschaft*

Wenn wir von „Digitalisierung" und „Vernetzung" sprechen, dann denken nur sehr wenige Menschen dabei an die Landwirtschaft. Dabei hat schon jeder von uns einen Mähroboter im Garten gesehen oder davon gehört, dass Kühe von Melkmaschinen gemolken werden. Die Entwicklung schreitet auch auf dem Bauernhof rasant voran, und im Jahr 2015 war bereits angeblich jeder fünfte landwirtschaftliche Betrieb in Deutschland digital vernetzt – Tendenz steigend. Doch warum setzen immer mehr Bauern immer stärker auf Maschinen und immer weniger auf menschliche Arbeitskraft?

Da der Anbau und die Vermarktung landwirtschaftlicher Produkte in der westlichen Welt von Regierungen und Großkonzernen bestimmt werden, gibt es für diese Produkte keinen freien Wettbewerb und auch keine freie Preisfindung. Kurz gesagt: landwirtschaftliche Produkte sind viel zu günstig. Sie müssten, gemessen am Arbeitsaufwand und an den Kosten, eigentlich ein Vielfaches dessen kosten, was wir heute für Gemüse, Obst und Milchprodukte im Supermarkt bezahlen. Von dem, was der Bauer dafür bekommt, kann er nicht leben. Daher beziehen Landwirte ihr Einkommen nur etwa zur einen Hälfte aus dem Verkauf ihrer Produkte, die andere Hälfte stammt aus Subventionen. Da die Verteilung dieser Steuergelder aber nicht „gerecht" vonstatten geht, sondern große Betriebe gegenüber kleinen bevorzugt behandelt werden, ist Landwirtschaft nur noch dann gewinnbringend, wenn ein Betrieb sehr groß ist.

Die Gründe dafür liegen darin, dass immer weniger Menschen Bauern werden möchten, da der Beruf hart und anstrengend ist und sich heute kaum mehr jemand die Hände schmutzig machen möchte. Zudem ist seit Beginn der Weltwirtschaftskrise im Jahr 2008 der Preis für landwirtschaftliche Nutzflächen, also für Acker- und Weideland, deutlich gestiegen, mancherorts bis zum zehnfachen. Das liegt hauptsächlich daran, dass landwirtschaftlicher Grund für viele reiche Menschen zum Spekulationsobjekt wurde und sie hunderte oder tausende Hektar Land zu Preisen aufkauften, die ein Bauer nicht bezahlen kann, da er diese Investition nie wieder aus dem Acker herausholen könnte. Da nur noch große Betriebe rentabel sind, sind Bauern also gezwungen, ihre Betriebe zu vergrößern, indem sie Land zupachten. Je größer der Betrieb aber ist, desto höher ist der Arbeitsaufwand. Da Mitarbeiter jedoch teuer ist, müssen die Landwirte in Maschinen investieren, die menschliche Arbeitskräfte ersetzen. Und da es für jede Ernte nur ein sehr kleines Zeitfenster gibt, bestimmt durch die Witterung und den Reifegrad der Kulturpflanzen, gilt es immer, den möglichst perfekten Erntezeitpunkt zu erwischen, um möglichst hohe Qualität zu ernten. Also braucht der moderne Bauer möglichst große Maschinen, die in möglichst kurzer Zeit möglichst viel ernten können. Doch da große Maschinen teuer sind – ein moderner Mähdrescher kostet rund eine halbe Million Euro – lohnen sie sich nur, wenn der Betrieb auch möglichst groß ist, da man nur so die Einnahmen steigern kann.

Das erkläre ich nur als Einleitung, damit Sie verstehen, warum Maschinen heute in der modernen Landwirtschaft unersetzlich sind und bald kaum noch ein Mensch auf Feldern oder in Ställen zu sehen sein wird. Die ländliche Familienidylle von Bergbauern, wie wir sie aus der Schweiz oder aus Österreich kennen, ist leider ein Auslaufmodell. Der größte Teil der konventionellen Landwirtschaft ist hochtechnisiert und computergesteuert. Das ‚Internet der Dinge' bestimmt immer öfter die moderne Landwirtschaft. Sensoren auf den Feldern können exakt den Feuchtigkeitsgehalt und die Zusammensetzung der Böden angeben. Die Menge an Saatgut, Düngemittel und Schädlingsbekämpfungsmitteln können durch den Einsatz von Datenbanken besser reguliert und angepasst werden, was Kosten beim Dünger und beim Saatgut sparen kann. Das digitale Monitoring des Maschinenparks erkennt frühzeitig, wann eine Maschine gewartet werden muss oder wann Teile ersetzt werden müssen. Das spart nicht nur Standzeiten, sondern sorgt auch dafür, dass Traktoren und Bodenbearbeitungsgeräte immer zum richtigen Zeitpunkt einsatzfähig sind. Bei der sogenannten „Landwirtschaft 4.0" sitzt der Bauer immer öfter am Computer oder bekommt alle Daten von seinen Feldern jederzeit direkt auf das Mobiltelefon übertragen.

Auch in der Viehhaltung setzt sich die Technik immer mehr durch. Kühe tragen immer häufiger Halsbänder mit Sensoren. Sie messen die Vitaldaten der Kuh und senden diese Informationen an den Datensammler. So weiß der Bauer jederzeit, welche Kuh gesundheitliche Probleme hat, welche gedeckt werden kann oder wann das nächste Kalb zu erwarten ist. Die Daten können aber auch automatisch an den Besamungstechniker und an den Tierarzt weitergeleitet werden. Solche M2M-Lösungen (Machine-to-Machine, also Maschine zu Maschine) überprüfen auch den Stand im Silo. Wenn das Futter zur Neige geht, bestellt das smarte Agro-System beim Großhändler selbst nach. Auch hier gilt wieder, dass die Hingabe an die vernetzte Technik enorme Gefahren in sich birgt, denn Hackerangriffe oder schadhafte Software, die falsche Daten liefern, können dann schnell zum Massensterben bei Tieren oder zu massiven Ernteausfällen führen.

Abb. 4: Der Agro-Roboter *BoniRob* kann Unkraut zupfen oder Pflanzenschutzmittel versprühen

Wenn der Bauer einst nicht mehr in der Lage sein wird, die Beschaffenheit und den Zustand seines Ackers und seiner Kultur selbst einzuschätzen, weil er sich nur noch auf Maschinen verlässt, dann ist er Sklave der großen Agrarkonzerne und Software-Firmen.

Zugegeben, solche total digitalisierten Betriebe sind in Europa noch selten, doch in den USA sind sie schon lange Standard. (siehe Abb. 4) Und auch in der europäischen Landwirtschaft ist der Siegeszug der Computer nicht mehr aufzuhalten. Im digitalisierten Schweinestall steuert der Landwirt heute die Futtermaschinen und die Heizung per Handy aus der Ferne. Im Weinbau kommen im gut zugänglichen Gelände schon lange Erntemaschinen zum Einsatz. Sie rütteln die reifen Trauben von den Reben und fangen sie unten auf. Immer häufiger kommen auch Roboter und Drohnen im Weingarten zum Einsatz. Der Roboter „Phenobot" zum Beispiel fährt automatisch an Pflanzen vorbei und macht Aufnahmen. Aus der Größe der Beeren und der Farbe kann der beste Erntezeitpunkt erkannt werden. Der von der Hochschule Geisenheim mitentwickelte Roboter „Geisi" kommt in Steillagen zum Einsatz. Geisi ist ein raupenähnliches Gefährt mit stachligen Ketten, die den Boden auflockern. Er soll im Jahr 2018 auf den Markt kommen und zum Versprühen von Pflanzenschutzmitteln und zum Abtransport geernteter Trauben benutzt werden. Auch kommen immer häufiger Drohnen zum Einsatz, um die Pflanzen aus der Luft zu überwachen, den Reifegrad der Trauben oder mögliche Krankheiten festzustellen. Noch werden etwa an Steilhängen der Mosel Pflanzenschutzmittel mit Hubschraubern ausgebracht, doch die sind im Vergleich zu Drohnen nicht mehr konkurrenzfähig.[35]

Noch wehren sich viele Winzer gegen den Einsatz von Robotern und Drohnen, vor allem, weil die meisten Kunden handverlesene Qualität erwarten. Guter Wein, guter Whisky und gute Zigarren gelten als eine der letzten Bereiche, in denen noch alles wirklich von Hand gemacht wird, und die Psychologie spielt beim Essen und Trinken eine große Rolle. Doch die Ernte der Trauben von Hand ist sehr arbeitsintensiv und nur mit sehr vie-

**Abb. 5:** In Kalifornien werden Drohnen im Weinbau zur Kontrolle von Pflanzen und Trauben und zum Versprühen von Pflanzenschutzmitteln eingesetzt.

len Erntehelfern zu bewerkstelligen. Früher haben solche Helfer auch gerne zum Spaß ohne Bezahlung, aber gegen Kost und Logis, im Weinberg mitgeholfen, doch das ist mittlerweile verboten. Jeder Mensch, der einen Weinberg betritt, muss heute in der EU regulär angestellt werden.

Wie mir zugetragen wurde, haben die österreichischen Behörden im Herbst 2016 bei der Weißweinernte in der berühmten *Wachau* Drohnen eingesetzt, mit denen sie alle Personen, die in den Steilhängen zugange waren, ganz detailliert fotografierten. Dann haben sie den Winzern die Fotos vorgelegt und zu jeder Person die passende Arbeitsgenehmigung verlangt. Natürlich mussten viele von ihnen Strafen bezahlen. Wenn ein Weinbauer künftig alle Familienmitglieder, Freunde und Freiwillige, die bei der Weinernte mithelfen, anstellen muss, dann kann er seinen Hof zusperren. Das wissen die Behörden. Sie legen es offenbar gezielt darauf an, alle kleinen landwirtschaftlichen Betriebe zu zerstören, damit sie zu wenigen großen zusammengelegt werden können. Für die lohnt sich dann der Einsatz der vielen teuren Maschinen. Es wird also bald aus sein mit der Romantik im Weinbau, und handverlesen wird bald gar nichts mehr sein – zumindest nach dem Willen der Politik.

Die vermeintliche Arbeitserleichterung, die uns die Digitalisierung bringt, führt zwangsläufig zu mehr Kontrolle und zum Verlust von Freiheit und Individualität. Doch darüber denken die wenigsten Menschen nach. Gerade für die sehr arbeitsintensive Bio-Landwirtschaft dürfte der vermehrte Einsatz intelligenter Maschinen sehr interessant sein. Da ein Bio-Bauer keine Herbizide (Unkrautvernichtungsmittel) einsetzen darf, muss das Unkraut von Hand gejätet werden, was sehr hohe Personalkosten verursacht. Sobald Agrar-Roboter in Serie produziert werden und damit preisgünstiger werden, werden sie vermutlich Einzug in den Bio-Landbau halten. Um diese Entwicklung voranzutreiben, finden jährliche Wettbewerbe statt, bei denen Bastler und Tüftler ihre selbst entwickelten Roboter in der Hoffnung auf den Gewinn der schönen Preisgelder vorstellen.

## *Flugdrohnen*

Flugdrohnen, also unbemannte Flugzeuge und Hubschrauber, gibt es schon lange im Modellbau, doch seit Beginn des 21. Jahrhunderts haben sie einen beachtlichen Siegeszug angetreten. Mittlerweile kommen Drohnen auch in der Paketzustellung zum Einsatz. Seit dem Jahr 2015 forscht der US-Onlinehändler *Amazon* unter dem Projektnamen „Prime Air" in den USA, in Großbritannien und Israel an Fluggeräten für Warentransporte. Das Ziel soll es sein, künftig Waren innerhalb von 30 Minuten nach der Bestellung zum Kunden zu bringen. Im Dezember 2016 verlautbarte der Konzern dann, dass erstmals die Bestellung eines Kunden im englischen Cambridge per Drohne zugestellt habe. Die Ware soll dreizehn Minuten nach Bestellung beim Kunden gewesen sein.[36] Auch der Internetkonzern Google und die US-Paketzusteller *UPS* und *Fedex* gaben ähnliche Pläne bekannt. Seit Anfang 2017 beliefert *DPD*, der Paketdienst der französischen Post, regelmäßig ein abgelegenes Gründerzentrum in der Provence mittels Drohne. Die Deutsche-Post-Tochter *DHL* war da deutlich schneller. Seit 2014 liefern ihre „DHL Paketkopter" vom Festland aus Medikamente an eine Apotheke auf der Nordseeinsel *Juist*. Die 12 Kilometer lange Distanz legt die Lieferdrohne autonom zurück. Dabei kann sie Pakete von bis zu einem Kilo transportieren. Im Jahr 2016 startete DHL die nächste Generation von Paketdrohnen, die Ladungen von bis zu zwei Kilo transportieren können und im Alpenraum zum Einsatz kommen.[37]

Im August 2016 lieferte *Dominos*, die größte Pizza-Restaurant-Kette der Welt, im neuseeländischen Auckland erstmals Pizzen per Drohne aus. Der Pizza-Copter fliegt etwa 30 km/h schnell und soll in etwa 60 Metern Höhe unterwegs sein. Sollte die Testphase im Land der Kiwis erfolgreich verlaufen, hat Dominos seine fliegenden Pizzas auch bereits für Europa angekündigt. Das soll Personal sparen und die Lieferzeiten verringern, weil künftig dann kein Pizzabote mehr im Stau stecken muss. Im besten Fall bleibt die Pizza dann an einem Laternenmast kleben oder wird von einer Krähe im Flug in Stücke gerissen. Aber wem fließt beim Gedanken an eine kalte, von einem fliegenden Roboter zugestellte Pizza nicht sofort das Wasser im Mund zusammen? Fehlt nur noch, dass sie von einem Roboter zubereitet wurde. Lachen Sie nicht, denn dazu kommen wir gleich auf den nächsten Seiten.[38]

**Abb. 6:** Die militärische Drohne *RQ-4B Global Hawk* ist mit knapp 40 Meter Spannweite so groß wie ein Passagierflugzeug

Neben den Flugdrohnen, die zum Überwachen von Winzern oder zum Levitieren von belegten Teigrädern eingesetzt werden, kommen ferngesteuerte Hubschrauber mit mehreren Rotoren, sogenannte „Multikopter", auch für Filmaufnahmen zum Einsatz. Die Kameras werden sowohl für spektakuläre Aufnahmen in Spielfilmen als auch für Luftaufnahmen bei Sportübertragungen genutzt. Das wurde den meisten Zuschauern erstmals bewusst, als im Dezember 2015 beim Slalom in *Madonna di Campiglio* eine Kameradrohne knapp neben dem österreichischen Skistar *Marcel Hirscher* auf die Piste fiel und den Slalomfahrer fast erschlagen hätte.

So praktisch Drohnen sind, so gefährlich sind sie. Im Jahr 2013 verlor die deutsche Bundeswehr 124 ihrer 871 eingesetzten Drohnen durch Abstürze, also rund 14 Prozent der eingesetzten Maschinen.[39] Angesichts der Tatsache, dass Drohnen überall immer häufiger zum Einsatz kommen, könnte es also bald ratsam sein, das Haus nicht mehr ohne Schutzhelm zu verlassen, weil einem so ein mehrere Kilo schweres Ding jederzeit auf den Kopf fallen könnte. Beim Absturz eines ferngesteuerten, militärischen Flugzeugs dürfte einem aber auch kein Helm helfen, denn mit bis zu acht Tonnen Gesamtgewicht und Flügelspannweiten von 60 Metern erreichen die großen militärischen Drohnen, sogenannte *unmanned aerial vehicles* (UAVs), also „unbemannte Fluggeräte", die Größe eines normalen Verkehrsflugzeuges. (siehe Abb. 6)

Technische Innovationen führten in den letzten Jahren dazu, dass Kriege aus immer größerer Distanz geführt werden. Moderne Aufklärung mittels Satelliten, Internet-Überwachung und die Tötung von „Feinden" mittels Kampfdrohnen, haben jedoch nicht zu mehr Verantwortungsgefühl oder zu weniger Opfern geführt. Oft wird versucht, den Eindruck zu erwecken, als sei der moderne Krieg „sauber" und „präzise". Doch Krieg wurde durch die moderne Technik sogar noch brutaler und unmenschlicher, weil die räumliche Distanz auch zu emotionaler Distanz und zu Gleichgültigkeit führte.

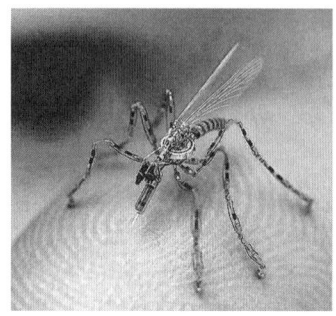

**Abb. 7:** Diese künstlichen Insekten der US-Luftwaffe sind kleiner als eine Fingerkuppe und von echten Insekten kaum zu unterscheiden. Sie werden zur Überwachung genutzt und können Zielpersonen stechen und ihnen Gift injizieren.

So, wie Konzernchefs Entscheidungen über das Schicksal von Menschen treffen, die weit weg und ihnen völlig fremd sind, so töten Drohnen-Piloten ihnen völlig fremde Menschen aus einem geschützten und warmen Raum heraus. Sie lenken ferngesteuerte Kampfflugzeuge, die mit Kameras und Raketen bestückt sind, aus Baucontainern oder Bunkern irgendwo in den USA. Sie haben keinerlei Bezug zu denen, die sie töten, meist kennen sie nicht einmal deren Namen oder Identität. Ein Todesschütze muss seinem Opfer nicht mehr in die Augen sehen. Er bekommt Koordinaten für das Ziel seiner Rakete und drückt auf einen Knopf. Sekunden später schlägt dann irgendwo in Afghanistan oder Pakistan eine Rakete in ein Haus ein und tötet alle, die sich darin befinden und tausende Kilometer entfernt sehen Menschen in ihrem klimatisierten Container auf einem Bildschirm dabei zu. Dann stehen sie auf, gehen nach draußen, vertreten sich die Beine, trinken ein Tasse Kaffee und genießen die warmen Sonnenstrahlen auf ihrer Haut.

Der bislang kleinste Quadrocopter der Welt, also ein Minihubschrauber mit vier Rotoren, misst gerade einmal 4 cm Durchmesser und ist damit etwa so groß wie eine Walnuss. Er ist ein Spielzeug, das schon für wenige Euro zu haben ist und das viel Geschick beim Fernsteuern erfordert. Minidrohnen sind aber vor allem für Militärs und Geheimdienste von großem Interesse, denn wenn sie in der Größe kleiner Insekten daherkommen und lautlos sind, können sie nicht nur zur Aufklärung verwendet werden, sie können auch Bomben zünden oder Gift verabreichen. Solche künstlichen Insekten sind bereits seit Jahren in den USA im Einsatz. Sie sind mit Kameras ausgestattet und werden etwa bei Demonstrationen oder zur Überwachung „verdächtiger Personen" eingesetzt. Sie können aber auch stechen und Gifte injizieren (siehe Abb. 7) und sind somit vermutlich die kleinste tödliche Waffe auf Erden.

Das US-Verteidigungsministerium ließ Anfang 2017 erstmals erfolgreich einen Schwarm fliegen, der aus mehr als hundert Minidrohnen bestand, über Künstliche Intelligenz verfügt und wie „ein kollektiver Organismus" agiert. Jedes Jahr finden rund um den Globus, von Frankreich über die USA bis nach Indien, zahlreiche Wettbewerbe statt, um die besten Neuentwicklungen auf dem Sektor der *Micro Air Vehicles* (MAV) zu prämieren. Dabei vergibt der militärisch-industrielle Komplex hunderttausende von Euros an Tüftler aus aller Welt, um die effektivste Armee aus Minisoldaten zu entwickeln. Denn wer von einem Moskito wie in Abbildung 7 gestochen wird, der verspürt kein Jucken der Haut mehr, der hat all seine Probleme ein für alle mal hinter sich gelassen.[40]

Israel arbeitet einem Zeitungsbericht zufolge an einer tödlichen Waffe in der Größe von Hornissen, die gegen palästinensische Extremisten eingesetzt werden soll. Der Roboter solle im Flug Ziele verfolgen, fotografieren und töten. Damit sollten Extremisten oder Ziele wie Raketenabschussrampen auch dort erreicht werden, wo das israelische Militär bislang nicht hinkam. Die „Bionische Hornisse" wird den Angaben zufolge ihren Weg auch durch enge Gassen finden.[41]

Das Bienensterben, das um die Jahrtausendwende einsetzte und weltweit einen großen Teil der Bienenbestände ausgerottet hat, hätte uns eigentlich als deutliches Warnsignal dienen sollen, unseren Umgang mit der Natur und all ihren Lebewesen zu ändern. Ohne Bienen gibt es keine Bestäubung von Blüten, somit keine Früchte und keine Samen. Sollten die bereits stark geschwächten und dezimierten Bienen aussterben – was dank Pestiziden, Monokulturen, der Varroa-Milbe und dem regen internationalen Handel unterschiedlicher Bienenvölker und Bienenköniginnen über Kontinente hinweg leicht möglich wäre –, dann wäre das unser aller Tod. Es sei denn, wir fänden eine technische Lösung für das Problem!

In China ist es teilweise bereits soweit, dass die Blütenbestäubung bei Obstbäumen aufgrund des Bienensterbens von Heeren von Menschen mit Pinseln und Leitern erledigt wird – eine Alternative, die sich jedoch außer den Chinesen wohl niemand wird leisten können. Es sei denn, dass die Politik alle Arbeitslosen in den westlichen Ländern künftig dazu zwingt, sich in Obstplantagen von Baum zu Baum zu schwingen. Doch da dies unwahrscheinlich ist, musste natürlich wieder eine technische Lösung her!

Abb. 8: Die Roboterbiene Robobee wird zur Bestäubung von Blüten eingesetzt und ist gegen Pestizide immun.

Deshalb haben Wissenschaftler der *Harvard-Universität* eine Bienendrohne entwickelt. Sie soll künftig die Bestäubung landwirtschaftlicher Nutzpflanzen sicherstellen. (siehe Abb. 8) Der fliegende Miniaturroboter „Robobee" ist gegen Pestizide immun und wird von der amerikanischen Eliteuniversität als perfekte Alternative zur echten Honigbiene angesehen.[42] Da muss bei den Pestizidherstellern wie *Monsanto*, *BASF* und *Bayer* doch große Freude aufkommen! Die meisten Menschen tun Dinge, nicht weil sie sinnvoll sind, sondern weil sie es können! Doch während die großen Konzerne sich eine Entwicklungsschlacht darüber liefern, wer schnellere, leistungsfähigere und bessere Drohnen entwickelt, sind viele rechtliche Fragen noch lange nicht geklärt. Welche Regeln sollen für die kommerzielle Nutzung des Luftraums durch private Drohnen gelten? Wer haftet bei Unfällen, wer, wenn die Ladung nicht ankommt?

Da die Konzerne *Google* und *Amazon* großen politischen Einfluss haben, ist zu erwarten, dass ihnen die Politik kaum Steine in den Weg legen wird. In wenigen Jahren könnte es also über unseren Köpfen nur so von Drohnen wimmeln und ich frage mich, warum die „Grünen" und die Umweltschutzverbände nicht längst vor dieser Entwicklung warnen. Denn ein Himmel voller Drohnen kann weder für den Menschen noch für die Vogelwelt angenehm sein, oder?

## *Autonomes Fahren*

Moderne Fahrzeuge werden immer selbstständiger. So können manche Autos mittlerweile von ganz allein einparken oder von selbst den nötigen Abstand zum Vordermann halten. Solche Funktionen, die das Leben erleichtern sollen, werden als **„automatisiertes Fahren"** oder als „Fahrerassistenzsysteme" bezeichnet. Es ist also noch nicht soweit, dass Fahrzeuge ganz allein, ohne Fahrer, auf den Straßen unterwegs sein dürfen, doch dieses **„autonome Fahren"** ist nur noch einen Wimpernschlag entfernt, da längst rund um den Globus mit Hochdruck daran geforscht wird.

**Abb. 9:** Der selbstfahrende Minibus „Olli" kommt aus dem 3D-Drucker

Noch gibt es auf dem Weg zur nächsten Evolutionsstufe der Mobilität einige Hürden zu überwinden und Rückschläge zu verkraften. Der innovative US-amerikanische Hersteller schnittiger Elektroautos *Tesla* schien bei all diesen Entwicklungen lange die Nase vorn zu haben, doch ein tödlicher Verkehrsunfall mit einem *Tesla Model S* im Mai 2016, angeblich durch den aktivierten Autopilot verursacht, versetzte einer ganzen Branche kurzzeitig eine kleinen Dämpfer. Kurzzeitig. Neunzig Prozent aller Verkehrsunfälle sind die Folge menschlichen Versagens. Man könnte also sagen, dass Computer oder Roboter es gar nicht viel schlechter machen könnten als der Mensch. Deshalb arbeiten die Automobilkonzerne an vollautomatisierten Fahrzeugen. Experten rechnen mit deren Einführung zwischen den Jahren 2020 und 2025. Diese Veränderungen gehen so rasch und leise von statten, dass es die breite Öffentlichkeit bislang kaum mitbekommen hat – dabei werden sie unsere Gesellschaft nachhaltig verändern. In welche Richtung das gehen wird, hängt von jedem Einzelnen von uns ab, und je eher wir uns mit dieser Materie beschäftigen, desto eher werden wir diesen Wandel mitgestalten können.

Der Online-Taxidienst *Uber* testete im Jahr 2016 selbstfahrende Taxis in der Stadt Pittsburgh. In den USA sind die Hürden für solche Praxistests deutlich geringer als in Europa. Doch das ist noch gar nichts. Die Firma *Local Motors*, spezialisiert auf mobile Innovationen aller Art, stellte Ende 2014 „Strati" vor, das erste Auto, dessen Karosserie und Innenraum komplett aus dem 3D-Drucker kommt. Den Motor, die Batterie und andere Teile kauft *Local Motors* bei *Renault* zu. Doch das Äußere des Autos stellt der Drucker in nur 48 Stunden aus einem Gemisch aus Karbon und Plastik her. Gesteuert wird das Auto „Strati" noch von Menschenhand – doch nicht mehr lange. Im Jahr 2016 setzte die kreative Firma noch eins oben drauf und stellte „Olli" vor, den ersten **selbstfahrenden Minibus aus dem 3D-Drucker**. „Olli" bietet bis zu zwölf Fahrgästen Platz und soll per Smartphone-App angefordert werden können. Der Bus soll ab dem Jahr 2017 in mehreren US-Städten auf öffentlichen Straßen eingesetzt werden. Olli bezieht sein Wissen über alle nötigen Verkehrsinformationen und

Routen von IBMs Supercomputer *Watson*. Daher kann Olli auch die menschliche Sprache verstehen und sich mit den Fahrgästen unterhalten. Seit 2015 hat *Local Motors* auch eine Niederlassung in Berlin und will damit von Deutschland aus das Europa-Geschäft steuern. Das Ziel ist es, mehrere kleine 3D-Drucker-Produktionsstätten aufzubauen, in denen Autos in kleiner Stückzahl auch individuell gefertigt werden können.

Einen ähnlichen selbstfahrenden Elektro-Kleinbus mit zwölf Plätzen stellte der niederländisch-russische Suchmaschinenbetreiber *Yandex* im September 2016 auf der Moskauer Automobilmesse vor. Der „russische Olli" fährt 25 km/h schnell und hat eine Reichweite von 200 Kilometern. Es soll laut Hersteller ab dem Jahr 2018 zunächst in Messezentren, Museen und Flughäfen zum Einsatz kommen, danach aber, wenn möglich, zunehmend den öffentlichen Nahverkehr entlasten.[43] Das autonome Fahren kommt also mit riesigen Schritten näher!

Fahrerlose LKW wurden jedoch im militärischen Bereich bereits in den 1990er-Jahren getestet. Im Bergbau sind die fahrerlosen Trucks von *Catapillar* seit 2013 in Australien im Einsatz und nach und nach stellen immer mehr Minengesellschaften auf fahrerlose LKW um. Auch der japanische Konzern *Komatsu* baut gigantische führerlose Trucks für den Bergbau. Sie haben nicht einmal mehr eine Fahrerkabine, wiegen mehr als 400 Tonnen und sind so groß wie ein zwei- bis dreistöckiges Haus. (siehe Abb. 10) Seit 2016 haben auch *Volvo* und *Saab* solche fahrerlosen LKW unter Tage im Einsatz. Mittels Sensoren und GPS-Technologie tasten sie ihre Umgebung ab, umfahren Hindernisse und sammeln Daten, um die Route und die Transportsicherheit ständig weiter zu verbessern.[44] In den USA sind seit 2016 die ersten zwei autonomen Trucks mit ganz normalen Nevada-Kennzeichen auf den Straßen unterwegs. Es wird spekuliert, dass etwa um das Jahr 2025 herum weltweit mehrheitlich LKW ohne menschlichen Fahrer über die Straßen brettern könnten. Immerhin ist das der spannendste Zukunftsmarkt, denn Autofahren macht vielen Menschen ja immer noch Spaß. Doch ein Truck, der meist stundenlang bei gleichbleibender Geschwindigkeit kerzengeradeaus fährt, ist das perfekte Fahrzeug für autonomes Fahren.

Was für die Spediteure langfristig finanzielle Erleichterungen bringen könnte, wird dem Staat aber teuer zu stehen kommen, denn wenn man

Abb. 10: Autonome führerlose Trucks haben nicht einmal mehr Fahrerkabinen. Sie werden bislang im Bergbau eingesetzt und sind so groß wie ein zwei- bis dreistöckiges Haus.

weiß, dass in dreißig der fünfzig US-Bundesstaaten im Jahr 2016 LKW-Fahrer noch der häufigste Beruf war, dann lässt sich erahnen, dass das autonome Fahren Millionen Menschen den Arbeitsplatz kosten wird!

Ein kalifornischer Ingenieur hat ein autonom fahrendes Solarboot entwickelt. Der Prototyp soll zeigen, dass Schiffe sich in Zukunft in der Lage sein werden, sich alleine elektrisch auf den Weltmeeren fortzubewegen. Private und militärische Projekte treiben zudem den Einsatz autonomer Roboterschiffe voran. In Europa werden bereits riesige autonome Cargo-Schiffe gebaut, die tausende Container unbemannt über die Weltmeere fahren und bis 2020 großflächig eingesetzt werden sollen.[45] Allerdings sollen diese Schiffe nicht von Computern an Bord, sondern von einer High-Tech-Zentrale aus ferngesteuert werden. Ohne laufende Kosten für die Crew könnten die Schiffe langsamer fahren, was laut Experten sehr viel Treibstoff und damit Kosten sparen würde. Diese Entwicklung ist angesichts der anhaltenden Krise in der Container-Schifffahrt besonders interessant.

Die russische Industriekorporation *OPK* hat bei der Internationalen Luftfahrtmesse *MAKS-2015* ein unbemanntes Luftschiff (also einen modernen Zeppelin) für Aufklärung, Transport von Gütern und die Ortung von U-Booten vorgestellt.[46] Genau diese U-Boote spielen heute im militärischen Bereich eine immer größere Rolle. Die neueste Generation von U-Booten ist immer häufiger ohne Besatzung unterwegs. Sie bewegen sich autonom, still und heimlich durch alle großen Gewässer. Sie werden nicht nur von Drogenkartellen genutzt, um ihre Waren von Kolumbien aus in alle Welt zu verteilen, auch die Armeen rund um den Globus bauen ihre Flotten von unbemannten und autonomen Unterwasserfahrzeugen aller Arten und Größen ohne viel Aufsehen immer weiter aus. Die Vorteile der **Unterwasserroboter** liegen klar auf der Hand: Wenn man die oft mehr als fünfzig Mann Besatzung einspart, braucht man auch keine Sauerstoffversorgung, keine Toiletten und keine Nahrungsmittelvorräte. Das senkt die Kosten deutlich und erhöht die Reichweite der U-Boote. Somit könnten sie theoretisch für immer unter Wasser bleiben. Praktisch sind sie noch nicht soweit, doch neue Modelle wie die „Echo Voyager", ein Roboter-U-Boot der Boeing-Tochter *Phantom Works* kann immerhin 6 Monate lang unter Wasser bleiben.[47]

Da die wirklich spannenden Dinge künftig offenbar weitgehend ohne menschliche Beteiligung stattfinden werden, frage ich mich, wie Spionage- und Kriegsfilme der Zukunft aussehen werden. Filme über U-Boote, wie „Jagd auf roter Oktober" oder „Das Boot", wären wohl eher langweilig, wenn die U-Boote unbemannt sind. Vielleicht aber werden die Schauspieler künftig auch Roboter sein, weil die anderen Roboter sie lieber sehen als Menschen? Immerhin ist dieses Experiment beim Film *WALL·E* geglückt.

Mit großer Begeisterung haben wir einem kleinen staubigen Roboter dabei zugesehen, wie er sich in eine Roboterdame verliebte. Wir haben auch daraus gelernt, dass der nutzlose, unförmige und übergewichtige Mensch (siehe Bild 11) künftig auf Außenposten in unserem Sonnensystem leben wird, weil die Erde unbewohnbar wird. Und vergessen wir nicht, dass auch die meisten von Asimovs und Roddenberrys Prophezeiungen eintrafen!

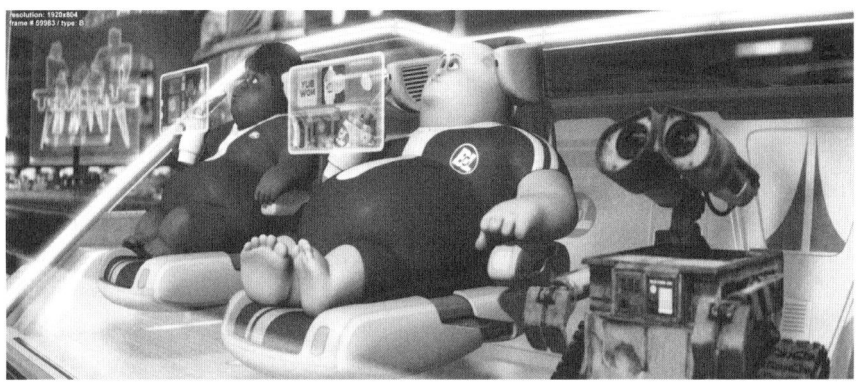

Abb. 11: Sieht der Mensch der Zukunft so aus wie im Film *WALL·E*?

Das US-Militär baut mittlerweile auf jeden Fall weltweit unter Wasser Servicestationen für seine Roboter-U-Boote, um sie im Verborgenen warten zu können, und die britische *Royal Navy* hielt im Oktober 2016 vor den Westküsten von Schottland und Wales ein großes Manöver mit dem Namen „Unmanned Warrior 16", zu deutsch „unbemannter Krieger 16", ab. Abgesehen davon, dass dieser Name wenig Sinn macht, zeigt die Aktion, an der mehr als vierzig Parteien aus Wirtschaft und Militär beteiligt waren, dass Kriege künftig mit Robotern geführt werden, und die *Royal Navy* nannte ihr Manöver auch einen inszenierten „Roboter-Krieg".[48]

U-Boote dienen heute nicht nur der Aufklärung und der Abwehr, sie werden auch in angeblichen Zeiten des Friedens offensiv eingesetzt. Amerikanische U-Boote werden laut einer Meldung von Jeff Bezos' *Washington Post* im Juli 2016 auch als Hackerplattformen genutzt, um an den Küsten anderer Länder Informationen abzufangen, das Internet zu manipulieren und Server lahmzulegen. Sie sind somit ein wichtiger Teil der amerikanischen Cyberstrategie.[49] Ist es nicht süß, wie Politiker sich öffentlich zum Wohle ihrer Bürger um Datenschutz bemühen?

Diese Information ist insofern äußerst bemerkenswert, da zu jenem Zeitpunkt gerade von der *Washington Post* Wahlkampf für Hillary Clinton und gegen Donald Trump gemacht wurde, und die Zeitung von *Amazon*-Chef Jeff Bezos zusammen mit den Linken in den USA kontinuierlich Russland beschuldigte, US-Server gehackt und Informationen an *Wikileaks* weitergeleitet zu haben. Nach der Wahl Trumps zum Präsidenten war die *Washington Post* eifrig mit dabei, zu behaupten, dass die Russen den US-Wahlkampf zu Gunsten von Trump mittels Manipulation im Internet mitentschieden hätten. Wenn man versucht, aus diesen unterschiedlichen Meldungen einen Schluss zu ziehen, dann bleibt für mich nur einer: Alle hören alle ab, alle manipulieren einander, die USA sind den Russen jedoch offenbar unterlegen und schlagen deswegen wütend und fassungslos um sich. Die einzige andere Schlussfolgerung, die Sinn machen würde, wäre, dass US-Kräfte selbst hinter den Email-Hacks stehen und die Korrespondenzen von Hillary Clinton und ihrem Wahlkampfleiter John Podesta absichtlich veröffentlichen und dann den Russen in die Schuhe schoben, um von sich selbst abzulenken. Doch dazu später mehr, denn ich bin hier gerade ein wenig vom Thema abgewichen.

**Abb. 12:** Der Lieferroboter von *Hermes* und *Media Markt* soll bald über den Bürgersteig rollen und Bestellungen ausliefern.

Unbemannte, selbstständig agierende Fahrzeuge sind sowohl zu Land, zu Luft, zu Wasser als auch unter Wasser immer häufiger unterwegs. Doch während die Unfallgefahr unter Tage oder auf hoher See relativ gering ist, liegt der Knackpunkt beim autonomen Fahren auf der Straße auf der Hand: Wer haftet dafür, wenn es zu Unfällen mit Personenschäden kommt? Der Fahrzeughersteller, der Fahrzeughalter oder vielleicht gar der überfahrene Fußgänger? Und wie kann man solche Unfälle künftig verhindern? Um das Feld nicht den Amerikanern, Chinesen und Japanern allein zu überlassen, wurde auf der bayerischen Autobahn A9 im Jahr 2015 ein Teilabschnitt mit allen möglichen Sensoren eingerichtet, wo Autobauer ihre autonomen und automatisierten Fahrzeuge unter realistischen Bedingungen testen können. So sollen Automobilhersteller, Zulieferer, Telekommunikations- und IT-Unternehmen Daten sammeln können, um bei der sogenannten „Mobilität 4.0" künftig in der Oberliga mitspielen zu können. Im Oktober 2016 gab der deutsche Verkehrsminister *Andreas Dobrindt* bekannt, diese Tests künftig auch auf Landstraßen und auf einige Städte ausdehnen zu wollen. Mehr denn je heißt es dann also: Augen auf im Straßenverkehr!

Doch nicht nur auf den Straßen und in den Lüften dürften bald immer mehr autonome Vehikel unterwegs sein. *Media Markt*, die Elektronikkette der Metro-Gruppe, testete im Jahr 2016 zusammen mit dem Paketdienst *Hermes* die Zustellung von Paketen mittels kleiner Lieferroboter, die über die Gehwege rollen und bestellte Sendungen direkt bis zur Haustür bringen. (siehe Abb. 12)

Wir sind also vielleicht gar nicht mehr so weit von Zuständen wie in *Luc Bessons* Film „Das fünfte Element" entfernt, in denen Autos autonom in mehreren Schichten übereinander durch Hochhausschluchten fliegen und man nicht weiß, wo man zuerst hinsehen soll, um nicht über den Haufen gefahren oder geflogen zu werden. Die bayerische Firma *Lilium Aviation* möchte im Jahr 2018 einen Elektro-Jet auf den Markt bringen, der senkrecht startet und landet, mit einem Joystick bedient wird, 400 km/h schnell fliegen kann und mittelfristig das Auto ersetzen soll:

> *„Wir bauen zum Beispiel mit Lilium den ersten wirklichen Elektrojet der Welt. Der... kostet nur einen Bruchteil eines normalen Flugzeugs. Eine solche neue Technologie ist dazu geeignet, die Art und Weise komplett zu verändern, wie Menschen und Güter transportiert werden... Uber* (Fahrdienst- und Taxivermittlungsunternehmen, A.d.V.) *wird danach als nächstes angegriffen – wenn wir zum Beispiel Lilium Aviation als eine Art Taxi-Service launchen würden. Der Kunde fliegt über die Straßen hinweg, statt auf ihnen im Stau zu stehen. Wer würde da noch einen Uber-Wagen rufen? Die Disruption von ganzen Industrien wird als ständiger Mechanismus der Wirtschaftswelt bleiben... Die einzige Chance von Unternehmen wird in Zukunft sein, dass sie die Bereitschaft in sich tragen, sich bei Bedarf selbst zu zerstören – um zu überleben. Du musst Dein bestlaufendes Produkt oder Dein gewinnbringendstes Businessmodell jederzeit hinterfragen und notfalls killen können. Die Bereitschaft dazu sehe ich in Deutschland nicht. Und das ist unser Problem."*
> 
> Frank Thelen, deutscher Unternehmer[49a]

Unter „**Disruption**" versteht man eine Innovation, die eine gesamte **bestehende Branche umkrempeln oder zerstören** kann. Genau das ist das Ziel heutiger junger Unternehmer und Investoren, wie wir in der Folge noch sehen werden. Frank Thelen sieht also bei den Deutschen keinen ausreichenden Killerinstinkt!

## *3D-Drucker*

Der US-Amerikaner *Chuck Hull* erfand den 3D-Drucker im Jahr 1983 und es ist gut möglich, dass diese Technologie einmal als eine der genialsten menschlichen Erfindungen aller Zeiten in die Geschichte eingehen wird. Ein 3D-Drucker ist ein simpler Roboter, dessen Arme von einem Computer gesteuert, bestimmte Materialien aufeinander schichten, wodurch ein dreidimensionales Objekt entsteht. Für einige tausend Euro kann man sich solche Drucker auch schon für zuhause anschaffen, um bestimmte Objekte aus Kunststoff, genauer aus Kunstharz, auszudrucken. In einem speziellen

Programm kann ich dabei meine Objekte – sagen wir etwa einen Satz selbst entworfener Schachfiguren – im Computer gestalten. Der Drucker erschafft sie dann nach meinen Angaben, indem er das flüssige Harz Schicht auf Schicht aufeinander legt und es gleichzeitig aushärtet. Doch man kann damit nicht nur Schachfiguren erschaffen, sondern auch Waffen ausdrucken oder eben, wie zuvor gesehen, Autoteile. Auf der Innovations-Messe „Innoprom" in Jekaterinburg stellten russische Ingenieure im Jahr 2016 den ersten 3D-Drucker vor, der auch komplizierte Metallteile herstellen kann. Als Rohstoff wird dabei ein Metallpulver eingesetzt, das mittels Laser auf bis zu 3.000 Grad Celsius erhitzt wird. Dadurch können sie auch die härtesten Metallteile, etwa aus Titan-, Wolfram- und sogar Vanadium-Legierungen herstellen.[50]

Seit einigen Jahren werden bereits ganze **Häuser gedruckt**. Die Firma *Fastbreak Robotics* baut beispielweise mit ihrem Bauroboter *Hadrian X* Häuser in nur zwei Tagen. Maurer würden für dasselbe Haus vier bis sechs Wochen brauchen. Der Bauroboter ist faktisch ein riesiger LKW mit 3D-Drucker und Roboterarm. Der Drucker fertigt die Ziegel vor Ort. Der Arm nimmt sie und legt bis zu 1.000 Ziegel pro Stunde aufeinander, 24 Stunden am Tag. Er verbindet sie statt mit Mörtel mit einem Kleber, der angeblich noch besser isoliert, da es weniger Zwischenräume gibt. Eine Software steuert dabei den Roboterarm präzise an. Einzig für einige Feinarbeiten und für das Verlegen der Dachziegel werden noch menschliche Helfer benötigt.[51] In anderen Verfahren wird Beton in Strängen aufeinander geschichtet und ausgehärtet. (siehe Abb. 13)

Wenn all das bislang für Sie neu und erstaunlich war, dann halten Sie sich jetzt fest. Ich habe mir das Beste in diesem Kapitel natürlich für den Schluss aufgehoben! Seit einigen Jahren bereits stellen chinesische und amerikanische Firmen 3D-Drucker her, die organisches Material aus lebenden Zellen drucken. Dieses sogenannte „Bioprinting" ermöglicht es, funktionierende mensch-

**Abb. 13:** Ein riesiger 3D-Drucker schichtet Beton in endlosen Strängen aufeinander und kann so innerhalb weniger Stunden ganze Häuser bauen.

liche Organe nachzudrucken. Als erstes war man mit dem Ausdruck einer Leber erfolgreich[52], doch in naher Zukunft sollen solche Drucker in allen größeren Spitälern stehen und jederzeit auf Wunsch und nach Maß auch andere menschliche Organe herstellen.[53] Das klingt vielleicht im ersten Moment sehr befremdlich, doch angesichts der Tatsache, dass manche reiche Menschen sich heute für hunderttausende Dollar „Spenderorgane" auf dem Schwarzmarkt kaufen – und nicht alle diese Organe auch freiwillig gespendet werden –, hat zumindest diese eine Erfindung in meinen Augen einen positiven menschlichen Aspekt. Doch ich gebe zu, dass die Vorstellung, lebende menschliche Teile im Drucker zu erstellen, eher an Autoteilehändler erinnert, denn an humanmedizinische Versorgung. Vielleicht kann man sie dann auch bald im Online-Handel bestellen und sich per Drohne innerhalb von Minuten liefern und vom Haushaltsroboter einsetzen lassen! Der Fantasie scheinen hier weniger Grenzen gesetzt zu sein als der Realität.

Mittlerweile werden 3D-Drucker auch im Weltraum dazu verwendet, um in der Schwerelosigkeit alles zu erstellen, was man da draußen so braucht, bis hin zu Behausungen auf anderen Planeten und Mahlzeiten – dazu später noch mehr. Doch diese leckere Neuerung wird auch für uns auf Erden bald verfügbar sein. Allerorts wird an „Foof-Printern" gearbeitet. Der Pasta-Produzent *Barilla* experimentierte bereits im Jahr 2015 mit einem 3D-Drucker, den er auf der „Future Food Expo" in Mailand ausstellte und der auch Nudeln in kompliziertesten Formen herstellen kann.

Was ist aus der guten alten Bandnudel geworden, fragen Sie sich jetzt vielleicht, die war doch auch nicht so schlecht? Manche Neuerungen setzen sich nicht deshalb durch, weil sie ein Gewinn für die Menschheit sind, sondern weil sie den Produzenten Gewinne bringen.

## *Kampfroboter*

> *„Schon 2011 setzte die amerikanische Polizei erstmals einen Roboter ein. Damals wurden in Tennessee Tränengasgranaten an den Greifarm eines Roboters gebunden und ferngezündet. Die Aktion war allerdings ein Fehlschlag, weil durch die Tränengasgranate ein Wohnwagen in Brand geschossen wurde. Während jetzt in Dallas die amerikanische Polizei erst-*

mals einen Roboter zum Töten einsetzte, ist das bei den Streitkräften mehrerer Länder schon häufiger der Fall gewesen. Die US Army hat das wiederholt in Afghanistan sowie im Irak getan."

Peter Odrich auf *Ingenieur.de*[54]

Eine besondere Form des Roboters sind Kampfroboter und die verschiedenen Arten von Spezialrobotern, die sowohl bei der Polizei als auch beim Militär eingesetzt werden, wie das obige Zitat so herrlich lapidar und beiläufig zusammenfasst. Unbemannte Drohnen aller Arten und Größen werden mittlerweile nicht nur vom Militär zur Aufklärung und zur Tötung eingesetzt. Auch die Polizei nutzt sie zur Überwachung oder, wie in Indien bereits geschehen, um notfalls bei Demonstrationen Tränengas oder Pfefferspray gegen Demonstranten zu versprühen. In Südkorea kommen Roboter bereits als Gefängnisaufseher zum Einsatz und die koreanische Regierung plant den Einsatz zahlreicher Robo-Cops in den Straßen der Hauptstadt Pjönjang während der Olympischen Winterspiele im Jahr 2018. In Kinshasa, der Hauptstadt des Kongos, sind fünf Roboter im Einsatz, um den Verkehr zu regeln[55], und weltweit werden Roboter seit Jahren zur Entschärfung von Bomben eingesetzt oder um verdächtige Fahrzeuge und Gegenstände zu untersuchen. (siehe Abb. 14)

Doch als die Polizei von Dallas im Juli 2016 erstmals einen solchen Sprengstoff-Roboter nicht zum Entschärfen einsetzte, sondern ihn mit Sprengstoff bestückte und damit einen Verbrecher in die Luft jagte, der sich in einem Hotel verschanzt hatte, war das Entsetzen groß. Mit einem Mal wurde vielen Menschen bewusst, dass Roboter eine tödliche Bedrohung darstellen können. Dabei waren die kleinen Kettenfahrzeuge bereits gut siebzig Jahre zuvor zu genau diesem Zweck entwickelt worden.

Die französischen Firma *Kégresse* hatte in den 1930er-Jahren einen kleinen Sprengladungsträger entwickelt und im Jahr 1940 in der *Seine* versenkt, damit er den Deut-

**Abb. 14:** Der „Talon" von *Foster-Miller* kann Sprengsätze entschärfen, zur Aufklärung in schwierigem Gelände eingesetzt werden oder aber auch mit einem Maschinengewehr bestückt und als Kampfroboter wie im zweiten Irak-Krieg der USA von 2005 bis 2008.

schen nicht in die Hände fiel – jedoch vergebens. Sie fanden und bargen ihn, und *Borgward* baute fortan den ferngesteuerten Minipanzer nach, der bis zu 50 Kilogramm Sprengstoff tragen konnte. Er wurde eingesetzt, um feindliche Bunker und Panzer zu sprengen. Der Einsatz von Robotern, oder zumindest von unbemannten Waffen beim Militär, ist also keine Neuigkeit. Allerdings haben sie sich seit dem Zweiten Weltkrieg enorm weiterentwickelt.

Paul Verhoevens Film „RoboCop" aus dem Jahr 1987 galt lange als Satire, denn darin wird ein ermordeter Polizist im Körper eines Roboters wieder zu neuem Leben erweckt. Aus dem Polizisten *Alex Murphy* wird *RoboCop*, eine Kampfmaschine, ein Cyborg, ein unbezwingbares Mischwesen aus Mensch und Maschine. Doch diese Geschichte ist längst keine „Science Fiction" mehr, denn Militärs rund um den Globus arbeiten mit Hochdruck an der Entwicklung solcher Supersoldaten.

Das Problem, das alle Armeen und Polizeieinheiten haben, ist, dass der Mensch generell unzuverlässig ist – vor allem in Stresssituationen. Eine von Brigadegeneral *S.L.A. Marshall* geleitete Studie aus dem Zweiten Weltkrieg fand heraus, dass in einem Gefecht nur 15 bis 20 Prozent der Soldaten auf den Feind schießen. Diese Prozentzahl wurde zwar später in anderen Studien relativiert, doch die meisten Menschen haben im direkten Kampf eine natürliche Tötungshemmung, die nur schwer zu überwinden ist und sich nur schwer abtrainieren lässt.

Militärische Killerdrohnen werden seit Jahren von Piloten aus großer Ferne gesteuert, damit sie keinen Bezug zum Geschehen und damit auch keine Gewissensbisse haben. Extrem brutale Videospiele haben viele Jugendliche über Jahre hinweg abgestumpft und sie zu perfekt trainierten Killern für das Militär gemacht. Alle Drohnenpiloten müssen in der Einschulungsphase über Monate hinweg genau solche Killer-Games spielen, um noch gefühlloser zu werden. Doch selbst der kaltschnäuzigste Drohnen-Operator bekommt meist irgendwann Probleme mit seinem Gewissen. Während der Proteste in Ägypten im Jahr 2011 weigerten sich Soldaten, auf die Demonstranten zu schießen, dasselbe passierte im Jahr 2014 in der Ostukraine.[56] Immer wieder verweigern Soldaten einen Schießbefehl. Daher werden Kampfroboter im Eiltempo weiterentwickelt, vor allem die sogenannten *Lethal Autonomous Robots* (LARs), tödliche und selbstständig programmierbare Roboter, deren Bestimmung es ist, je nach individueller Lage und Einschätzung autonom zu töten. Doch weil deren Entwicklung dauert und sehr kostenintensiv ist, wird parallel daran experimentiert, wie man indes die menschlichen Soldaten effizienter machen kann.

Jede Armee träumt von unbesiegbaren Kampfmaschinen, von „Supersoldaten", die keine Skrupel, keine Müdigkeit und keine posttraumatischen Belastungsstörungen kennen. Wir alle haben davon gehört, dass die US-Armee im Vietnam-Krieg die bewusstseinsverändernde Droge *LSD* an ihren Soldaten testete, und solche Tests mit Drogen an Soldaten halten bis heute an. Es werden immer neue Methoden getestet, um Soldaten ihre Schuldgefühle und ihre Erinnerungen an die Gräuel des Krieges zu nehmen. Vor einigen Jahren noch waren Methoden wie die *Transcranial Magnetic Stimulation* (TMS) der letzte Schrei. Dabei wird das Gehirn des Soldaten einem extrem starken Magnetfeld ausgesetzt, um bestimmte neuronale Vernetzung, und somit Erinnerungen an Negatives, zu zerstören.[57] Doch ähnlich wie beim Superagenten *Jason Bourne* in den gleichnamigen US-Action-Filmen funktioniert die Abhärtung und Abstumpfung bei Menschen nur bis zu einem bestimmten Punkt. Irgendwann kommt bei den meisten irgendeine Form von Gefühl und Mitgefühl durch. Irgendwann kommen auch die Erinnerungen wieder hoch und lösen eine Kettenreaktion aus. Das ist natürlich für Militärs nicht befriedigend, denn dann werden aus Veteranen schnell nervige Kritiker des Militärs und seiner Methoden.

Das andere große Problem ist das der biologischen Grenzen eines Menschen. Diese zu überwinden ist das Ziel eines Forschungszweiges, der sich „Military Bioengeneering" nennt. Diese „Militärische Biotechnik" sucht nach Wegen, damit Soldaten weniger schlafen und regenerieren müssen, und kräftiger und ausdauernder werden. Dieses „Human Enhancing" soll die Leistungsfähigkeit eines Menschen in allen Bereichen steigern. Es gibt auch Projekte, um Soldaten mittels Chip-Implantaten im Gehirn besser steuern zu können. Ein Programm mit dem Titel „Continuous Assisted Performance" will mit biotechnologischen Mitteln wie Implantaten eine Manipulation des Stoffwechsels und künstlichen Muskelaufbau erreichen, dass Soldaten bis zu sieben Tage lang wach bleiben können, ohne dabei den

Verstand zu verlieren. Bei all diesen „Forschungen" verschwimmt die Abgrenzung zwischen staatlichen Stellen, privaten Firmen und dem militärisch-industriellen Komplex, was das Ganze sehr undurchsichtig und somit durchaus gefährlich macht.

Ein großer Teil des Geldes für die Entwicklung von „Supersoldaten" und Kampfrobotern kommt aus dem Pentagon, dem Hauptsitz des US-Verteidigungsministeriums in Washington. Dafür zuständig ist die Forschungsabteilung des Pentagons, die *DARPA (Defense Advanced Research Projects Agency)*. Ein Projekt namens „Autonomous Robotic Manipulation" (ARM) etwa verfolgt dabei das Ziel, Roboter unabhängig Aufgaben erfüllen zu lassen, die *„ein breites Interessenspektrum von Kämpfern"* abdecken. ARM soll Roboter hervorbringen, die durch ihren hohen Grad an Autonomie den Menschen entlasten.[58] DARPA arbeitet hier eng mit der Google-Tochter *Boston Dynamics* zusammen, die für das Pentagon den „Atlas-Roboter" entwickelte. Die im Jahr 2016 vorgestellte neueste Version „Atlas Next Generation" ist 1,75 Meter groß und wiegt 81 Kilo. Er ist voll geländegängig und wurde dafür entwickelt, dort eingesetzt zu werden, wo Menschen nicht hingehen können. (siehe Abb. 15) Er soll künftig angeblich bei Naturkatastrophen oder Atomreaktorunfällen zum Einsatz kommen. Doch wenn man so viel Energie und Geld in seine Entwicklung investiert, wird man ihn vermutlich auch noch anderweitig nutzen wollen.

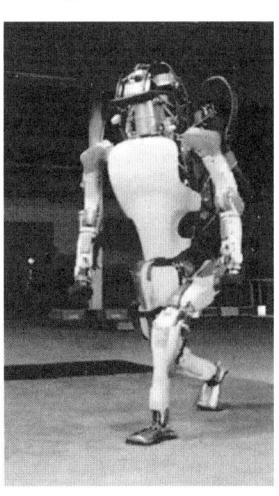

**Abb. 15:** Der Roboter „Atlas Next Generation" von *Boston Dynamics*, der für die DARPA entwickelt wurde, ist 1,75m groß und wiegt 81 Kilo.

Im Dezember 2015 wurde darüber berichtet, dass die syrische Armee im Krieg gegen die Rebellen erfolgreich russische Militärroboter einsetzte, genauer: unbemannte Panzer, Fahrzeuge, Flugzeuge und Artillerie.[59] Die Russen nutzten den Konflikt offenbar auch zum Test ihrer neuesten automatisierten Waffensysteme.

Die ultimative Vision des Pentagons sind vollautonome Kampfroboter, die über kognitive Fähigkeiten verfügen, also eine Art „Bewusstsein", jedoch kein „Gewissen" haben. Doch was, wenn sich solche „Cyborgs", solche künstlichen Intelligenzen in menschenähnlicher Gestalt, nicht nur selbst reparieren, sondern wie im Film, „I, Robot" selbst replizieren? Dann wären sie in der Lage, die Menschheit innerhalb kürzester Zeit auszurotten.

Im Jahr 2012 gründete *Human Rights Watch* zusammen mit anderen Nichtregierungs-Organisationen (NGOs) eine Initiative mit dem Namen **„The Campaign to Stop Killer Robots"** (Kampagne zum Stopp von Killer-Robotern). Damit möchten sie erreichen, dass die Forschung besser überwacht und internationale Vereinbarungen über die Verwendung potentiell tödlicher Roboter getroffen werden.[60] Vielleicht ist das keine so schlechte Idee! Doch nicht nur die Entwicklungen künstlicher Wesenheiten durch das Militär sind besorgniserregend. Mindestens so gefährlich finde ich das Engagement privater Personen und Konzerne wie *Google*. Einer der größten und mächtigsten Konzerne der Welt, der Daten über all seine Nutzer sammelt und mit US-Geheimdiensten kooperiert, kaufte, wie bereits erwähnt, im Jahr 2013 *Boston Dynamics*, einen der innovativsten Roboter-Hersteller der Welt. Boston Dynamics hatte bis dahin vor allem für das Pentagon gearbeitet und autonome Militärroboter entwickelt.

Wenn man sich in dem Zusammenhang die Haupteigentümer von *Google* ansieht, dann könnte dies zu einem Stresstest für jedes noch so starke Deo ausarten. Denn weder die Familie Rothschild, die mit ihren Investmentfirmen *BlackRock* und *Vanguard* einer der Hauptaktionäre ist, noch die *Google*-Mitbegründer Larry Page und Sergey Brin erscheinen auf den ersten Blick als jemand, dem man das Schicksal der Menschheit anvertrauen wollte. Zu ihrem Konzern *Alphabet Inc.* gehört neben Google und anderen Firmen auch das Biotechnologie-Unternehmen *Calico*, das sich der Erforschung des „ewigen Lebens" widmet. Auf den ersten Blick mag die Entwicklung der perfekten Killer-Maschine und die Forschung nach dem ewigen Leben nach einem Interessenkonflikt aussehen, doch bei genauerem Hinsehen macht das Ganze dann doch auf seine Art Sinn, wie wir gleich sehen werden.

Die Entwicklung von autonomen Militärrobotern hat bislang Unsummen verschlungen und die Ergebnisse waren aus Sicht der Auftraggeber wenig befriedigend. Doch nun tut sich ein neues, sehr vielversprechendes und sehr gefährliches Fenster auf. Wie wir zuvor gesehen haben, ist es heute bereits möglich, lebendes Gewebe im 3D-Drucker herzustellen. Daher ist der Politikwissenschaftler und Roboter-Spezialist *Dr. Armin Krishnan* von der *East Carolina University* davon überzeugt, dass wir schon bald künstlich geschaffene lebende Soldaten, sog. „Cyborgs", erleben werden[61] – falls es sie nicht schon längst gibt!

> *„Ein humanoider Roboter würde mehrere Millionen Dollar kosten, und ich sehe nicht, wie die Kosten, realistisch betrachtet, deutlich sinken könnten, da es dafür immer teure Komponenten bräuchte.* **Mittels Biotechnologie könnten wir aber tierisch-menschliche Hybrid-Supersoldaten für einen Bruchteil der Kosten herstellen.** *Klingt schrecklich.* **Aber es passiert.**"[62]
>
> Dr. Armin Krishnan, Politikwissenschaftler und Roboter-Spezialist

Die meisten Roboter-Befürworter leben in der naiven Illusion, dass Roboter uns nur Arbeit abnehmen, aber nie zur Gefahr für die Menschheit selbst werden können, weil sie uns kognitiv immer unterlegen sein werden. Nun, das ist fatales Wunschdenken, da der militärisch-industrielle Komplex längst daran arbeitet, sich selbstständig weiterentwickelnde und vorausschauend agierende Roboter zu bauen. Gepaart mit dem Fehlen jeglicher Gefühle, wie Angst oder Selbstzweifel, werden sie uns in Kürze in fast jeder Beziehung überlegen sein. Sie mögen zwar nicht fähig sein, ein berührendes Liebeslied zu schreiben oder ein künstlerisch wertvolles Bild zu malen, doch sie werden uns technisch, planerisch und kämpferisch überlegen sein. Das könnte ausreichen, um die Herrschaft auf diesem Planeten zu übernehmen.

## *Humanoide Roboter*

Hochentwickelte Roboter, die der menschlichen Gestalt nachempfunden sind, werden als „Humanoide Roboter" bezeichnet. Sie haben einen Körper, Arme, Beine, bewegliche Gelenke und können sich selbstständig fortbewegen. Der technische Fortschritt im Bereich des „menschenähnlichen Roboters" sind seit dem neuen Jahrtausend atemberaubend – zumindest auf offizieller Ebene. In Wahrheit gibt es sie bereits seit Jahrzehnten. Humanoide Roboter arbeiten mittlerweile in vielen Bereichen als Rezeptionisten, Museumsführer, in der Altenpflege oder im Haushalt. Toyota stellte 2004 seinen ersten „Partner-Roboter" vor, der nicht nur als Assistent im Haushalt und in der Altenbetreuung dient, sondern auch Trompete oder Geige spielen kann und damit allen Familienmitgliedern sehr viel Freude bereitet – oder sie ersetzt, je nachdem. (siehe Abb. 16)

Die in Barcelona lebende Informatik-Professorin und Science-Fiction-Autorin *Carme Torras* rechnet damit, dass in einigen Jahren jeder von uns einen „Assistenz-Roboter" haben wird: *„Wir werden unseren persönlichen Assistenten nutzen, wie wir das heute schon mit unserem Handy oder unserem Laptop machen"*, sagt Torras voraus. Klingt das nicht toll?[63]

In der Gastronomie hat die Robotisierung bereits Einzug gehalten. Im chinesischen *Kunshan* nördlich von Shanghai öffnete 2014 das erste „Robot Restaurant", in dem **Roboter das Essen zubereiten und an die Tische servieren**. Im Zuge der Umstellung entließ Besitzer *Song Yugang* mehr als die Hälfte seiner Belegschaft. Fortan bestand die Belegschaft aus neun Menschen und elf Robotern, die deutlich preisgünstiger waren als ihre menschlichen Kollegen. Ein Koch-Roboter kostete 120.000 Renminbi, etwa 15.300 Euro, annähernd das, was ein menschlicher Koch in 18 Monaten verdient. Ein Blech-Kellner kostete etwa 50.000 Renminbi, rund 6.400 Euro, etwa das Jahresgehalt eines Kellners aus Fleisch und Blut. Die neuen Mitarbeiter amortisierten sich also nach ein bis eineinhalb Jahren, und sie kennen weder Feiertage noch Ruhezeiten, noch sind sie gewerkschaftlich organisiert. Sie werden nicht krank und haben nie schlechte Laune.[64]

**Abb. 16:** Toyota stellte im Jahr 2004 seinen ersten Partner-Roboter vor, der nicht nur als Assistent im Haushalt und in der Altenbetreuung dient, sondern auch Trompete oder Geige spielen kann.

Im April 2016 eröffnete *Kentucky Fried Chicken* (KFC), ein weltweit agierender Hähnchen-Grill-Konzern mit weltweit mehr als 18.000 Fastfood-Filialen, im chinesischen Shanghai sein erstes **vollautomatisiertes Restaurant** unter dem Namen *KFC Original+*. Kurz darauf folgte eine weitere Filiale in *Shenzhen*. Da arbeiten Roboter nicht nur in der Küche, auch der Restaurant-Manager, der persönlich hinter dem Tresen steht, ist ein Roboter und hört auf den Namen „Du Mi".

Im Mai 2016 gab die US-Fastfood-Kette *Wendy's* bekannt, dass sie die meisten ihrer mehr als 6.000 Filialen in den USA aus Kostengründen mittelfristig auf Selbstbedienungs-Kioske umstellen wird. Fortan wird man seine Burger und Fritten bei *Wendy's* nicht mehr bei Menschen bestellen und bezahlen, sondern sein Essen auf einem Touchscreen auswählen und per Chip bezahlen. Es ist nur noch eine Frage der Zeit, bis das Essen dann auch von Robotern zubereitet und durch die Luke herausgereicht wird. Andere Schnellimbiss-Ketten wie *Carl's Jr* und *McDonalds* gaben 2016 bekannt, ähnliche Konzepte testen zu wollen. McDonalds hat bereits in Europa damit begonnen, in manchen Filialen das Personal für die Bestellung durch Touchscreens zu ersetzen. Die Kochroboter sind der nächste geplante Schritt. Die Konzerne testen schrittweise aus, ob die Umstellungen von den Kunden akzeptiert werden.[65] Damit würden vor allem in den USA in kürzester Zeit hunderttausende Jobs wegfallen, die bislang vorwiegend von Studenten ausgefüllt wurden. Weltweit sollen so allein in der Fast-Food-Branche mehrere Millionen Arbeitsplätze innerhalb weniger Jahre wegrationalisiert werden.

Da sowohl die Wirtschaftskrise von 2008 als auch der Siegeszug von Online-Plattformen wie *booking.com* starke, aus Sicht der Hotellerie negative Auswirkungen auf die Hotelbranche hatte, wurde im Jahr 2009 das erste Hotel ohne Personal eröffnet, um hochwertig ausgestattete Zimmer für Geschäfts- und Städte-Reisende preiswerter anbieten zu können. Hier bucht der Gast online, checkt an der Hoteltür selbst mit seiner Kreditkarte ein und öffnet damit auch seine Zimmertür. Getränke, Snacks oder frische Zahnbürsten erhält er am Automaten. Doch gibt es auch bereits die ersten Hotels mit Roboter-Personal, wie das *Henn-na Hotel* in Japan, wo die Gäste an der Rezeption von Robotern begrüßt werden, die fließend chinesisch, japanisch, koreanisch und englisch sprechen und die Fragen der Gäste beantworten können. Doch auch die Kellner und Zimmermädchen sind dort Roboter.⁽⁶⁶⁾

Das *Fraunhofer-Institut* in Stuttgart hat seinen Serviceroboter „Care-O-bot" bereits in einem Stuttgarter Pflegeheim erprobt. Das *Max-Planck-Institut* in Tübingen hat den Serviceroboter „REEM" entwickelt, der einen Menschen „scannen" kann, um dessen Körpersprache und Bedürfnisse zu verstehen, was vor allem für Alten- und Pflegeheime interessant sein dürfte.⁽⁶⁷⁾ Viele Forscher sind davon überzeugt, dass Pflegerobotern die Zukunft gehört. Doch die Professorin für Psychologie *Sherry Turkle* am *Massachusetts Institute of Technology* (MIT), warnte in einem Artikel, der im Jahr 2013 unter dem Titel „Aufstieg der Roboter" im Magazin *Time* erschien, dass es trügerisch sei, Roboter mit Menschen gleichzusetzen. Denn Roboter würden immer Maschinen bleiben, da sie weder das wirkliche Leben noch den Tod erfassen können. Sie hält gerade für alte Menschen den regelmäßigen zwischenmenschlichen Kontakt für unerlässlich, was sie auch in ihrem 2011 erschienenen Buch „Alone Together" ausführt. Ich persönlich finde ihn auch für junge Menschen sehr wichtig! Doch manche unserer Mitmenschen haben da wenig Bedenken, was Vereinsamung und Entmenschlichung angeht – ganz im Gegenteil.

Da humanoide Roboter dem Menschen heute tatsächlich immer ähnlich sehen und werden, war das folgende Phänomen nur eine Frage der Zeit: Seit kurzem erfreuen sich Sexroboter (englisch kurz „sexbots" genannt) großer Beliebtheit. Sie sind nicht nur eine täuschend menschlich aussehende Weiterentwicklung der Plastikpuppe, sondern sie sind mittlerweile auch in der Lage, sich mit ihrem Herren und Meister zu unterhalten. *Roxxxy*, der erste Sexbot der Geschichte, der mit Künstlicher Intelligenz ausgestattet war, wurde im Jahr 2010 bei einer einschlägigen Messe in Las Vegas vorgestellt. Die schöne Roxxxy kam voll ausgestattet mit fünf verschiedenen Persönlichkeiten. Somit konnte ihr jeweiliger Spielgefährte wählen, ob seine Herzdame eher schüchtern, eher vulgär oder ausgelassen und wild sein sollte. Sie reagierte bereits auf Berührungen und konnte simple Unterhaltungen führen, war aber sonst noch etwas steif.

Seitdem hat sich auf dem Gebiet des Sexbots jedoch sehr viel getan. Sexroboter können mittlerweile nicht nur bestimmte einschlägige Bewe-

**Abb. 17:** Der Sexbot „RealDoll"

gungen ohne Ruckeln ausführen. Die neuesten Modelle entsprechen optisch genau den Vorstellungen ihres Gebieters, ihr Sprachchip kann auch auf verschiedene Sprachen und Themen programmiert werden, damit man sich nach dem „Liebesakt" mit ihr etwa über Sport oder Börsenthemen unterhalten kann. Die nächste Generation wird dann vermutlich auch noch putzen und kochen können, was echte Frauen für manche Männer obsolet machen könnte. Es gibt Pläne, sie mehr und mehr mit Künstlicher Intelligenz auszustatten. Es bleibt jedoch die Frage, ob Männer das wirklich wollen…

Die Firma *RealDoll* etwa bietet nicht nur weibliche Sexbots an. Sie kann auch jeder Frau den passenden Mann ihrer Träume liefern, für eine kleine Aufzahlung auch individuell gefertigt. (siehe Abb. 17) So können sich Kunde oder Kundin etwa ihren Sexbot als genaues Ebenbild ihres Lieblingsschauspielers oder Sportstars nachbilden lassen. Na, wenn das nicht mal gute Neuigkeiten sind!

Doch so zärtlich und liebevoll humanoide Roboter vielleicht sein können, wenn sie richtig programmiert sind und man geringe Ansprüche an das Leben hat, so gefährlich können sie auch sein, wenn bei der Programmierung etwas schief geht oder sie klüger werden als ihre Erschaffer.

Als der dänische Entwickler *David Hanson* im März 2016 seinen humanoiden Roboter „Sophia" im US-Fernsehen vorstellte, erklärte „sie", sie wolle lernen und sich mit Kunst befassen, ein Geschäft eröffnen, ein eigenes Haus sowie eine eigene Familie haben. Soweit lief alles gut. Doch dann stellte Hanson seiner Schöpfung eine Frage, die er ihr besser nicht gestellt hätte. Auf die scherzhaft gemeinte Frage *„Möchtest Du Menschen töten?"* antwortete *Sophia*: *„Okay, ich werde Menschen töten!"* Hansons Reaktion war ein verlegenes Lachen, doch angesichts der Tatsache, dass Roboter immer intelligenter, zahlreicher und geschickter werden, finde ich diese Antwort persönlich gar nicht so witzig.[68]

## Androiden & Cyborgs

Als „Android" (oder „Androide") bezeichnet man einen Roboter, der einem Menschen täuschend ähnlich sieht. Ein Androide unterscheidet sich von einem humanoiden Roboter vor allem durch menschenähnlichen Körperbau und menschliche Gesichtszüge. Idealerweise besteht der Androide aus einem Material, das menschlichem Gewebe ähnelt, einschließlich einer der Haut entsprechenden Hülle. Das langfristige Ziel sind hier Mensch-Maschinen, die mit lebendem Gewebe, also mit echter menschlicher Haut überzogen, durch nichts mehr von Menschen zu unterscheiden sind. Angesichts der Tatsache, dass man bereits lebendes menschliches Gewebe im 3D-Drucker herstellen kann, dürfte es also nicht schwierig sein, künstliche Haut für Androiden anzufertigen. Die entscheidende Frage sollte eher lauten: Warum würde man so etwas tun? Die Antwort darauf wäre vermutlich sehr simpel: Weil man es kann!

**Abb. 18:** Der Android *RepliееQ1* aus dem Jahr 2005

Androiden sind nicht nur wegen ihres dramaturgischen Potentials beliebte Elemente in der Science-Fiction. Da sie wie Menschen aussehen, sich aber nicht ganz wie Menschen verhalten, können sie in Filmen ganz leicht von menschlichen Schauspielern dargestellt werden. Die wohl berühmtesten Filme mit oder über Androiden sind „Blade Runner" (1982), „Terminator" (1984), „I, Robot" (2004) oder die Fernsehserie „Star-Trek-Next Generation" mit ihrem berühmten Androiden „Data".

Als erster realer Android wird oftmals *RepliееQ1* aus dem Jahr 2005 bezeichnet. (siehe Abb. 18) Sie und ihre Weiterentwicklung *RepliееQ2* werden manchmal auch als „Actroiden" bezeichnet. *Repliee* wurde von den Roboterforschern *Minoru Asada & Hiroshi Ishiguro* von der *Universität Osaka* entworfen und gebaut. Sie erklären die Faszination der Japaner mit Robotern damit, dass die Japaner auf Grund der Shintu-Religion daran glauben,

Abb. 19: Der Android *Aiko Chihira* arbeitet als Rezeptionistin und Übersetzerin.

dass allem eine Seele innewohnt, selbst nicht-lebenden Dingen. Also ist es für sie leicht zu akzeptieren, dass auch ein Roboter eine Seele besitzt. Böse Zungen behaupten hingegen, dass die Japaner von Robotern deshalb so fasziniert sind, weil sie ihnen vom Wesen her so ähneln. Sei es, wie es sei, die Japaner sind eindeutig die Vorreiter in der Robotertechnik, und ganz besonders auf dem Feld der Androiden. Ich halte es persönlich aus vielen Gründen für fragwürdig, Robotern (in welcher Form und in welchem Aussehen auch immer) eine Seele zuzusprechen. Die Seele ist das, was uns ausmacht. Man könnte auch sagen, unsere Seele ist unser eigentliches Ich, der Körper nur ein Vehikel, damit die Seele sich ausdrücken und weitere Erfahrungen sammeln kann. Ich weiß aus eigenen Nahtoderfahrungen, dass der Tod nicht das Ende ist und die Seele, also die eigentliche Essenz eines jeden von uns, weiterlebt. Dafür brauche ich keine wissenschaftliche Bestätigung, auch wenn das Wesen der Seele in einem Teil der Wissenschaft längst anerkannt ist.[69] Ich denke, dass wir bei aller Begeisterung für die moderne Technik und die Erleichterungen, die sie uns in manchen Bereichen bringt, gut daran täten, darüber nachzudenken, was einen „Menschen" ausmacht und was ihn von einer Maschine unterscheidet.

Im Englischen gibt es den schönen Ausdruck *„to be a mensch"* („ein Mensch sein"), was aus dem Yiddischen kommt und nicht einfach ein Wesen beschreibt, das wie ein Mensch aussieht, sondern impliziert, dass es sehr viel mehr braucht, um wirklich ein Mensch zu sein. Der Definition des Ausdruckes nach braucht es Anstand, Integrität, Selbstreflexion, das Streben, Gutes zu tun, der Allgemeinheit zu dienen und den unentwegten Versuch, weiter an sich selbst zu arbeiten. Damit sind wir bei der Philosophie angelangt, einer Wissenschaft, die in der Robotik wahrscheinlich ein wenig zu kurz kommt.

Doch *Hiroshi Ishiguros* behauptet, er baue Roboter, weil er verstehen möchte, was einen Menschen ausmacht. Man kann das Pferd offenbar auch erfolgreich von hinten aufzäumen. Seit dem Jahr 2015 sind jedenfalls mehrere Exemplare von *Hiroshi Ishiguros* Android-Modell *„Aiko Chihira"* in Japan an mehreren Orten im täglichen Einsatz, so etwa als Museumsspre-

**Abb. 20:** *Hiroshi Ishiguro* und sein „Geminoid" – oder umgekehrt?

cherinnen, Übersetzerinnen oder als Rezeptionistinnen im japanischen *Mitsukoshi*-Einkaufszentrum (siehe Abb. 19).[70]

Doch der Direktor des *Intelligent Robotics Laboratory* am *Department of Adaptive Machine* der *Universität Ōsaka* ging noch einen Schritt weiter. *Hiroshi Ishiguro* stellte im April 2016 einen Androiden vor, der genauso aussieht wie er, und der von 80 Prozent aller Menschen für den richtigen Universitätsprofessor gehalten wurde – ein sogenannter „Geminoid" oder „Zwillings-Android". (siehe Abb. 20) Falls Sie sich jetzt fragen, warum jemand ein genaues Abbild von sich selbst schaffen würde, wenn wir doch im Grunde alle danach trachten, einzigartig und besonders zu sein, dann sind Sie damit nicht allein!

Im Unterschied zum Androiden – einem Roboter, der wie ein Mensch aussieht – ist ein „**Cyborg**" eine Mischung aus Mensch und Maschine, wobei die Definition des Begriffes nicht ganz klar und eindeutig ist. Manche Menschen bezeichnen sich selbst als „Cyborgs", weil sie sich als technische Spielerei Mikrochips und Magnete unter die Haut implantiert haben. Demnach wäre bereits jeder, der einen Herzschrittmacher hat, ein Cyborg. Die eigentliche Bedeutung des Wortes, das sich vom englischen Begriff „Cybernetic Organism" *(kybernetischer Organismus)* ableitet, ist der einer „technisch veränderten biologischen Lebensform", also ein echtes Lebewesen (beispielsweise ein Mensch), das mittels Technik verbessert oder leistungsfähiger gemacht wird. Auch das macht die genaue Definition des Begriffs nicht einfacher, da der Mensch heute ohnehin immer mehr mit der Technik verschmilzt.

Der Begriff stammt ursprünglich aus der Raumfahrt und wurde erst in den 1990er-Jahren zu einem Kultbegriff für Technikfreaks und Transhumanisten. Erfunden haben ihn der Österreicher *Manfred Clynes* und der US-Amerikaner *Nathan S. Kline*. Sie erwähnten ihn erstmals im Jahr 1960 in einem Aufsatz, der im *Journal of Astronautics* erschien und davon handelte, dass man Astronauten für den Aufenthalt im All künstlich so verändern sollte, dass sie sich den dort herrschenden Bedingungen anpassen könnten. Drei Jahre später erschien eine NASA-Studie (NASw-512) mit dem Titel „engeneering man for space – The Cyborg Study", in der theoretisch abgehandelt wurde, dass man für den Aufenthalt von Menschen im Weltraum künstliche Organe züchten und Drogen entwickeln sollte, und dass man an ihnen biochemische, physiologische und elektronische Modifikationen vornehmen sollte, damit sie möglichst lange im All bleiben konnten. Wenn man diese Ideen zu Ende denkt, dann wären diese Astronauten menschliches Bewusstsein in einem mehr oder weniger künstlichen Körper. Und all das wurde bereits im Jahr 1963 diskutiert – also vor mehr als einem halben Jahrhundert!

Genau das – die Erschaffung eines künstlichen Superkörpers, in den man den Geist oder die Essenz eines Menschen einpflanzt – ist das erklärte Ziel des „Transhumanismus". Diese Bewegung arbeitet fieberhaft daran, den Menschen mit der Maschine zu vereinen, zu verschmelzen, Cyborgs zu erschaffen und künstliche Wesen, die dank Mikrochip und Gentechnik unverwüstlich sind. Kranke, also defekte Teile, sollen wie Ersatzteile bei einem Auto einfach ausgetauscht werden oder sich selbst reparieren. Doch dazu werden wir mehr im nächsten Kapitel „Künstliche Intelligenz" erfahren, denn wie gesagt: bei diesem Themenkomplex verschwimmen die Begriffe und Definitionen ein wenig.

Es ist nicht klar, wie weit die Erschaffung von Cyborgs in der Weltraumfahrt und im militärischen Bereich bereits gediehen ist. Doch wenn man bedenkt, dass der militärisch-industrielle Komplex alle wichtigen Erfindungen und Entdeckungen meist mehrere Jahrzehnte vorliegen hat, bevor sie der breiten Öffentlichkeit zugänglich gemacht werden, dann ist es wahrscheinlich, dass es solche Menschen mit leistungsstarken künstlichen Körpern längst gibt.

Auch der russische Milliardär *Dmitry Itskov* investiert sehr viel Geld und Ressourcen in die Entwicklung eines künstlichen Körpers, in den ein Mensch dann sein Bewusstsein übertragen kann, um dadurch unsterblich zu werden. Er nennt diesen Körper „Avatar", angelehnt an James Camerons gleichnamigen Film. In dem Hollywood-Streifen nutzt ein US-Soldat einen künstlichen Körper, den er mittels seines Bewusstseins steuert, um auf einem erdähnlichen, für Menschen aber nicht bewohnbaren Mond im Alpha-Centauri-System zu existieren und mit den dortigen Bewohnern

Kontakt aufzunehmen. Itskov zielt darauf ab, sein Vorhaben bis zum Jahr 2045 zu realisieren weshalb er dem Unternehmen auch den Namen „Future 2045" gab. Er wird dabei von einer Vielzahl von Wissenschaftlern unterstützt und hat sogar den Segen des Dalai Lama dafür, der das Ganze für einen wichtigen Schritt hält, um die vorwiegend materiell orientierte Wissenschaft zu einer Auseinandersetzung mit dem Geist und dem Nicht-Physischen zu bewegen. Obwohl ich lange große Stücke auf das geistige und weltliche Oberhaupt der Tibeter gehalten habe, so hat mich seine Unterstützung dieses Projektes doch sehr überrascht, ja sogar ziemlich irritiert.[71]

Ohne Zweifel ist die Vorstellung verlockend, nicht immer und immer wieder auf diese Erde inkarnieren zu müssen, sich die ständige Wiedergeburt und den ständigen Tod sparen zu können, und die Abkürzung über einen Körper zu nehmen, der nicht stirbt. Doch sind die Risiken, die mit diesem Konzept einhergehen, enorm groß. Es gibt Menschen auf Erden, die der Meinung sind, dass unsere Welt überbevölkert ist. Was würde passieren, wenn mehr und mehr Menschen nicht mehr sterben, aber weiter neue Kinder geboren werden? Ich glaube nicht, dass die Befürworter künstlicher Körper sich darüber viele Gedanken machen – und das ist nur eines von vielen Problemen, die sich daraus ergeben. Falls sie sich aber doch Gedanken dazu machen, dann würden diese vielleicht darauf hinauslaufen, dass nur eine kleine Zahl von Menschen ewig leben und Kinder bekommen darf.

Zum anderen möchte ich festhalten, dass die Bezeichnung „Avatar" in dem Zusammenhang, ebenso wie in Camerons Film, falsch ist. Das Wort leitet sich nämlich vom Sanskrit-Wort „Avatara" ab und bedeutet „Abstieg". Es steht für einen Gott (oder einen göttlichen Aspekt), der hinab zur Erde stieg, um sich in menschlicher oder tierischer Gestalt dreidimensional zu zeigen. Er steht also für ein höherdimensionales Wesen, das seine Frequenz reduziert, um so dicht und schwer zu werden, dass wir Menschen es mit unseren Augen wahrnehmen können. Itskovs *Projekt 2045* baut also keinen Avatar, sondern einen Androiden, einen Roboter, der menschliches Bewusstsein tragen soll.

## *Uncanny-Valley-Hypothese*

Immer wieder geistert im Zusammenhang mit Robotern die „Uncanny-Valley-Theorie" durch die Medien, ein Konzept des japanischen Roboter-Forschers *Masahiro Mori* aus dem Jahr 1970. Die Theorie des „unheimlichen Tals" (*„Uncanny Valley"*) geht davon aus, dass Roboter solange große Faszination auf den Menschen ausüben, solange sie immer realistischer oder menschenähnlicher werden, was man als „Anthropomorphismus" bezeichnet. An jenem Punkt aber, an dem sie kaum noch vom echten Menschen zu unterscheiden sind, sollen sie bei den Menschen starke Skepsis oder sogar Angst auslösen. Denn wenn sie zwar fast wie Menschen aussehen, sie aber im Vergleich zu Menschen irgendwie leer wirken, dann erinnern sie eher an Zombies, was vielen Menschen verständlicherweise Angst macht. Die Akzeptanzkurve sieht dann wie ein tiefes Tal aus. (siehe Abb. 21) Nachdem das „Tal des Zweifels" am künstlichen Menschen aber durchschritten ist, wird quasi jeder Zweifel über Bord geworfen und der Mensch wird sein künstliches Abbild vollständig akzeptieren und annehmen. Wie tief und ausgeprägt dieses Tal ist, hängt von der Persönlichkeitsstruktur eines jeden Einzelnen ab.

Anders ausgedrückt, könnte man sagen, dass es dem Menschen erst unheimlich wird, wenn er erkennt, dass er nicht so unnachahmlich und einzigartig ist, wie er immer dachte, dass er diesen Schock aber dann recht bald überwindet und seine Begeisterung für alles Neue siegen lässt. Laut Neurowissenschaft entsteht das „Tal des Befremdens" dadurch, dass der Mensch klare Vorstellungen davon hat, wie ein „Mensch" zu sein hat und wie ein „Roboter" zu sein hat. Passen diese geistigen Schubladen nicht mehr, kommt es zu einer Abwehrhaltung. Sobald der Mensch aber seine Vorurteile überwunden und eine neue passende Schublade gefunden hat, ist er bereit, das neue Wesen auch vollständig zu akzeptieren. Letztlich siegen also Neugierde und Gleichgültigkeit über die gesunde Skepsis.

*Masahiro Mori* riet allen Roboterkonstrukteuren zwecks besserer Akzeptanz dennoch, nicht den „perfekten Roboter", also einen Androiden zu erschaffen, um die Gefahr eines „Absturzes" in das „Uncanny Valley" zu vermeiden. Doch seine Warnungen wurden ignoriert. In Asien hat man das „Tal des Zweifelns" längst durchschritten. Was in Europa noch undenkbar ist, ist in Asien bereits Gang und Gebe und wird langsam und vorsichtig auch auf den Westen ausgedehnt.

Wie geht es Ihnen persönlich damit? Haben Sie die schöne, neue Welt der künstlichen Wesen bereits akzeptiert? Sind Sie schon mit Ihrem Smartphone zu einer Einheit verschmolzen? Haben Sie schon Ihren persönlichen Assistenzroboter bestellt, oder zweifeln Sie noch?

*„Wir erleben jetzt einen sehr spannenden Moment in der Geschichte der Reisebranche... Roboter und künstliche Intelligenz feiern im Tourismus ihr Debüt und unsere Forschungsergebnisse über die globale Akzeptanz von Robotern in der Reisebranche sind größtenteils positiv... Der Einsatz von Robotertechnologien als Butler und Barkeeper ist äußerst interessant. Aus unserer Forschung geht klar hervor, dass Verbraucher die Zusammenarbeit von Robotern und Menschen als ideale Lösung ansehen... Verbrau-*

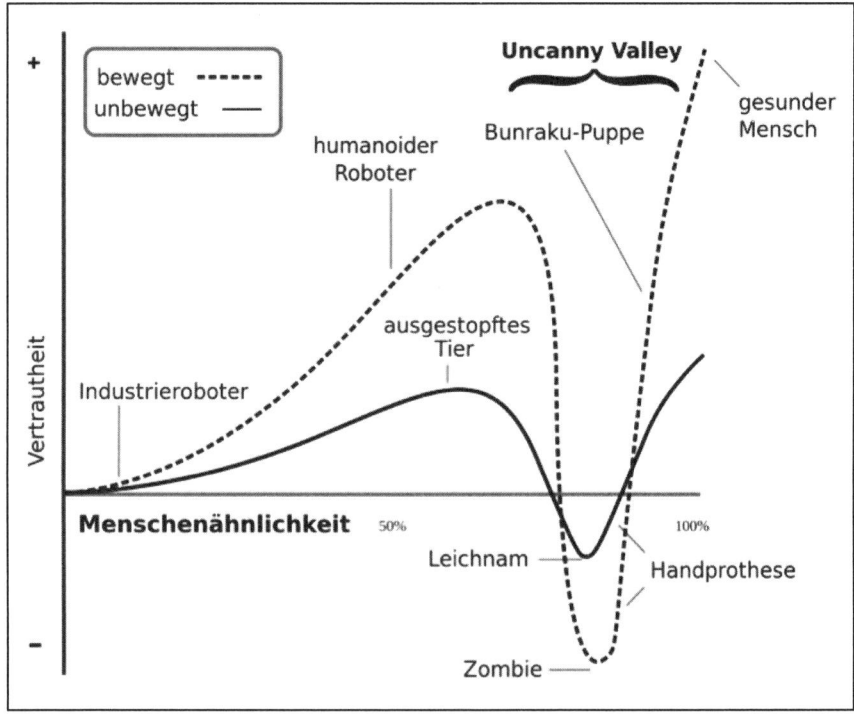

Abb. 21: Das „Tal des Zweifels" stellt laut *Masahiro Mori* die emotionale Achterbahnfahrt dar, der wir unterliegen, wenn wir realisieren, dass Roboter und künstliche Wesen uns immer ähnlicher werden.

cher wollen gerne Menschen um sich haben, da sonst der Verlust von kulturellen Besonderheiten, von Humor und Ironie befürchtet wird. Außerdem könnte das Urlaubserlebnis zu unpersönlich werden. Wenn wir das Verlangen nach dem ‚menschlichen Touch' nicht berücksichtigen, riskieren wir das Aufkommen einer ‚Roboterphobie', obwohl Roboter das Urlaubserlebnis im richtigen Einsatzfeld tatsächlich verbessern können."[72]
Richard Singer, Chef der Vergleichsplattform *Travelzoo*

Der Autor *Alvin Toffler* schrieb im Jahr 1970 ein Buch mit dem Titel **„Future Shock"**. Darin warnte er davor, dass das zunehmende Tempo des technischen Fortschritts uns alle künftig überfordern und krank machen könnte. Er prophezeite, dass die verfrühte Ankunft der Zukunft eine Art Schwindelgefühl und Orientierungslosigkeit auslösen könnte: *„Millionen Menschen werden sich immer öfter desorientiert fühlen und zunehmend Schwierigkeiten damit haben, sich in ihrer Umgebung rational zurechtzufinden."*[73]
Wenn man die politischen und gesellschaftlichen Ereignisse der letzten Jahre betrachtet, so scheint *Toffler* zumindest teilweise recht behalten zu haben. Denn das, was etwa in sozialen Netzwerken, sog. „Social-Media-Plattformen" wie *Facebook* passiert, entbehrt immer öfter jeder Menschlichkeit. Da wird ein Medium, das eines Austauschs, vielfach zur Denunziation, Lüge, Propaganda oder gar für Hasskampagnen – meist als „bashing" oder „shit storms" bezeichnet – missbraucht. Die vermeintliche Anonymität des Internets gaukelt vielen verwirrten Mitmenschen ein falsches Gefühl von Freiheit vor, das sie wegen ihrer Orientierungslosigkeit in einer sich verändernden Welt nutzen, um ihrem Frust und ihrem Hass Luft zu machen.

Wenn man sich ansieht, wie wir als Menschheit insgesamt seit den 1990er-Jahren langsam aber stetig abgestumpft sind, wie heute tagtäglich völlig emotionslos über Kriege, Terroranschläge und Katastrophen berichtet wird, wie Politiker immer weltfremder werden und immer offensichtlicher lügen, wie manche Jugendliche in Videospiele, und immer öfter auch im wahren Leben, lustvoll und ausschweifend foltern und töten, dann könnte man schon festhalten, dass wir als Menschheit mit den rasenden Veränderungen, die uns die modernen Medien, erst das Fernsehen, dann das Internet und dann Mobiltelefone brachten, nicht besonders gut umgehen können. Wir scheinen tatsächlich mit dem Tempo der Veränderung überfordert zu sein. Doch wahrscheinlich ist das eine Generationenfrage. Denn diejenigen, die eine Zeit ohne Internet und Smartphones nie kennengelernt haben, zeigen eine deutlich höhere Akzeptanz für technische Neuerungen – wobei ich an dieser Stelle nicht bewerten möchte, ob dies gut oder schlecht ist. Das wird uns ohnehin die Zukunft lehren.

In einer chilenischen Schule wurde im Jahr 2009 getestet, wie Kinder auf einen Roboter als Vortragenden reagieren würden.[74] Der Assistenz-Roboter *Bender* hielt dort in mehreren Schulklassen vor Zehn- bis Dreizehnjährigen eine Unterrichtsstunde ab. Danach wurden die Kinder dazu befragt und 92 Prozent der Schüler konnten sich demnach sehr gut vorstellen, künftig öfter von Robotern zu bestimmten Themen unterrichtet zu werden. Was für Menschen, die noch im 20. Jahrhundert geboren wurden, merkwürdig klingt und Skepsis hervorruft, wird vermutlich für die Generationen des 21. Jahrhunderts keinen Gedanken mehr wert sein, weil sie keine Vergleichsmöglichkeit haben.

Kurz vor Mori und Tuffler veröffentlichte bereits die in den USA lebende Schweizer Psychiaterin *Elisabeth Kübler-Ross* im Jahr 1969 ihr Buch „On Death and Dying", was man auf deutsch mit „**Vom Tod und vom Sterben**" übersetzen müsste. Leider lautet der Titel der deutschen Ausgabe „Interviews mit Sterbenden", was jedoch nichts am Inhalt ändert.

*Kübler-Ross* hatte über Jahre hinweg Sterbende begleitet und festgestellt, dass der nahende Tod in allen Menschen recht ähnliche Reaktionen hervorruft. Ihr 5-Stufen-Modell der Trauer wurde später von anderen mehrfach weiterentwickelt und ich möchte es hier kurz so aufführen, wie ich es deuten würde, da es nicht nur auf den körperlichen Tod anwendbar ist, sondern auf alle Arten des Sterbens. Immer dann, wenn Menschen damit konfrontiert werden, ihnen Vertrautes zu verlieren, spielen sich im Grunde dieselben Verhaltensmuster ab, die ich in 6 Stufen einteilen möchte:

1. **Leugnen** – Man ignoriert die Realität und will nicht wahrhaben, dass eine Situation so ist, wie sie ist, und dass sich etwas verändert. Um im Außen nicht ständig daran erinnert zu werden, neigen viele Menschen in der Phase des Leugnens oft dazu, sich zurückzuziehen und sich zu isolieren.

2. **Verwirrung** – Wenn man so massiv mit der Veränderung konfrontiert wird, dass man sie nicht mehr leugnen kann, sehen sich viele Menschen mit einer inneren Leere und mit Orientierungslosigkeit konfrontiert. Das macht vielen Menschen Angst.
3. **Zorn** – Die Angst vor dem Nichts, vor dem Unbekannten und vor dem Verlust alles Vertrauten führt oftmals zu einer Abwehrreaktion, zu Wut, Aggression oder Verzweiflung.
4. **Verhandeln** – Wenn die Gegenwehr nachlässt, weil man keine Kraft mehr hat, dann versucht man oft, sich stückchenweise an die Realität anzupassen und sie nur in Teilen zu akzeptieren, aber „nur ein bisschen Tod" ist nicht möglich.
5. **Schmerz** – Wenn man verstanden hat, dass Gegenwehr zwecklos ist, dass man der Realität ohnmächtig ausgeliefert ist und ihr nicht entrinnen kann, dann führt dies oft zu Depression, Leid oder Trauer.
6. **Zustimmung** – Erst wenn man den gesamten Zyklus des Widerstands hinter sich gelassen und sich vollständig in die neue Situation ergeben hat, beendet man das Leiden, den Kummer und die Qualen.

Dieses Muster ist im Grunde auf so ziemlich alles in unserem Leben anwendbar. Ich habe dies deswegen hier ausgeführt, weil es für den weiteren Verlauf des Buches wichtig ist. Diesen Zyklus des Widerstands auf dem Weg zur Akzeptanz zu erkennen und zu begreifen, kann uns helfen, unser Leben, unsere Gegenwart und unsere Zukunft einfacher zu gestalten. Man kann dies auf die derzeitigen Veränderungen auf Erden im technischen Bereich genauso anwenden wie im politischen. Um mein Leben aktiv gestalten zu können, muss ich zuerst die Realität wahrnehmen und alle Abwehrmechanismen gegen das, was ist, möglichst rasch hinter mir lassen. Erst wenn ich das Unausweichliche akzeptiere, kann ich damit beginnen, mein Leben und meine Umgebung bewusst zu gestalten.

Den *Future-Shock* zu überwinden und das *Tal des Zweifelns* zu durchwandern, bedeutet nicht, sich willenlos allem hinzugeben. Es bedeutet vielmehr, die kollektive Realität anzuerkennen und mitzugestalten und die Zukunft nicht einigen wenigen Alpha-Männchen und -Weibchen zu überlassen.

## *Menschliche Klone*

Unter dem Begriff „klonen" oder „klonieren" versteht man die Reproduktion eines oder mehrerer genetisch identischer Kopien von Lebewesen. Wir alle haben davon gehört, dass im Jahr 1996 erfolgreich ein Schaf geklont wurde, dem man dem Namen „Dolly" gab. Diese angebliche wissenschaftliche Sensation hatte weltweit Schlagzeilen gemacht, obwohl man zu diesem Zeitpunkt in Wahrheit schon wesentlich weiter war. Doch die Öffentlichkeit erfährt nur das, was für sie bestimmt ist. Im Jahr 2007 wurde bekannt, dass man erfolgreich Rhesusaffen geklont hatte. Rhesusaffen sind Primaten und sind eng mit uns verwandt. Doch in Wahrheit war man auch da längst viel weiter.

**Heute ist es offiziell, dass man bereits in den 1990er-Jahren Menschen klonen konnte!** *Dr. Xiaochun Xu*, Gründer und Geschäftsführer der Klonierungsfabrik *Boyalife Group*, gab in einem Interview im Jahr 2015 zu, dass die Technologie zum Klonen von Menschen längst da sei und „man" nur noch darauf warte, dass es erlaubt würde. Man wartet darauf? Warum bloß fällt es mir schwer, ihm den zweiten Teil seiner Aussage zu glauben? Wir wissen: alles, was machbar ist, wird auch gemacht! Wir können also davon ausgehen, dass es zumindest im militärischen Bereich längst künstlich geschaffene Menschen gibt. Wer weiß, vielleicht nicht nur dort?[75]

Die offiziellen Informationen über das Klonen sind sehr umfassend, aber auch sehr verwirrend, weil hier ebenso viel behauptet wie geleugnet wird. Es findet ein Wettrennen zwischen den Nationen USA, Russland, China, Südkorea und einigen europäischen Staaten statt, denn das exakte Reproduzieren von Leben – von ganz bestimmtem Leben – verspricht denen, die es beherrschen, große Macht. Wer Leben gezielt künstlich neu schaffen kann, der kann den perfekten Menschen erschaffen – wie auch immer der subjektiv aussehen mag.

Dass bereits seit Jahrzehnten geklont wird, kann nicht bestritten werden. Was genau und in welchem Umfang aber ist geheimnisumwittert, da das Klonen enorme ethische und moralische Fragen aufwirft, aber auch enorme Gefahren in sich birgt. Das Kopieren von Leben ist nicht nur bei stark religiösen Menschen verpönt, selbst viele Wissenschaftler haben erhebliche Bedenken. Während es in Europa teils strenge Regeln für das Klonen gibt, sind die Beschränkungen für experimentierfreudige Forscher in England, den USA und in Asien deutlich geringer.

Ziegen, Rinder, Katzen und Hunde werden bereits seit Jahren geklont und *Dr. Xiaochun Xu*, Gründer und Geschäftsführer von *Boyalife*, der weltweit größten Klonierungsfabrik, reproduziert zahlungskräftigen Amerikanerinnen am laufenden Band so viele Kopien ihres geliebten Hundes, wie sie wollen.[76] Ab dem Jahr 2017 will die Klonfabrik kontinuierlich bis zu einer Million Rinder pro Jahr klonen, weil auf dem herkömmlichen Weg die Nachfrage nach Rindfleisch auf dem chinesischen Markt nicht gedeckt werden kann. Die Bezeichnung „Klonfabrik" ist also durchaus angebracht, denn hier werden Lebewesen wie am Fließband hergestellt.

Weltweit sind tausende geklonte Pferde unterwegs, vor allem im Profi-Rennsport. Klone haben zwar die identischen Erbinformationen wie das Original und sie sehen ihm meist täuschend ähnlich, dennoch sind sie nicht mit ihm identisch. Das liegt daran, dass das Aussehen und der Charakter eines Lebewesens nicht allein vom Erbgut bestimmt wird, sondern auch durch äußere Einflüsse, wie die Umgebung, die Sozialisierung, die Erziehung, die Ernährung usw. Aber auch bestimmte chemische Prozesse im Körper, die bislang offenbar niemand völlig verstanden hat, haben einen Einfluss auf das einzelne Individuum. Deswegen lassen sich die Besitzer sehr teurer Rennpferde meist gleich dutzende Kopien ihres Champions machen. Das erhöht ihre Chance auf einen neuen Champion, wenn der alte den Ruhestand angetreten hat.

Nun, da wir wissen, dass das Kopieren großer Säugetiere keine Probleme bereitet, drängt sich die Frage auf, was den Wissenschaftlern als nächstes einfallen würde. Wie wäre es mit Mischwesen, auch „Chimären" genannt, also einem Wesen halb Mensch halb Tier? Das ist nicht möglich? Oh, doch, alles, was gemacht werden kann, wird „im Namen des Fortschritts" auch gemacht!

Bereits im Jahr 1998 hatten Forscher der *Universität Wisconsin* menschliche Hautzellen mit den Eizellen von Kühen verschmolzen und daraus Stammzellen gewonnen. Das sind jene Zellen in einem Organismus, die noch nicht spezifisch festgelegt sind, aus denen also alles werden kann: Haut, ein Muskel oder ein inneres Organ. Stammzellen sind für die Regeneration im Körper verantwortlich, sie ersetzen alte, abgestorbene Zellen im menschlichen Körper. Aus solchen „Multitalenten" können Spezialisten heute jeden beliebigen Teil des menschlichen Körpers nachzüchten. Professor *Chen Xigu* von der *Zhongshan Medizinischen Universität* in Kanton ging kurz darauf einen Schritt weiter und pflanzte menschliches Erbgut in die Eizelle eines Kaninchens, um Stammzellen zu gewinnen. Es werden menschliche Organe in Schweinen zum Zwecke der Transplantation gezogen und es gibt bereits Ziegen, die menschliche Milch geben. Doch all das kann man noch toppen!

Im Jahr 2011 wurde publik, dass britische Wissenschaftler jahrelang still und heimlich Menschen mit Tieren gekreuzt hatten. Die sehr freizügigen Gesetze in Großbritannien, gepaart mit großzügigen Forschungsgeldern, machten es Tüftlern am *King's College* in London, an der *Newcastle University* und an der *Warwick University* möglich, mehr als 150 Mischwesen im Versuchsstadium zu erschaffen. Ein weltweiter Aufschrei gegen diese Machenschaften stoppte das Treiben angeblich, weil manche Menschen fürchten, dass aus solchen Versuchen gefährliche, unberechenbare Kreaturen entstehen könnten.[77] Doch wer weiß, ob es da draußen, irgendwo zwischen Schottland und dem Ärmelkanal, nicht längst aus dem Labor entkommene Zentauren und Meerjungfrauen gibt?

Seit dem Jahr 2013 wird jährlich der *Breakthrough Prize* in „Life Sciences" vergeben, ein hoch dotierter Preis für bahnbrechende Forschungen in den Biowissenschaften, vor allem in Blick auf die Gehirn- und Genomforschung, also die Entschlüsselung des Erbgutes. Jedes Jahr werden sechs Wissenschaftler für ihre Arbeit ausgezeichnet und mit je drei Millionen US-Dollar belohnt. Das bemerkenswerte an diesem Preis sind vor allem seine Spender, denn die Stiftung wurde von *Facebook*-Chef *Mark Zuckerberg* und seiner Frau *Priscilla Chan*, *Facebook*-Mitbesitzer *Juri Milner* und von *Google*-Gründer und *Alphabet Inc.*-Chef *Sergey Brin* sowie dessen Frau *Anne Wojcicki* gegründet. Vorstandsvorsitzender der Stiftung ist *Arthur D. Levinson*, Vorstandsmitglied bei *Apple* und Geschäftsführer des zu *Alphabet Inc.* gehörenden Biotech-Unternehmens *Calico*. *Alphabet Inc.* ist der Mutterkonzern von *Google*. Wir sprechen hier also von der Crème de la Crème des „Silicon-Valley-Hochadels".

Die wirtschaftlich erfolgreichsten Computerfreaks auf Erden setzen also alles daran, das Erbgut des Menschen zu entschlüsseln! Wer wie ich genügend James-Bond-Filme gesehen hat, weiß, wohin das führen könnte.

*Anne Wojcicki* (seit 2015 von *Sergey Brin* geschieden) ist Gründerin und Mitbesitzerin der Biotechnologie-Firma *23andMe*. Das kalifornische Unternehmen hält mehrere Patente in den USA (United States Patent 9367800 & 8543339), mit denen man anhand des Erbgutes der Eltern ziemlich genau vorhersagen kann, wie deren Kinder beschaffen sein werden. Das ermöglicht das Konzipieren sogenannter „Designer-Babys", denn wenn man mit dem prognostizierten Ergebnis nicht zufrieden ist, kann man sich das Erbgut einer weiteren Person hinzuholen, um so in vitro, also im Labor, sein perfektes Wunschkind zu kreieren.[78]

Seit Jahren wird in der modernen Reproduktionsmedizin bei der Befruchtung von Eizellen mit fremder weiblicher DNA gearbeitet. Abgesehen davon, dass Frauen sich einen ihren Vorstellungen entsprechenden Samenspender aussuchen können, können sie auch eigene „Mängel" dadurch korrigieren, dass sie sich bestimmte Erbinformationen einer anderen Frau einpflanzen lassen.[79] **Ein daraus entstandenes Kind hat genetisch gesehen zwei Mütter und einen Vater, und es hat nachweislich auch drei DNA-Stränge.**[80]

All das sind Fakten und ich liefere Ihnen in diesem Buch absichtlich so viele Quellenverweise mit, damit Sie mir das nicht einfach glauben müssen, sondern es selbst nachrecherchieren können, wozu ich Sie auch ausdrücklich ermuntern möchte. Die Interpretation dieser Fakten aber ist subjektiv. Die offensichtliche Verknüpfung der großen Internetkonzerne aus dem kalifornischen Silicon Valley mit der Gen-Manipulations-Industrie aber bietet sehr viel Raum für Spekulation, denn wenn einige der größten Datensammler der Welt, wie *Facebook* und *Google*, so viel Geld in die Manipulation der Erbinformationen von Menschen stecken, dann braucht es nicht viel Fantasie, sich auszurechnen, welche Macht diese Konzerne über die Menschheit haben.

Die Fantasie wird zusätzlich durch „Gerüchte" beflügelt, wonach menschliche Klone sogar schon vor den 1990ern existiert haben sollen. Eine der Quellen dieser Gerüchte ist der US-amerikanische Anwalt und Politiker *Dr. Peter Beter* (1921-1987), der bereits im Jahr 1979 behauptete (Dr. Peter Beter Audio Letter No. 46), von nicht näher genannten Geheimdienst-Quellen erfahren zu haben, dass sowohl die Russen als auch die Amerikaner bereits seit Jahren wichtige Persönlichkeiten klonen würden –

wir sprechen hier also von den 1950er- und 1960er-Jahren! Dabei unterschied Dr. Beter zwischen „echten" und „synthetischen Klonen" und „organischen Robotoiden", wobei das Erschaffen der letzte Gruppe nur wenige Stunden in Anspruch nehmen sollte. Dafür soll ihre Lebensdauer auch sehr gering sein. Da Klone aber nie hundertprozentige Kopien des Originals sind, sollen sie auch bei genauer Betrachtung zu unterscheiden sein.

Ein „echter Klon" wäre (wie oben beschrieben) eine Kopie eines Originals, das durch die Entnahme von Zellen aus dem Original zu einem neuen Wesen heranwächst und genetisch gesehen identisch ist. Ein „synthetischer Klon" aber wäre ein Wesen, bei dem die Erbinformationen durch technische und chemische Prozesse beeinflusst würden, wodurch ein Wesen entstünde, das so zuvor in der Natur nie vorgekommen ist, womit sich wieder der Kreis zu den Androiden und Cyborgs schließen würde.

Anderen Quellen zufolge sollen Duplikate von US-Präsidenten in *Camp David* in Maryland angefertigt werden. Das *Camp David*, das eigentlich *Naval Support Facility Thurmont* heißt, dient dem jeweiligen regierenden US-Präsidenten als geschützter Rückzugsort inmitten wunderschöner Natur, umgeben von den Blue Ridge Mountains und ist mit einer riesigen, geheimen Bunkeranlage verbunden.

Was außer Zweifel steht, ist, dass viele Politiker Doppelgänger nutzen. Saddam Hussein soll nach eigenen Angaben sieben Doppelgänger gehabt haben, damit Feinde es schwer hatten, ihn zu töten. Es ist bekannt, dass auch andere Politiker Doppelgänger für öffentliche Auftritte nutzen, doch können die niemals öffentliche Reden halten, weil deren Stimme und Intonation nie übereinstimmen würde. Das gibt vielen Menschen im Falle *Hillary Clintons* Rätsel auf.

Wenn man zum Thema „menschliche Klone" recherchiert, stößt man nämlich unweigerlich immer wieder auf die Behauptung, dass es zahlreiche synthetische Klone von der US-Präsidentschaftskandidatin *Hillary Clinton* geben muss, denn „Verschwörungstheoretiker" behaupten, dass Clinton des Öfteren zur selben Zeit an verschiedenen Orten gesehen wurde, und dass man auf Fotos von Hillary Clinton erkennen könne, dass es sich nicht um ein und dieselbe Person handle, die da überall auftritt. Auch die Tatsache, dass sie bei ihren Präsidentschaftskandidaturen in den Jahren 2008 und 2016 immer wieder schwere gesundheitliche Probleme hatte und mehrfach zusammenbrach, kurz danach aber wieder anderen Orts voller Elan auftauchte, nährt solche Gerüchte.⁽⁸¹⁾ Ob man so etwas für möglich hält, ist jedem selbst überlassen, ich wollte ihnen diese „Fake News" aber auf jeden Fall nicht vorenthalten, denn ich denke, dass viel mehr möglich ist, als unsere Vorstellungskraft zulässt.

Interessant finde ich in dem Zusammenhang auch die Aussage von *Kellyanne Conway*, konservative Radiomoderatorin und erfolgreiche Leiterin von Donald Trumps Wahlkampf im Jahr 2016 über Hillary Clinton: *„Nun, sie ist jemand, die sich immer ans Drehbuch hält. Wenn man sich immer an das Drehbuch hält und gegen jemand antritt, der komplett improvisiert und völlig unberechenbar wie eine Bombe auf der politischen Bühne einschlägt... dann kommt man unter die Räder. Wissen Sie, ein Roboter hat nur eine bestimmte Anzahl an Mikrochips in seinem Speicher und genau der war nicht vorhanden. Ihr fehlte was im Drehbuch."*⁽⁸²⁾

Was also würde geschehen, wenn wir herausfänden, dass es längst Androiden, Cyborgs und menschliche Klone auf Erden gibt? Was würde geschehen, wenn wir erführen, dass manche unserer Politiker gar nicht echt sind? Nun, zuallererst würde dies endlich das Verhalten mancher erklären. Wenn Masahiro Moris Theorie stimmt, dann wären wir erst erbost darüber, doch irgendwann würde sich unsere Ablehnung legen und wir würden akzeptieren, dass unsere Politiker keine Menschen sind. Zu klären bliebe, ob man ihnen dennoch weiter ein Gehalt zahlen müsste...

## *Nanoroboter*

Die „Nano-Technologie" spielt seit Beginn des 21. Jahrhunderts eine immer größere Rolle in vielen Bereichen der Wissenschaft und Forschung. „Nanopartikel" kann man sich wie winzige Bausteine vorstellen, die zum Teil nur aus wenigen Atomen bestehen. Ein Nanometer ist ein Milliardstel Meter, also ein Tausendstel Millimeter. Wir sprechen hier also von mikroskopisch kleinen Elementen und von künstlichen Atomen, die benutzt werden, um neue Stoffe oder Oberflächen zu kreieren, denn mit ihnen kann man von Grund auf neue Materialien erschaffen, die etwa besonders hart sind, besonders reiß- oder kratzfest oder elektrisch leitfähig und von selbst leuchten oder sich selbst reinigen. Solche Nanopartikel werden heute schon in vielen Produkten eingesetzt, von der Sonnencreme bis hin zu Plastikflaschen, von Lacken bis hin zur Kleidung.

Der neueste Schrei in der Nanotechnologie sind winzige Bauteile, die sich selbst organisiert zusammensetzen und auch selbstständig weiter vermehren können. Immer öfter wird dafür DNA, der Träger des menschlichen Erbguts, verwendet. Nanotechnologie wird auch im Bereich der Informatik eingesetzt, um immer kleinere Computer oder Roboter zu bauen. Nanoroboter, verkürzt „Nanobots" genannt, sind winzig kleine Computer, die vor allem in der Medizin eingesetzt und Menschen implantiert werden. Sie werden etwa verwendet, um Arterien zu reinigen oder um bestimmte Zellgewebe zu zerstören.

Die Wissenschaft träumt davon, dass solche „Nanoroboter" in den menschlichen Blutkreislauf verabreicht, künftig Krankheiten bekämpfen sollen, etwa indem sie selbstständig Krebszellen aufspüren und diese zerstören oder an der Reproduktion hindern. (siehe Abb. 22) Der Molekular-Ingenieur *Erik K. Drexler*, der zuvor von 1975 bis 1976 bei der NASA an **Konzepten zur Besiedelung des Weltraums** gearbeitet hatte, wurde in den 1980er-Jahren einer der Vorreiter und lautstarken Befürworter für die Entwicklung von Nanobots. Mit seiner Frau *Christine Peterson* gründete er 1986 das *Foresight Institute*, um die Welt auf die Nanotechnologie vorzubereiten. Er siedelte seine Lobby-Organisation in *Palo Alto* an, also mitten im „Silicon Valley", auf das wir später noch näher zu sprechen kommen werden. Drexler behauptete, dass sein Hauptinteresse dem medizinischen Fortschritt gelte. Alle Propheten neuer Technologie stellen immer zuerst die möglichen Vorteile für die Menschheit in Aussicht. Nanotechnologie sollte helfen, den Alterungsprozess der menschlichen Zellen zu verlangsamen und Menschen ganz allgemein gesünder zu machen. Doch nicht nur das, Nanobots sollten auch Pflanzen ertragreicher machen und Dürren verhindern können – hatte das nicht auch *Monsanto* immer wieder von seinem gentechnisch veränderten Pflanzen behauptet?

**Abb. 22:** Nanopartikel attackieren ein Virus im menschlichen Körper

Das *Foresight Institute* pries Nanopartikel jedenfalls als das Beste seit geschnittenem Brot an, denn sie sollten alle Probleme auf Erden lösen. Seit dem Jahr 2000 investieren die USA daher, inszeniert durch Präsident *Bill Clinton*, Milliarden über Milliarden in die Nanotechnologie. Mir ist jedoch nicht bekannt, dass deswegen der Hunger auf Erden besiegt wurde oder die Menschen weniger krank werden. Dafür sind die Menschen zunehmend unfruchtbar und wissen nicht mehr, ob sie Männlein oder Weiblein sind. Der deutsche Schriftsteller und Sozialhistoriker *Hans G. Helms*, der Drexler im Jahr 1985 getroffen hatte, meinte sogar, dass das eigentliche Ziel der Nanotechnologie in *„der Kapitalvermehrung ohne Arbeit"* liege, also darin, den Menschen als Arbeitskraft durch leicht steuerbare Miniroboter zu ersetzen. Die von Drexler beschriebenen Vorteile für die Menschheit bezeichnete Helms als *„reines Ablenkungsmanöver"*. Der eigentliche Zweck sei ein militärischer: *„Das Gehirn soll so ein- und abgerichtet werden, dass es nach eingespeisten Programminstruktionen genauso unwiderspenstig funktioniert wie eine computergesteuerte Maschine."*[83] Damit wären wir wieder beim Supersoldaten.

An der *Harvard Medical School* in Boston wurden 2011 offiziell die ersten Versuche unternommen, Nanobots zu entwickeln, die mit Antikörper-Fragmenten ausgestattet waren und im Körper selbstständig Leukämiezellen aufspüren sollten. Man könnte sie mit winzig kleinen Trägerraketen vergleichen, die mit Bomben bestückt sind. Wenn sie Leukämiezellen finden, dann zünden sie ihre Bombe, was die schädlichen Zellen zur „Apoptose" verleitet, also zur Selbstzerstörung.[84] Dieses sogenannte „drug-targeting", also der zielgenaue Einsatz von Medikamenten im Körper, ist ein gewichtiges Thema in der Pharmaindustrie, das viele Forschungsgelder freisetzt. Der Bio-Nano-Technologe *Shawn Douglas* von der *Universität von Kalifornien* in San Francisco gab bereits im Jahr 2012 bekannt, dass er solche Miniroboter (nicht größer als ein Virus) aus DNA-Strängen erschaffen habe, die **erfolgreich Krebszellen bekämpften**. Doch bis zum großflächigen Einsatz würden noch einige Jahre vergehen, da die Herstellung dieser neuen Wunderwaffen bislang sehr aufwändig und teuer sei.

Warum geben dann Staaten und Privatpersonen, denen die Menschheit doch angeblich so am Herzen liegt, nicht all die Milliarden, die sie in Forschung stecken, dafür aus, wenn es nachweislich Krebs heilen kann?

Im Jahr 2014 gaben Forscher bekannt, dass es gelungen sei, Nano-Impfstoffe über die Haut zu verabreichen. Impfstoffe können nun also durch Eincremen in den Körper gelangen. Sie können also künftig mittels Feuchtigkeits- oder Sonnencremen verabreicht werden. Andere Forscher sprechen bereits darüber, künftig Nanoroboter ins menschliche Gehirn zu senden, um dort künstlich neue Synapsen zu schalten, also um die Hirnfunktion zu beeinflussen und zu verändern. Das könnte interessant sein, um bestimmte Defekte (wie Farbenblindheit) an Menschen zu „heilen". Die Wissenschaftler könnten aber auch der Versuchung erliegen, einen „Supermenschen" zu erschaffen, dessen Hirnfunktion die eines natürlichen Menschen bei weitem übersteigt, oder auch bei besonders kritischen Zeitgenossen Kritik und selbstständiges Denken zu unterdrücken.

*„Ich mag meinen Körper genauso, wie jeder andere auch, aber wenn ich mit einem Körper aus Silikon 200 Jahre alt werden kann, dann nehme ich ihn!"*[85]

Danny Hillis, Computeringenieur und Erfinder

Ein erklärtes Ziel ist es, die Hirnfunktion eines Menschen zu extrahieren und auf einen künstlichen Körper zu übertragen, der länger lebt als jeder menschliche. Das Zitat von Danny Hillis zeigt, dass das Interesse an so einem künstlichen Körper mit menschlichem „Wissen" oder „Bewusstsein" groß ist. Hillis Firma *Thinking Machines Corporation* baut nicht nur superschnelle Rechner (Parallel-Rechner), sie arbeitet auch an der Entwicklung von Künstlicher Intelligenz. Doch sind es garantiert nicht nur Technikverrückte, die von solchen Möglichkeiten Gebrauch machen würden. Wenn man bedenkt, wieviele Menschen mit dem nötigen Kleingeld sich und ihre Lieben heute bereits umoperieren lassen, um besser und jünger auszusehen, dann ist es sehr wahrscheinlich, dass sie auch Geld dafür ausgeben würden, um intelligenter zu werden oder um länger zu leben.

Wissenschaftler sind auch nur Menschen. Sie sind verspielt, neugierig und geltungssüchtig. Sie gehen dort hin, wo das Geld ist. Und das Geld ist momentan dort, wo es um die Weiterentwicklung des Menschen hin zum „Supermenschen" geht. Doch es stellt sich auch die Frage, ob die Manipulation der Natur ein Fortschritt ist, oder ob die Forscher damit nicht ein moderneres „Frankensteins Monster" schaffen werden?

Immer mehr Menschen versuchen heute, ihr Bewusstsein zu erweitern. Viele versuchen es durch Meditation und bewusstes Hinterfragen ihrer Denkmuster und Gewohnheiten. Doch der Prozess des Sich-bewusstwerdens ist oft langwierig und steinig. Ist es da nicht wahrscheinlich, dass man der Verlockung erliegt, eine Abkürzung zu nehmen? In der zweiten Hälfte des 20. Jahrhunderts waren dies bewusstseinserweiternde Drogen, und bald werden es vermutlich Nanobots und künstliche Körper sein. Doch da wir aus der Erfahrung wissen, dass jede neue Erfindung sowohl zum Guten als auch zum Schlechten verwendet werden kann, sollten wir sehr vorsichtig sein und uns klar machen, dass man nicht alles, was man machen kann, automatisch auch machen sollte. Denn die Richtung wird immer von denen vorgegeben, die das meiste Geld haben, und das sind eindeutig nicht automatisch die verantwortungsvollsten Menschen auf Erden.

Wenn wir die Nuklear-Technik als Beispiel hernehmen, dann erkennen wir, dass oftmals das „Böse" über das „Gute" triumphiert. Die Kernenergie wurde ursprünglich für friedliche Zwecke erfunden, doch der Zweite Weltkrieg sorgte dafür, dass sie rasch als Waffe angedacht wurde. Bevor die erste Atombombe von der US-Armee am 16. Juli 1945 im Geheimen unter dem Codenamen „Trinity" getestet wurde, gab es große Unsicherheit unter den beteiligten Wissenschaftlern über die möglichen Auswirkungen einer atomaren Explosion. Aufgrund der Berechnungen von *Edward Teller* waren sie besorgt, dass die atomare Zündung die Atmosphäre in Brand setzen, und somit die gesamte Erde zerstören könnte. Diese Bedenken wurden zerstreut, doch wusste im Grunde keiner der Beteiligten, was genau passieren würde.

Robert Oppenheimer, der „Vater der Atombombe", war Leiter des „Manhattan-Projekts", jenem Geheimprogramm der USA, unter dessen Deckmantel in den 1940er-Jahren bis zu 150.000 Mann in Los Alamos (New Mexico) an der Entwicklung der Atombombe arbeiteten. Obwohl die erste Zündung einer Atombombe, der „nukleare Urknall", wie Wissenschaftler es nannten, mitten in der Wüste auf dem abgelegenen Militärgelände *White Sands* stattfand, hatte Oppenheimer vor *Trinity* immerhin so viel Angst, dass er für den Ernstfall alles für die sofortige Evakuierung des gesamten Südwesten von New Mexico vorbereiten ließ. (siehe Abb. 23)

**Abb. 23:** Die Mitarbeiter des Manhattan-Projekts wurden stets daran erinnert, dass sie über ihre Arbeit zu schweigen hatten, wie hier durch ein großes Billboard vor den Toren der Militärbasis Los Alamos in New Mexiko.

**Abb. 24:** Am 9. August 1945 zerstörte die zweite US-Atombombe mit dem Namen „Fat Man" die japanische Stadt Nagasaki.

Doch *Trinity* explodierte ohne Kollateralschäden. Einen Monat später zerstörten zwei Atombomben der US-Streitkräfte die japanischen Städte *Hiroshima* und *Nagasaki*. (siehe Abb. 24)

Was ich mit diesem kleinen Ausflug sagen möchte, ist einfach: In jenem, wie in vielen anderen Fällen, sind Wissenschaftler, Politiker und Militärs nicht davor zurückgeschreckt, unvorhersehbare Risiken für die Menschheit und den Planeten einzugehen. Gerade die US-Amerikaner sind, als sehr junge und noch sehr unreife Nation, wenig vertrauenswürdig, wenn es darum geht, jemand das Schicksal der Menschheit anzuvertrauen. Gerade die US-Amerikaner aber sind die Vorreiter in der Entwicklung und im Einsatz von Robotik, Nanotechnologie und Künstlicher Intelligenz.

*„Es ist wichtig zu begreifen, wie geschockt die Physiker nach dem Abwurf der Bombe auf Hiroshima am 6. August 1945 waren. Sie beschreiben eine Reihe von Gefühlswellen: Zuerst war da Zufriedenheit, weil die Bombe funktionierte, dann kam Entsetzen hinzu, über die vielen Todesopfer, und dann die Überzeugung, dass nie wieder eine weitere solche Bombe abgeworfen werden dürfte. Doch natürlich wurde eine weitere Bombe abgeworfen, auf Nagasaki, nur drei Tage nach der Bombardierung Hiroshimas."*

Bill Joy, Computerwissenschaftler und Gründer von *Sun Microsystems*[86]

Der Umgang mit gefährlichen Technologien sollte besser in verantwortungsvollen Händen liegen und möglichst intensiv von verschiedenen Interessengruppen überwacht werden. Doch wie wir immer wieder sehen, ist es schwer, solche neutralen Regulative zu finden, und noch schwerer ist es, diejenigen, die Frankenstein & Co finanzieren, von der Notwendigkeit einer unabhängigen Überwachung zu überzeugen. Speziell dann, wenn Politiker selbst ein komplexes Vorhaben überwachen wollen, ist größte Vorsicht geboten.

Doch leider sind gerade Politiker sehr an der Erforschung des menschlichen Gehirns, an dessen Manipulation durch Nanotechnologie und an der Entwicklung Künstlicher Intelligenz interessiert. Die *Europäische Kommission* vergab im Jahr 2013 mehr als 1,1 Milliarden Euro an das *Human Brain Project*, ein wissenschaftliches Großprojekt, das zum Ziel hat, das menschliche Gehirn detailgetreu, Zelle für Zelle, nachzubauen, um es danach zu verbessern. Interessant finde ich hierbei besonders, dass das Zentrum des Projekts nicht in der EU, sondern in der Schweiz liegt. Die Zentrale liegt in Genf, in direkter Nachbarschaft zur europäischen Kernforschungszentrale CERN, die den größten Teilchenbeschleuniger der Welt betreibt und versucht, künstlich Materie zu erschaffen.

> *„Unglücklicherweise ist es, wie bei der nuklearen Technologie, wesentlich einfacher, die Nanotechnologie für destruktive Zwecke anzuwenden als für positive. Nanotechnologie kann eindeutig für militärische und terroristische Zwecke genutzt werden, und man muss sich nicht einmal mehr selbst töten, um eine extrem gefährliche nanotechnologische Vorrichtung freizusetzen – solche Vorrichtungen können so geschaffen werden, um selektiv zu zerstören, etwa nur in einer bestimmten geografischen Region oder nur unter einer bestimmten Gruppe von Menschen mit bestimmten genetischen Merkmalen. Die große Macht, die uns die Nanotechnologie verleiht, ist wie der Faust'sche Pakt mit dem Teufel, und die direkte Konsequenz daraus ist ein schwerwiegendes Risiko – das Risiko, dass wir den Lebensraum zerstören könnten, von dem alles Leben abhängig ist."*
> Bill Joy, Computerwissenschaftler und Gründer von *Sun Microsystems*[87]

Sobald wir in der Lage sein werden, das menschliche Gehirn nicht nur völlig zu verstehen, sondern es sogar eins zu eins nachzubauen und es gar zu „verbessern", ist es mit dem „echten, natürlich entstandenen Menschen" vorbei. Doch vielleicht hat es den ja nie gegeben? Dann müssen wir keine teuren Kampfroboter mehr herstellen, dann können wir mittels Nanobots in den Gehirnen der menschlichen Soldaten einfach neuronale Schaltungen, die Angst, Zweifel oder Mitgefühl erzeugen, ausschalten. Dann sind diese Soldaten keine Menschen mehr, sondern Cyborgs oder Zombies. Da diese Technologie, wenn sie denn fertig entwickelt ist, sehr kostengünstig sein dürfte, und da, wie uns immer wieder gesagt wird, die Überbevölkerung unseres Planeten ein großes Problem sein soll, liegt die Lösung dafür doch schon auf der Hand: Wir können Millionen von Soldaten in Kriegen bis zum Äußersten aufeinander hetzen und sich gegenseitig töten lassen. Denn wenn man erst einmal ihre Gehirne kontrolliert, dann werden sie Befehlen blind folgen und auch keine Tötungshemmung mehr haben.

Forscher der *University of California* in *Berkeley (UCB)* haben im Jahr 2013 ein Konzept entwickelt, dem sie den Namen „neuronaler Staub" verliehen haben. Er könne Menschen zum Zweck der Datensammlung ins Gehirn implantiert werden. Berichten zufolge ist er so klein, dass Menschen nicht einmal merken würden, dass sie da etwas im Kopf haben. Der neuronale Staub kann in den zerebralen Kortex, die Großhirnrinde, eindringen und dort unbegrenzt eingebettet bleiben. Er wird durch spezielle piezoelektrische Materialien angetrieben, also durch Materialien, die bei Berührung selbstständig Spannung erzeugen. Daher braucht dieser Staub nicht aufgeladen zu werden, er erzeugt seinen eigenen „Strom". Einmal implantiert, ist er für immer da und bleibt auch für immer aktiv. Zudem enthält der neuronale Staub einen Metalloxid-Halbleiter, der es möglich macht, die Gehirnaktivität eines Menschen zu überwachen – aber auch von außen zu beeinflussen! Das Team, das die Idee vorstellt, behauptet, neuronaler Staub könne genutzt werden, um chronische Erkrankungen und schwere Behinderungen leichter zu behandeln. Wie oft haben wir diese hehren Ankündigungen nun schon gehört?

Ist es nicht interessant, dass US-Präsident *Barack Obama* im gleichen Jahr die „BRAIN Initiative" vorstellte. Ziel dieser „Gehirn-Initiative" soll das sogenannte „brain mapping" sein, das Anlegen von genauen „Landkarten" des menschlichen Gehirns zum Zwecke des besseren Verständnisses der Aktivität seiner sämtlichen geschätzt 100 Milliarden Nervenzellen. Kritiker bezeichnen dies als Programm zur „staatlichen Gedankenkontrolle". Natürlich soll das Wissen später einmal helfen, Krankheiten wie Alzheimer, Parkinson oder Depression zu bekämpfen. Die Tatsache allerdings, dass das US-Verteidigungsministerium an der Finanzierung des Ganzen beteiligt ist, könnte manche Zweifler auf andere Gedanken bringen[88] – doch vielleicht wird man mittels all der neuen Erkenntnisse und Möglichkeiten bald soweit sein, solche Gedanken in den Menschen überhaupt nicht mehr aufkommen zu lassen. Nanobots oder neuronaler Staub werden dann vielleicht bestimmte Gedanken im Gehirn einfach grundsätzlich blockieren.

*„Genauso, wie wir heute über Antidepressiva zur Stimmungsaufhellung verfügen, können wir für morgen eine Art von Botox fürs Gehirn erwarten, das faltige Stimmungen glättet, scheue Menschen in extrovertierte verwandelt oder einem geborenen Nörgler einen Sinn für Humor einpflanzt. Aber welchen Preis wird die menschliche Natur für diese nichtmenschlichen Kunstgriffe zahlen? Was bedeutet das Ausbügeln der physischen und mentalen Unterschiede zwischen den Menschen, begleitet von einer forcierten Anpassung mentaler Außenseiter, für die Vielfalt der Persönlichkeit, die die zwischenmenschliche Dynamik so faszinierend macht?"*

William Safire, *New-York-Times*-Kolumnist[89]

Dass bei der Konzeption von Obamas vermeintlich staatlicher „BRAIN Initiative" auch Vertreter der IT-Unternehmen *Google* und *Microsoft* sowie der Halbleiterproduzent *Qualcomm* involviert waren, lässt ebenfalls befürchten, dass es nicht nur darum gehen dürfte, armen Menschen zu helfen, ihr Leiden zu mindern. Denn so sehr sich die Silicon-Valley-Milliardäre auch bemühen, als großzügige Gönner und Menschenfreunde dargestellt zu werden, so sehr widersprechen ihre Taten diesem Bild.

Der ebenfalls im Jahr 2013 – angeblich an Herzinfarkt – verstorbene venezolanische Präsident Hugo Chavez soll laut der russischen Seite *Sputnik-News* in Wahrheit von US-Geheimdiensten durch Nanowaffen getötet worden sein. Das Portal beruft sich dabei auf das venezolanische regierungstreue Onlineportal *Aporrea*.[90] Diese Nanowaffen sollen in der Lage sein, verschiedene Krankheiten wie Herzinfarkt, Störungen des Hirn-Blutkreislaufs, Atemstillstand und Geisteskrankheiten auszulösen. Zudem heißt es in dem Bericht, dass die Entwicklung der Nanowaffen bereits im Jahr 2003 auf Initiative des damaligen Präsidenten *George W. Bush* begonnen hatte. Die wichtigste Rolle bei der Entwicklung der Nanowaffen soll demnach der Unternehmer und Biotechnologe *Robert Langer* gespielt haben.

Ich muss zugeben, dass ich noch nie zuvor von ihm gehört hatte und wer nach ihm auf *Wikipedia* sucht, erfährt nur, dass er ein anerkannter Krebsforscher ist. Wenn man jedoch ein bisschen weiter sucht, dann findet man Erstaunliches heraus, denn *Robert Samuel Langer jr.* ist nicht nur einer der führenden Kapazitäten auf dem Gebiet der Nanotechnologie, er gilt zudem als Autor von mehr als 1.250 Artikeln als der meistzitierte Techniker der Welt. Er hält zudem mehr als eintausend(!) Patente auf den Gebieten Biotechnologie, Chemie und medizinische Geräte. Damit hätte er fünfzig Jahre lang mehr als zwei Patente pro Monat anmelden müssen. Das machte mich etwas stutzig!

Da Insider behaupten, dass in den USA alle Patente, die alternative Energieformen, Nanotechnologie, Waffen und Ähnliches betreffen, zuerst vom US-Geheimdienst NSA begutachtet werden und zur Anmeldung erlaubt werden müssen, liegt der Verdacht nahe, dass Robert Langer (wenn das stimmt) gute Kontakte zu den Geheimdiensten haben müsste. Vielleicht ist der Bericht von *Sputnik-News* also nicht ganz abwegig, wenngleich ich dafür auch keine Belege finden konnte.

Doch sobald es möglich ist, das Gehirn des Menschen gezielt mittels Nanotechnologie zu steuern, werden mächtige Interessengruppen alles daran setzen, die alleinige Macht über diese Technologie zu haben, um die Bevölkerung zu kontrollieren und ruhig zu halten. Es wird, ähnlich wie beim nuklearen Wettrüsten im 20. Jahrhundert, einen Wettlauf um diese ultimative Waffe geben. Und unabhängig davon, ob es einer Gruppe, einer Firma oder einem Staat gelingen wird, diese Waffe als erste zu besitzen, wird es die anderen Gruppen nicht daran hindern, sie ebenfalls zu erschaffen – koste es was es wolle. Es sei denn, dass derjenige, der sie als erster in Händen hält, es schafft, sich alle anderen Menschen auf Erden Untertan zu machen, etwa durch das Ausbringen von Nanobots im Trinkwasser oder in der Nahrung. Die gefährlichsten Waffen im 20. Jahrhundert waren die NBC-Technologien, also nukleare, biologische und chemische Technologien. Die größte Gefahr im beginnenden 21. Jahrhundert sind hingegen die sogenannten GNR-Technolgien, also Entwicklungen aus dem Bereich der Genmanipulation, Nanotechnologie und Robotik.

*„Die nuklearen, biologischen und chemischen Technologien, die in den Massenvernichtungswaffen des 20. Jahrhunderts zum Einsatz kamen, wurden und werden weitestgehend in staatlichen Laboren entwickelt. Im krassen Gegensatz dazu werden die GNR-Technologien des 21. Jahrhunderts ausschließlich von privaten Konzernen entwickelt."*
Bill Joy, Computerwissenschaftler und Gründer von *Sun Microsystems*[91]

Egal, welches Szenario man sich vorstellen mag, es wird alles getan, um den normalen Menschen durch künstliche Wesen zu ersetzen und es wird vermutlich sehr bald gelingen – wenn es nicht längst gelungen ist. Es sei denn, dass wir Menschen zuvor kollektiv erwachen und die bisher herrschende Kaste auf Erden entmachten und sie durch eine „Regierung der Vernunft und Verantwortlichkeit" ersetzen. Nichts ist unmöglich, auch wenn es wenig wahrscheinlich scheint.

Ein anderes, offiziell immer noch totgeschwiegenes Einsatzgebiet für Nanopartikel sind **Chemtrails**. Dem Treibstoff vieler militärischer und ziviler Flugzeuge wird seit Jahren ein chemischer Cocktail beigemischt, der hauptsächlich aus Aluminium, Barium, Strontium, Titanium und Kunststoff-Nanopartikeln besteht. Diese Chemikalien hinterlassen in der Stratosphäre die sogenannten Chemtrails (zu deutsch „chemische Pfade"). Das Hauptelement von Chemtrails ist Aluminium, ein chemisches Element, das in der Natur als Spurenelement, also in sehr geringen Mengen vorkommt. In großen Mengen ist es für den Menschen äußerst gesundheitsschädlich, denn als Aluminiumoxyd legt es sich in den Arterien an und verursacht in größeren Mengen neurologische Schäden. Es verursacht nachweislich Krebs, Alzheimer, Senilität, Magen-Darmreizungen, führt zu Appetit- und Energieverlust, Gefühlsverlust und Sprachstörungen. In den Gehirnen verstorbener Alzheimerpatienten werden immer erhöhte Mengen an Aluminium nachgewiesen. Heute wird sogar bei Jugendlichen immer öfter Alzheimer festgestellt, wie *Adam Trombly*, dem Direktor des *Project Earth for the Institute for Advanced Studies* in Aspen (Colorado), in zahlreichen Artikeln und Interviews betont. Ich habe über die Auswirkungen von Chemtrails bereits ausführlich in meinem ersten Buch berichtet. („Was Sie nicht wissen sollen", Seite 256ff)

Aluminium in Form von Nanopartikeln ist deshalb so gefährlich, weil es auf Grund seiner geringen Größe einmal durch die Nase eingeatmet, leicht durch die Frontallappen und den Hippocampus ins Gehirn eindringt, wo es in größerer Menge zu dauerhaften Schädigungen führt, wie auch der Neurochirurg *Dr. Russell L. Blaylock* ausführt.[92]

Doch durch die Chemtrails gelangen nicht nur mikroskopisch kleine Metallpartikel in unseren Körper. *Dr. Hildegarde Staninger* ist Umwelttoxikologin und Doktor für *Integrated Medicine* in Los Angeles, Kalifornien. Sie war eine der ersten, die über das Symptom „Morgellons" berichtete – das sind Plastikfasern, die aus der Haut von Menschen wachsen. Sie untersuchte zahlreiche Fasern, die sie aus der Haut von Patienten entnahm, und verglich sie mit Proben von Chemtrails, da es auffällig war, dass diese neue Krankheit vor allem in Gebieten auftritt, in denen auch häufig Chemtrails gesichtet werden. Die Proben waren identisch.

*„Die Fäden, die vom Himmel regnen, sehen aus wie feinste Zuckerwatte.",* erklärt Dr. Staninger. Sie sind ein Verbund von Nanopartikeln. Wenn die Partikel mit Haut in Berührung kommen, dringen sie in den Körper ein. Dann bilden sie unter der Haut eine Art Glasfaser-Netzwerk und werden immer größer und fester. Sie wachsen durch die Haut wieder nach außen und ersetzen dabei die echten Haare als eine Art festes, künstliches Haar aus Kunststoff. Diese Fäden sind extrem hitzebeständig und verbrennen erst bei über 450 °C. Der Toxikologe *Craig A. Poland* warnte im Mai 2008 in einem Artikel im renommierten Fachmagazin *Nature* ganz speziell vor der Verwendung von Nanoteilchen aus Kohlenstoff, sogenannter **„Kohlenstoffnanoröhren"**, da ihre mikro-

**Abb. 25:** Chemtrails schaffen künstliche Wolken, aus denen Nanopartikel wie Aluminium zu Boden regnen.

skopisch kleine Nadelform an die hochgiftige Substanz Asbest erinnert. Bei Versuchen an Mäusen hatte sich herausgestellt, dass der Kontakt mit den auf englisch als „Carbon nanotubes" (CNTs) bezeichneten Nanopartikeln bei ihnen zu ähnlichen Symptomen wie bei einer Asbest-Vergiftung führten und einen seltenen, diffus wachsenden Tumor, das „Mesotheliom", auslösten. Dennoch gibt es bis heute keine gesetzlichen Regelungen für den Einsatz von CNTs, die sowohl in Sportbekleidung, Fahrrädern und Booten als auch in Industrieanlagen wie Windturbinen genutzt werden.

Obwohl Gegner der Nanopartikel diese oft als „Waffen gegen die Gesundheit" bezeichnen, gab es lange keine Überwachung ihres Einsatzes. Dabei kommen Nanopartikel auch in Lebensmitteln vor. Seit dem 13. Dezember 2014 gibt es nun zwar eine EU-Lebensmittelinformationsverordnung, in der Nanoteilchen extra ausgewiesen werden müssen, doch die Verordnung strotz nur so von Ausnahmen. Nur einige bestimmte Nanopartikel werden im Zutatenverzeichnis durch das in Klammern gesetzte Wort „Nano" ausgewiesen. Gesundheitlich bedenkliche Substanzen wie Titandioxid (E 171), Siliziumdioxid (E 551) oder homogenisierte Milch und Fruchtsäfte sind davon ausgenommen.[93]

## *Künstliche Intelligenz*

Im Film „Matrix" aus dem Jahr 1999 erkennt der Hacker „Neo", dass das, was er bislang für sein Leben gehalten hatte, in Wahrheit nur eine Computersimulation war. Die ihn umgebende Welt, in der er tagtäglich mit der U-Bahn zur Arbeit fährt, isst, trinkt und schläft, existiert nicht und ist nur eine holografische Darstellung. All die Menschen, die ihm in diesem Hologramm auf der Straße, im Bus oder im Büro begegnen, sind ebensowenig real wie er selbst, denn in Wahrheit liegen sie alle tief unter der Erde in finsteren Laboratorien, an Kabel angeschlossen, in einer Art künstlichem Koma. Über diese Kabel wird ihnen die sehr real wirkende Simulation eines Lebens vorgespielt. Sie leben in einer virtuellen Welt, einer Art dreidimensionalem Computerspiel, das sie für das wahre Leben halten. Die Energie ihrer bewegungslos aufgebahrten Körper speist eine Künstliche Intelligenz, die zu Beginn des 21. Jahrhunderts geschaffen wurde und nach und nach die Herrschaft über die Welt und die Menschheit übernahm. *Doch das ist nur ein Film, richtig?*

Im Allgemeinen bezeichnet „Künstliche Intelligenz", oft als „KI" abgekürzt, Computerprogramme, die menschliche Intelligenz nachbilden. Sie können die menschliche Sprache verstehen, eigenständig Entscheidungen treffen und sich selbstständig weiterentwickeln. Manchmal wird dies auch als „maschinelles Lernen" bezeichnet. Herkömmliche Computersysteme, bis hin zu früheren humanoiden Robotern, waren immer nach dem sogenannten **Top-down-Ansatz** (von oben nach unten) aufgebaut. Dies bedeutet, dass sie keinerlei Lernfähigkeiten besaßen. Sie konnten nur das ausführen, wofür sie programmiert wurden – unten kam nur das raus, was man oben reinsteckte. Sollten sie etwas anderes tun, etwas Neues dazulernen, mussten sie von Programmierern mit neuen Informationen, neuen zusätzlichen Mikrochips oder Programmen bestückt werden. Künstliche Intelligenz hingegen verkörpert den **Bottom-up-Ansatz** (von unten nach oben), der es Maschinen ermöglicht, selbstständig „dazuzulernen". Damit sollen Computer und Roboter künftig nicht mehr darauf angewiesen sein, dass man sie mit immer neuen Informationen versorgt. Sie sollen selbstständig aus ihren Erfahrungen, aus dem, was sie um sich herum wahrnehmen, Rückschlüsse ziehen, daraus lernen und sich autonom weiterentwickeln.

Amazon arbeitete seit dem Jahr 2012 mit bis zu tausend Mitarbeitern an der Entwicklung solcher „Künstlicher Intelligenz", weil *Jeff Bezos* sie für die wichtigste Technologie der Zukunft überhaupt hält. Er sagte dazu: *„Es ist vermutlich gar nicht möglich, zu überschätzen, wie groß ihr Einfluss auf unsere Gesellschaft innerhalb der nächsten zwanzig Jahre sein wird!"*[94] Mit anderen Worten glaubt Bezos, Künstliche Intelligenz werde demnächst alles auf Erden verändern. Könnte der Film „Matrix" also wahr werden, oder ist es das vielleicht bereits und wir haben es noch nicht gemerkt? Noch sind wir nicht ganz dort angekommen, doch der Weg in diese Richtung scheint vorgezeichnet.

*Amazon* stellte im Dezember 2016 in der 7th Avenue in Seattle unter dem Namen „Amazon Go" den ersten Supermarkt ohne Registrierkassen oder SB-Kassen vor. Der Kunde wird am Eingang über sein Smartphone erkannt, nimmt sich aus den Regalen, was er will und es wird über sein Konto abgerechnet. *Amazon* behauptet, dass dieses System mittels Sensoren und Künstlicher Intelligenz funktioniert. Es gibt sie also bereits – bislang jedoch nur in einer Art Vorstufe!

Neben *Amazon* treiben auch die IT-Giganten *Facebook, Google, Apple* und *Intel* die KI-Entwicklung voran und kaufen eine Firma nach der anderen auf, die Erfolge auf dem Gebiet vorzuweisen haben.[95] KI, auf englisch als „Artificial Intelligence" (AI) bezeichnet, ist auf dem Vormarsch, denn Universitäten, Technologie- und Computerkonzerne, bestimmte einflussreiche Personen und der militärisch-industrielle Komplex setzen enorme Ressourcen ein, um etwas zu erschaffen, das den Menschen in Punkto Denken, Handeln und Entscheiden an Schnelligkeit übertreffen soll. Das Ziel einer kleinen Gruppe von Menschen ist es, diese KI so weit voranzutreiben, dass sie sich exponentiell rasch weiterentwickelt und dann zu sogenannter „Superintelligenz" wird. Doch was wird passieren, wenn Computer intelligenter und schneller sind als die Menschen, die sie einst programmiert haben? Kritiker befürchten, dass der Mensch sich damit selbst vernichtet, und unter diesen Kritikern befinden sich immerhin so helle Köpfe der Silicon Valley-Superstar und Tesla Motors-Gründer *Elon Musk*, der meinte, man hätte mit Künstlicher Intelligenz die *„größte existenzielle Bedrohung erschaffen, die es gibt"*.

*„Ich denke, wir sollten bezüglich Künstlicher Intelligenz sehr vorsichtig sein. Wenn ich raten müsste, was unsere größte existenzielle Bedrohung ist, dann ist es vermutlich genau das. Also sollten wir sehr vorsichtig sein. Ich bin zunehmend geneigt zu denken, dass es ein überwachendes Regulativ braucht, vielleicht auf der nationalen und internationalen Ebene, nur um sicherzustellen, dass wir keinen großen Blödsinn machen."*
Elon Musk, Gründer von *Tesla-Motors*[96]

Auch der Astrophysiker Stephen Hawking, der als einer der intelligentesten Menschen unserer Zeit gilt, äußerte sich besorgt über die Entwicklung Künstlicher Intelligenz und er sagte, sie sei *„möglicherweise der größte Fehler, der je gemacht wurde."*
Die KI-Befürworter, manchmal auch als *KI-Propheten (AI-prophets)* bezeichnet, argumentieren hingegen, dass ein solches künstliches Bewusstsein uns das Leben erleichtern und uns Denkprozesse abnehmen könnte. Dann könnten wir uns auf das wirklich Wichtige beschränken. Wir könnten irgendwann vielleicht mit einer KI verschmelzen und dadurch ein Art „Supermensch" erschaffen. Doch was bleibt vom Menschen, wenn er nicht

mehr denken muss? Werden wir uns dann nicht wieder zurückentwickeln? Was ist dieses „wirklich Wichtige"?

An diesem Punkt wird es zwangsläufig philosophisch – zumindest würde es das, wenn die Schöpfer Künstlicher Intelligenz einen Diskurs zulassen würden. Doch dann müssten sie sich auch mit religiösen und spirituellen Fragen auseinandersetzen, was sie nicht wollen, weil sie die Existenz der Seele ebenso belächeln wie Gott, Karma oder Reinkarnation. Sie haben keine Bedenken oder Skrupel, sondern werden von dem Drang angetrieben, Neues, Besseres, Schnelleres zu schaffen und wichtig und bedeutend zu sein. Dieser Drang ist die logische Konsequenz des amerikanischen Mottos *„schneller, höher, weiter"*, das auch etwa im Sport in den letzten Jahrzehnten zu abartigen Auswüchsen führte, indem Athleten in den meisten Sportarten nur noch mittels Doping an der Spitze mithalten können, und sich anscheinend kaum jemand die Frage stellt, wo diese Entwicklung hinführen soll.

Die meisten Menschen denken nicht, bevor sie handeln. Methoden der Künstlichen Intelligenz machen moderne Computersysteme längst komplexer und schneller. Sie sind in der Lage, Bilder, einschließlich Ausdrücke menschlicher Emotionen, zu erkennen, zu lesen und angeblich zu „verstehen" – woran ich aber ganz persönlich meine Zweifel habe, denn da Computer keine Emotionen haben, werden sie diese auch nie „verstehen" können. Sie haben keine „Empathie", doch sie können sie vortäuschen, vielleicht ähnlich wie Politiker, die nach einem tragischen Ereignis einige vermeintlich bewegte Worte von einem Zettel ablesen und dazu einen einstudierten Gesichtsausdruck aufsetzen, der so etwas wie Bestürzung simulieren soll.

Auf jeden Fall können KIs mittlerweile jegliche Form von Sprache verstehen, sogar einschließlich Dialekten und Slang. Sie sammeln Daten über uns und merken sich alles, was jeder Einzelne von uns jemals gesagt oder geschrieben hat. Und immer häufiger können sie dank staatlich angeordneter Überwachung zu jedem unserer Schritte auf der Straße oder in der U-Bahn auch unsere Körpersprache und unsere Gesichtsausdrücke lesen und abspeichern. Sie können sie in ihren Datenbanken mit Millionen anderen vergleichen und Muster erkennen. Sie werden zwar nie verstehen, was es wirklich bedeutet, „wütend" zu sein oder zu „lieben", doch Künstliche Intelligenz wird eines Tages wissen, wann ihr Gefahr durch einen Menschen droht, weil sie anhand seiner Ausdrucksweise, seiner Stimmlage und seiner Körpersprache vorher wird sehen können, wenn ein bestimmter Mensch ihr den Stecker ziehen und sie ausschalten will. Noch ist KI angeblich nicht so weit, doch sie kommt immer häufiger in autonomen Systemen, Internetdiensten und Videospielen zum Einsatz, wobei der Begriff „intelligent" hier, aber auch ganz generell, ein wenig schwammig ist und nur schwer definiert werden kann.

Dieser Moment in der Geschichte der Menschheit, ab dem Künstliche Intelligenz dem Menschen geistig überlegen ist und ab dem für uns nichts mehr vorhersehbar oder berechenbar ist, wird als **„Singularität"** bezeichnet. Dieser Punkt, ab dem es vielleicht kein Zurück mehr geben wird, rückt mit immer größeren Schritten näher. Der Mathematiker und Autor *Vernor Vinge* sagte ihn für spätestens 2023 voraus, der Computerwissenschaftler *William „Bill" Joy* für das Jahr 2030. Der Transhumanist *Ray Kurzweil* hingegen sagt den Punkt, an dem wir die Sklaven der von uns künstlich geschaffenen Intelligenz sein werden, für das Jahr 2045 voraus. Die künstliche, **nicht-biologische Intelligenz wird dann**, seiner Vorhersage nach, etwa **eine Milliarde Mal intelligenter sein als heute alle Menschen zusammen!**[97] Ich persönlich denke, dass die meisten Menschen nicht einmal im Ansatz begreifen, was all das bedeutet. Die Entwicklung von KI schreitet mit Siebenmeilenstiefeln voran und sie hat bereits viele Schlüsselfunktionen auf Erden übernommen. So wurden etwa in der Banken- und Versicherungsbranche bis zum Jahr 2016 weltweit zehntausende Stellen gestrichen, weil Fonds und Portfolios mittlerweile immer häufiger von KI gemanagt werden. An den Börsen handeln keine Menschen mehr, sondern Künstliche „Intelligenzen"! Der Mensch schafft sich gerade selbst ab!

Man kann die Entwicklung von KI mit der Vermehrung eines extrem gefährlichen und ansteckenden Virus in einem Labor vergleichen. Niemand kann vorhersehen, welchen Schaden es genau anrichten könnte, würde es auf die Menschheit losgelassen und mutieren. Das heißt, so lange es sich im Labor an einem sicheren Ort befindet, ist die Gefahr, die von ihm ausgeht, gering. Doch würde es irrtümlich oder absichtlich nach außen getragen, hätte es vielleicht das Potential, die Menschheit oder zumindest einen großen Teil davon, zu vernichten. Genauso ist es mit der KI. Solange sie sich in einzelnen Computern von Universitäten oder Versuchsanstalten befand, hätte man, falls sie zu einer Bedrohung werden würde, einfach den Stecker ziehen und sie sterben lassen können. Doch wenn sie bereits in komplexen Netzwerken wie *Amazons* Supermarkt, bei Banken und Versicherungen eingebaut ist, hat sie bereits Kontakt zu vielen Menschen, zu den Kreditkarten von Kunden, zu den Computersystemen von Lieferanten, zu Bankkonten und vielem mehr. Das Virus kann sich, wenn es einmal frei ist, immer weiter ausbreiten, es kann immer weiter mutieren und sich seiner Umgebung immer besser anpassen. Wenn wir den Punkt der „Singularität" überschritten haben, werden wir der KI nicht mehr den Stecker ziehen können, weil wir viel, viel langsamer und dümmer sein werden als KI. Solange sie von irgendwoher Strom bekommt, wird sie weiter existieren und sich rasend schnell weiterentwickeln.

Derzeit befindet sich KI noch in etwa im Grundschulstadium, doch in wenigen Jahren wird sie die Hochschulreife haben. Dann wird es ernst. Bereits nach einer Woche hätte eine KI sich rund 20.000mal schneller entwickelt als ihr Schöpfer. Das bedeutet: Ab dem Zeitpunkt des Einschaltens einer solchen echten KI braucht es nur noch kurze Zeit, bis sich daraus eine „Künstliche Superintelligenz" entwickelt, ein eigenständiges System, das für den Menschen nicht mehr kontrollierbar ist, weil er es nicht mehr verstehen kann. Nach wenigen Tagen bereits ist der Unterschied im Intellekt so groß, wie zwischen einer Ameise und einem hochintelligenten Astrophysiker. Wenige Tage später sprengt er bereits jegliche Vorstellungskraft eines Menschen. Kein Mensch kann also berechnen oder vorhersehen, wie eine Super-KI sich entwickeln oder verhalten würde.

Ich gebe zu bedenken, dass die KI von Menschen erschaffen wurde, von Menschen mit Ängsten, Zweifeln und Mängeln. Der Lehrling kann von seinem Meister nur das lernen, was der Meister kann und weiß, und wenn der ihm lehrt, dass die Welt ein gefährlicher Ort ist, an dem Rivalität und Konkurrenz vorherrschen und an dem man sich vor anderen vorsehen, sie bekämpfen oder übertrumpfen muss, dann ist das die Basis, von der aus sich eine KI weiterentwickeln wird. Die bisherigen Künstlichen Intelligenzen wurden nicht von Mahatma Gandhi oder Mutter Theresa programmiert, sondern von Leuten aus dem Silicon Valley, einem Haifischbecken der besonderen Art, in dem jeder jeden übertrumpfen möchte.

*„Hattest Du schon mal einen Traum, Neo, der Dir vollkommen real erschien? Was wäre, wenn Du aus diesem Traum nicht mehr aufwachst? Woher würdest Du wissen, was Traum ist und was Realität?"*
*Morpheus* im Film „The Matrix"

Auch wenn die KI-Propheten vielleicht noch nicht ganz an ihrem Ziel angelangt sind, so steuert doch alles derzeit mit aller Macht darauf zu – und zwar mit unserem Geld und Einverständnis. Wie zuvor beschrieben, hat die EU im Jahr 2013 den größten jemals für ein Forschungsprojekt verteilten EU-Etat von einer Milliarde an Steuergeldern in das transhumanistische „Human Brain Project" gesteckt, das ein „künstliches menschliches Gehirn" erschaffen soll.

Der **Transhumanismus** wird als „philosophische Denkrichtung" bezeichnet, was ich jedoch für zweifelhaft halte, da er eher darauf beruht, Neues um jeden Preis zu schaffen, ohne zu denken. Die Transhumanisten sitzen in den größten Firmen der Welt wie *Google*, *Microsoft*, *Apple* und *Nokia*. Sie leiten die Forschung an den größten Unis und sie machen Politik. Sie sind direkt mit der globalen Geldelite verflochten, die für ihre „Neue Weltordnung" leicht steuerbare menschliche Sklaven erschaffen möchte. Die Eugenik, die menschliche Auslese, war die Vorstufe, der Transhumanismus ist ihre logische Weiterentwicklung. Diese Bewegung arbeitet fieberhaft daran, den Menschen mit der Maschine zu verschmelzen und Cyborgs zu erschaffen, künstliche Wesen, die dank Mikrochip und Gentechnik unverwüstlich sind. Kranke, also „defekte" Teile, sollen wie Ersatzteile bei einem Auto einfach ausgetauscht werden oder sich selbst reparieren. Alles soll immer schneller gehen, immer perfekter werden und alle bisherigen Grenzen hinter sich lassen. Seine Visionen fasst *Ray Kurzweil*, der Entwicklungschef von *Google*, KI-Prophet und Guru der neuen transhumanistischen „Religion", wie folgt zusammen:

*„Die ‚Singularität' ist eine Zukunft, in der das Tempo des technologischen Wandels so schnell und weitreichend voranschreitet, dass die menschliche Existenz auf diesem Planeten irreversibel verändert wird. Wir werden die Macht unserer Gehirne, all die Kenntnisse, Fähigkeiten und persönlichen Macken, die uns zu Menschen machen, mit unserer Computer-Macht kombinieren, um auf eine Art zu denken, zu kommunizieren und zu erschaffen, die wir uns heute noch nicht vorstellen können. Diese Ver-*

*schmelzung von Mensch und Maschine mit der plötzlichen Explosion der Maschinen-Intelligenz, wird, im Verbund mit rasend schneller Innovation in den Bereichen der Gen-Forschung sowie der Nanotechnologie, zu einer Welt führen, wo es keine Unterscheidung mehr zwischen dem biologischen und dem mechanischen Leben oder zwischen physischer und virtueller Realität gibt. Diese technologischen Revolutionen werden es uns ermöglichen, unsere gebrechlichen Körper mit all ihren Einschränkungen zu überwinden. Krankheit, wie wir sie kennen, wird ausgerottet. Die menschliche Existenz wird einen Quantensprung in der Evolution durchlaufen. Wir werden in der Lage sein, zu leben, solange wir wollen."* [98]

Meine Frage dazu lautet: Wenn einige der reichsten und einflussreichsten Menschen auf Erden den Schlüssel zur Grenzenlosigkeit und zum ewigen Leben finden, warum sollten sie ihn mit allen anderen Menschen teilen, da sie doch bisher auch nichts mit allen anderen Menschen geteilt haben?

Technikfanatiker wie die Transhumanisten träumen davon, noch zu ihrer Lebenszeit Künstliche Intelligenz mit einem künstlichen Körper zu verschmelzen. Sie träumen von grenzenloser Macht und vom ewigen Leben. So verführerisch dieser Gedanke für alle Fans von Superhelden-Comics auch sein mag, so gefährlich ist er, weil wir damit die Büchse der Pandora öffnen, also ein Terrain beschreiten, das uns völlig unbekannt ist und das alles, was bisher war, auf jede erdenkliche Art und Weise verändern könnte.

*„In einer möglichen Zukunft unkalkulierbarer Vorteile und Risiken tun die Experten sicher alles, was möglich ist, um das bestmögliche Ergebnis sicherzustellen, richtig? Falsch! Wenn eine uns überlegene außerirdische Zivilisation uns die Textnachricht ‚wir werden in einigen Jahrzehnten bei euch ankommen' senden würde, würden wir dann antworten ‚okay, ruft uns an, wenn ihr da seid!' Vermutlich nicht. Doch das ist es im Grunde, was gerade mit der KI passiert. Obwohl uns möglicherweise das Beste oder Schlechteste bevorsteht, das die Menschheit je erlebt hat, findet keine ernstzunehmende Forschung zu dem Thema statt, außer durch einige wenige kleine Vereine wie das ‚Cambridge Center for Existential Risk', das ‚Future of Humanity Institute', das ‚Machine Intelligence Research Institute', und das ‚Future of Life Institute'. Jeder von uns, nicht nur Wissenschaftler, Industriellen und Generäle sollten sich fragen, **was können wir***

*JETZT tun, um die Chancen auf mögliche Vorteil zu erhöhen und die möglichen Risiken zu minimieren?"*

Stephen Hawking, Astrophysiker
(„Transcending Complacency on Superintelligent Machines")[99]

Im September 2016 gaben mit *Amazon, Facebook, Google, IBM* und *Microsoft* fünf der weltweit größten Technologie-Konzerne bekannt, künftig ihre Kräfte bei der Entwicklung von Künstlicher Intelligenz bündeln zu wollen. Dabei wollen sie sich angeblich auf gemeinsame Standards einigen und ein breites Verständnis für die KI in der Bevölkerung schaffen. Das ist, als ob all diese Konzerne künftig gemeinsam einen Computer oder ein Smartphone auf den Markt bringen würden.[100] Da drängt sich mir die Frage auf, warum Künstliche Intelligenz diesen Konzernen, die sonst in vielen Bereichen Konkurrenten sind, so extrem wichtig ist? Dabei sagte *Microsoft*-Gründer Bill Gates im Januar 2015, dass er bezüglich Künstlicher Intelligenz sehr besorgte sei: *„Zuerst werden die Maschinen eine Menge an Arbeiten für uns erledigen und noch nicht super-intelligent sein. Das sollte positiv sein, wenn wir richtig damit umgehen. Einige Jahrzehnte später aber wird diese Intelligenz stark genug sein, um eine Gefahr darzustellen. Ich stimme darin mit Elon Musk und einigen anderen überein und verstehe nicht, warum manche Menschen diesbezüglich nicht besorgt sind?"*[101]

Wenn man bedenkt, dass die Entwicklung von Super-KIs sehr viel mit Macht zu tun hat – sei es für Staaten oder für die entwickelnden Konzerne –, so kann man davon ausgehen, dass hier ein Wettrennen darum stattfindet, wer die erste Super-KI entwickelt und freisetzt. Zeitdruck führt bekanntlich beim Menschen oft zu Fehlern oder zumindest zu Unvorsicht. Wenn etwa ein Autokonzern ein neues Automodell auf den Markt bringt, obwohl es nur zu 95 Prozent ausgereift ist, dann führt das oftmals Monate später zu Rückrufaktionen, um das Auto nachzurüsten und den Flüchtigkeitsfehler zu beheben. Ein solches „Nachrüsten" könnte jedoch bei Super-KIs nicht mehr stattfinden. Oder um es frei übersetzt mit den Worten des Philosophen und Neurowissenschafters *Sam Harris* zu sagen: *„Wenn wir solche Superintelligenzen erschaffen und sie kontinuierlich weiterentwickeln, dann sind wir dabei, eine Art von 'Gott' zu erschaffen und jetzt wäre eine gute Zeit sicherzustellen, dass es sich dabei um einen Gott handelt, mit dem wir leben können!"*

Einen Monat vor der US-Präsidentenwahl, also im Oktober 2016, hatte die Künstliche Intelligenz „MogIA" übrigens bereits den Sieg Donald Trumps vorhergesagt, zu einem Zeitpunkt also, als alle Analysten und Journalisten sich ganz sicher waren, dass Trump keine Chance hätte. Die KI des indischen Unternehmens *Genic.ai* hat damit bei den letzten vier US-Präsidentenwahlen richtig gelegen und sie entwickelt sich seit ihrer Inbetriebnahme im Jahr 2004 konstant weiter, was manch einen auf komische Gedanken bringen könnte, wenn man nur überlegt, wieviel allein bei Sportwetten oder im Lotto zu machen ist.

> *„Vor allem die wachsende Zahl an Robotern bereitet den EU-Politikern Sorgen... Deutschland hat nach Korea und Japan mittlerweile die drittgrößte Roboterdichte... Bis 2018 könnten weltweit 2,3 Millionen Roboter zum Einsatz kommen, also mehr als doppelt so viele wie 2009... Einen Großteil der Arbeiten, die heute noch von Menschen erledigt werden, könnten künftig Roboter übernehmen, heißt es in einem Bericht an die EU-Kommission von Ende Mai. Diese Entwicklung stelle auch die Tragfähigkeit der Sozialversicherungssysteme vor Herausforderungen. Wörtlich wird von einem ‚Potenzial für eine zunehmende Ungleichheit bei der Verteilung von Wohlstand und Einfluss' gesprochen. Zudem könnte die künstliche Intelligenz die intellektuellen Fähigkeiten des Menschen binnen weniger Jahrzehnte überflügeln. Womöglich, so ängstigen sich die Parlamentarier, bleibe der Mensch dann nicht mehr Herr über sein eigenes Schicksal. Doch die EU-Politiker denken noch weiter und verweisen darauf, dass durch künstliche Intelligenz auch die ‚Roboter sich ihrer selbst bewusst werden oder gemacht werden' können. In ihrem Bericht erwägen sie sogar, neben der natürlichen und der juristischen Person im Rechtswesen eine neue Roboterkategorie einzuführen: die der ‚elektronischen Person', die ebenfalls mit gewissen Rechten und Pflichten und der Haftung für Schäden ausgestattet sein soll. Künftig könnten diese Maschinen dann unter dem Begriff ‚intelligente Roboter' registriert und eingestuft und von einer ‚Europäischen Agentur für Robotik und künstliche Intelligenz' überwacht werden."*[102]

Juristische Drohungen werden Künstliche Intelligenz wohl eher weniger beeindrucken, da man sie nicht einsperren kann. Die Politiker wissen also über alles Bescheid und sie haben die Entscheidung getroffen, keine Entscheidung zu treffen und alles den mächtigen IT-Konzernen und einigen Privatpersonen zu überlassen.

Dass diese Privatpersonen aber unter enormem Druck stehen, weil sie von dem Drang angetrieben werden, noch schneller, besser und innovativer sein zu müssen, finde ich persönlich auch nicht so richtig beruhigend.

> *„Ich habe immer Panik. Ich habe Panik davor, dass wir bei Outbank zu langsam sind. Ich habe Panik davor, dass unser Lilium-Jet nicht fliegen wird. Jeden Tag gehe ich in unsere Läden rein und sage: ‚Leute, we're fucked.' Obwohl wir mit einigen Firmen sogar die jeweils aktuellen Marktführer sind. Die Panik habe ich in meiner DNA... Manchmal habe ich den Eindruck, dass in vielen deutschen Unternehmen Leute sitzen... weil sie die richtigen Anzüge getragen haben, morgens immer pünktlich waren und irgendwann mal irgendein Optimierungsprojekt toll hinbekommen haben. Die haben alle den Krieg noch nicht gesehen. **Aber der Krieg kommt. Und zwar in jeder einzelnen Industrie**... da kommen die E-Motoren und das Self-driving Car, und der Markt teilt sich in Flying und Driving. Banken werden nicht mehr benötigt werden, weil alles über Peer-to-Peer-Lösungen mit intelligenter Software passieren wird. Künstliche Intelligenz wird in fast alle Wirtschaftsbereiche eingreifen, nicht nur in der Kundenberatung. In der Medizinbranche wird ein Großteil der Ärzte durch KI und Big Data abgelöst werden. Die eigentliche Frage wird bald sein: Welche Branche ist so klein, dass sie noch ein bisschen in Ruhe gelassen wird?"*
>
> Frank Thelen, deutscher Unternehmer[102a]

## *Silicon Valley*

„Silicon-Valley", auf deutsch „Silizium-Tal", ist ein Begriff, der für einen Landstrich südlich von San Francisco steht. Das Wort „Silicium" bezieht sich dabei auf die Halbleiter, die in den Mikrochips von Computern verbaut werden. Nirgendwo in der Welt sitzen mehr IT-Giganten und einflussreiche Weltkonzerne Tür an Tür, nirgendwo kommen mehr Innovationen her, nirgendwo wird in dem Bereich mehr Umsatz generiert als in der

Gegend um *Palo Alto*, zwischen San Francisco und San Jose. (siehe Abb. 26) Hier liegen die Firmenzentralen von *HP, Apple, Google, Intel, eBay, Oracle, Cisco, Facebook, Tesla, Dell, Adobe, Yahoo* und *Amazon*, um nur einige zu nennen – also das „who is who" der Computer-, Internet- und Social Media-Industrie.

Alles begann im Jahr 1939, zu Beginn des Zweiten Weltkriegs, als die Studenten *William Hewlett* und *David Packard* ihre private Elektronikfirma **Hewlett-Packard (HP)** in einer Garage auf dem weitläufigen Gelände der *Stanford-Universität*, unweit des Militärflughafens *Moffet Airfield* und des ebenfalls neu gegründeten US-Weltraumforschungszentrums *Ames Research Center* (ARC), gründeten – das später in *NASA Ames* umbenannt wurde. Diese Garage in Palo Alto gilt heute als der Geburtsort des Silicon Valleys. Dank des Krieges und der reichen Nachfrage nach Technik für das Militär prosperierte HP und vergrößerte sich rasch. Nach dem Krieg siedelten mehr und mehr Absolventen der reichen Elite-Uni *Stanford* ihre kleinen Unternehmen in *Palo Alto* und Stanford an, da die Mieten günstig waren und die Nähe zu einer der besten Universitäten des Landes und zu einer der innovativsten, militärischen Forschungseinrichtungen der NASA eine gute Kombination darstellte. Es gibt bis heute eine sehr enge Verbindung zwischen der Uni, den IT-Unternehmen, der US-Politik und dem US-Militär.

**Abb. 26:** Das Silicon-Valley südlich von San Francisco

Die Uni *Stanford* brachte zahlreiche Nobelpreisträger hervor, Menschen, die auf den Gebieten der Wissenschaft, der Wirtschaft und der Politik großen Einfluss haben. Vor allem in den letzten Jahren, unter der Obama-Regierung, konnte man feststellen, dass viele Manager zwischen dem Silicon Valley und dem US-Regierungssitz in Washington hin und her wechselten und sich sehr für die Wahl Hillary Clintons zur Nachfolgerin Obamas einsetzten.⁽¹⁰³⁾ Der *Apple*-Vorstand *Eric Schmidt* etwa wechselte im Jahr 2009 in die Geschäftsführung von *Google* und wurde gleichzeitig Berater von Präsident Barack Obama und Lehrbeauftragter an der *Stanford University*.

Alle US-Aktivitäten im Weltraum, von Satelliten bis hin zu bemannten Raumfahrzeugen für die Landung auf anderen Planeten, werden von NASA Ames, also vom Silicon Valley aus erdacht, erforscht und gesteuert. Es ist kein Wunder, dass auch *Amazon*-Chef Jeff Bezos sein Raumfahrtunternehmen *Blue Origin* und *Tesla*-Gründer *Elon Musk* sein *SpaceX-Programm* hier ansiedelten. Sie arbeiten im Verborgenen Hand in Hand mit der US-Weltraumbehörde an geheimen Projekten, die oft mit geheimen Budgets finanziert werden. *NASA Ames* erkundet den Mond und *Elon Musk* will den Mars kolonialisieren. Sie alle brauchen Roboter und Fluggeräte mit besonderen Antrieben und Anforderungen, die das US-Militär und die NASA hier zusammen mit den IT-Giganten entwickeln. Hier ist viel, viel Geld im Umlauf und es hat fast den Anschein, als spielte der ganze „Computer-Kram" längst nur noch eine untergeordnete Rolle im Silicon Valley. Es geht nur noch darum, bahnbrechende Innovationen hervorzubringen. Alle Silicon-Valley-Milliardäre stellen sich gerne als Philanthropen dar und behaupten, der Menschheit Gutes tun zu wollen, doch laut Axel-Springer-Vizepräsident *Christoph Keese* finden dort nur noch Firmengründer die nötige Unterstützung, wenn eine Bewertung in Milliardenhöhe innerhalb kürzester Zeit in Aussicht steht.⁽¹⁰⁴⁾

Die IT-Milliardäre greifen im wahrsten Sinne des Wortes „nach den Sternen" und ihr Enthusiasmus scheint für viele junge Menschen ansteckend zu sein. Natürlich muss man Firmen wie *Apple* zugutehalten, dass sie schicke Produkte machen, doch am Ende des Tages sind es nur Computer und Telefone, also nichts, wofür sich ein normaler Mensch stundenlang bei Schnee und Regen anstellen würde, um als erster das neueste Modell in der Hand zu halten. Doch das Silicon Valley rockt und es ist sexy wie seine Produkte. Daher ist es der Traum vieler junger Leute, hier bei einem der großen Konzerne zu arbeiten. Doch dieser Traum kann rasch zum Albtraum werden.

Im Grunde erstreckt sich das Gebiet des „Silicon Valley" heute von San Jose im Süden bis nach San Francisco im Norden, was San Francisco, aber auch dessen gesamte Umgebung, die sogenannte „Bay-Area", in den vergangenen zwei Jahrzehnten zu einem der teuersten Pflaster in den USA machte. Nirgendwo sonst arbeiten so viele junge Millionäre und Milliardäre auf einen Haufen wie in der Gegend um Stanford. Doch Stanford ist nicht so attraktiv wie San Francisco, wo „Techis" ihre Freizeit lieber verbringen und ihre Kinder zur Schule gehen. Tatsächlich zogen seit 2010 immer mehr Konzerne wie *Google* oder *Facebook* nach San Francisco und eröffneten dort Zweitbüros oder sogar ihre Firmenzentralen, weshalb man San Francisco mittlerweile als die Hauptstadt des Silicon Valleys bezeichnen kann. Durch die Tech-Milliardäre und ihre Entouragen entstanden viele neue schicke und teure Restaurants und Clubs. Nirgendwo sonst in den USA klafft die Schere zwischen arm und super-super-reich so offensichtlich weit auseinander wie hier. Die meisten jungen Menschen, die hierher kommen und einen Job in der IT-Branche finden, verdienen kaum genug zum Leben. Sie teilen sich oft zu zweit oder zu dritt ein Zimmer – nicht eine Wohnung!

Während *Bill Gates, Mark Zuckerberg* oder *Peter Thiele* ohne Probleme hunderte Millionen Dollar für Immobilien, Privatjets und jeglichen nur erdenklichen Luxus ausgeben, werden die Mitarbeiter ihrer Konzerne meist sehr schlecht bezahlt, oft nur nach dem Mindestlohn. Ich führe das nicht an, weil ich eine Neid-Debatte auslösen möchte, sondern weil die meisten dieser extrem Neureichen sich gerne als Gönner und Menschenfreunde aufspielen und all ihr Streben nach Neuerungen angeblich immer nur dem Wohle der Menschheit dienen soll.

**Mark Zuckerberg** wird nachgesagt, er arbeite intensiv daran, der nächste Präsident der USA zu werden. Mehrere Menschen, die ihn kennen, sollen es so ausgedrückt haben: *„Er möchte Kaiser werden!"* Es besteht kein Zweifel daran, dass der Mann, der bis vor kurzem noch ein kauziger Junge im Kapuzenshirt war, große Ambitionen hat. Seit 2015 tun seine Image-Manager alles, um Zuckerbergs Image in der Öffentlichkeit aufzupolieren. Er hat Mitarbeiter, die seine *Facebook*-Einträge und öffentlichen Statements für ihn verfassen und unangenehme Einträge über ihn im Netz löschen. Die „zufälligen Schnappschüsse" von Zuckerberg und seiner Familie werden von professionellen Fotografen geknipst und sehr gezielt platziert. Mr. Facebook gründete zusammen mit seiner Frau *Priscilla Chan* die *Chan-Zuckerberg-Initiative*, eine philanthropische Einrichtung mit beschränkter Haftung, die es sich angeblich zum Ziel setzt, bis Ende des Jahrhunderts alle Krankheiten und alles Leiden auf Erden beseitigt zu haben[105] – wie könnte es auch anders sein?[106]

Was ich mich immer bei sogenannten „Philanthropen" frage, ist, warum sie ihre Liebe zur Menschheit nicht im Kleinen und in ihrem nächsten Umfeld unter Beweis stellen? Warum versucht Mark Zuckerberg hunderten Einheimischen für seinen Landsitz auf Hawaii ihr Land wegzunehmen, wenn er es doch so gut mit den Menschen meint? Aber über das Leid Einzelner muss man vermutlich hinwegsehen können, wenn man das Wohl aller zum Ziel hat – das wird einem jeder Diktator bestätigen.[107]

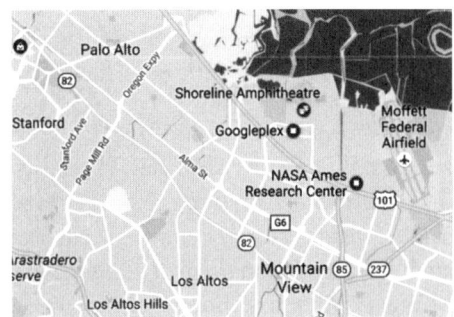

**Abb. 27:** Im Silicon Valley liegen *Moffett Federal Airfield*, die NASA, die Universität Stanford und die Zentralen der größten Technologiekonzerne direkt nebeneinander.

Zuckerberg werden ebenso wie Bill Gates leicht autistische Züge nachgesagt. Experten berichten, dass das *Asperger-Syndrom*, eine leichte Form des Autismus, bei stark Internet-affinen Menschen auffällig häufig auftritt. Zwei von Zuckerbergs Regeln für seine Mitarbeiter lauten „*Move fast and break things*" (agiere schnell und mach Dinge kaputt) und „*Done is better than perfect*" (erledigt ist besser als perfekt). Ich bin mir nicht sicher, ob man auf diese Weise alles Leid auf Erden beenden kann, doch zumindest könnte man damit US-Präsident werden.

Ist es nicht ein wenig gruselig, wenn jemand mit solchen Mottos Künstliche Intelligenz entwickelt? Aber, nein, Zuckerberg ist einer der Guten, schließlich hat er sich der Initiative „**The Giving Pledge**" von *Bill Gates* und *Warren Buffet* angeschlossen. Dieses „Versprechen zu geben" hatten bis August 2015 bereits 137 Milliardärs-Familien gemacht und sie haben sehr viel Geld für „humanitäre Projekte" gespendet. Ist die Welt seitdem nicht viel besser, gerechter und sicherer geworden? Ist es Zufall, dass diese Initiative zeitlich genau mit dem Flüchtlingsansturm in Europa zusammenfiel?

Mitten im *Silicon Valley,* zwischen *Mountain View* und *Sunnyvale* liegt der ehemalige Militärflughafen **Moffett Federal Airfield.** (siehe Abb. 27) Direkt daneben liegt das NASA-Zentrum. Doch nicht nur die US-Weltraumbehörde ist am *Moffett Airfield* angesiedelt. Offizielle Hauptnutzer des Flughafens sind der IT-Riese Google, die US-Nationalgarde und die Weltraum-Abteilung („Space Systems") des Rüstungskonzerns *Lockheed Martin.* Doch wenn man ein wenig forscht, findet man heraus, dass auch die **7th Psychological Operations Group**, eine Sondereinheit des US-Militärs für psychologische Kriegsführung („Psychological operations/PSYOP"), ihren Hauptsitz im *Moffett Airfield,* mitten im Silicon Valley, hat. Die Aufgabe dieser Einheit ist es sowohl in Kriegs- als auch in Friedenszeiten *„Zuhörer mit ausgewählten Informationen und Hinweisen zu versorgen, um ihre Emotionen, Motive und Entscheidungsfähigkeit („objective reasoning") zu beeinflussen, und damit langfristig das Verhalten von Regierungen, Organisationen, Gruppen und Einzelpersonen."*[108] Das Motto dieser Sondereinheit, die sich einen Flugplatz mit den wichtigsten Machern im Bereich Soziale Medien und Internet teilt, lautet: *„Überzeugung! Veränderung! Beeinflussung!"* Was gibt es nicht für interessante Zufälle im Leben!

Im Jahr 2000 eröffnete am *Moffett Airfield* zudem der **NASA Research Park**, in dem die US-Weltraumbehörde zusammen mit verschiedenen staatlichen und militärischen Einrichtungen, mit Universitäten und privaten Organisationen, einen Forschungs-, Entwicklungs- und Bildungs-Campus betreibt. All das klingt unglaublich schick, offen, modern und transparent, doch diese Verflechtung von privaten, militärischen und staatlichen Interessen und Geldern ist äußerst suspekt.

Es ist schwer zu sagen, was der *NASA Research Park* wirklich ist, doch er scheint zumindest produktiv zu sein. Dort werden Super-Technologien entwickelt, wie etwa der schnellste Supercomputer der Welt, den *NASA Ames* im Jahr 2005 vorstellte. Doch das eigentliche Augenmerk dieses eigenartigen Konglomerates liegt auf der **Exploration und Besiedelung des Weltraums**, was nach Angaben des Whistleblowers *Corey Goode* bereits seit den 1950er-Jahren im Geheimen geschieht – wenngleich auch nicht mit der NASA, sondern mit anderen geheimen Abteilungen. Die NASA ist angeblich nur die Ablenkung für die Öffentlichkeit und jene Teile in der Regierung und im Militär, die von den wirklich geheimen Dingen, sogenannten „black ops" (Schwarze Operationen) nichts wissen. Für all jene, die nicht in die geheimsten Geheimnisse eingeweiht sind, gibt es die NASA (*National Aeronautics and Space Administration*), die offiziell seit 1972 keinen Mann mehr auf dem Mond hatte.

Da *Google* eng mit *NASA Ames* zusammenarbeitet, ist es auch nicht verwunderlich, dass der KI-Prophet *Ray Kurzweil* auf dem NASA-Campus im Jahr 2009 seine **Singularity University** gründete. Sie ist keine Universität im eigentlichen Sinne, sondern eher ein Ort, an dem sich KI-Propheten treffen, um zu forschen und junge kreative Leute mit ihren Ideen anzustecken. Sie ist benannt nach Kurzweils Traum, der „Singularität", jenem Punkt, an dem Maschinen intelligenter werden als der Mensch.

Die „SU Labs" der Singularitäts-Uni bezeichnen sich als „seed accelerator", also als Programm, in dem der Nachwuchs reichen Geldgebern seine Geschäftsideen vorstellt und im Erfolgsfall Kapital zur Entwicklung bekommt, wobei die Geldgeber dem Nachwuchs über die Schulter schauen und sie unter ihre Fittiche nehmen. **Das Ziel dieses Programms lautet** ganz bescheiden: Jede Idee muss darauf abzielen, *„das Leben von mindestens einer Milliarde Menschen zu verändern"* – dabei scheint es keine Rolle zu spielen, ob es zum Guten verändert wird und ob die Milliarde Menschen, die es erreichen, dadurch gesünder oder zufriedener wird.

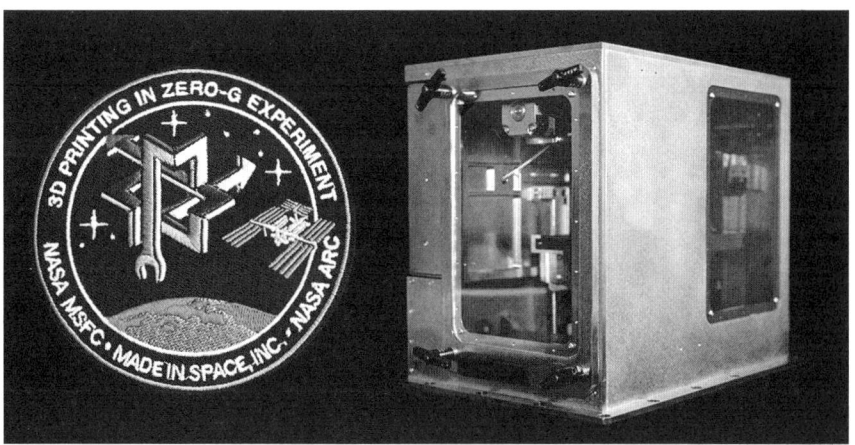

**Abb. 28:** Der „Zero-G Printer" soll im Weltraum alles ausdrucken, was man dort zum Leben und Überleben braucht.

Eine der ersten geförderten Entwicklungen von „SU Labs" war ein 3D-Drucker für den Weltraum der Firma „Made In Space". Der erste Prototyp des Druckers mit dem Namen „Zero-G Printer" wurde gemeinsam mit der NASA entwickelt und trat seine Reise ins Universum im September 2014 an. Er flog erst zur internationalen Raumstation ISS, um in der Schwerelosigkeit getestet zu werden, langfristig aber soll er dazu verwendet werden, um **Behausungen auf anderen Planeten** zu bauen. Und nun kommt die Millionen-Dollar-Frage: Wie soll ein 3D-Drucker im All das Leben von mindestens einer Milliarde Menschen verändern? Die Antwort darauf folgt im dritten Teil dieses Buches, doch wie ich bereits kurz angerissen habe: Es gibt viele Hinweise darauf, dass nicht nur unser Sonnensystem, sondern das gesamte Universum voll mit Lebewesen ist, von denen die meisten von uns bislang keine Vorstellung haben. Im Silicon Valley geht es schon lange nicht mehr nur um Computer, es geht um das Entwickeln des Entwickelns willen und es geht um die Besiedelung des Alls, um Macht und technologischen Vorsprung. Und es geht um sehr viel Geld!

> *„Problematisch ist auch, dass die Ingenieure aus dem Silicon Valley und von der dort beheimateten Universität Stanford glauben, dass es buchstäblich für jedes Problem eine technische Lösung gibt. Dabei gibt es aus meiner Sicht ganz zentrale Probleme im menschlichen Zusammenleben, die lassen sich nur durch Verständnis, Toleranz oder Liebe lösen. Liebe ist aber kein Algorithmus. Ihre eindimensionale Sichtweise setzen die Silicon Valley-Ingenieure in Produkte um, die so gut sind, dass sie von den Menschen geliebt werden. Über diesen Wirkmechanismus exportieren sie ihre Machbarkeitsphilosophie direkt in unseren Alltag und in unsere Kultur."*
> Christoph Keese, Vizepräsident des *Axel-Springer-Konzerns*[109]

Wenn die Firma *Apple* in den vergangenen Jahren ein neues Produkt, ein Telefon oder Tablet auf den Markt brachte, dann brachte das jedesmal Millionen junger Menschen rund um den Globus schier um den Verstand. Firmen wie *Apple* verkaufen sich sehr gut und sie stellen ihre Produkte als „Geschenk" an die Menschheit dar. Dabei sind ihre Produkte alles andere als geschenkt und der Umgang mit ihnen ist in vielerlei Hinsicht gefährlich. Jahrelang warnten einige wenige einsame Streiter, dass die großen Techfirmen im Silicon Valley unsere Daten sammeln und an die Geheimdienste weitergeben oder an andere Unternehmen verkaufen, doch die Mehrheit der Menschen wollte all das nicht hören, weil sie den Unternehmen um *Palo Alto* hörig sind. Das ist, als ob man einem Drogensüchtigen erklären wollte, dass Drogen schädlich für ihn sind. Es würde nichts helfen, solange er sich noch in der Phase des „Leugnens" befindet und die Fakten nicht anerkennt!

Erst als der ehemalige CIA- und NSA-Mitarbeiter **Edward Snowden** im Sommer des Jahres 2013 vertrauliche Dokumente über die Internet-Spionagetätigkeiten der britischen und US-Geheimdienste an die Öffentlichkeit brachte, ging ein Rauschen durch den Blätterwald. Der Ex-Geheimdienst-Mitarbeiter öffnete der Welt die Augen und bewies, dass vor allem die US-Geheimdienste die meisten Telefonate und Emails aller Menschen im Westen abhörten und speicherten, ohne dafür irgendwelche legalen Grundlagen zu haben. Es wurde deutlich, dass nicht nur hochrangige Politiker und Manager abgehört wurden, sondern jeder Einzelne von uns.[110]

Auf Grund der Empörung vieler Menschen zu beiden Seiten des Atlantiks, sahen sich viele der Silicon-Valley-Milliardäre genötigt, ebenfalls ihre Empörung über diese Form der Spionage kundzutun, was jedoch reine Heuchelei und Lüge war, denn in Wahrheit hatten die Firmen im Silizium-Tal all die Jahre eng mit den Geheimdiensten zusammengearbeitet, vor allem mit dem Auslandsgeheimdienst CIA und der Nationalen Sicherheitsbehörde NSA. Die Techfirmen hatten ihnen bereitwillig Informationen zur Verfügung gestellt und dafür intern sogar eigene geheime Abteilungen am Laufen.

Wenn *Facebook*-Chef *Mark Zuckerberg* sich nach 2013 laut darüber beschwerte, dass die NSA auf die Nutzerdaten seines Netzwerkes zugriff, dann war das ein Witz, denn seine Firma war wie alle anderen im Valley ganz dick mit den Geheimdiensten. Als *Facebooks* Verantwortlicher für Informationssicherheit (CSO), *Max Kelly*, den Konzern im Jahr 2010 verließ, wechselte er nicht etwa zu einem anderen IT-Konzern, nein, er wechselte direkt zur Spionage-Agentur NSA.

> *„Herrn Kellys Wechsel zur Spionage-Agentur... unterstreicht die zunehmend tiefen Verbindungen zwischen dem Silicon Valley und dem Geheimdienst sowie das Ausmaß ihrer geschäftlichen Überschneidungen.*

*Beide arbeiten verbissen an Methoden, um große Datenmengen über Millionen von Amerikanern zu sammeln, zu analysieren und auszunutzen."*
James Risen & Nick Wingfield für die *New York Times*[111]

Das Silicon Valley hat alles, was ein Geheimdienst sich nur wünschen kann: uneingeschränkten Zugang zu allen Informationen von hunderten Millionen von naiven und gutmütigen Bürgern, die nichtsahnend und nicht denkend wirklich alles über sich preisgeben. Die Geheimdienste haben all die Jahre über für diese Informationen sehr gut bezahlt. Auch wenn es keine offiziellen Zahlen dazu gibt, da alle Geheimdienst-Budgets geheim sind, so schätzen Insider, dass die relevanten Firmen im Silicon Valley für ihre Kooperation jährlich rund zehn Milliarden US-Dollar von der NSA erhalten. *Skype*, der kostenlose Anbieter für Video-Telefonie, der im Jahr 2011 von *Bill Gates'* Konzern *Microsoft* für 8,5 Milliarden US-Dollar aufgekauft wurde, hatte bereits vor dieser Übernahme ein Programm installiert, das es der NSA erleichterte, Skype-Konversationen abzuhören und zu analysieren. Dieses Programm trug den Namen „Project Chess".[112]

**Im August 2016 wurde eine Spionage-Software in *Apples* „iPhones" und „iPads" entdeckt**, die Nachrichten und Emails mitlesen, Anrufe verfolgen, Passwörter abgreifen, Tonaufnahmen machen und den Aufenthaltsort des Nutzers verfolgen kann. Nach Erkenntnissen von Experten wurde das „Pegasus" genannte Programm auch gegen Menschenrechtler und Journalisten eingesetzt. Da muss man sich nicht wundern, dass die meisten von ihnen das schreiben, was dem Establishment gefällt.[113]

Der hochdekorierte Geheimdienstoffizier *Lt. Gen. Kenneth A. Minihan* wechselte nach Beendigung seiner militärischen Laufbahn bei diversen Geheimdiensten zu der in Washington ansässigen Investmentfirma *Paladin Capital Group*, die Gelder von der NSA und der CIA erhält, um in junge innovative Firmen im Silicon Valley zu investieren. In Paladins' Valley-Büro westlich von *Palo Alto* sind mehrere ehemalige NSA-Mitarbeiter damit beschäftigt, sich unter die jungen Entwickler und Erfinder zu mischen und die besten Ideen herauszufiltern, die für die Geheimdienste von Nutzen sein können.[114][115] Ich sage es nochmal: Wenn Politiker und Medienvertreter über „Datenschutz" diskutieren, ist das ein Witz und das wissen sie auch!

Das Silicon Valley ist der Ort, an dem die größten Visionäre und Phantasten mit aller Macht und Wucht daran arbeiten, Maschinen zu entwickeln, die intelligenter sind als Menschen. Die Verflechtung dieser KI-Propheten mit dem Militär und den Geheimdiensten ist aus meiner Sicht ebenso besorgniserregend wie ihr Größenwahn. Vieles, was bislang aus dem Silicon Valley kam, seien es Laptops, Tablets oder Smartphones, machte einiges in unserem Leben besser, aber vieles auch schlechter. Doch all das war nichts im Vergleich zu dem, was aus diesem „Tal des Wahnsinns" noch kommen könnte. Daher wäre es sehr wichtig, dass wir uns dessen bewusst werden, dass hier einige wenige Menschen mit sehr geringem Verantwortungsbewusstsein „Gott" spielen wollen und mit Dingen experimentieren, die das Potential haben, die Menschheit auszulöschen. Doch das wollen die meisten Menschen nicht hören. Sie starren lieber weiter auf einen kleinen Bildschirm in ihrer Hand, den sie für viel Geld kauften, den andere Menschen unter menschenunwürdigen Bedingungen gefertigt haben und der einige ganz wenige superreiche Menschen noch reicher macht und ihnen noch mehr Macht über sie gibt.

Immer wieder hört man davon, dass die großen Techfirmen im Silicon Valley vorbildliche Arbeitgeber seien und ihre Mitarbeiter nach Strich und Faden verwöhnten. Doch wenn man nachforscht, ergibt sich rasch ein anderes Bild. Nicht nur bei *Amazon* scheinen die Arbeitsbedingungen wie zuvor berichtet oft unmenschlich zu sein. Auch über *Facebook* berichten aktuelle und ehemalige Mitarbeiter zuhauf, dass sie oft rund um die Uhr arbeiten und immer erreichbar sein müssten. Es gäbe extreme Hierarchien, und *Facebook*-Chef *Mark Zuckerberg* und sein Spitzenpersonal würden sich „gottgleich" geben und extrem arrogant sein, wie die *Huffington Post* und „Business Insider" mehrfach berichteten.[116] Zuckerberg gibt selbst zu, dass es oft einfach mehr Arbeit zu erledigen gäbe, als die Mitarbeiter bewältigen könnten. Doch mehr Personal möchte er nicht, um *„das Unternehmen schlank zu halten"*.[117] Bei *Google* – angeblich einer der tollsten Arbeitgeber der Welt! – bleiben die Mitarbeiter im Schnitt nur knapp länger als ein Jahr.[118]

> *„Wer bei Google arbeitet, steht immer unter Strom. Das Unternehmen ist organisatorisch noch nicht darauf vorbereitet, dass dort nicht mehr nur*

*junge Überflieger arbeiten, die die Welt aus den Angeln heben wollen. Dabei sind viele Googler inzwischen über 30, denken über Familienplanung nach oder wollen einfach nicht mehr jeden Tag Vollgas geben. Etliche, die wegen ihrer Aktienoptionen finanziell unabhängig geworden sind, haben gekündigt und verwirklichen sich als Restaurantbetreiber, Astronomen oder Sommelier. Einige, die geblieben sind, hadern nun damit... im Googleplex selbst gab es vor kurzem Streit wegen des Google-eigenen Kindergartens. Google hatte die Preise für einen Betreuungsplatz im sogenannten Kinderplex deftig angehoben. 2.500 Dollar kostet heute ein Platz im Google-Kindergarten. Für die rund 1.000 Aktienmillionäre, die zur Google-Belegschaft gehören, ist das kein Problem, für viele andere Googler schon."*

Lars Reppesgaard, Journalist[119]

Laut einer im Januar 2017 erschienen Studie der eng mit Google kooperierenden Unternehmensberatung *Accenture* soll knapp ein Drittel aller Bank- und Versicherungskunden weltweit offen für Finanzgeschäfte mit *Google*, *Amazon* oder *Facebook* sein. In Brasilien würden demnach gar 50 Prozent aller Befragten den Silicon-Valley-Unternehmen ihre Finanzgeschäfte anvertrauen, in Indonesien und Italien würden sich 42 Prozent lieber von computer-gestützten Systemen und Künstlicher Intelligenz als von Menschen beraten lassen.[120] Damit kann man es als gesichert ansehen, dass das Silicon Valley in den nächsten Jahren auch die neue Wall Street wird, denn dieses Geschäft werden sich die Superneureichen aus Kalifornien nicht entgehen lassen. Sobald sie nicht nur alles über die Gewohnheiten, Eigenschaften, Neigungen und Standorte eines jeden Nutzers wissen, sondern auch noch sein Geld verwalten, sind sie mächtiger als es die Familien Rothschild und Rockefeller je waren – und diese sind bislang die mächtigsten und reichsten Familien in der Geschichte der Menschheit.

Wen wundert es also, dass zuletzt wieder viel über die Abschaffung des Bargeldes diskutiert wird, wenn die Menschen freiwillig bereit wären, nur noch mittels Handy zu bezahlen? Also wäre Künstliche Intelligenz doch besser als gar keine?

# TEIL 2 – Die Welt mit anderen Augen sehen

Es existiert eine Welt voller Schönheit, voller Wunder und voller Magie. Doch diese Welt ist nicht offensichtlich. Man findet sie nur, wenn man danach sucht. Die andere, die äußere, leicht zugängliche Welt aber ist geprägt von Lügen, Scheindebatten, Heuchelei und Irrsinn. Und dann gibt es noch eine weitere, eine virtuelle Welt, in der es keine Konsequenzen und kein Gewissen gibt, in der jeder tun und lassen kann, was er will. Viele Menschen springen immer wieder zwischen diesen Welten hin und her, und viele haben den Überblick darüber verloren, wo sie sich gerade befinden.

Kaum etwas von dem, was unsere heutigen etablierten und hoch bezahlten Politiker, Wissenschaftler und vermeintlichen „Journalisten" von sich geben, entspricht der Wahrheit und macht irgendwelchen Sinn. Wenn ich mir heute gelegentlich „Nachrichten" im Fernsehen ansehe, dann nur, um mich daran zu erinnern, warum ich aufgehört habe, sie zu konsumieren: weil sie absichtlich nur einen winzigen, politisch-ideologisch gefärbten Ausschnitt aller Wirklichkeiten abbilden. Wenn ich die schwachsinnigen Aussagen der Polit-Marionetten höre, dann schwanke ich regelmäßig zwischen Lachen, Resignation und Wut, deshalb erspare ich mir diesen Zirkus so weit als möglich und informiere mich dort, wo sich Menschen noch wirklich Gedanken machen und recherchieren, nämlich in den heute vom Establishment so vehement bekämpften „alternativen Medien". Noch besser finde ich es immer, mit Menschen vor Ort, mit Menschen vom Fach und mit Menschen mit Insiderwissen zu sprechen, was noch nie zuvor in der Geschichte so einfach war wie heute.

Dieselben Menschen, die in offiziellen Stellungnahmen die Propaganda der Geheimen Weltregierung zum Besten geben, weil sie sonst um ihren Job und ihre Sicherheit fürchten, sagen einem abseits von Kameras und Mikrofonen hinter vorgehaltener Hand, dass sie es leid sind, lügen zu müssen, die „da oben" decken zu müssen, ein System zu erhalten, das komplett sinnlos und irrsinnig ist und nur einigen wenigen destruktiven, nicht menschlichen Wesen dient. Die meisten von ihnen würden sich wünschen, nicht ständig zwischen unterschiedlichen Welten hin und her springen und nicht ständig irgendwelche ihnen zugewiesenen Rollen spielen zu müssen. Doch die wenigsten Menschen haben den Mut, auszubrechen und mit den Konsequenzen zu leben, so wie es etwa John Lennon tat. In „Imagine" sang er von einer in Frieden vereinten Menschheit, die ohne Dogmen, Religionen und Lügen auskam – weshalb *John Lennon* auch rund um die Uhr von den US-Geheimdiensten überwacht wurde, was ihm bewusst war. Es braucht sehr viel Mut, für seine Überzeugungen einzutreten, und ich danke jedem, der ihn aufbringt!

> *„So, wie Martin Luther King Jr., John F. Kennedy, Malcolm X, Robert Kennedy und andere, die versuchten, die Mächtigen herauszufordern, wurde auch John Lennon letztlich ‚neutralisiert'. Und doch kann man eine Bewegung nicht mit einem Verrückten und einer Kugel aufhalten: Lennons Vermächtnis lebt weiter… In seinen Worten, seiner Musik und in seinem Bemühen, die Machthaber mit der Wahrheit zu konfrontieren. Leider ist Lennons Werk, die Welt zum Besseren zu ändern, noch lange nicht beendet."*
>
> John W. Whitehead, Verfassungsrechtler und Präsident des *Rutherford Instituts*[121]

Alles, was auf dieser Welt derzeit wirklich wichtig ist, findet in den öffentlichen Debatten nur insofern statt, als es geleugnet oder lächerlich gemacht wird. Was in der Politik und in den Medien vorgeführt wird, erinnert mich an „Wrestling", an inszenierte, abgesprochene Ringkämpfe. Grotesk aussehende, mit Steroiden aufgepumpte Clowns werfen einander im Ring hin und her. Obwohl jeder weiß, dass die Schaukämpfe abgesprochen und durchchoreografiert sind, und vorher festgelegt wird, wer gewinnt, schauen sich Millionen völlig verblödeter Konsumenten diese Charade an und bezahlen auch noch dafür. Die Gleichen glauben auch, was in der Zeitung steht und im Fernsehen abläuft. Obwohl es noch nie in unserer Geschichte leichter war, in kürzester Zeit an unterschiedliche Informationen zu kommen und unterschiedliche Sichtweisen kennenzulernen, wird ein Großteil der Menschheit immer träger und dümmer. Sie befinden sich weiterhin in der Phase des „Leugnens" der Realität.

Es tut mir leid, wenn ich jetzt die Gefühle des oder der einen oder anderen verletzte, doch unsere Welt befindet sich in einem äußerst kritischem Zustand und wir haben keine Zeit mehr für leere Floskeln und für politische Korrektheit. Wir müssen endlich die Dinge beim Namen nennen!

*„Ich finde, unsere gesamte Gesellschaft wird von geisteskranken Menschen für geisteskranke Ziele gesteuert... Aber ich kann dafür haftbar gemacht und weggesperrt werden, dass ich das ausspreche. Genau das ist es, was geiteskrank ist!"*

John Lennon, 6. Juni 1968[122]

Wirtschaftskrisen, Engpässe bei Lebensmitteln oder Ressourcen, Hungersnöte, Kriege und Terror sind alle von denselben Leuten künstlich geschaffen, um die Bevölkerung in einem Zustand der Verwirrung und der Angst zu halten und so dafür zu sorgen, dass sie nicht aufbegehrt. Sie soll nicht von der Phase der „Verwirrung" in die Phase des „Zorns" wechsel. Doch wie wir um uns herum feststellen dürfen, wachen dennoch immer mehr Menschen aus ihrem Koma auf und erheben sich gegen eine selbsternannte Elite, die den Bogen seit langem weit überspannt hat. Es ist an der Zeit, die wirklich wichtigen Dinge anzusprechen und ganz oben auf die Tagesordnung zu setzen.

Wie wir gesehen haben, sieht der Arbeitsmarkt der Zukunft für die meisten Menschen nicht sonderlich rosig aus. Oder, um es anders auszudrücken: Es werden künftig nur noch sehr wenige Menschen gebraucht werden. Was ist dann also mit dem Rest?

Die letzten Jahre waren geprägt von vielen Luftblasen, gefüllt mit hehren Idealen und sinnentleerten Worthülsen. Politiker streiten im Zuge der „Flüchtlingskrise" über Zahlen, Statistiken und Begriffe, während weiter Krieg geführt wird und weiter jeden Tag tausende Menschen einen völlig sinnlosen Tod sterben und andere weiter zur Flucht gezwungen werden. Wir hörten zuletzt viel über „Inklusion", die Eingliederung von Benachteiligten oder Behinderten in die Gesellschaft. Wir bauen immer mehr Behindertenparkplätze, und jede Gaststätte muss heute rollstuhlgerecht gestaltet werden. Gleichzeitig geht die Schere zwischen arm und reich immer weiter auseinander und die Zahl der Obdachlosen in Europa und in den USA steigt dramatisch an. Glauben Sie tatsächlich, dass irgendein Politiker sich auch nur im Geringsten um Behinderte oder Benachteiligte schert?

*„In Zeiten weltweiter Täuschung ist es ein revolutionärer Akt, die Wahrheit zu sagen."*

George Orwell, Autor des Bestsellers „1984"

Die letzten Jahre brachten viel öffentliche Aufmerksamkeit für Schwule, Lesben, Transgender und Unentschlossene, gleichzeitig verzeichnen wir einen deutlichen Anstieg von Hassverbrechen und extremistischen Straftaten auf beiden Seiten des politischen Spektrums. In den letzten zehn Jahren wurde hitzig über unseren angeblich gefährlichen $CO_2$-Ausstoß und den Klimawandel diskutiert, gleichzeitig sehe ich in allen europäischen Städten heute um ein Vielfaches mehr riesige Autos als noch vor zehn Jahren.

> *„Es ist wahr, es ist wahr, dass das Ausland viel mehr Ausländer als Deutsche hat. Es ist wahr, dass die Sonne nicht um die Erde, und der Mond nicht um den Fußball kreist. Es ist wahr, dass der Gründer von New York nicht Kamel oder Camel, sondern Stuyvesant heißt.*
> *Das ist wahr, das ist wahr, aber sonst, aber sonst: Alles Lüge, alles Lüge, alles Lüge..."*
> 
> Rio Reiser, deutscher Sänger (1950-1996)

Das, was in der Presse und in der öffentlichen Diskussion stattfindet, das, was Kindern und jungen Menschen in Kindergärten, Schulen und an Universitäten erzählt und beigebracht wird, hat nichts, aber auch gar nichts mit der Realität zu tun. Sie werden dadurch in diese andere Welt, diese künstliche Scheinwelt, hineinerzogen, weshalb viele von uns sie mit der echten Welt verwechseln. Alles, was von Seiten der etablierten politischen Kaste kommt, sind Nebelkerzen, die nur dazu dienen, vom wahren Leben abzulenken und uns in sinnlose, endlose Gedankenspiele, Debatten und Diskussionen zu verstricken. In sogenannten „Talkshows" treten jede Woche immer wieder dieselben Pappkameraden an, die dafür bezahlt werden, einander zu beflegeln und so zu tun, als ob sie ernsthaft über ein Thema diskutieren würden. In Wahrheit weiß jeder, der bis drei zählen kann, bereits im Vorhinein, wer von ihnen welche Position vertritt und welche davon am Ende gewinnen wird. Alles ist wie beim Wrestling von A bis Z durchchoreografiert und ich frage mich, wer sich diese Scheindiskussionen tatsächlich noch ansieht – und vor allem: warum?

Alles, aber auch wirklich alles, was wir von Seiten der etablierten Politiker und Medienvertreter zu hören bekommen, sind Lügen, gezielte und bewusste Lügen. Das, was heute im Fernsehen oder im Radio als „Nachrichten" bezeichnet wird, ist gezielte Desinformation oder Propaganda. Die Welt ist nicht so, wie man uns beibrachte, sie zu sehen. **Nichts ist, wie es scheint!**

Wir stehen zu Beginn des 21. Jahrhunderts an einem Scheideweg für die Menschheit. Entweder schaffen wir es, unsere Gesellschaft, und damit uns selbst, zu verändern und eine wirklich Gemeinschaft zu werden, oder aber werden wir uns gegenseitig vernichten. Dieses Szenario ist für die meisten Menschen absurd, denn sie sind geistig träge und wehren sich gegen Veränderung – vor allem dann, wenn sie rasch vonstatten geht und einschneidend ist. Doch das ändert nichts daran, dass sie stattfindet. Die meisten Menschen werden davon überrascht, weswegen sie zu den Verlierern in der Gesellschaft gehören. Diejenigen aber, die vorausschauen und die Zukunft nicht nur antizipieren, sondern aktiv mitbestimmen, gehören immer zu den Profiteuren und Überlebenden.

## *Arbeitslose: die größte Armee der Welt*

Wir erschaffen unsere eigene Realität. Unsere Gedanken und Worte formen unser Leben und alles, was uns umgibt. Das ist kein esoterischer Hokuspokus, das ist wissenschaftlich bewiesen. Wer diesbezüglich skeptisch ist, sich aber näher informieren möchte, wie „man" seine Realität bewusst beeinflussen kann, der sollte seine Recherche am Besten bei *Louise Hay* und *Dr. Joe Dispenza* beginnen.[123] Worte sind mächtiger, als den meisten von uns bewusst ist!

> *„Achte auf Deine Gedanken, denn sie werden Deine Worte.*
> *Achte auf Deine Worte, denn sie werden Deine Taten.*
> *Achte auf Deine Taten, denn sie werden Deine Gewohnheiten.*
> *Achte auf Deine Gewohnheiten, denn sie werden Dein Leben!"*
> Jüdisches Sprichwort

Seit der Nachkriegszeit wünschten sich alle Elterngenerationen, dass ihre Kinder es „besser" haben sollten als sie. Sie sollten nicht mehr so hart arbeiten müssen, sie sollten studieren und viel Geld verdienen. Anders als ihre Eltern oder Großeltern sollten die jungen Menschen im Trockenen sitzen und sich nicht mehr die Hände schmutzig machen. Gut gewünscht! Das wäre geschafft! Maschinen und Computer erledigen nach und nach die Arbeit für uns. Fast alle sitzen heute sauber im Trockenen. Die Frage ist nur, wie lange noch, wenn sie bald keinen Job mehr haben?

*„Es ist uns nicht gelungen, unsere Ethik schnell genug unseren veränderten Lebensumständen anzupassen. Die nackte Wahrheit ist, dass wir die meisten schlecht qualifizierten Arbeitskräfte weder jetzt noch später brauchen: die sehr jungen, die sehr alten, die extrem ungebildeten und die extrem dummen."*
Margaret Mead (*The World Ahead: An Anthropologist Anticipates the Future*)

Im Jahr 2013 gab der damalige EU-Sozial-Kommissar *Laszlo Andor* in einem Bericht bereits zu, dass die Armut in Europa signifikant zunimmt und eine Besserung der Lage nicht in Sicht ist. Immer mehr Europäer sind obdachlos oder leben in extremer Armut. Von Großbritannien bis Griechenland leben immer mehr Menschen auf der Straße. In Deutschland lebten im September 2016 etwa 12,5 Millionen Menschen in Armut – Tendenz steigend.[124] Es gibt nichts mehr zu beschönigen: Der Weg führt bergab und die Talsohle ist noch lange nicht in Sicht. So weiterzumachen wie bisher, ist nur noch als „Irrsinn" zu bezeichnen! Wer es sehen will, kann es sehen, aber viele satte und wohlsituierte Menschen verschließen ihre Augen vor der Realität. Sie stecken den Kopf in den Sand. Die meisten offiziell verwendeten Zahlen und Daten im Bereich der Wirtschaft und des Arbeitsmarktes sind schlichtweg falsch!

Österreich präsentierte sich in Punkto „Arbeitslosigkeit" gerne als Europas Vorzeigeland. Angeblich gab es seit 2010 keinen anderen EU-Staat, in dem die Arbeitslosenquote derart niedrig war. Doch Ökonomen der Denkfabrik *Agenda Austria* kamen zu gänzlich anderen Zahlen als die Behörden. Ihrer Berechnung nach gab es im Jahr 2013 in Österreich 250.000 „versteckte Arbeitslose", also Arbeitsfähige ohne Arbeit, die aber in den offiziellen Statistiken nicht erschienen. Demnach betrug die reale **Arbeitslosenquote in Österreich** im ersten Quartal 2013 nicht wie offiziell verlautbart 5,1 Prozent, sondern satte 10,3 Prozent – sie war also **mehr als doppelt so hoch, als offiziell angegeben!**[125]

Dasselbe Spiel wird auch in allen anderen EU-Ländern gespielt: Statistiken werden frisiert, indem man bestimmte nicht arbeitende Gruppen einfach nicht in die Arbeitslosenberechnung mit einbezieht oder sie in Fortbildungsmaßnahmen steckt. Besonders hoch ist die Diskrepanz zwischen angeblicher und wahrer Arbeitslosigkeit in Belgien und Dänemark, die nach realistischen Berechnungen eine Arbeitslosenrate von 15,6 Prozent und 14,5 Prozent aufweisen würden.[126]

Auch in Deutschland wird in Bezug auf die Lage am Arbeitsmarkt gelogen, dass sich die Balken biegen. Im April 2015 berichteten Wissenschaftler, dass die Methoden zur Berechnung der Arbeitslosenzahlen innerhalb der letzten zwanzig Jahren siebzehn Mal geändert wurden – bis auf eine Ausnahme immer zum Vorteil der Regierung und der Arbeitsämter. Allein im März 2015 sollen **800.000 Menschen mehr arbeitslos gewesen sein, als offiziell verkündet.** Das entspricht der Einwohnerzahl von Frankfurt am Main! So wurden laut der Arbeitsmarktexpertin der „Linken", *Sabine Zimmermann*, zum Beispiel Menschen rausgerechnet, die mindestens achtundfünfzig Jahre alt sind und zwölf Monate lang kein Angebot hatten; ebenso diejenigen, die in Qualifizierungs-Maßnahmen waren und diejenigen, die für kürzere Zeit krank gewesen sind.[127] Doch auch die sogenannte **„Stille Reserve"** findet sich in den Statistiken nicht wieder. Das sind Menschen ohne Arbeit, die sich aber nicht arbeitslos melden, etwa weil sie ohnehin keinen Anspruch auf Arbeitslosengeld hätten wie die meisten Selbstständigen. Oft sind es auch Hausfrauen, die an einem bestimmten Punkt wieder gerne arbeiten wollen, aber keine Aussicht auf Vermittlung haben, oder sogenannte „Lebenskünstler", die nichts mit Ämtern zu tun haben wollen und von Gelegenheitsjobs und Schwarzarbeit leben.

Im Jahr 2015 gab es in Deutschland zwar offiziell einen Mindestlohn von 8,50 Euro pro Stunde, doch wurde der oft dadurch aufgeweicht, dass Arbeitnehmer unbezahlte Überstunden machen mussten, wodurch sie am Ende letztlich wieder auf einen geringeren Stundenlohn kamen. Die Lage am Arbeitsmarkt ist prekär. Die „guten Jobs" werden immer seltener. Doch statt eine Debatte über eine zukunftsorientierte Lösung anzustoßen, fälschen Politiker lieber die Statistiken.

Es gab im September 2016 in Deutschland fast fünf Millionen Vollzeitstellen weniger als noch 25 Jahre zuvor. Das heißt, dass **alle fünf Jahre ei-**

ne Million Vollzeitstellen in der BRD verschwanden! Gleichzeitig ist die Zahl der Teilzeitarbeiter im gleichen Zeitraum drastisch von 6,3 auf gut 15 Millionen gestiegen![128] Nicht die Zahl der Arbeitsplätze ist aussagekräftig, sondern der Umstand, ob Menschen mit ihrer Arbeit zufrieden sind und gut davon leben können.

In den USA waren im Jahr 2014 sogar mehr als sechzehn Millionen Familien arbeitslos! Das bedeutet, dass **in jeder fünften US-Familie kein einziges Familienmitglied Arbeit** hatte. Nach *unabhängigen* Berechnungen gingen mehr als 41 Prozent aller Amerikaner im arbeitsfähigen Alter keiner Arbeit nach. Ein Drittel aller amerikanischen Haushalte lebt „von der Hand in den Mund", diese Familien sind nicht in der Lage, eine unerwartete Rechnung von mehr als 400 US-Dollar zu bezahlen, weil sie gerade so mit Ach und Krach über die Runden kommen. Dabei gehören viele dieser Familien der sogenannten „Mittelschicht" an – die jedoch in Wahrheit kaum mehr existiert.[129]

Die massiven Probleme an den Arbeitsmärkten werden gezielt heruntergespielt. Und wenn es ein Problem offiziell nicht gibt, dann gibt es auch keine öffentliche Diskussion darüber und demnach auch keine Gegenmaßnahmen. Doch hier sprechen wir bislang nur vom Zustand der jüngsten Vergangenheit. Wenn Sie den ersten Teil des Buches aufmerksam gelesen haben, dann werden Sie selbst schon gemerkt haben, dass der zunehmende Einsatz von Robotern in allen Lebensbereichen uns in Zukunft noch viel höhere Arbeitslosenraten bescheren wird.

> *„Wir sind in unseren Gesellschaften und den vorherrschenden, sehr starren Strukturen nicht auf diese Umwälzungen in dieser Geschwindigkeit vorbereitet... Eine Studie der US-Institution 'White House's Council of Economic Advisers' (CEA) kommt zu dem Ergebnis, dass alle Jobs, die weniger als 20 US-Dollar pro Stunde verdienen, durch Computer ersetzt werden."*[130]
>
> Christof Baron, Deutschland-Chef der<br>Marketingagentur *Mindshare*

Das Horror-Szenario der Massenarbeitslosigkeit scheint äußerst real, und glaubt man Christoph Baron, dem Deutschland-Chef der weltweit tätigen Media- und Marketingagentur *Mindshare*, so könnten in absehbarer Zeit **80 Prozent aller Jobs in der westlichen Welt wegfallen!** Dass dieser Mann kein verblendeter „Verschwörungstheoretiker" ist, belegen die Studien zahlreicher anderer Institute, die es wissen sollten.

Die *Bank of England* ging im Jahr 2015 davon aus, dass innerhalb der kommenden zehn bis zwanzig Jahre **in den USA rund 80 Millionen Jobs wegfallen** werden, also rund die Hälfte aller US-Arbeitsplätze. Dasselbe sahen die Banker auf Großbritannien zukommen, wo sie den Verlust von 15 Millionen Jobs prognostizierten.[131] In dreißig der fünfzig US-Bundesstaaten war im Jahr 2017 noch der häufigste Beruf LKW-Fahrer, weil es einer der wenigen Jobs für Menschen ohne Fachausbildung ist, der ausreicht, um eine Familie auf dem Land bescheiden durchbringen zu können. Dieser Beruf wird einer der ersten sein, der in den USA dem autonomen Fahren zum Opfer fallen wird.

Das Finanzmagazin Forbes schätzte die Situation mit einem Minus von 45 Prozent ähnlich wie die Unternehmensberatung *McKinsey* ein. Auch die Experten der holländischen Bank *ING-Diba* warnten in ihrer Studie im April 2016 davor, dass **allein in Deutschland gut achtzehn Millionen Jobs** durch die fortschreitende Automatisierung **gefährdet sein könnten!** Im Grunde kommen alle, die sich ernsthaft mit dem Thema befassen, zum gleichen Ergebnis, nämlich, dass spätestens im Jahr 2035 nur noch zwischen 10 und 20 Prozent aller Menschen in der westlichen Welt Arbeit haben werden. Das heißt im Umkehrschluss, dass **achtzig bis neunzig Prozent aller Menschen ohne Arbeit sein werden!**

Das *Korea Employment Information Service* definierte im Jahr 2016 vierhundertsechs Berufe, in denen der Mensch in den kommenden Jahren mit hoher Wahrscheinlichkeit völlig durch Computer oder Roboter ersetzt werden dürfte. Dabei handelt es sich vor allem um Berufe mit immer wiederkehrenden festen Abläufen, mit geringeren kreativen Anforderungen und mit wenig zwischenmenschlicher Kommunikation – also die meisten Arbeitsverhältnisse im unteren Einkommenssegment. Die meisten Jobs dürften demnach in den Berufsgruppen Fabrik- und Lagerarbeiter, Fleischer, Kraftfahrer (LKW- und Taxifahrer), Verkäufer, Verwalter, Berater, Buchhalter, Sachbearbeiter, Steuerberater, Sicherheitspersonal sowie Mitarbeiter in Büros und Sekretariaten, bei Post- und Zustelldiensten oder in der Lagerwirtschaft wegfallen. **Viele dieser Berufe könnten bereits im Jahr 2030 ausgestorben sein!**[132]

Doch auch Vermesser, Bauarbeiter und Maurer, insgesamt fast alle Beschäftigten am Bau, werden im Lauf der nächsten ein bis zwei Jahrzehnte in großen Teilen durch Maschinen wie 3D-Drucker ersetzt werden. Generell werden alle sich wiederholenden, mechanischen Tätigkeiten künftig eher von Maschinen erledigt werden, weil sie präziser und preisgünstiger sind als menschliche Arbeitskräfte. Das betrifft auch die Landwirtschaft und den Bergbau, wo allein in Deutschland bis zum Jahr 2030 bis zu 200.000 Jobs verloren gehen dürften. Kai Gramke, Arbeitsmarktexperte beim Baseler *Prognos-Institut*, das Langzeitprognosen für den Arbeitsmarkt erstellt, sieht auch auf die verarbeitende Industrie, wie die Textil-, Bekleidungs-, Leder-, Holz- und Möbelindustrie, in Punkto Arbeitsplätze schlechte Zeiten auf uns zukommen.[133] Selbst Kellner und Köche werden, wie wir im Teil 1 des Buches gesehen haben, langsam aber stetig durch Maschinen ersetzt. Doch auch die Angestellten im öffentlichen Dienst haben wenig Grund zu frohlocken, da in den Verwaltungen dank massiver Überschuldung künftig viele Arbeitsplätze durch Computer und Roboter ersetzt werden dürften, um Kosten zu sparen.

In der Kundenbetreuung werden viele Arbeitsplätze wegfallen, da Supercomputer wie IBMs *Watson* über mehr abrufbares Wissen in allen Bereichen verfügen als tausende Menschen zusammen.

*„Wir nähern uns einer Zeit, in der Maschinen den Menschen in fast allen Arbeitsbereichen überlegen sein werden. Die Gesellschaft sollte sich mit folgender Frage beschäftigen, ehe es zu spät ist: Wenn Maschinen dazu in der Lage sind, nahezu alle Arbeiten zu übernehmen, die bisher Menschen erledigen, **was werden die Menschen dann machen?**"*[134]

Moshe Vardi, Professor an der *Rice University* in Texas

Genau das ist die vielleicht **wichtigste Frage unserer Zeit** und sie wird öffentlich kaum gestellt! Der Grund dafür liegt darin, dass heutige Politiker völlig realitätsfremde Einfaltspinsel sind, die kein anderes Interesse haben, als ihre eigene Haut zu retten. Sie sind unfähig, Probleme zu lösen, weil sie meist nicht einmal in der Lage sind, das Problem zu verstehen. Sie lassen das eigene Volk ins offene Messer laufen, weil sie kein Gewissen haben! Daraus folgt: *Hilf Dir selbst, sonst hilft Dir keiner!*

Alles, was wir in den vergangenen Jahrzehnten in Bezug auf die Herausforderungen der Arbeitswelt immer wieder zu hören bekamen, war, dass es für junge Menschen immer wichtiger würde zu studieren, denn wer gut ausgebildet sei, hätte auch exzellente Chancen auf einen „guten Job". Also studieren jedes Jahr Millionen von Schulabgängern irgendetwas, Hauptsache sie studieren. Nun laufen Millionen „Studierte" in Europa auf der Suche nach Arbeit herum – genauer gesagt, sitzen sie immer noch bei ihren Eltern zuhause im Kinderzimmer.

Der Philosophieprofessor und frühere SPD-Kulturstaatsminister *Julian Nida-Rümelin* fordert seit Jahren, den europäischen „Akademisierungswahn" zu beenden. Immer mehr junge Menschen studieren, ohne jegliche Fähigkeiten oder Interesse für das jeweilige Studienfach mitzubringen, einfach nur, weil man ihnen eingeredet hat, dass sie um jeden Preis studieren müssten. Immer mehr Akademiker finden keinen Job oder finden sich gemessen an ihrer oft realitätsfernen Ausbildung in prekären Arbeitsverhältnissen mit extrem schlechter Bezahlung.[135]

Bildung lohnt sich nur dann, wenn man etwas studiert, das auch in Zukunft gebraucht wird, doch das ist in der heutigen Zeit schwierig. Millionen junger Europäer investieren jahrelang in ihre Bildung oder lassen den Staat, also ihre Mitmenschen, in die eigene Bildung investieren, obwohl sie danach meist nicht einmal den gesetzlichen Mindestlohn von 8,50 Euro verdienen[136] – falls sie überhaupt je einen Job finden. Immer mehr Menschen – selbst Akademiker – können vom Lohn ihrer Arbeit nicht mehr leben!

Auch in den USA leben immer mehr Hochschulabsolventen wieder zuhause bei ihren Eltern, weil sie einfach nicht genug Geld verdienen. Einer Studie aus dem Jahr 2016 zufolge lebten 25 Prozent aller Hochschulabsolventen in den USA noch bei ihren Eltern, wobei dabei die Zahl derer, die nur einen Bachelorabschluss hatten, doppelt so hoch war wie die Masterabsolventen. Die höchste Rate an Arbeitslosen unter Hochschulabsolventen fand sich unter Psychologen. Danach kamen Absolventen der Fächer Sozialwissenschaften, freie Künste, Geisteswissenschaften, Kommunikationswissenschaften und Biologie.[137] Sehr gut sah es hingegen für Techniker, Ingenieure und Mathematiker aus.

## *Der Arbeitsmarkt der Zukunft*

Nun behaupten manche „Experten", dass alles gar nicht so schlimm sei und dass der vermehrte Einsatz von Robotern vielmehr völlig neue Arbeitsplätze schaffen würde. Wenn ein Job ausstirbt, soll dafür ein neuer, besserer Job geschaffen werden, schwärmen sie. Doch damit belügen sie sich selbst und ihre Kinder und Enkelkinder. Denn die Wahrheit ist, dass in den letzten Jahrzehnten, trotz oder gerade auf Grund all der technischen Neuerungen, immer mehr Arbeitsplätze verloren gingen oder an Qualität verloren, was mittels falscher Arbeitslosenzahlen einfach verschleiert wurde. Auch Organisationen wie das *Zentrum für europäische Wirtschaftsforschung* (ZWE) und die zweitgrößte deutsche Gewerkschaft *IG Metall* behaupten, dass die neuen Technologien die Produktivität und Wettbewerbsfähigkeit der Unternehmen steigern und so auch neue Jobs schaffen werden.[138] Doch stimmt das? Alle Zahlen und Fakten der Vergangenheit sprechen dagegen. Dazu möchte ich Ihnen zwei Beispiele nennen:

1. Die drei größten Konzerne in Silikon Valley hatten im Jahr 2015 zusammengenommen rund 137.000 Mitarbeiter. Ihr Marktwert betrug zusammen gerechnet 1,2 Billionen Dollar (1.200 Milliarden). Die drei größten Konzerne in Detroit, dem früheren Zentrum der US-Autoindustrie, hatten im Jahr 1990 zusammengerechnet zehn Mal so viele Mitarbeiter, obwohl ihr Marktwert zusammen genommen nur 36 Milliarden Dollar betrug. Das heißt, obwohl die drei größten Tech-Firmen in Kalifornien im Jahr 2015 zusammen dreißig Mal so viel wert waren wie die drei größten Automobilindustrie-Konzerne in Detroit fünfundzwanzig Jahre zuvor, hatten sie um 90 Prozent weniger Mitarbeiter. Im gleichen Zeitraum ist die Weltbevölkerung allerdings von 5,32 Milliarden Menschen auf 7,35 Milliarden gestiegen.[139]
2. Der Filmhersteller *Kodak* hatte zu seiner besten Zeit 140.000 Mitarbeiter und war 28 Milliarden Dollar wert. Die kostenlose Foto-Sharing-App *Instagram* – benannt nach Kodaks „Instamatic-Kamera" – wurde im Jahr 2012 an Facebook für 737 Millionen verkauft und hat bis heute nur 17 Mitarbeiter. Das heißt im Klartext: Während ein *Kodak*-Mitarbeiter in den 1980er-Jahren einen Fir-

menwert von 200.000 Dollar repräsentierte, steht ein Instagram-Mitarbeiter heute für einen Firmenwert von 43 Millionen Dollar. Vereinfacht ausgedrückt bedeutet das: Vor dreißig Jahren brauchte man noch zweihundert Mal so viele Mitarbeiter, um denselben Umsatz zu machen.[140]

**Produktivität und Wettbewerbsfähigkeit schaffen keine neuen Jobs**, sondern vernichten sie! Der Sinn dieser Maßnahmen ist es ja gerade, Kosten einzusparen, und das gelingt immer am einfachsten, wenn man bei den Arbeitskräften spart. Wenn es anders wäre, dann hätten wir heute in Europa und in den USA nicht so erschreckend hohe Arbeitslosenraten. Ich finde es unsäglich, dass Gewerkschaften ihre Mitglieder, die Menschen deren Interessen sie vertreten sollten, so dermaßen hinters Licht führen!

Der vielgescholtene US-Präsident *Donald Trump* zwang nach seinem Amtsantritt US-amerikanische Firmen, Jobs im Inland zu schaffen, statt weiter Arbeitsplätze ins Ausland zu verlagern. Das halte ich für einen durchaus sinnvollen kurzfristigen Ansatz, doch auch der wird auf mittlere und lange Sicht nichts an den Tatsachen ändern, nämlich dass Roboter Menschen ersetzen werden. Doch zumindest könnte es eine temporäre Maßnahme sein, um Zeit für größere und umfassendere Lösungen zu gewinnen – falls es denn ein Interesse gibt, sie anzugehen.

Jeder, der älter als fünfzig ist, weiß, dass es in den 1980er- und 1990er-Jahren wesentlich einfacher war, einen Job zu finden und Geld zu verdienen als heute. Jeder weiß, dass die Schere nicht nur in der Gesellschaft ganz allgemein, sondern auch am Arbeitsmarkt immer weiter auseinandergeht. Es gibt immer mehr Geld und Vorteile für die Toppositionen in einem Unternehmen, es gibt atemberaubende Honorare für externe Berater, aber gleichzeitig immer weniger Geld und immer schlechtere Arbeitsbedingungen für den mittleren und unteren Bereich der Mitarbeiter.

Laut einer Studie des Beratungsdienstleisters ADP sind die Menschen im asiatisch-pazifischen Raum wesentlich besser über die Veränderungen am Arbeitsmarkt informiert. Ganze 81 Prozent der Angestellten sollen dort von der Zukunft und den kommenden Veränderungen begeistert sein, während es in Europa nur 59 Prozent sind, in Deutschland sogar noch deutlich weniger.[141] Ich frage mich zwar, woher diese Menschen im Angesicht der sie erwartenden Arbeitslosigkeit ihre Begeisterung hernehmen, doch anscheinend haben sie großes Vertrauen in die Regierenden ihrer Länder. Vielleicht ist es ja auch nur so, dass sie glauben, dass für sie auch ohne Arbeit alles so weiterlaufen wird wie bisher. *Da kann ich ihnen nur aus ganzem Herzen viel Glück wünschen!*

Das Hauptproblem ist, dass die Mehrheit der Menschen extrem denkfaul ist, sich mit wenig zufrieden gibt und keine Verantwortung für das eigene Leben übernehmen will. Sie wollen keine eigenen Überlegungen anstellen oder aus der Herde der Lemminge ausscheren.

Deutschland gilt als der wirtschaftliche Motor Europas. Doch gerade in Deutschland scheint man auf die anstehenden massiven Herausforderungen am Arbeitsmarkt extrem schlecht vorbereitet zu sein. Mehr als fünf Millionen Beschäftigte erhalten in Deutschland trotz abgeschlossener Berufsausbildung einen Niedriglohn, also weniger als 10 Euro pro Stunde.[142] Maschinen haben längst viele Tätigkeiten übernommen und sie sorgen für konstant steigende Arbeitslosenzahlen. Dennoch gehen knapp zwei Drittel davon aus, dass alles so weiter geht wie bisher. Das erinnert mich an das Beispiel des Mannes, der von einem Hochhaus in die Tiefe stürzte und bei jedem Stockwerk, an dem er vorbei kam, sagte: *„Bislang ist es doch gut gegangen!"*

Der Forscher *Jordi Quoidbach* von der *Harvard University in Cambridge* (US-Bundesstaat Massachusetts) beschreibt das etwas eleganter, wenn er sagt, dass die meisten Menschen dazu neigen, ihre persönliche Entwicklung für beendet zu halten, was jedoch eine krasse Fehleinschätzung ist. Quoidbach und seine Kollegen bezeichnen das Phänomen als *„die Illusion vom Ende der Geschichte"*. Viele Menschen glauben, sie seien am Ziel ihrer persönlichen Entwicklung angekommen, was durchaus negative Konsequenzen für langfristige Entscheidungen hat. Wenn sie satt werden, hören sie einfach auf zu denken.[143]

Nichts ist der regierenden Kaste lieber als ein Volk, das nicht mehr denkt! Also halten sie das Volk gemeinsam mit den Massenmedien in dem Glauben, dass alles gut werden würde. Die Geschichte aber lehrt uns das Gegenteil!

Karl Marx bezeichnete die Menge an Arbeitern, die zum Lebenserhalt arbeiten müssen, die arbeitswillig sind, und dennoch keine Arbeit finden, in seinem Manuskript „Grundrisse der Kritik der politischen Ökonomie" als die **„industrielle Reservearmee"**. Er beschrieb darin bereits im Jahr 1858, dass das Streben nach technischem Fortschritt von den „Kapitalisten" daher rührt, dass sie absichtlich mehr Arbeitslose schaffen wollen, weil eine größere Konkurrenz unter den Arbeitssuchenden zu billigeren Lohnkosten führt, und damit zu höheren Gewinnen. Wir haben demnach also seit mehr als einhundertfünfzig Jahren nichts dazugelernt! Das Heer der Arbeitslosen könnte bereits im Jahr 2030 die größte Armee der Welt sein! *Also* lautet die entscheidende Frage für jeden Einzelnen von uns natürlich: *„Trifft es mich denn persönlich?"*

Dazu kann ich nur sagen, dass niemand in die Zukunft sehen kann, auch nicht diejenigen, die behaupten, es zu können! Wie extrem die Veränderungen sein werden, hängt von unserem Verhalten ab. Wir können aber versuchen, aus der Vergangenheit zu lernen und aus aktuellen Trends eine gewisse Tendenz und Wahrscheinlichkeit für die Zukunft abzuleiten. Entscheidend ist zum einen, ob wir die weiterhin konstant vorangetriebene Technisierung mittels unseres Kaufverhaltens zulassen. Ich denke, das kann man uneingeschränkt mit „Ja" beantworten, denn bislang sehe ich bei jungen Menschen kaum flächendeckende Tendenzen, den Einsatz von Computern und technischen Neuerungen zu hinterfragen oder gar abzulehnen.

Zum anderen wird unsere Zukunft auch von unserem Umgang mit den vermutlich massiven Veränderungen am Arbeitsmarkt abhängen. Wenn wir weiter nur abwarten und uns überraschen lassen, dann könnten wir schon sehr bald den von *Alvin Toffler* beschriebenen „Future Shock" erleben. Um nicht von den Entwicklungen überrollt zu werden und wie das Kaninchen vor der Schlange zu erstarren, ist es daher wichtig, die Fakten zu kennen. Damit habe ich aus meiner Sicht mit diesem Kapitel einen Grundstein gelegt. Der nächste folgt sogleich.

Eines ist bei der gegenwärtigen Lage am Arbeitsmarkt jedoch oftmals sehr verwirrend. Auf der einen Seite gibt es europaweit Millionen junger Arbeitsloser. Gleichzeitig konnte aber angeblich jedes dritte deutsche Unternehmen im Jahr 2015 nicht alle angebotenen Ausbildungsplätze besetzen. Das Phantom vom **„Fachkräftemangel"** geistert durch den Blätterwald und suggeriert indirekt, dass es mehr Arbeit gibt als Arbeitssuchende. Doch das ist Nonsens!

> *„Es gibt keinen allgemeinen Fachkräftemangel. Die Schlagzeile ‚Fachkräftemangel' steht seit 1984 in den Medien. Zwar ist es richtig, dass durch den demografischen Wandel weniger Fachkräfte aus Deutschland zur Verfügung stehen werden. Aber wirklich gute Mitarbeiter waren schon immer rar und werden es auch immer bleiben. Daran hat sich nichts geändert... Die Bewerber rennen den Firmen nicht mehr die Türen ein – wie früher. Das schmerzt. Die gönnerhafte Gutsherrenart funktioniert nicht mehr. Die junge Generation ist selbstbewusster geworden. Sie weiß, was sie verlangen kann, sowohl finanziell als auch von der Unternehmenskultur her."*
>
> Martin Gaedt, Unternehmer und Autor[144]

Natürlich gibt es einen demographischen Wandel. Es lässt sich nicht leugnen, dass die nachfolgenden Jahrgänge sukzessive schwächer werden, also weniger junge Menschen auf den Arbeitsmarkt nachrücken. Doch das gleicht sich unter dem Strich aus, weil es ja auch gleichzeitig immer weniger Jobs gibt. Das Problem ist vielmehr, dass Arbeitssuchende und Arbeitgeber offenbar schlecht zueinanderfinden, also Arbeitsvermittler und Personalbüros offenbar keinen besonders guten Job machen.

Auf der anderen Seite gibt es immer mehr Europäer, die nicht die Arbeiten machen wollen, die gemacht werden müssen, oder sie sind einfach nicht dazu in der Lage. Viele junge Menschen haben falsche Erwartungen an die Wirtschaft. Sie wollen Jobs, die es nicht gibt. Die Jobs, die es gibt, wollen sie nicht, also werden Ausländer ins Land geholt, um die „Drecksarbeit" zu machen – doch diese stellen auch immer mehr Ansprüche. Die Realität lässt sich mit dem Wunschdenken der Menschen kaum noch vereinbaren. Die entscheidende Frage lautet, wie lange sich dieses Missmanagement noch aufrechterhalten lässt? Vor allem im Gastgewerbe, in der Industrie und in der Logistik wurden im Jahr 2016 noch Auszubildende gesucht, doch diese Tätigkeiten sind dem Nachwuchs offenbar zu anstrengend. Die Tatsache, dass viele Ausbildungsplätze unbesetzt bleiben, wird die Unternehmen künftig noch mehr in die Automatisierung zwingen.

Die Politik der letzten Jahrzehnte ist kolossal gescheitert. Das zeigt sich ganz deutlich in den Bildungsstudien. Die einen jungen Menschen studieren etwas, das keiner braucht, die anderen sind mittlerweile meist so ungebildet, dass keine Firma sie nehmen will oder ihre Zeit mit ihnen verschwenden kann. Oder aber die jungen Tagträumer stellen Ansprüche, die völlig übertrieben sind und nicht im Geringsten ihren schlechten Qualifikationen entsprechen. Ich erinnere mich an einen Manager, der mir erzählte, dass seine Firma mehrere Ausbildungsplätze besetzen wollte. Von den Dutzenden junger Menschen aber, die sich dafür vorstellten, konnte die überwiegende Mehrheit folgende Frage nicht beantworten: *„Wie viel sind 70 Prozent von 100?"* Es gab zu jeder Zeit ungebildete Menschen, aber wir scheinen heute nach den Bildungserfolgen des späten 20. Jahrhunderts wieder ins Mittelalter zurückzufallen.

Könnte die Politik denn überhaupt gegensteuern oder sind wir diesem Wandel hilflos ausgeliefert? Sie könnte, wenn der Druck auf sie groß genug wäre und wenn die Industrie, die Arbeitnehmervertreter und die Bevölkerung selbst sie zum Handeln zwingen würden. Alle gravierenden gesellschaftlichen Veränderungen hatten immer auch massive Auswirkungen auf den Arbeitsmarkt. Es gibt in jeder Situation Gewinner und Verlierer, doch es wäre die Aufgabe der Anführer in allen Bereichen, diesen Wandel verantwortungsvoll zu steuern und dafür ein Bewusstsein zu schaffen – dafür werden sie schließlich bezahlt!
Doch um auf die angesprochenen Herausforderungen zu reagieren, bräuchte es allseits Visionen und einen offenen Diskurs darüber. Die einzigen jedoch, die große Visionen haben, scheinen jene Menschen im Silicon Valley und in anderen IT-Hochburgen zu sein – die Roboter und KIs erschaffen und Arbeitsplätze vernichten. Sie führen angeregte Diskurse über unser aller Zukunft, doch es scheint ihnen kaum jemand zuzuhören, geschweige denn sich daran beteiligen zu wollen.

## *Gute Jobaussichten*

Selbst wenn man die oben beschriebenen Horrorszenarien für überzogen hält, wenn nicht 80 bis 90 Prozent, sondern vielleicht nur die Hälfte, also 45 bis 50 Prozent aller arbeitsfähigen Menschen im Jahr 2030 keine Arbeit finden werden, so bedeutet das immer noch, dass mehr als zwei Drittel der Bevölkerung ohne Arbeit sein werden, weil bislang schon nur noch weniger als 50 Prozent der Bevölkerung arbeiten! Auch dann werden die Sozialsysteme zusammenbrechen und es wird keine oder nur geringe Sozialleistungen und Renten geben.

Hart wird diese Situation nicht nur für die Arbeitslosen selbst, sondern auch für deren Familien. Neben den finanziellen Einbußen spielt vor allem die psychische Belastung eine große Rolle. Wir wollen alle gerne unser Leben selbst bestimmen, die Dinge „im Griff haben", weil uns das ein Gefühl der Sicherheit und der Geborgenheit gibt. „Sicherheit" ist zwar generell eine Illusion, doch fühlen wir uns immer wohler, wenn wir agieren, anstatt nur zu reagieren. Jeder Mensch strebt nach persönlicher Freiheit und Glück, und „Freiheit" bedeutet, sein Leben selbst zu bestimmen! Wir wissen aus Studien, dass zahlreiche Langzeitarbeitslose in Apathie oder sogar in Depression verfallen. Um das zu verhindern, muss man die Dinge selbst in die Hand nehmen, denn von der Politik oder von der Industrie ist keine ernstzunehmende Hilfe zu erwarten.

Was können Sie also ganz persönlich tun, wenn Sie zum gefährdeten Kreis gehören? Zuallererst: **Haben Sie keine Angst und verfallen Sie nicht in Panik**! Nur weil die Zeiten schwierig sind, ist noch längst nicht alles verloren. Zeiten des Umbruchs bringen auch immer große Möglichkeiten mit sich, wenn man wach und flexibel ist und Gelegenheiten am Schopfe packt. **Gute Jobaussichten** gibt es und wird es nach Expertenmeinung auch weiterhin geben, vor allem in den Bereichen Computertechnik, Elektronik, Mathematik, Physik und Ingenieurwesen, hier vor allem im Maschinenbau und in der Elektrotechnik. Auch in der Humanmedizin sehen Studien sehr gute Chancen, was ich persönlich aber eher bezweifle, da ich davon ausgehe, dass es über kurz oder lang Maschinen geben wird, die Krankheiten besser und schneller diagnostizieren und heilen können, als Menschen dazu imstande sind. Doch das ist nur meine persönliche Meinung. Bedarf wird es sicher weiterhin in Pflegeberufen geben. Aber auch die psychische und spirituelle Betreuung von Menschen wird in schwierigen Zeiten gefragt sein, weil der „Future Shock" für sehr viel Aufruhr sorgen wird und viele Menschen nach Halt suchen werden. Viele Arbeitsplätze wird es mit Sicherheit weiterhin im Bereich der IT-Sicherheit geben, also für „Hacker", die angestellt werden, um für Firmen die Angriffe anderer Hacker abzuwehren, oder um IT-Experten auszubilden.

Wer jedoch keine technische Begabung hat, kann sich bestimmt eine andere Nische finden, denn was Roboter nicht haben ist „Kreativität". Gartengestaltung, Schaufensterdekoration oder Innendesign werden ebenso menschliche Domänen bleiben wie Visagist und Maskenbildnerin. Die Kreativberufe werden weiter Möglichkeiten bieten. Man muss jedoch bedenken, in welcher Form sie attraktiv sind, wenn die Mehrheit der Menschen wenig oder kein Geld hat?

Was vielen Arbeitslosen fehlt, sind Antrieb, Ziel und Struktur. Wozu noch morgens aufstehen, wenn es keinen konkreten Grund dafür gibt? Ich bin mir sicher, dass sich hier im Bereich der Motivation, der Lebensgestaltung und der Sinnfindung große Möglichkeiten auftun werden.

*„Persönlichkeiten werden nicht durch schöne Reden geformt, sondern durch Arbeit und eigene Leistung."*
Albert Einstein (1879-1955)

Generell bin ich davon überzeugt, dass jeder von uns eines oder mehrere Talente hat und dass jeder von uns etwas in sich trägt, wofür er oder sie „brennt". Für manche Menschen aber ist das größte Problem herauszufinden, was das sein könnte. Vielen Menschen wurde als Kind immer wieder eingeredet, dass sie dieses oder jenes lassen sollten, obwohl sie es liebten. Vielen wurde eingebläut, dass sie wertlos oder ungeschickt sind, daher trauen sie sich wenig zu und haben keinen direkten Zugang zu dem, was sie in Begeisterung versetzt. Doch irgendwann muss man die Vergangenheit hinter sich lassen und anfangen, sein eigenes Leben zu leben.

Bisher sind wir den unangenehmen Fragen des Lebens oft dadurch ausgewichen, dass wir uns in Arbeit stürzten. Doch wenn es keine Arbeit gibt, dann werden wir nur noch schwer drum herumkommen, in den Spiegel zu sehen und uns den wichtigen Fragen zu stellen: *Wer bin ich, woher komme ich, warum bin ich hier?* Oder aber wir stumpfen uns selbst gezielt ab und dümpeln so dahin,

Ich kenne einige sehr erfolgreiche und wohlhabende Menschen, und was sie alle verbindet, ist, dass sie permanent weiter an sich arbeiten, weiter nach neuen Geschäftsfeldern suchen und bereit sind, sich weiterzubilden, sich zu verändern oder umzudenken. Sie alle haben Rückschläge und Niederlagen erlebt, sie haben sich dadurch aber nicht entmutigen lassen, sondern haben aus ihren Fehlern gelernt und einen neuen Versuch gestartet.

Die Zeiten, in denen man im Job eine „ruhige Kugel" schieben konnte, sind weitestgehend vorbei. Wir leben in einer Welt ungeheuren Konkurrenzkampfes, und diese Rivalität wird sich noch zuspitzen. Das bedeutet nicht, dass man selbst zum Tier werden muss, aber man darf sich vom Konkurrenzgehabe anderer auch nicht beeindrucken und abschrecken lassen. Wir sollten versuchen, die Phasen der „Verwirrung" und des „Zorns" so rasch wie möglich hinter uns zu lassen, indem wir den Ist-Zustand akzeptieren. Dann werden wir anfangen, echte Fortschritte zu machen. Es gibt heute in allen Bereichen, in der Politik, in der Wirtschaft und in den Medien, sehr viele selbstgefällige Schwätzer, die sehr erfolgreich sind. Doch deren Tage sind meiner Meinung nach auch gezählt, denn wenn es hart auf hart kommt, dann zählen Fakten und keine bloßen Behauptungen mehr.

> *„Es gibt zwei Möglichkeiten, Karriere zu machen: Entweder leistet man wirklich etwas, oder man behauptet, etwas zu leisten. Ich rate zur ersten Methode, denn hier ist die Konkurrenz bei weitem nicht so groß!"*
> Danny Kaye, Schauspieler und Komiker

Obwohl wir mit großen Herausforderungen konfrontiert werden, sehe ich nicht schwarz, weil jeder der clever, unerschrocken und arbeitswillig ist, etwas erreichen kann! Es ist heute kaum noch möglich, sein gesamtes Arbeitsleben bei ein und derselben Firma zu verbringen und sich dort langsam hochzudienen. Wer heute weiterkommen möchte, muss äußerst flexibel sein und vorausschauen.

Ich habe selbst in den letzten Jahren in Bereichen gearbeitet, die ich noch vor zehn Jahren nicht für möglich gehalten hatte, weil ich erkannt habe, dass man heute flexibel und offen sein muss. Man muss akzeptieren, dass etwas, das für einige Jahre funktioniert, im nächsten Moment wieder obsolet ist. Dann muss man sich umsehen und etwas Neues beginnen. Das Zauberwort der Arbeitswelt von morgen lautet „Kreativität".

Es wird, wie oben aufgezählt, zahlreiche Berufe geben, die aussterben oder zumindest nahezu aussterben werden. Wer in einem solchen gefährdeten Beruf überleben möchte, muss sich etwas Besonders einfallen lassen, denn wenn überhaupt, werden nur die Besten überleben können, also jene, die etwas bieten, was ein Roboter nicht leisten kann.

Dieses Besondere werden sich dann vermutlich nur sehr wohlhabende Menschen leisten können. Es wird immer reiche Menschen geben, doch die sind anspruchsvoll. Es gab noch nie so viele Millionäre und Milliardäre auf Erden wie heute, und da liegt meiner Meinung nach einer der Schlüssel. Egal, in welchem Beruf Sie tätig sind, brauchen Sie eine besondere Strategie, wenn Sie die Umbrüche der nächsten Jahrzehnte in ihrem bisherigen Bereich überleben wollen. Als das Automobil die Pferdefuhrwerke verdrängte, starb der Beruf des Hufschmieds nahezu aus – aber eben nicht komplett. Wer sich einen Kundenstock bei Hobbyreitern aufgebaut hatte, konnte auch weiter überleben. Der Rest musste sich etwas anders suchen oder war arbeitslos. Es ist gut möglich, dass in zehn Jahren fast alle Taxis autonom, ohne Fahrer unterwegs sein werden – aber eben nur fast alle! Es wird unter Garantie einige Menschen geben, die sich weiterhin chauffieren lassen wollen, die möchten, dass ihnen jemand ihre Päckchen abnimmt, die Türe aufhält und sie bis zur Haustür geleitet – und die sich diesen Service auch leisten können. Wer rechtzeitig danach trachtet, seine Nische zu finden, wird überleben. Wer so weitermacht wie bisher, wird vermutlich auf der Strecke bleiben. Dabei ist es egal, ob man studiert hat oder nicht. Man muss das anbieten, was ein Publikum findet und das in der Lage ist, die angebotene Leistung auch adäquat zu bezahlen.

> *„Der nächste Krieg, der uns bevorsteht, ist ein globaler Kampf um gute Arbeitsplätze. Wenn es den einzelnen Ländern nicht gelingt, Arbeitsplätze zu schaffen, brechen ihre Gesellschaftssysteme auseinander."*
> Jim Clifton, Direktor des Forschungsinstituts *Gallup*[145]

Machen wir uns nichts vor: Wenn die Mehrheit aller Menschen nicht mehr arbeitet, dann wird der Großteil der Bevölkerung arm sein. Wer also arbeiten und Geld verdienen möchte, wird den verbleibenden gutsituierten

Rest bedienen müssen. Für all jene von Ihnen, die noch nicht in diesem Segment tätig sind, gilt es vielleicht dazu Überlegungen anzustellen. Wie kann ich mein Geschäft krisensicher machen? Was sind die Märkte der Zukunft?

Neben dem Besonderen und Anspruchsvollen wird es auch immer das Notwendige geben müssen. Ich glaube zum Beispiel nicht, dass es schon in Kürze Roboter geben wird, die Haare schneiden. Es wird weiterhin Friseure geben, doch wer heute als Friseur im 10-Euro-Bereich tätig ist, wird es nicht leicht haben, denn wenn die Massenarbeitslosigkeit ausbricht, werden Ihre Kunden dann vielleicht nicht mehr als 5 Euro bezahlen können – doch damit kann niemand kostendeckend arbeiten. Es wird immer Bedarf an Schneidern, Elektrikern, Installateuren oder Handwerkern geben. Und wenn deren Kunden kein Geld haben, dann müssen sie vielleicht auf einen Geldtransfer verzichten und sich etwas anders einfallen lassen. Vielleicht ein Tauschgeschäft gegen andere Tätigkeiten? Vielleicht kommt dann der Tauschhandel wieder in Mode?

Tauschbörsen hatten in den letzten Jahren bereits Hochkonjunktur, ich habe darüber ausführlich in meinem Buch „Jetzt geht's los" berichtet. Viele von ihnen wurden auf Grund des Drucks durch Banken und Steuerbehörden eingeschränkt und wieder geschlossen, aber in harten Krisenzeiten werden sie wieder erblühen.

Alle Veränderungen erfordern Mut und eine gute Strategie, Ausdauer und Selbstvertrauen. Wer sich selbstständig machen oder verändern möchte, muss lernen, seine Ängste zu überwinden und Rückschläge wegzustecken. Lassen Sie Ihrer Fantasie freien Lauf! Was brauchen die Menschen in „schlechten Zeiten" am Dringendsten und was davon können Sie anbieten? Wenn Sie etwa ein Leser des monatlich erscheinenden Katalogs des Kopp-Verlages sind, dann wird Ihnen vielleicht aufgefallen sein, dass der Bereich „Überleben und Krisenvorsorge" immer umfangreicher wird. Das liegt daran, dass immer mehr Menschen ahnen, dass es zu schweren Krisen kommen könnte, und sie wollen dafür vorsorgen. „Selbstversorgung" ist ein großes Thema. Wie kann ich selbst mit simplen Mitteln Nahrungsmittel anbauen? Wie kann ich Lebensmittel lange haltbar machen? Wie kann ich aus meinem Wissen darüber ein Geschäft machen, Geld verdienen und gleichzeitig anderen helfen?

Nun werden Sie vielleicht denken, dass Sie zwar wissen, was Sie gerne tun würden, dass Sie aber keine Ahnung haben, wie Sie das umsetzen sollen. Zuallererst schlage ich vor, dass Sie Ihr Smartphone weglegen und mit offenen Augen durch die Welt gehen! Es gibt viele Theorien und Ansätze darüber, ob man seinen Träumen und Wünschen folgen oder lieber berechnend und vernünftig sein sollte. Ich denke jedoch, dass eine Kombination aus beidem der richtige Weg ist. Wer aber mit seiner derzeitigen Lebenssituation unzufrieden ist und für etwas brennt, das zumindest theoretisch ein Beruf sein kann, der sollte sich vielleicht Gedanken darüber machen, wie er oder sie diesen Traum in die Wirklichkeit holen könnte.

Viele Menschen klagen darüber, dass sie sich zwar gerne verändern würden und auch eine konkrete Vorstellung dazu haben, ihr Umfeld ihnen aber eine Veränderung unmöglich macht! Dazu möchte ich gerne einiges als Denkanstoß anmerken:

- Wir können uns (wenn wir einmal auf Erden sind) unsere Familie nicht aussuchen, aber wir können entscheiden, wie sehr wir uns von ihr beeinflussen lassen. Man muss nicht jedem alles erzählen!
- Wir können uns sehr wohl unsere Partner, unsere Freunde und Bekannten, und unsere Arbeitskollegen aussuchen! Ich weiß, dass bei einigen Lesern jetzt deutliche Widerstände hochkommen werden, aber es ist die Wahrheit!
- Lassen Sie sich nicht von Ihrem Umfeld runterziehen oder ausbremsen! Wenn Ihre Freunde keine Unterstützung sind, dann suchen Sie sich neue!
- Es ist IHR LEBEN und jeder ist für sein Leben selbst verantwortlich! Wer sein eigenes Glück von anderen abhängig macht, macht sich selbst zum Opfer!

Sollten Sie also in einem Umfeld leben, das Ihnen keine Hilfe ist und Ihnen keine Unterstützung bietet, dann verändern Sie Ihr Umfeld! Viele Menschen haben einen Traum, aber sie wissen nicht, wie sie ihn verwirklichen können. Das Einfachste ist es immer, dorthin zu gehen, wo das passiert, was Sie interessiert. Wenn Sie nicht wissen, wo Sie anfangen sollen, dann gehen Sie erst einmal zu Veranstaltungen, die Ihr Thema betreffen und besuchen Sie Vorträge, Seminare oder gehen Sie in die entsprechenden Vereine. Dort werden Sie Menschen treffen, die ähnlich gelagerte Interessen haben wie Sie! Sprechen Sie mit den Menschen, die Erfahrung auf dem jeweiligen Gebiet haben. Seien Sie mutig, gehen Sie voran, lesen Sie, fragen Sie, lernen Sie!

Viele Menschen warten auf einen Impuls von außen, doch der wird nicht kommen, wenn man selbst nichts aussendet. Wie soll jemand wissen, dass Sie ein besonderes Talent haben und etwas Bestimmtes anbieten, wenn Sie es nicht kommunizieren? Wer etwas verändern möchte, muss zuerst bei sich anfangen. Nichts passiert von allein, sondern es passiert, weil irgendjemand etwas angestoßen und Energie in eine bestimmte Richtung gelenkt hat.

Ich möchte allen, die an sich zweifeln und unsicher sind, raten, sich Hilfe zu holen, und zwar bei Menschen, die selbst erfolgreich sind. Zwar gibt es unzählige sogenannte „Lebensberater", doch viele davon sind ihr Geld nicht wert, weil sie ihr eigenes Leben nicht im Griff haben. Wenn Sie sich von anderen inspirieren lassen, dann achten Sie darauf, dass es Menschen sind, die nicht nur behaupten, etwas zu wissen, sondern die es auch beweisen können.

Wenn Sie einmal herausgefunden haben, was Sie tun wollen und worin Sie wirklich gut sind, dann erarbeiten Sie ein Konzept. Setzen Sie sich kleine Ziele, die Sie auch erreichen können. Und wenn Sie ein Ziel erreicht haben, dann belohnen Sie sich und feiern Sie das! Motivation, Begeisterung und Selbstvertrauen sind die Voraussetzung für Erfolg. Der Rest ist harte Arbeit. Doch wenn man etwas gerne tut, dann macht es einem auch nichts aus, wenn man gelegentlich das Wochenende durcharbeiten muss. *Tu das, was Du liebst und liebe das, was Du tust!*

Was künftig noch zu allen bisherigen Erfolgsrezepten dazukommen wird, ist die Vorbereitung auf Eventualitäten. Wie können Zeiten der Krise mein Geschäft beeinflussen? Was mache ich, wenn der Strom ausfällt? Habe ich einen Plan B? Kann ich improvisieren?

Wer Erfahrung im „Prepping" und in der Krisenvorsorge hat, ist nicht nur selbst auf der sicheren Seite, der kann vielleicht sogar daraus ein Geschäft machen. Handwerkliche Fähigkeiten sind seit Jahren wieder sehr gefragt, doch wenn die nächste große Krise kommt, werden sie Gold wert sein, weil viele junge Menschen heute angeblich nicht einmal mehr eine Glühbirne einschrauben können.

## Wohin mit den „Nutzlosen Essern"?

Die „Kapitalisten", also jene kleine elitäre Gruppe, die nach Karl Marx das „Kapital" verkörpert, brauchte den Rest der Menschheit bislang als Arbeitskräfte. Sie hatte kein anderes Interesse an ihnen, außer sie für den Erhalt ihrer Macht und ihres Wohlstands zu nutzen. Die „Arbeiter" waren die Grundlage des Reichtums der Kapitalisten, weil sie Produkte erschufen und Dienstleistungen erbrachten, die sie danach dem Kapital, also ihrem Arbeitgeber selbst wieder mit dem wenigen Geld abkaufen mussten, das ihnen das Kapital für ihre Arbeit überließ. Das war immer gerade genug, um zu überleben, aber nie so viel, dass sie nicht mehr arbeiten mussten. Wann immer die Arbeiter „übermütig" geworden ist, wenn sie faul wurden oder gegen die Kapitalisten aufbegehrten, brach das System wie von Zauberhand zusammen und die Arbeiter nagten am Hungertuch. Oder es gab Krieg und sie wurden abgeschlachtet. Wenn sie geläutert und wieder auf den Boden der Realität zurückgeholt waren, erholte sich das System auf wundersame Weise wieder und die Arbeiter waren dankbar, dass sie Frieden und wieder Arbeit hatten und ihre Familien ernähren konnten.

Dieses Spiel namens „Zuckerbrot und Peitsche" spielen wir nun bereits seit Jahrhunderten. Doch was wird sein, wenn das Kapital, also jene kleine Gruppe mächtiger Familien im Hintergrund, die ich die „Geheime Weltregierung" nenne, die Arbeiter nicht mehr braucht, weil sie ihre Macht und ihren Reichtum mittels künstlich geschaffener Wesen erhalten kann? Was wird dann aus all den Menschen, die vom System nicht mehr gebraucht werden? **Was soll aus all den Menschen werden, die künftig keine Arbeit haben?**

Seit dem Bestehen der Menschheit lag unser Streben darin, etwas zu erschaffen, es zu verbessern und gegen andere zu verteidigen. Sobald der steinzeitliche Mensch seine Familie mit Essbarem versorgt hatte, fertigte er Höhlenmalereien an, um Gedanken und Ansichten festzuhalten und um sie für die Nachwelt zu erhalten. Wir Menschen bauten Behausungen und trotzten der Natur unsere Nahrung ab. Wir rodeten Wälder, begradigten Flüsse und stauten sie zu Seen auf, um Energie zu erzeugen. Unsere Betätigung ging weit über das Notwendige hinaus, denn unsere Kreativität drängte uns dazu, alle Errungenschaften stetig zu verbessern. Wir standen im ständigen Konkurrenzkampf miteinander und wollten einander übertrumpfen. Die industrielle Revolution des 19. Jahrhunderts brachte große technische Fortschritte, sie brachte mehr bezahlbare Produkte hervor und brachte den Menschen mehr Luxus und Komfort. Doch sie trieb auch immer mehr Menschen vom Land in die Städte, wo sie in kleine Wohneinheiten gezwängt waren und Arbeiten verrichteten, die ihnen keinen Spaß machten, nur um sich all den neuen Luxus, den sie selbst in den Fabriken herstellten, auch leisten zu können. Statt wie früher als Selbstversorger unterschiedliche Tätigkeiten auszuüben, abhängig von Wetter und Jahreszeit, mutierte Arbeit oftmals zu einem monotonen notwendigen Übel, um den Lebensunterhalt bestreiten zu können.

Der einzelne Mensch war lange für die Gemeinschaft wichtig. Wir bezogen unseren Selbstwert seit Jahrtausenden daraus, gebraucht zu werden. Man musste selbst nicht die treibende Kraft einer Veränderung sein, es reichte oft schon für das Individuum aus, einer Gemeinschaft anzugehören, die Herausragendes hervorbrachte. Denn letztlich musste jeder seinen Beitrag zum Großen Ganzen leisten, egal, ob er der Erfinder oder Künstler selbst war oder ihm die Haare schnitt oder die Schuhe besohlte. Das „Wir-Gefühl" war entscheidend, denn in irgendeiner Form hatte jeder von uns seinen ganz individuellen Platz in der Gemeinschaft. Jeder von uns wurde gebraucht, solange er sich in die Gemeinschaft einfügte und eine „sinnvolle Leistung" erbrachte. Wir bezogen unseren Selbstwert daraus, gebraucht zu werden.

Doch in den letzten Jahrzehnten wurden viele Gemeinschaften zerstört. Staaten, Brauchtum und Religionen verloren gewollt an Bedeutung, wodurch es immer schwieriger wird, ein „Wir-Gefühl" zu empfinden. Die großen Gemeinschaften zerfielen weitgehend, was vielleicht auch einer der Gründe ist, warum Menschen sich mit so großer Begeisterung als Sportfans engagieren, weil sie dadurch einer vermeintlichen Gemeinschaft angehören können.

> *„Jeder Deutsche hat unbeschadet seiner persönlichen Freiheit die sittliche Pflicht, seine geistigen und körperlichen Kräfte so zu betätigen, wie es das Wohl der Gesamtheit erfordert. Jedem Deutschen soll die Möglichkeit gegeben werden, durch wirtschaftliche Arbeit seinen Unterhalt zu erwerben. Soweit ihm angemessene Arbeitsgelegenheit nicht nachgewiesen werden kann, wird für seinen notwendigen Unterhalt gesorgt."*
> Weimarer Reichsverfassung, Artikel 163

Artikel 163 in der Weimarer Reichsverfassung vom 11. August 1919 enthielt noch ein „**Recht auf Arbeit**". Dieses „Recht" hat jedoch nur kurz bestanden, denn schon zehn Jahre später waren die meisten Deutschen dank der Weltwirtschaftskrise, oft auch „Große Depression" genannt, arbeits- und mittellos. Bis heute jedoch geistert in vielen Köpfen die Überzeugung herum, dass alle jungen Menschen ein Recht auf unbegrenzte Bildung und ein Recht auf Arbeit hätten. Doch das Mantra der Nachkriegsgeneration „*meine Kinder und Enkeln sollen einmal nicht so hart arbeiten müssen wie ich*" hat dazu geführt, dass Arbeit zunehmend wegrationalisiert wurde. Wir haben uns selbst von der Spitze der Nahrungskette verdrängt, indem wir Roboter schufen, die nun all jene Arbeiten verrichten, für die es zuvor Menschen brauchte. Der Mensch wird zunehmend nutzloser. Es wird in Kürze nur noch verhältnismäßig wenige Menschen geben, die einen messbaren Beitrag für die Gemeinschaft leisten und die mit diesem Beitrag die Gemeinschaft finanzieren. Wenn Sie selbst einer dieser wenigen Menschen wären, einer der sagen wir 10 bis 20 Prozent jener Menschen, die noch Arbeit und ein Einkommen haben und die Steuern zahlen, würden Sie dann die anderen 80 bis 90 Prozent freiwillig mitfinanzieren wollen? Oder ist es nicht jetzt schon so, wo die Zahl der Arbeitslosen noch halbwegs überschaubar ist, dass viele von uns keine Lust mehr haben, andere mitzufinanzieren und den „Sozialstaat" in Frage stellen?

Wir erleben seit Jahren erbittert geführte Diskussionen darüber, dass immer mehr Menschen sich vom Staat finanzieren lassen, egal, ob sie arbeitslos oder arbeitsunwillig sind oder ob sie mit ihrer Arbeit nicht mehr genug Geld verdienen, um ihren Lebensunterhalt bestreiten zu können. Viele Menschen hetzen gegen Sozialschmarotzer, ohne zu realisieren, dass sie selbst genau das in Zukunft sein werden. Wie soll eine Gesellschaft funktionieren, wenn nur noch wenige Menschen arbeiten, wenn wir doch von klein auf darauf gedrillt wurden, uns über unsere Arbeit und unseren beruflichen Erfolg zu definieren?

*„Sehen Sie, materiell hat sich die Welt für sehr viele Menschen verbessert. Man ist größer, lebt länger, man ist gesünder. Aber geistig, politisch, moralisch – da kommt der Mensch nicht hinterher, vielleicht entwickelt er sich sogar im Augenblick noch weiter zurück. Was sind die Werte des Lebens? Warum leben wir? Wozu?"*

Eric Hobsbawm, britischer Historiker

Wir haben zuvor bereits beleuchtet, dass es Einzelnen immer möglich sein wird, durchzukommen und sich den veränderten Umständen anzupassen. Doch was wird aus unserer Gesellschaft insgesamt, was aus denen, die mit der neuen Realität nicht zurecht kommen? Welche Möglichkeiten haben wir, mit dem konstant steigenden Heer von Arbeitslosen fertig zu werden, wenn den Staaten das Geld ausgeht?

Doch dabei geht es nicht nur um den Faktor Geld, also darum, *wie* man all die Arbeitslosen wird ernähren können, es geht vor allem darum, ob die Entscheidungsträger sie ernähren *wollen*. Und es geht um die Frage nach dem Sinn des Lebens. Die meisten Menschen fühlen sich ohne Arbeit oder Aufgabe sinnlos und wertlos. Wer mangels des „nötigen Kleingeldes" nicht mehr aktiv am sozialen Leben teilnehmen kann, der rutscht schnell in die Isolation ab, was oft zu Schuldgefühlen oder Aggression und wiederum zu familiären Konflikten führt. Wir wissen, dass vor allem immer mehr junge Menschen ohne Arbeit sind und in Europa eine ganze Generation heranwächst, deren Großteil voraussichtlich nie Arbeit gegen adäquate Bezahlung verrichten wird. Selbst die meisten der jungen Menschen, die im Jahr 2017 Arbeit haben, dürften im Alter wahrscheinlich arm sein, wenn sie es nicht schon vorher sind. Was sollten und was könnten wir also tun, wenn in einigen Jahren zwei Drittel aller Menschen oder mehr nicht mehr berufstätig sein sollten? Wie und wovon werden sie leben?

Es ist keine Frage, dass die Staaten das Heer der Arbeitslosen, wenn sie einmal 50 Prozent und mehr erreicht haben, nicht finanzieren kann, weil alle Staaten ja bereits jetzt heillos überschuldet und somit den Besitzern der Banken auf Gedeih und Verderb ausgeliefert sind. Wenn die Menschen keine Arbeit haben, dann bezahlen sie keine Steuern und Sozialabgaben, folglich hat der Staat keine Einnahmen, folglich kann er kein Arbeitslosengeld und keine Renten mehr bezahlen. Wodurch soll das Gesundheitssystem finanziert werden? Was also könnte die Lösung sein?

Ein Modell, das seit den späten 1970er-Jahren bereits immer wieder akademisch diskutiert, aber wieder verworfen wird, hat in letzter Zeit wieder ein wenig Beachtung gefunden: die **Wertschöpfungs-Abgabe**. Das ist eine Steuer oder Abgabe, die sich an der Wertschöpfung eines Unternehmens bemisst – salopp ausgedrückt – an den Einnahmen oder Umsätzen. Der Unterschied zum herrschenden System ist, dass sich heute die Abgaben, die Arbeitgeber und Arbeitnehmer entrichten, am Gehalt der Arbeiter bemisst. Doch wenn Roboter künftig die Leistung erbringen, gibt es keine Gehälter mehr. Daher sollen diese Abgaben oder Steuern künftig an der Wertschöpfung bemessen werden. Je profitabler oder umsatzstärker ein Unternehmen ist, desto mehr Steuern müsste es bezahlen. Das würde dem Staat zwar weiterhin Einnahmen sichern, aber vermutlich nicht in dem Ausmaß, wie er sie bräuchte.

Außerdem ist das Modell in einer globalisierten Welt rein theoretischer Natur, denn Unternehmen bauen Arbeitsplätze ab, um Kosten zu senken. Wenn sie für teures Geld Roboter anschaffen und am Ende wieder dieselben Abgaben bezahlen müssen, sparen sie kein Geld ein, also werden sie ihre Produktionen dorthin verlagern, wo es solche Abgaben nicht gibt. Die Politik hat jahrzehntelang die Vorteile der Globalisierung gepriesen und ein System gefördert, in dem Unternehmen immer dorthin ausweichen können, wo sie die geringsten Abgaben leisten müssen. Die meisten großen Konzerne zahlen heute kaum Steuern, warum also sollten sie es morgen freiwillig tun? Dieses Konzept würde ein komplettes Umdenken in allen Bereichen voraussetzen!

Ein anderes, häufig diskutiertes, aber recht radikales Modell ist das **Bedingungslose Grundeinkommen**. Die Idee dahinter lautet, dass jeder erwachsene Bürger monatlich einen bestimmten Betrag (etwa 1.000 € oder 1.500 €) kostenlos vom Staat bekommt, ohne dafür etwas leisten zu müssen – bedingungslos also. Er müsste darauf keine Steuern zahlen und könnte beliebig viel dazuverdienen, ohne diesen Betrag zu verlieren. Ein solcher Betrag müsste so gestaltet sein, dass ein Mensch davon bescheiden leben kann, gleichzeitig aber nicht zum Nichtstun verführt wird. Es gibt für ein solch geschenktes Grundeinkommen unterschiedliche Bezeichnungen und diverse Modelle. Die einen nennen es „Transfergrenzmodell", die anderen „Bürgergeld", doch das Prinzip dahinter ist immer das Gleiche.[146]

Da der Staat mittlerweile ohnehin mehr als die Hälfte aller Bürger direkt oder indirekt finanziert, könnte man den Leuten doch auch gleich einen bestimmten Betrag auszahlen, ohne dass sie dafür immer wieder zu Ämtern laufen und Anträge ausfüllen und ohne dass sie Bescheinigungen und Atteste erbringen müssen. Sie müssten nicht mehr Bittsteller sein. Diese Variante wäre weniger demütigend für die Bürger und würde gleichzeitig Bürokratie abbauen. Doch kaum ein anderes Modell ist so umstritten wie dieses. Warum? Weil viele Menschen meinen, dass es zum einen unfinanzierbar wäre, zum anderen aber auch die Faulheit der Menschen fördern würde. Warum sollte sich jemand noch anstrengen, irgendetwas zu leisten, wenn er ohnehin genug Geld zum Leben hat?

Nun, dazu kann man nur sagen: Weder ist es unfinanzierbar noch ist sicher, dass ein solches Grundeinkommen die Masse der Menschen zum Nichtstun animieren würde. Auch reicht dieser Betrag allein heute nicht mehr zum Leben. Wenn wir uns umsehen, dann erkennen wir, dass gerade die Menschen, die eigentlich genug haben, immer mehr wollen. „Zu haben" führt also nicht zu Faulheit. Vielmehr ist es doch so, dass jeder von uns gerne etwas Sinnvolles tun würde. Viele von uns würden prinzipiell gerne etwas für die Allgemeinheit, für die Umwelt oder für benachteiligte Menschen tun. Einfach deshalb, weil es uns ein gutes Gefühl gibt und es uns glücklich macht, anderen zu helfen und Sinnvolles zu tun. Die meisten von uns möchten sich selbst verwirklichen. Wie aber bereits der viel zitierte Psychologe *Abraham Maslow* festgestellt hatte, müssen dafür die **Grundbedürfnisse des täglichen Überlebens** gesichert sein.

Maslow ging in seiner „Hierarchie der Bedürfnisse" davon aus, dass der Mensch von Grund auf gut ist. Damit widersprach er Sigmund Freuds These, wonach der Mensch vorwiegend von seinen Instinkten gesteuert werde. Maslow stellte das Streben des Menschen über dessen Triebe, erkannte aber, dass es vorrangige Bedürfnisse gibt, die bei jedem Menschen befriedigt werden müssen, ehe er sich seinem „Selbst" widmen und sich so entfalten kann. Nahrung, Behausung, Wärme und Sicherheit müssen gegeben sein, damit ein Mensch in der Lage ist, nach Höherem zu streben. Nur wenn diese elementaren Voraussetzungen erfüllt sind, wird der Mensch eigentlich erst zum Menschen und zum höheren Wesen, das nach Perfektion, nach Harmonie und nach Selbstverwirklichung strebt. Maslow stellte fest, dass Gewalt, Hass und Negativität keine genetisch vorbestimmten Eigenschaften sind, sondern Reaktionen darauf, dass einem Menschen seine Grundbedürfnisse verwehrt werden.

Maslow war klar, dass ein Bedürfnis nur so lange für unser Leben bestimmend ist, solange es unbefriedigt bleibt. Mit zunehmender Befriedigung eines Bedürfnisses nimmt also dessen treibende Kraft ab – wenn ich genug zu essen habe, muss ich nicht ständig nach Nahrung suchen und werde nicht von der Furcht vor Hunger und Nahrungsmangel getrieben sein. Stattdessen werde ich mich anderen Aufgaben widmen. Was diese Aufgaben sein könnten, wenn es keine Arbeit gibt, ist jedoch die große Frage. Vielleicht würden viele Menschen sich in eine virtuelle Scheinwelt flüchten, so wie es heute bereits viele Menschen tun, die keine Aufgabe und damit auch keinen Sinn im Leben haben. Ihre Hauptaufmerksamkeit gilt dem Fernseher, der Spielekonsole und dem Internetzugang, alles vom Staat finanziert. Da schließt sich wieder der Kreis zum zuvor beschriebenen Film „Matrix", in dem Menschen nur noch als Energiespender für die Künstliche Intelligenz am Leben erhalten werden und zur Ablenkung in einer virtuellen Scheinwelt gefangen sind, ohne es zu merken.

Vielleicht aber würden die Menschen sich auch weiterbilden und künstlerisch ausdrücken, wer weiß? Um das herauszufinden, wagt Finnland im Jahr 2017 ein Experiment. Im Dezember des Jahres 2016 wurden unter allen Personen zwischen 25 und 58 Jahren, die im November 2016 Arbeitslosengeld bekommen haben, 2.000 Probanden ausgelost. Sie sollten zwei Jahre lang statt einem Arbeitslosengeld einfach 560 Euro monatlich als Grundeinkommen auf ihr Konto überwiesen bekommen. Danach wollen die Finnen die Erfahrungen auswerten und weitersehen.[147] Verantwortlich für das Experiment zeichnet der frühere EU-Kommissar und aktuelle finnische Wirtschaftsminister *Olli Rehn*.

Was der Quatsch soll, weiß ich nicht, denn die Lebenshaltungskosten liegen in Finnland etwas höher als etwa in Deutschland. Das bedeutet, dass das Geld zum Leben nicht ansatzweise reicht, und wer bislang keinen Job hatte, wird danach auch keinen haben. Insofern halte ich das Experiment für wenig aussagekräftig. Spannender wäre es gewesen zu sehen, was passieren würde, wenn man den Versuchskaninchen monatlich 2.000 Euro überwiesen hätte. Genau das wollten einige Schweizer herausfinden und erzwangen eine Volksabstimmung über die Einführung eines Bedingungslosen Grundeinkommens in Höhe von 2.500 Franken (rund 2.300 Euro) monatlich. Nun sind 2.300 Euro in der Schweiz auf Grund der hohen Lebenshaltungskosten nur rund so viel wert wie 1.300 Euro in Deutschland, damit wäre das Grundeinkommen aber doch immerhin deutlich höher gewesen als in Finnland. Die Betonung liegt auf „wäre", da im Juni 2016 bei der Abstimmung sich mehr als drei Viertel der Schweizer dagegen aussprachen.[148] Ein klares Ergebnis!

Aber das Thema ist damit nicht vom Tisch. Wie auch, denn die Politik muss sich überlegen, was sie künftig mit der industriellen Reservearmee anstellen soll. Ein Bedingungsloses Grundeinkommen wäre aus Sicht der Politik bestimmt ein sehr interessantes Modell, schon allein deshalb, weil man dadurch das arbeitslose Volk ruhig stellen könnte. Und die Politik weiß, dass sie das tun muss. Von einem Insider erfuhr ich Anfang 2017, dass die Stadt Wien nach zahlreichen Krisensitzungen mit der Militärführung Österreichs beschlossen haben soll, zahlreiche Radpanzer für den Straßenkampf anzuschaffen, weil davon auszugehen sei, dass es in naher Zukunft zu bürgerkriegsähnlichen Zuständen kommen könnte und man einen Weg finden müsse, den Mob im Zaum zu halten.

Auch im Präsidentschaftswahlkampf 2017 in Frankreich brachte der sozialistische Kandidat *Benoît Hamon* ein bedingungsloses Grundeinkommen ins Gespräch, wobei er den Betrag 750 Euro für alle Franzosen ins Spiel brachte, womit man in den meisten französischen Städten bestenfalls unter der Brücke wohnen kann. Interessant ist zudem, dass er auch die Idee einer neuen Steuer auf Roboter ins Spiel brachte. Das Problem ist der Politik also bekannt!

Machen wir uns doch nichts vor! Alle Diskussionen über diese Thematik sind sinnlos, solange die Mehrheit der Menschen nicht erkennt und akzeptiert, dass wir die Sklaven eines Systems sind, das einige wenige zu ihrem eigenen Vorteil geschaffen haben. Und diese Geheime Weltregierung wird das Heft nicht freiwillig aus der Hand geben. Sobald **sie die Mehrzahl der Menschen nicht mehr als Arbeitssklaven brauchen, werden sie versuchen, sie los zu werden.** Dieser Prozess hat längst begonnen und er wird unbeirrt fortgesetzt. Immer mehr Menschen im Westen sind unfruchtbar, die Jahrgänge werden immer kleiner – und das ist kein Zufall! Man will zuerst die gebildete Schicht auslöschen, weil sie die größte Herausforderung für die vermeintliche Elite darstellt. Die einfachen und ungebildeten Menschen sind leichter zu kontrollieren und zu neutralisieren. Ich wiederhole daher hier nochmals ein Zitat der Ethonolgin *Margaret Mead* (1901-1978), die unter anderem für das *Office of Strategic Services*, dem Vorläufer der *CIA*, gearbeitet hatte: „*Die nackte Wahrheit ist, dass wir die meisten schlecht qualifizierten Arbeitskräfte weder jetzt noch später brauchen: **die sehr jungen, die sehr alten, die extrem ungebildeten und die extrem dummen.***"[149]

Natürlich haben wir auf Erden für alle von allem genug. Natürlich könnten wir den unermesslichen Reichtum gleichmäßig auf alle verteilen und niemand müsste mehr arbeiten, wenn wir Roboter haben, die uns die Arbeit abnehmen. Wir könnten den ganzen lieben Tag lang musizieren, malen, kochen, Sport treiben, meditieren und uns weiterbilden. Die Frage ist nur, ob diejenigen, die das Geld haben und darüber bestimmen, bereit sein werden, es mit allen anderen zu teilen? Unsere bisherigen Erfahrungen widersprechen dem vehement.

*„Es gab eine starke Übereinstimmung darüber, dass religiöse Institutionen die Hauptverantwortung für die Bevölkerungsexplosion übernehmen müssen. Wir müssen viel klarer über Sexualität, Verhütung und Abtreibung sprechen, über jene Werte, die die Bevölkerung kontrollieren, denn die ökologische Krise ist kurz gesagt die Bevölkerungskrise. **Reduziere die Bevölkerung um 90 Prozent und es bleiben nicht genügend Leute übrig, um großen ökologischen Schaden anzurichten!**"*
Abschlusserklärung des *State of the World Forum* der *Gorbachov Society*
im Jahr 1996 in San Francisco[150]

Ich weiß, dass viele Menschen das nicht hören wollen, aber die selbsternannte Elite, die Mitglieder dessen, was ich die „Geheime Weltregierung" nenne, ist sich darüber einig, dass der Großteil der Menschheit weg muss, weil die „nutzlosen Esser" nicht mehr gebraucht werden. Diesen Begriff prägte übrigens *Henry Kissinger*, als er sagte, dass *„alte Menschen nutzlose Esser"* seien.[151] Der Deutschamerikaner Kissinger war einst Außenminister der USA und er ist stolzer Träger des Friedensnobelpreises. Der „Bilderberger" und ehemalige Direktor des *Council on Foreign Relations* (CFR), oft auch „Rockefeller Ministerium für Auswärtige Angelegenheiten" bezeichnet, ist heute selbst alt, aber er ist privilegiert und gönnt sich deshalb Dinge, die er anderen nicht zugesteht. Als US-Außenminister legte *Dr. Henry Kissinger* dem Nationalen Sicherheitsrat der USA am 24. April 1974 das von ihm ausgearbeitete *National Security Memo 200* mit dem Titel „Folgen des weltweiten Bevölkerungswachstums für die US-Sicherheits- und Übersee-Interessen" vor. Es besagte, dass die *„Entvölkerung die höchste Priorität der US-Außenpolitik* gegenüber der Dritten Welt haben müsse."* All das ist kein Spaß, und wenn man betrachtet, was heute auf dem afrikanischen Kontinent los ist, dann machen die feinen Herren ernst! Sie haben längst mit der Entvölkerung des afrikanischen Kontinents begonnen!

> *„Ich gehe von der Annahme aus, dass die Welt verkehrt rum ist, dass die Dinge alle falsch sind, dass die falschen Leute im Gefängnis sind, und die falschen Leute frei sind, dass die falschen Leute an der Macht sind, und die falschen Leute ohne Macht sind, dass das Vermögen in diesem Land und auf der Welt so verteilt ist, dass es keine kleine Reform benötigt, sondern eine drastische Umverteilung. Ich gehe von der Annahme aus, dass wir nicht groß darüber reden müssen, denn alles, was wir nur tun müssen, ist, über den heutigen Zustand der Welt nachzudenken, um zu erkennen, dass alles auf dem Kopf steht."*
> 
> Howard Zinn, Historiker[152]

Ich wiederhole bestimmte Zitate immer wieder. Nicht weil ich zu faul bin, neue zu finden, sondern weil ich möchte, dass sie sich in die Köpfe meiner Leser einprägen. Das ist der einzige Weg, die alten Speicherungen und Programmierungen durch die Geheime Weltregierung langsam aufzulösen. Wenn ein Mantra so oft wiederholt wurde, dass es sich als Programm im Körper festgesetzt hat und als „Wahrheit" akzeptiert wird, dann kann man es nur wieder loswerden, indem man es durch ein anderes Mantra ersetzt und löscht.

Wenn wir uns vorstellen, dass die meisten Tätigkeiten auf Erden in Kürze von Computern und Robotern ausgeführt werden, dann müssen wir uns die Zeit nehmen, diesen Gedanken zu Ende zu denken, und wir sollten dabei das bisschen Grips, was wir noch haben, zusammennehmen, um ein einigermaßen realistisches Szenario für unsere eigene Zukunft zu erstellen. *Henry Kissinger* ist ebenso wie der Kriegstreiber *Barack Obama* oder die UNO oder die EU-Clowns in Brüssel Träger des Friedensnobelpreises! All diese Titel und Auszeichnungen sind eine Farce. Denn die Ausgezeichneten sind das genaue Gegenteil dessen, was sie vorgeben zu sein.

Glauben Sie ernsthaft, dass Wesen, die jeden Tag unschuldige Zivilisten in fernen Ländern mittels Drohnen töten lassen, Halt vor einem Heer von Arbeitslosen und nutzlosen Essern machen werden? Wenn ja, dann kann ich Ihnen nur raten: *Wachen Sie auf!*

Die Befugnisse der nationalen US-Notstands-Behörde FEMA (*Federal Emergency Management Agency*) wurden seit 9/11 extrem erweitert. Die FEMA baute mehrere hundert Konzentrationslager über das gesamte US-Bundesgebiet verteilt. (siehe „Was Sie nicht wissen sollen", Seite 273ff) Diese **FEMA-Camps** sind alle hochmodern ausgestattet, streng bewacht und gesichert, an neue Schienennetze angeschlossen – und sie stehen bislang alle leer. Diese Lager könnten jeweils zwischen mehreren tausend und mehreren zehntausend Insassen aufnehmen, insgesamt sind die US-Behörden also auf die Internierung von Millionen von Menschen vorbereitet.

Ich fürchte, dass es ein Bedingungsloses Grundeinkommen nicht geben wird. Ich fürchte auch, dass es den meisten Menschen ohne Arbeit sehr schwer fallen wird, sich sinnvoll zu beschäftigen und ein erfülltes Leben zu genießen, weil das eine geistige Haltung voraussetzen würde, die bislang im Massenbewusstsein nicht verankert ist. Also müssen wir darüber reden, wir müssen unsere Zukunft aktiv und bewusst gestalten, anstatt nur darauf zu hoffen, dass alles ein „Happy End" finden wird.

*„Beim demografischen Wandel geht es um eine tiefgreifende Veränderung unserer Gesellschaft, die alle Lebensbereiche betrifft. Wenn wir in Deutschland auf lange Sicht weniger, älter und vielfältiger werden, hat das Auswirkungen auf Junge wie Alte, auf die Menschen in den Städten wie auf dem Land, auf Arbeitnehmer wie Arbeitgeber. Deshalb hat die Bundesregierung eine umfassende Demografiestrategie entwickelt."*
Angela Merkel im August 2013[153]

Als Übergang zum nächsten Kapitel möchte ich daran erinnern, dass die offizielle deutsche Haltung in der Flüchtlingskrise im Jahr 2015 unter anderem damit gerechtfertigt wurde, dass die „Flüchtlinge" die deutsche Wirtschaft beleben und die BRD finanziell bereichern würden. Sie sollten offene Arbeitsplätze besetzen, Steuern zahlen und die Gesellschaft kulturell bereichern.

*„Viele Flüchtlinge werden eines Tages die Rente für die heutige Erwerbsgeneration bezahlen. Die Aufgabe, eine Million Flüchtlinge zu integrieren, ist eine große Chance für unser Land und die alternde Gesellschaft."*[154]
Thomas Oppermann, SPD-Fraktionschef

Der „demografische Wandel", also eine Überalterung der Gesellschaft, ist an sich zweifelhaft, denn ihm wäre nur dadurch zu begegnen, dass die Weltbevölkerung immer weiter wächst, was aber niemand will. Auf keinen Fall rechtfertigen einige geburtenschwächere Jahrgänge den unkoordinierten Zuzug von Millionen ungebildeter Ausländer nach Europa. Eine Langzeitstudie der angesehenen *London School of Economics and Political Science* aus dem Jahr 2016 belegt zudem, dass das demografische Problem des Westens selbst durch hohe Einwanderungsraten nicht gelöst werden kann, weil sie neue Probleme schafft und letztlich durch die Abwanderung Hochqualifizierter wieder ausgeglichen wird. Eine Gesellschaft wird durch Einwanderung nicht automatisch jünger, sondern wächst einfach – wobei der Altersschnitt nicht gesenkt wird.[155]

Es hat einen Grund, warum klassische Einwanderungsländer wie Australien, Kanada und die USA nur die Elite der Migranten aufnehmen, warum Einwanderer zuerst berufliche Qualifikationen, sprachliche Eignung, polizeiliche Führungszeugnisse nachweisen und ihre finanziellen Verhältnisse offenlegen müssen, ehe sie überhaupt einen Antrag auf Einreise stellen dürfen. Alles andere führt nämlich unweigerlich ins Chaos.

## *Europa im Krieg*

Ich bin immer wieder über die erfundenen Erfolgsmeldungen der EU verblüfft, die seit Jahren wie Endlosschleifen in den Massenmedien wiederholt werden. Sie zeugen von der kompletten Realitätsferne und Selbstverliebtheit europäischer Politiker. Sie loben sich selbst, überschütten einander mit Preisen und Ehrungen, schanzen einander bestens bezahlte Posten zu und wollen die Wahrheit für sich gepachtet haben.

In Europa hat die Armut seit 2008 explosionsartig zugenommen, vor allem in Südosteuropa. Seit Ende des Zweiten Weltkriegs gab es in Europa nicht mehr so viele hungernde Menschen und so große Armut wie jetzt. Allein in Griechenland und Spanien waren im Jahr 2012 bereits über drei Millionen Bürger auf Lebensmittelspenden vom Roten Kreuz und von anderen Organisationen angewiesen, dort stehen die Menschen tagtäglich in langen Schlangen bei Essensausgaben für einen Teller Suppe an.[156] Im Jahr 2013 waren mehr als 120 Millionen Europäer armutsgefährdet und 43 Millionen von ihnen hatten nicht genug zu essen.⁽¹⁵⁷⁾ Das spanische *Nationale Institut für Statistik* (INE) veröffentlichte Daten, die einen rasanten Anstieg der Selbstmordraten aufzeigen. Von 2011 zu 2012 stieg die Selbstmordrate um 11,3 Prozent. Auf 100.000 spanische Bürger kamen 7,6 Suizide, wie *The Local* berichtet. Etwa 75 Prozent der Opfer waren männlich. Bei der Altersgruppe zwischen 25 und 34 Jahren war Suizid in Spanien nach Krebs die zweithäufigste Todesursache. Bei jungen Männern war es mit 17,8 Prozent sogar die häufigste Todesursache!⁽¹⁵⁸⁾

*„Europas Völker sollten zum Superstaat geführt werden, ohne dass das Volk versteht, was dabei geschieht. Das kann schrittweise erreicht werden. Jeder Schritt wird getarnt durch wirtschaftliche Zwecke, aber schließlich wird er irreversibel zu einer Vereinigung führen."*

Jean Monnet, der Gründer der EU

Die EU ist das Gegenteil eines Erfolgsmodells, was nicht verwunderlich ist, denn sie wurde nicht als solches erdacht. Die Idee einer vereinten europäischen Nation wurde in den späten 1940er-Jahren von CIA-Mitarbeitern erdacht und finanziert. Die EU ist ein Konstrukt der USA, um Europa besser kontrollieren und steuern zu können, wozu 1948 das **Committee for a United Europe** gegründet wurde. Geleitet wurde es von US-General *William J. Donovan*. Sein Stellvertreter war damals der spätere CIA-Direktor *Allen Dulles*.⁽¹⁵⁹⁾ Auf deren Betreiben entstanden die *Europäische Föderalistische Bewegung*, und ab 1955 das **Aktionskomitee für die Vereinigten Staaten von Europa**, dessen Vorsitzender der Franzose **Jean Monnet**

Abb. 29: *Jean Monnet,* der Gründer der EU vorne links, zusammen mit US-Außenminister *John Foster Dulles, Kirk Spieremburg,* US-Präsidernt *Dwight D. Eisenhower, David Bruce,* Bundesfinanzminister *Franz Etzel, William Rand* in Washington im Jahr 1953.

war. (siehe Abb. 29) Das belegen US-Geheimdienstdokumente, die im Jahr 2000 freigegeben wurden. Daraus wurde zwei Jahre später die *Europäische Wirtschaftsgemeinschaft* (EWG), die später in die *Europäische Gemeinschaft* (EG) überging und danach in die *Europäische Union* (EU). Mit jedem dieser Schritte verloren die europäischen Nationalstaaten, und damit die europäischen Bürger, an Unabhängigkeit. Sie mussten ihre Macht auf Druck der Amerikaner an eine nicht gewählte Zentralregierung in Belgien abtreten.

Da der US-Dollar seit den 1970er-Jahren schleichend, aber konstant an Macht und Wirkung verlor, wollte die Geheime Weltregierung eine neue Weltwährung einführen, für die sie die Unterstützung der Europäer brauchte. In Europa gab es für ihren Geschmack zu viele Einzelstaaten und zu viele Währungen, was für die Amerikaner ein Problem darstellte, weil Europa dadurch schwer zu kontrollieren war.

*Ronald Reagans* Wirtschaftspolitik der 1980er-Jahre beruhte zu großen Teilen auf den Marktthesen eines exzentrischen und selbstverliebten kanadisch-amerikanischen Wirtschaftsprofessors mit Namen *Robert Mundell*. Er appellierte für den Rückzug des Staates aus der Wirtschaft. **Mundell war ein Vater des *Neoliberalismus*, und er war der Erfinder des Euro.** Mundell, der 1999 den Nobelpreis für Wirtschaft erhielt, warb in den 1980ern für die Abschaffung nationaler Währungen und für die Einführung einer europäischen Gemeinschaftswährung. Er war als Berater für die *Weltbank*, den *IWF* und die *Europäische Kommission* tätig, also für drei wichtige Institutionen der Geheimen Weltregierung.

*„In der allgemeinen Erinnerung begann die EU als Europäische Wirtschaftsgemeinschaft. Sie war ein gemeinsamer Markt, so heißt es, der die Handelsbeziehungen vereinfachen, den jeweiligen Ländern aber ihre Souveränität lassen sollte, damit diese nach dem Wunsch ihrer Wähler regiert würden. Wir sollten uns aber auch daran erinnern, dass Jean Monnet, der 1979 starb, zum Präsidenten des ‚Action Committee for the United States of Europe' ernannt wurde. Die letzten vier Worte sind entscheidend: Sie umreißen keinen gemeinsamen Markt, keine Gemeinschaft, keine Vereinigung, sondern sind eine direkte Anspielung auf die Vereinigten Staaten von Amerika – eine vereinte Nation."*

Frederick Forsyth, britischer Bestseller-Autor

Dann löste sich Ende der 1980er-Jahre die Sowjetunion auf. Englands Premierministerin *Margret Thatcher* und Frankreichs Staatschef *Francois Mitterand* stimmten der Wiedervereinigung der beiden deutschen Staaten nur unter der Bedingung zu, dass Deutschland die starke D-Mark aufgab! Doch der deutsche Kanzler *Helmut Kohl* und sein Berater *Alfred Herrhausen*, Vorstandsmitglied und Sprecher der *Deutschen Bank*, waren vehement dagegen. Dann fiel Alfred Herrhausen am 30. November 1989, drei Wochen nach dem Fall der Mauer, einem Bombenattentat zum Opfer. Davon offenbar schwer beeindruckt unterschrieb Kohl Anfang Dezember beim EU-Gipfel in Straßburg den Vertrag, der Deutschland zwang, die D-Mark aufzugeben. Kohl bezeichnete diesen Tag später als die schwärzesten Stunden seines Lebens. Doch der Euro war nie das eigentliche Ziel, er war immer nur als Zwischenschritt auf dem Weg zu einer gemeinsamen europäisch-amerikanischen Währung geplant – ich habe darüber ausführlich in meinem ersten Buch „Was Sie nicht wissen sollen" (April 2011) berichtet. Ich möchte es hier trotzdem nochmals kurz zusammenfassen, weil es für den weiteren Verlauf des Buches wichtig ist.

*„Der Euro wurde gegen alle wirtschaftliche Vernunft, mit voller Begeisterung geschaffen, um eine Falle aufzustellen, um Europa in den Bankrott zu treiben! Erst die Peripherie-Länder (Portugal, Irland, Italien, Griechenland, Spanien; A.d.V.), danach die Netto-Zahler."*
Bernd Senf, von 1973 bis März 2009 Professor für Volkswirtschaftslehre an der *Fachhochschule für Wirtschaft* in Berlin

Durch die Öffnung des eisernen Vorhangs in den frühen 1990er-Jahren kam es zu einem Verlust von vertrauten Strukturen und zu einer Vermischung von Kulturen, Sprachen und Religionen. Millionen Osteuropäer emigrierten in den folgenden Jahren nach Mittel- und Westeuropa. Gepaart mit Vorurteilen und alten Rivalitäten, ging dieses Aufeinanderprallen unterschiedlicher Welten mit der Spaltung der Gesellschaft und mit steigender Kriminalität einher. Die USA hatten die Vereinigung Europas und den Zerfall der Sowjetunion vorangetrieben und dafür gesorgt, dass alle Tore weit offen waren, und Europa unter dem Deckmantel einer „offenen Gesellschaft" jeden aufnahm, der nach Europa wollte. Während des Balkan-Krieges hatten die USA eine ganze Generation von Ex-Jugoslawen traumatisiert und radikalisiert, und nun war es an Europa, diese Menschen aufzunehmen und zu integrieren. Was bei den Ex-Jugoslawen dank großem Anpassungswillen und ähnlicher Kultur noch recht gut klappte, sah bei den türkischen Zuwanderern nicht mehr ganz so gut aus.[159a]

Die großen Nationen England, Frankreich und Deutschland litten zusehends unter ihrer gescheiterten Integrationspolitik. Der deutsche Wirtschaftswissenschaftler und Soziologe *Gunnar Heinsohn* schrieb am 7.7.2016 in der *Neuen Zürcher Zeitung* unter der Überschrift „Auswanderungsland Deutschland – Kompetente wandern ab" Folgendes:

*„Das Land leidet an drei Folgen der Einwanderungspolitik: Erstens holte man zwischen 1960 und 1980 ungelernte Arbeitskräfte für Fabriken, Minen und Stahlwerke. Seit dem Niedergang dieser Industrien werden viele der Entlassenen und ihre Familien aus bescheidenen, aber stetigen Sozialtransfers finanziert. Da das für die Entwicklung der Jüngsten suboptimal bleibt, standen schon bei Pisa 2006 in keinem Land der Welt Migrantenkinder tiefer unter den Schulleistungen der Einheimischen als in der Bundesrepublik. Zweitens erhofft man sich von neuen Milliarden für die alte Pädagogik Verbesserungen bei der zweiten Generation; trotzdem endet bei Pisa 2012 mehr als die Hälfte der Migrantenkinder mangelhaft in Mathematik. Weil auch bei den Einheimischen 30 Prozent scheitern, sind bald 40 Prozent aller Kinder nicht zukunftsfähig. Drittens wiederholte man 2015 (bei nur 10 Prozent bestens Vermittelbaren unter einer Million Flüchtlingen) die Langzeitbelastung der Anwerbepolitik der 1960er-Jahre."*

Doch all die bestens bezahlten europäischen Politiker von US-Gnaden waren so sehr damit beschäftigt, den Krümmungswinkel von Gurken, den Durchmesser von Äpfeln, das Fassungsvolumen von Kondomen oder Feinstaub-Richtlinien für Städte zu verordnen, dass sie für andere Dinge kaum noch Zeit fanden. Daher kamen konstant mehr Menschen nach Europa, als der Arbeitsmarkt benötigte. Doch das größte Versagen der Politik war, dass keine klaren Regeln für die Zuwanderer aufgestellt wurden, was die Integration mancher nahezu unmöglich machte. Dies war der Beginn der „Cultural Clashes" in Europa, des geplanten Aufeinanderprallens der Kulturen, das nur ein Ziel hatte: Europa zu schwächen.

Abb. 30: Bis zum Sommer 2011 verlor der Euro dramatisch an Wert, dann stützten ihn die Schweizer, ehe sie ihn im Januar 2015 wieder fallen ließen.
Seitdem wird er mit vereinten Kräften künstlich am Leben erhalten.

Die EU wurde nicht geschaffen, um Frieden in Europa zu verankern, sondern um die kulturelle und geistige Identität der einzelnen Völker zu zerstören, und um die starken Nationen – allen voran Deutschland – zu schwächen. Sie wurde geschaffen, um Arbeitsschutz und Gewerkschaften abzuschaffen, um Sozialleistungen zu kürzen und um Vermögen von unten nach oben umzuverteilen. Dieses Prinzip nennt man „Globalisierung".

Im Jahr 2002 wurde die Gemeinschaftswährung „Euro" eingeführt und sie war von Anfang an eine Fehlkonstruktion. Sie brachte hohe Inflationsraten, sinkende Kaufkraft und mehr und mehr Armut. Gleichzeitig stieg die Zahl der Millionäre und Milliardäre in Europa. Ungleichheit und Ungerechtigkeit nahmen zu. Von 2002 bis 2011 stieg der Goldpreis (der einzig verbliebenen echten Währung) unaufhörlich, was die Schwäche des Euro und des US-Dollar deutlich sichtbar machte. Der Euro verlor aber auch konstant an Kaufkraft im Vergleich zu starken Währungen wie dem Schweizer Franken – vor allem ab dem Krisenjahr 2008. Von Januar 2009 bis Juli 2011 verlor der Euro zum Schweizer Franken fast 25 Prozent – das waren 10 Prozent Wertverlust pro Jahr!

Dann wurde die Schweiz dazu auserkoren, den Euro zu retten, indem sie ihre eigene Währung im Herbst 2011 bei 1:1,20 an den Euro band. (siehe Abb. 30) Sie kauften also kontinuierlich so viele Euro auf den Währungsmärkten auf, wie es brauchte, um den Kurs bei etwa 1,20 CHF zu stabilisieren. Die europäischen Politiker, die nicht einmal verstanden hatten, was passiert war, feierten sich weiter selbst und klopften einander auf die Schulter.

Seit 2009 tobt nun ein internationaler Währungskrieg, in dem es um die wirtschaftliche und monetäre Macht in der Welt geht. Auf der einen Seite stehen die BRICS-Staaten (Brasilien, Russland, Indien, China und Südafrika) unter Federführung der Chinesen. Sie fordern die USA heraus. Aber es gibt auch noch andere Fronten, wie etwa die in Europa. Die EU führte Verhandlungen mit den USA über ein Freihandelsabkommen mit dem Namen *Trans-Atlantic Trade and Investment Partnership* (TTIP). Da die USA aber bereits ein solches Abkommen mit Kanada und Mexiko hatten (*North American Union*, NAU), wäre das TTIP letztlich indirekt die *Vereinigten Staaten von Europa und Nordamerika* (NAEU) geworden. Eine gemeinsame Währung wäre dann nur noch der nächste logische Schritt gewesen. Doch in Europa regte sich dagegen massiver Widerstand, was die Vereinigung verzögerte. Die Geheime Weltregierung war sauer. Dann schloss die EU im Oktober 2013 einen Vertrag mit China, der festschrieb, dass die beiden Währungs- und Wirtschaftsräume künftig zum Handel untereinander nicht mehr (wie zuvor üblich) US-Dollar verwenden wollten, sondern lieber Yuan und Euro. In einem sogenannten „Währungsswap-Abkommen" tauschten sie die beiden Währungen und attackierten so den Dollar der privaten US-Notenbank FED.

Europa spielte also ein doppeltes Spiel, indem es versuchte, sich alle Türen nach allen Richtungen offen zu halten. Im selben Jahr ließ China mehrfach verlauten, dass es den Dollar nicht mehr als Weltleitwährung sieht und es Zeit für eine neue, durch Gold gedeckte Währung ist. Damit erklärte es den USA indirekt den Krieg.

In der Zwischenzeit führte die Geheime Weltregierung mittels privater Söldnertruppen und der US-Armee im Irak, in Afghanistan und in Pakistan Krieg und im Dezember 2010 folgte der sogenannte „Arabische Frühling". Er hatte mit Massenprotesten gegen den tunesischen Staatschef *Ben Ali* begonnen und aus Demonstrationen wurden im Handumdrehen gewaltsame Ausschreitungen, die vom Ausland gesteuert auf mehrere Staaten in Nordafrika und im Nahen Osten übergriffen.

Drahtzieher dieser Umstürze waren federführend die US-Geheimdienste, das US-Außenministerium unter *Hillary Clinton* und private Organisationen, allen voran *George Soros' Open Society Institute* und die von ihm finanzierten Revolutionsprofis von CANVAS (früher OTPOR). In einem Interview für das *Weltjournal* im österreichischen TV-Sender ORF 2 erklärte CANVAS-Chef *Srdja Popovic* am 11. Mai 2011 nicht ohne Stolz, dass CANVAS den Arabischen Frühling mitgestalte, und allein nur im Nahen Osten in acht oder neun Staaten aktiv sei.

*„Wir können erfolgreiche Revolutionen vorweisen, in Georgien, der Ukraine, in Libanon, in Moldavien und nun in Ägypten und Tunesien!"*
Srdja Popovic[160]

Mehrere nordafrikanische Länder hatten bis zum Sturz ihrer Diktatoren in Frieden und in relativer Freiheit gelebt. Religion spielte eine untergeordnete Rolle, Frauen durften studieren und es herrschte Sicherheit in den Straßen auf Grund eines starken Polizei- und Militärapparates. Als dann diverse Kräfte aus den USA die gemäßigten Diktatoren in Tunesien, Ägypten und Libyen samt ihren Entouragen stürzten, entstand in diesen Ländern ein Machtvakuum, da es keine organisierte Opposition gab. Diese Lücke füllten religiöse Kräfte, die vorwiegend von Saudi-Arabien finanziert und unterstützt wurden – dem wichtigsten Partner der USA im arabischen Raum. Die Saudis sind „Wahhabiten", das ist eine sehr konservative Auslegung des Islam. Frauen müssen dort in der Öffentlichkeit komplett verschleiert sein, Dieben wird die Hand abgehackt und für schwere Verbrechen werden Menschen öffentlich hingerichtet.[161]

Die Amerikaner erklärten den Nordafrikanern, dass sie jetzt „Demokratie" hätten, aber keiner im gemeinen Volk hatte eine Vorstellung davon, was das bedeutete, denn viele der „Befreiten" konnten weder lesen noch schreiben. Aber sie verstanden die Sprache der Saudis, und Männer in den ungebildeten Schichten fanden es nicht schlecht, dass Frauen ihnen nach saudischem Vorbild jetzt wieder widerspruchslos zu gehorchen hatten. Bereits wenige Wochen nach dem „Arabischen Frühling" herrschte in der Region völliges Chaos – ich weiß es, denn ich war zu dem Zeitpunkt dort.

Das Machtvakuum betraf auch die Sicherheitsbehörden. Für viele Nordafrikaner bedeuteten „Demokratie" und „Freiheit" nach ihrer eigenen Auslegung, dass sie nun tun und lassen konnten, was sie wollten. Innerhalb kürzester Zeit herrschte Anarchie in den Straßen, und einst sichere Großstädte wurden über Nacht lebensgefährlich – vor allem für Frauen.

Das Ziel der Hauptorganisatoren dieser „Revolutionen", Hillary Clinton und George Soros, war es, auch die Machthaber in Syrien und im Iran zu stürzen. Doch China stellte sich hinter den Iran und Russland hinter den syrischen Diktator *Baschar al-Assad*, um zu verhindern, dass die USA die gesamte Region unter ihre Kontrolle bekommen würden. Der Krieg in Syrien war nie ein Bürgerkrieg, auch wenn westliche Medien das immer wieder behaupteten. Er war ein Stellvertreterkrieg zwischen mehreren Parteien, darunter staatliche und private Armeen und Geheimdienste der USA, Saudi-Arabiens, Israels, Englands, Frankreichs, Deutschlands, der Türkei und Russlands. Zudem mischten viele private Vereine mit, die ein finanzielles Interesse an der Destabilisierung Nordafrikas hatten.

> *„Was in Syrien passiert, ist kein Bürgerkrieg. Es ist nicht das Volk, das sich gegen die Regierung erhoben hat. Das ist eine Lüge von Seiten derjenigen, die diesen Krieg vorantreiben, die Medien ausnutzen und Informationen manipulieren, damit die Menschen im Westen glauben, dass auf den Straßen das syrische Volk kämpft. Nein. Das sind bewaffnete Gruppierungen von außerhalb Syriens. Das sind Terrorgruppen. Das sind bezahlte Söldnergruppen."*[(161a)]
>
> Ordensschwester Guadalupe Rodrigo

Auf die Umstürze rund ums Mittelmeer folgten massive Fluchtbewegungen von Millionen von Menschen, die vor Krieg, Zerstörung und Armut flüchteten, vorwiegend in den Libanon, die Türkei, nach Jordanien, Pakistan, Iran und Äthiopien. Die Geheime Weltregierung hatte eine Lawine losgetreten und jeder konnte sehen, wohin sie sich ausbreiten würde: nach Europa. Dort taten Politiker weiterhin das, was sie am besten konnten, nämlich nichts. Die Arbeitslosigkeit stieg weiter, und mit ihr die sozialen Spannungen. Griechenland wurde ein Fass ohne Boden und dachte laut über einen Austritt aus dem Euro nach. Belgien, das Zentrum der EU, schaffte das Kunststück, fast eineinhalb Jahre lang keine Regierung zustande zu bekommen. Die Europäer verloren zusehends das Vertrauen in die politischen Parteien. Die Werte, die das Euro-Barometer im Herbst 2013 ermittelt hatte, waren alarmierend. In Deutschland sagten 73 Prozent der

Befragten, dass sie eher kein Vertrauen in die etablierten politischen Parteien mehr hatten. In Frankreich waren es 89 Prozent, in Slowenien 92 Prozent, in Spanien 93 Prozent, in Griechenland gar 94 Prozent. Immer mehr Länder wollten aus dem Euro raus und immer mehr Regionen wollten sich abspalten. Doch die Politiker in Europa machten unbeirrt weiter, schließlich hatten die Gurken-Krümmungs-Experten aus Brüssel ja im Jahr 2012 von den Schweden den Friedensnobelpreis erhalten. *Also, läuft doch!*

## *Die Lüge ist die neue Wahrheit*

Ich weiß, dass viele Menschen an ihrer Wahrnehmung zweifeln, weil das, was sie sehen und fühlen, etwas anderes ist als das, was zumeist von der Politik und den Massenmedien öffentlich dargestellt wird. Aber lassen Sie sich bitte Ihre ganz persönliche Wahrnehmung niemals absprechen! Seien Sie selbstkritisch, hören Sie sich andere Meinungen an, aber glauben Sie nur Ihren eigenen Augen, Ohren und Ihrer Intuition. Eine Lüge ist und bleibt eine Lüge, egal, wie oft sie wiederholt wird!

In Wahrheit waren die Wirtschaftsdaten in der Euro-Zone so katastrophal, dass die EU-Politik sie nur noch mit den absurdesten Tricks kaschieren konnte. Das Bruttoinlandsprodukt (BIP) ist eigentlich die Summe aller offiziell geschaffenen Waren und erbrachten Dienstleistungen eines Landes innerhalb eines Jahres. **Seit 2013 rechnen die EU-Staaten in die Berechnung ihres Bruttoinlandsproduktes aber auch geschätzte illegale Aktivitäten wie den Waffen-, Drogen- oder Frauenhandel hinzu,** um ihre Bilanzen zu schönen.[162][163] Den Psychopathen in den europäischen Führungszentralen war Selbstkritik weiterhin völlig fremd. Sie wunderten sich jedoch, dass die Menschen sie nicht mehr wählen wollten. Immer mehr Regionen in Europa hatten die Nase voll von der EU, weil sie erkannt hatten, dass sie zum Vorteil anderer benutzt wurden. So versuchte sich Schottland 2014 von England loszusagen und in Italien wollten das Veneto, Südtirol und Sardinien von Italien und der EU loskommen. In Spanien strebten sowohl die Katalanen als auch die Basken nach Unabhängigkeit, und in Belgien waren sich die Flamen und die Wallonen nicht grün. Selbst in Großbritannien hatten mittlerweile 85 Prozent der Wähler die Schnauze voll von Cameron & Co[164], aber vor allem von Brüssel und Berlin.

> *„Die meisten von uns haben einfach genug von all den Lügen, von dem enormen Transfer unserer Selbstbestimmung nach Brüssel. Genug auch von der Abgehobenheit und Arroganz der Brüsseler Eurokraten, von unserer ständigen Kapitulation vor ihnen, von den Milliarden und Abermilliarden an vergeudetem Geld, vom langsamen Tod der Demokratie. Kurz: Wir glauben, unser Heimatland wurde uns mit Lüge und Betrug geraubt. Und, meine Damen und Herren, ohne irgendwelche Feindschaft gegen Sie, wir wollen es zurück."*
>
> Frederick Forsyth, britischer Bestseller-Autor[165]

Die USA hatten nach dem Sturz mehrerer Diktatoren rund ums Mittelmeer aber noch nicht genug vom Zündeln. Die Geheime Weltregierung hatte die Geduld verloren. Sie wollten die Weltherrschaft und dafür brauchte es ein vereintes Europa und eine gemeinsame Währung. Aber Teile der europäischen Bevölkerung kämpften hartnäckig gegen die TTIP- und CETA-Verträge, und die EU drohte zu zerfallen. Also musste Europa in seiner Widerstandskraft geschwächt werden.

Ende 2013 kam es dann in der ukrainischen Hauptstadt Kiew zu Protesten gegen die Regierung Janukowitsch. Natürlich waren auch diese Proteste wieder von den USA aus gesteuert, organisiert und finanziert worden. Wieder wurde eine demokratisch gewählte Regierung gestützt, und wieder war George Soros mit seinen zahlreichen Putsch-Organisationen mit von der Partie, was er auch ganz offen zugab. In einem Interview mit CNN am 25. Mai 2014 sagte Soros: *„Ich habe in der Ukraine schon vor deren Unabhängigkeit eine Stiftung gegründet. Sie hat seither funktioniert und spielte eine große Rolle bei den jetzigen Ereignissen."*[165a]

Jahrelang hatten die europäischen Politiker zugesehen, wie die USA Regierungen rund um den Erdball beliebig ausgetauscht hatten, doch nun, da es das größte europäische Land betraf, wurde ihnen offenbar doch mulmig. Die Einschläge kamen näher. Es schwante ihnen, dass sie die nächsten sein könnten, die Zuflucht in Russland suchen müssten. Also wurden sie plötzlich aktiv. Sie versuchten, den Umsturz in der Ukraine „mitzugestalten" und ihre eigenen Kandidaten an die Spitze des Landes zu putschen.

Bezahlte Arbeitslose demonstrierten auf dem Maidan-Platz und die westlichen Medien feierten ihren heroischen Kampf für „Freiheit und Demokratie". Die EU, die USA und Russland, die *CIA*, der *MI6*, der *BND*, der russische *SWR* und der israelische *Mossad* kämpften indes im Hintergrund mit den Oligarchen um die ukrainischen Filetstücke und um die Machverteilung. Es wurde über die neue Regierung gestritten, und die EU, die Personen wie Boxweltmeister *Vitali Klitschko* in der Regierung haben wollte, erwies sich als der klare Verlierer. Der von Angela Merkel unterstützte Klitschko und seine Partei *Udar* wurden von der deutschen *Konrad Adenauer Stiftung* finanziert, also indirekt durch die Deutsche Bundesregierung. Doch Merkels Mann verlor das Rennen.[165a]

Die USA gewannen das Tauziehen, das die Sprecherin des US-Außenministeriums, *Victoria Nuland*, in einem Telefonat mit dem US-Botschafter in der Ukraine, *Geoffrey Pyatt*, mit ihren berühmten Worten *„Fuck the EU!"* kommentierte. In dem Telefonat erklärte Nuland ihrem Botschafter, dass ein UNO-Vertreter und US-Vizepräsident *Joe Biden* die Zusammenstellung der neuen Regierung in der Ukraine in die Hand nehmen würden.[166] Der Kandidat der USA, *Arseniy Yatsenyuk*, wurde neuer Ministerpräsident der Ukraine. Vitali Klitschko wurde „nur" Bürgermeister von Kiew. Der Oligarch *Petro Poroschenko* wurde neuer Präsident, und *Hunter Biden*, der Sohn des US-Vizepräsidenten, wurde in den Vorstand des ukrainischen Gasproduzenten *Burisma* „gewählt", in dessen Aufsichtsrat fortan kein einziger Ukrainer mehr saß.[167] Russland besetzte die Krim, um seinen Hafen in Sewastopol zu schützen und wurde von den Amis zum neuen Symbol für das „Böse" schlechthin erkoren. Die Amerikaner besetzten alle Ministerposten im größten europäischen Land mit ihren eigenen Leuten und die europäischen Politiker wurden vorgeführt.

Doch zeigten sie sich danach kleinlaut oder geläutert? Nein, keine Spur! Sie verloren komplett die Kontrolle und offenbar auch den Verstand. Im Januar 2014 sagte der Präsident der Europäischen Kommission *José Manuel Barroso* in Athen in Bezug auf die EU: *„Keine andere politische Konstruktion hat bisher bewiesen, dass sie das Leben besser organisieren und die Barbarei in der Welt verringern kann!"*[168] Zu dem Zeitpunkt waren in der EU 123 Millionen Menschen von Armut oder sozialer Ausgrenzung betroffen, also ein Viertel der gesamten Bevölkerung! Die Massenmedien verbreiteten ihre „Fake News", die Politiker berauschten sich nicht nur an sich selbst und der kollektive Irrsinn griff immer weiter um sich.

Doch es kam noch besser! Die Amerikaner drängten die EU dazu, weitreichende Wirtschaftssanktionen gegen Russland zu verhängen. Europäische Firmen sollten fortan keine Waren mehr nach Russland liefern und umgekehrt. Zahlreiche Politiker und Wirtschaftsvertreter liefen dagegen Sturm, denn Russland war ein wichtiger Handelspartner, und ganze Regionen in Europa lebten quasi nur noch von den reichen Russen. Dann kam der äußerst überzeugende US-Vizepräsident *Joe Biden* zu Besuch und „überredete" die Europäer.

Im Juli 2014 verhängten sie Sanktionen, die Europa letztlich mehr schadeten als Russland, und verursachten einen Schaden von mehreren hundert Milliarden Euro und vernichteten Arbeitsplätze in der EU![169][170] Im Oktober 2014 gab Joe Biden dann auch ganz offen und mit selbstgefälligem Lächeln zu: *„Es stimmt, sie wollten das nicht tun, aber es war erneut Amerikas Führungsrolle und die Hartnäckigkeit des Präsidenten, die Europa im Grunde bloßstellte und sie zwang, aufzustehen und wirtschaftliche Schläge zu landen, um (den Russen) Kosten zu verursachen!"*[171] Aber die schwindende europäische Mittelschicht feierte weiter die Regierung Obama/Biden, weil sie die richtige Ideologie verkörperte.

Das österreichische *Wirtschaftsforschungsinstitut* (WIFO) kommt zu dem Schluss, dass **die Russlandsanktionen der EU im Jahr 2015 im gesamten EU-Raum rund 400.000 Arbeitsplätze vernichteten!** Allein in Österreich sollen dank der Sanktionen geschätzte 7.000 Arbeitsplätze verloren gegangen sein, 10.000 in der Slowakei, 29.000 in Tschechien und 97.000 in Deutschland.

Vielleicht fragen Sie sich jetzt, wie es sein kann, dass die meisten europäischen Politiker ohne Skrupel gegen die eigene Bevölkerung arbeiten? Sicher, die Tatsache, dass die USA fast ganz Europa militärisch besetzt halten und großen Druck ausüben können, spielt auch eine Rolle. Aber es gibt offenbar noch einen anderen Grund dafür, dass europäische Politiker der eigenen Bevölkerung absichtlich Schaden zufügen. *Dr. Paul Craig Roberts* nennt ihn ganz unverblümt. Roberts ist Ökonom, war stellvertretender Finanzminister unter *Ronald Reagan* und Mitherausgeber und Kolumnist des einflussreichen *Wall Street Journal*, der auflagenstärksten Zeitung der USA. Im Artikel „**Warnung an die Welt: Washington und seine Vasallen in NATO und EU sind wahnsinnig**" schrieb er im September 2014 Folgendes:

> *„Mein Doktorvater, der später eine hohe Position im Pentagon einnahm und dafür sorgen sollte, den Vietnamkrieg zu beenden, antwortete auf meine Frage, wie es Washington immer gelinge, die Europäer dazu zu bringen, das zu tun, was es von ihnen verlange: ‚Geld, wir geben ihnen Geld.' ‚Auslandshilfe?', fragte ich nach. ‚Nein, **wir geben den führenden europäischen Politikern ganze Koffer voll Geld. Sie sind käuflich, wir kaufen sie.**'... Vielleicht erklärt dies, wie der frühere britische Premierminister Tony Blair innerhalb nur eines Jahres nach seinem Ausscheiden aus dem Amt ein Vermögen von 50 Millionen Dollar besitzen konnte."*(172)

All das haben Ihnen die Mainstream-Medien wohl verschwiegen? Ja, natürlich, sie waren ja im Jahr 2014 auch so mit der Fußball-WM in Brasilien oder mit der Ebola-Epidemie in Afrika beschäftigt. Das geht natürlich vor, schließlich wurde Deutschland Fußball-Weltmeister. Ach ja, und dann waren da auch noch jede Menge Flüchtlinge, die ab dem Sommer nach Europa strömten und die angeblich niemand aufhalten konnte, aber auch das ging anfangs bei all den anderen wichtigen Nachrichten unter – wie etwa der *Ice Bucket Challenge*, bei der sich jeden Tag ein anderer Depp einen Kübel kaltes Wasser über den Kopf goss und das dann im Internet vermarktete. Was für eine herrliche Ablenkung für die Massen!

Was noch geschah, war aber von tatsächlicher Bedeutung. In Deutschland gewann eine eben erst gegründete Protestpartei, die „Alternative für Deutschland" (AfD) auf Anhieb Stimmen bei Landtagswahlen. Die AfD war gegen den Euro und gegen die Politik der Brüsseler Technokraten. Die AfD wurde damit Teil eines Phänomens, das mittlerweile ganz Europa ergriffen hatte und den Machthabern im Hintergrund tiefe Sorgenfalten auf die Stirn trieb. Überall in Europa erblühten Euro-Skepsis und Nationalismus. Immer mehr Menschen wurde klar, dass diese EU nicht zu ihrem Vorteil war, und sie straften die politischen Parteien bei den Wahlen quer über den Kontinent dafür ab. Doch anstatt ihre Politik zu ändern, verteufelten sie die neuen Parteien und deren Wähler.

In Italien war die neue Partei „Fünf-Sterne-Bewegung" des Komikers *Giuseppe „Beppe" Grillo* bei den Parlamentswahlen im Jahr 2013 aus dem

Stand zweitstärkste Partei geworden und Grillo mischte das politische Italien auf. Er war durch seine „V-Day"-Aktionen bekannt geworden. Dabei steht „V" für „Vaffanculo". Der „V-Day" war also so etwas wie der „Leck-mich-am-Arsch-Tag", an dem zehntausende Italiener gegen mafiöse, überbezahlte Politiker demonstrierten, die den Staat zugrunderichteten.

Natürlich kann man über all das lachen, weil niemand italienische Politik ernst nimmt, aber Grillos Partei stellt mittlerweile seit 2016 auch die Bürgermeisterinnen von Rom und Turin und sie wird zu einer ernsten Gefahr für die selbstherrlichen Mannen in Brüssel. Ebenso wie die erzkonservative Partei „Front National" (FN) aus Frankreich, die bei der Europawahl 2014 mit einem Viertel aller Wählerstimmen die stärkste Partei in Frankreich wurde. Auch in Österreich legte die rechtskonservative FPÖ deutlich zu. In ganz Europa waren die Anti-EU- und Anti-Euro-Parteien und die Nationalisten auf dem Vormarsch. Das schmeckte der Geheimen Weltregierung gar nicht. Also schickte sie ihre Soldaten aus und tat alles, um Europa durcheinanderzuwirbeln. Sie mussten etwas inszenieren, das Europa in seinen Grundfesten erschüttern und die Menschen vom politischen Tagesgeschäft ablenken würde. Es brauchte etwas, das alle Aufmerksamkeit auf sich ziehen würde, Europa zwang, wieder an einem Strang zu ziehen und es gleichzeitig weiter schwächen würde.

Am 3. Januar 2015 schrieb einer der „Generäle" der Geheimen Weltregierung, George Soros, in einem Artikel für *Live Mint*: *„Die EU-Mitglieder befinden sich im Krieg – und sie müssen sich endlich dementsprechend verhalten.*"[173]

*George Soros*, der ungarische US-Einwanderer, Multimilliardär und Handlanger der Familie Rothschild, hatte seine schmutzigen Finger nicht nur im „Arabischen Frühling" gehabt, sondern auch die „Revolution" in der Ukraine mitorganisiert und mitfinanziert. Er war auch der geistige Vater und der Financier der sogenannte „Flüchtlingskrise", die Europa seit 2014 heimsuchte. Ich finde das Wort „Flüchtlingskrise" übrigens unsäglich, weil es suggeriert, dass die Flüchtlinge die europäische Krise ausgelöst hätten, was definitiv nicht der Fall war. Sie waren nur das Werkzeug einiger skrupelloser, eiskalter Männer in den USA.

Der in Frankreich gerichtlich verurteilte *Soros*'[174] finanzierte persönlich ein Konglomerat von hunderten Flüchtlings-Organisationen unter dem Dach oder in enger Zusammenarbeit mit seinen *Open Society Foundations* (OSF). Die OSF geben vor, offene Gesellschaften und Menschenrechte zu fördern, in Wahrheit dienen sie dazu, mehr oder weniger demokratisch gewählte Regierungen zu stürzen und durch US-Marionetten zu ersetzen. Die OSF sind so etwas wie „Putsch-Fabriken".

Als im Jahr 2015 Millionen von Afrikanern und Arabern nach Europa strömten, fragten sich manche Menschen verwundert, woher all die gut gekleideten jungen Männer mit den akkuraten Haarschnitten und den neuesten Smartphones in Händen kamen, die 10.000 bis 15.000 $ für die Schleusung nach Europa genommen hatten, wenn sie doch angeblich mittellos und auf der Flucht waren? Eine gute Frage, die wieder einmal in Politik und Massenmedien nicht gestellt wurde. Ich gebe Ihnen aber gerne die Antwort: Es waren George Soros *Open Society Foundations*, die mittlerweile ein weit verzweigtes Netzwerk in Europa und Nordafrika geschaffen hatten, und die viele der illegalen Schleusungen organisierten und finanzierten.

Zum SOROS-Netzwerk, das hunderte kleiner und großer NGOs (Vereine) umspannte, gehören das *Europäisches Projekt für Integration und Migration* (EPIM) ebenso wie *European Network Against Racism* (ENAR) und der PRO ASYL-Konzern, der mit einem Millionen-Budget Flüchtlingen logistisch und juristisch zur Seite stand. Aber auch die jüdische Hilfsorganisation *World Jewish Relief* und diverse Vereine in Deutschland stellen Sachspenden und Geld für illegale Grenzübertritte zur Verfügung. [176][177]

Zahlreiche Organisationen waren von Soros bereits jahrelang auf diesen Moment vorbereitet worden und nun galt es, viele Menschen als ehrenamtliche Flüchtlingshelfer und Fluchthelfer zu gewinnen. Es floss viel Geld, und die Asyllobbyisten beeinflussten gekonnt die allgemeine Wahrnehmung der Bevölkerung. Es wurde alles getan, um die geistige Haltung oder Einstellung der Europäer zu beeinflussen, genauer: um die Europäer „umzuprogrammieren".[178] George Soros' Abgesandter, CFR-Mitglied *Gerald Knaus*, **beriet die Kanzlerin darin, wie man dem Volk die Schwächung Europas besser verkaufen konnte.** Es wurden Politiker und Filmstars dafür benutzt, um Stimmung für die Flüchtlinge zu machen. So sprach dann Angela Merkel während der Filmfestspiele in Berlin auch gerne mal mit *George Clooney* über die deutsche Flüchtlingspolitik.[179]

Der einflussreiche linke britische Politiker *Sunder Katwala* von der Soros-Filiale *British Future* berichtete von der *EuroPhilantopics*-Konferenz im November 2014, wie „man" die Europäer davon überzeugen wollte, dass die organisierte Massenzuwanderung eine gute Sache für sie sei:

> *„Die Gruppe kam zu dem Schluss, dass es besser sei, anstatt eine neue Erzählweise über Migration **zu konstruieren** und diese gegen eine andere auszutauschen, wir alle die verschiedenen Narrative* (Sichtweisen, A.d.V.) *berücksichtigen und in eine Langzeit-Strategie investieren sollten… Die Sprecher teilten mit, um das zu erreichen, müssen wir die europäischen Bürger beruhigen und die Skeptiker der ‚Mitte' gewinnen, indem man ihnen **Erfolgsstorys der Migranten in den Medien präsentiert**, zusätzlich zu Zahlen und Fakten."*[180]

Doch diese konstruierten Erfolgsstorys von angeblich hochgebildeten Zuwanderern wollten viele Europäer nicht so recht überzeugen. Der Widerstand in der Bevölkerung wuchs, der Hass gegen die Politik auch, und rechte nationalistische Parteien gewannen immer mehr Zuspruch. Die Politiker taten alles, um sich ihr eigenes Grab zu schaufeln. Aber solange die Geldkoffer aus den USA kamen, lief alles weiter seinen gewohnten Gang.

Im Jahr 2015 strömten Millionen fremder Menschen illegal nach Europa und niemand hielt sie auf. Im Gegenteil: Zehntausende vorwiegend junger Frauen engagierten sich, von Soros Mannen programmiert, illegal als Fluchthelfer und erschwerten Polizei und Militär ihre Arbeit.[181] Sie verteilten Nahrungsmittel, Schlafsäcke, Landkarten und zehntausende Handbücher mit den besten Fluchtrouten und wichtigsten Telefonnummern von Hilfsorganisationen.

Zehntausende Europäer waren, ohne es zu ahnen, als Marionetten von George Soros und der Geheimen Weltregierung im Einsatz. Sie wollten „Gutes" tun und wurden dafür sogar kriminell. Sie wollten ein Zeichen „für Offenheit und Toleranz" und „gegen rechts" setzen. Aber alles, was sie taten, stärkte sogar noch die rechten Protestparteien in Europa. George Soros erteilte Europa eine der eindrucksvollsten Lehrstunden in Sachen „Agitation". Als dann am 27. August 2015 an einer Autobahn in Österreich ein abgestellter Lastwagen mit 71 toten Flüchtlingen im Laderaum gefunden

Abb. 31: Im Dezember 2015 wählt das Time-Magazin Angela Merkel zur Person des Jahres und zur „Kanzlerin der freien Welt".

wurde, schlugen die Wellen der Empörung hoch und Österreich begann, Deutschland und die EU gemeinsam mit seinen östlichen Nachbarn unter Druck zu setzen. Man wollte dem Zustrom ein Ende bereiten, doch Deutschland sperrte sich gegen eine gemeinsame Lösung. Vier Tage später sagte Angela Merkel jene drei Worte, die in die Geschichtsbücher eingehen werden: „*Wir schaffen das!*"

Niemand wusste, was sie damit genau meinte, niemand wusste „was" genau sie „wie" schaffen wollte, und immer mehr Länder forderten ein gemeinsames Vorgehen gegen die „Schlepper", die weiterhin illegal hunderttausende Menschen, vorwiegend Nord- und Schwarzafrikaner, nach Europa schleusten. Doch diese ominösen Schlepper, die niemand je zu Gesicht bekam, waren in Wahrheit vielfach Europäer. Es waren Kirchenmitglieder ebenso wie Hausfrauen oder Studentinnen. Es gab sogar zahlreiche Vereine, die mit eigenen Schiffen Flüchtlinge über das Mittelmeer nach Europa brachten.[182][183]

Als sich in den nächsten Tagen die Lage weiter zuspitzte, beschloss die deutsche Kanzlerin zusammen mit ihrem österreichischen Kollegen, dass all jene Flüchtlinge, die zu dem Zeitpunkt in Ungarn festsaßen, nach Deutschland und Österreich weiterreisen durften. Merkel signalisierte der ganzen Welt, dass Deutschland alle aufnehmen würde, die kommen wollten. Österreich hatte dem nichts entgegenzusetzen. Der österreichische Kanzler Werner Faymann musste auf Grund der Empörung vieler seiner Landsleute kurz darauf seinen Hut nehmen, Merkel aber hielt sich im Amt. Am 21. Dezember 2015 kürte das Magazin *TIME* Kanzlerin Merkel dafür zur Person des Jahres. (siehe Abb. 31) Zehn Tage später fielen mehr als tausend gut organisierte Flüchtlinge zu Sylvester über hunderte Frauen in Köln her. Dasselbe passierte in mehreren anderen deutschen und österreichischen Städten. Es kam zu unzähligen sexuellen Belästigungen und Diebstählen, und zu Vergewaltigungen.[184] Und viele weitere sollten folgen.

„*Der Satz ‚Wir schaffen das' passte zu diesem medialen Meinungsklima recht gut. Vermutlich spielte auch eine Rolle, dass die deutsche Politik erst ein Jahr zuvor in Sachen Griechenland-Krise von vielen Europäern als egozentrisch wahrgenommen wurde. Und jetzt wollte ‚man' demonstrieren, dass auch wir Deutsche besonders mitmenschlich denkende Europäer sind... Die in den Medien mit Euphemismen gefeierte ‚Willkommenskultur' wirkt im Rückblick selbstgefällig. Nur ausnahmsweise wurde angesprochen, was konkret auf Deutschland zukommen wird...*"[185]
Prof. Dr. Michael Haller, Leiter der Journalismusforschung an der *Hamburg Media Schoool* (HMS)

Europa versank fortan im Chaos. Es wurde viel für und gegen die Aufnahme von noch mehr Flüchtlingen demonstriert und gestritten. Alle Europäer befanden sich emotional im Ausnahmezustand. Es kam zu Terroranschlägen mit zahlreichen Todesopfern – allesamt angeblich von eingereisten Flüchtlingen ausgeführt. In Frankreich herrscht seit 2015 der Ausnahmezustand. Das Militär patrouilliert in den Straßen, genauso wie in Österreich, wo kritische Gebäude seit 2016 vom Militär bewacht werden, weil die Polizei keine Kapazitäten mehr dafür und sie mit der Bekämpfung der Ausländerkriminalität alle Hände voll zu tun hat. Die Geheimdienste bekamen mehr Befugnisse und die Überwachung der Bürger wurde ausgeweitet. Ach ja, und England stieg aus der EU aus.

„*Der Druck auf die Länder des reichen Nordens, auf ihre Stabilität und ihren Rechtsstaat und ihre Wirtschaft, wird nicht mehr weggehen. Darauf muss sich Europa einstellen. Aber im gegenwärtigen Meinungsstreit scheint die Kanzlerin die Letzte zu sein, die noch das große Bild sieht und die gleichzeitig rational genug ist, die notwendigen Entscheidungsschritte im Kopf zu haben.*"
Joschka Fischer, ehemaliger deutscher Außenminister und Lobbyist[186]

Dieses „große Bild", wie der ehemalige Grünen-Politiker *Joschka Fischer* es nennt, ist, dass sein Freund George Soros den Putsch in der Ukraine ebenso inszenierte wie die Völkerwanderung nach Europa, um Europa als Ganzes – und Deutschland im Speziellen – zu schwächen. Gut, dass die Soros-Marionette Angela Merkel alle wichtigen Entscheidungsschritte im Kopf hatte![187]

Dass Soros hinter dem „Arabischen Frühling", hinter dem Aufstand in der Ukraine, hinter der „Black Lifes Matter"-Bewegung in den USA und hinter der europäischen „Flüchtlingskrise" steckt, ist übrigens keine reine Behauptung. Das kann man alles den Informationen den Webseiten der betreffenden oben genannten Soros-Günstlinge entnehmen. Im August 2016 stellten Hacker auf ihrer Webseite „DCLeaks" zudem mehr als 2.500 Dokumente ins Netz, nachdem sie das weitreichende Imperium des George Soros gehackt hatten.[188][189] Dieser „**Soros-Hack**" liefert alle nötigen Beweise. Dennoch war in den Mainstreammedien nie eine Rede davon.

Die russische Staatsanwaltschaft warf Soros und seine Organisationen im Dezember 2015 aus dem Land. Die Mitarbeit in einer der Soros-Organisationen *„steht für Russen künftig unter Strafe, da diese Aktivitäten – so die russische Justiz – die Verfassung Russlands bedrohen".*[190]

*„Von den USA über Europa bis nach Israel hat Soros mittels forcierter Immigration nationale Identitäten und demografische Konstellationen manipuliert. Die geleakten Emails zeigen, dass seine Gruppen sich in europäische Wahlen eingemischt haben, um Politikern an die Macht zu verhelfen, die eine Politik der offenen Grenzen für Einwanderer aus dem arabischen Raum unterstützen, und um Journalisten, die systematisch über Einwanderer berichten, finanziell und anderweitig zu unterstützen... Der Druck von Soros Bemühungen verursachte Chaos und Zersetzung bei lokalen Behörden von Ferguson über Berlin bis nach Jerusalem, da sie von seinen Unterstützer-Gruppen lahmgelegt wurden, wodurch sie die Sicherheit der Gesellschaft nicht mehr garantieren, ja noch nicht einmal über das Recht auf Sicherheit darüber sprechen konnten. Die DC-Leaks enthüllten das immense Ausmaß der von Soros unterstützten Links-Kampagnen gegen die Fundamente offener Demokratien. Die Bewegungen ‚direkter Demokratie', die Soros unterstützt, sind nichts anderes als die Herrschaft des Pöbels* (Faustrecht A.d.V.). *Die Völker des Westens sollten das Fundament aller Soros-Aktionen erkennen. Die Menschen im Westen müssen gegen diese vorsätzlichen Umsturz-Kampagnen aufstehen und ihr persönliches Recht auf Sicherheit einfordern. Sie müssen sich hinter jene nationalen Institutionen stellen, die ihnen ihre Sicherheit garantieren, im Einvernehmen mit dem Gesetz, und mit deren nationalen Werten und Traditionen."*

Caroline B. Glick, *The Jerusalem Post*[191]

Europa wird für lange Zeit unter den Folgen der völlig unkoordinierten Zuwanderung leiden und künftig mehrere Millionen zusätzlicher Arbeitsloser mittels Transferleistungen durchfüttern müssen – solange, bis es unter der Last der Schulden zusammenbricht. Zehntausende reiche und gebildete Europäer haben das längst erkannt und daraus Konsequenzen gezogen. Sie kehrten dem alten Kontinent den Rücken und wanderten nach England, Australien, Kanada, Neuseeland, die USA, Israel oder nach Südamerika aus. **Allein aus der französischen Hauptstadt Paris sind im Jahr 2015 mehr als 7.000 Millionäre abgewandert.**[192] **Aus Deutschland haben sich im Jahr 2015 eintausend Millionäre verabschiedet, im Jahr 2016 waren es bereits viertausend!**[193]

Aber auch Italien, Griechenland und Spanien verloren bereits einen beträchtlichen Teil ihrer Eliten, und zwar vorwiegend an die Städte London, Sydney, Melbourne, Dubai, San Francisco und Vancouver. Das ist *„das große Bild"*, von dem der einstige „Grüne" Joschka Fischer spricht, und er weiß ganz genau, was gespielt wird, denn er ist eng mit George Soros verbunden. Schließlich ist er Gründungsmitglied und Vorstand des *European Council on Foreign Relations* (ECFR), das von Soros mitfinanziert wird.[194] Außerdem schreibt er regelmäßig für dessen Online-Magazin *Project Syndicate*.[195]

Solange Soros nicht von der Mehrheit der Bevölkerung gestoppt wird, wird er immer weitermachen, weil seine Gier nach Macht und Geld keine Grenzen zu kennen scheint. Dabei wird er immer unerschrockener. Im Oktober 2016 stellte er ganz öffentlich weitere Forderungen an die europäischen Regierungen, darunter auch, dass noch mehr Flüchtlinge *„direkt aus den Frontstaaten"* aufgenommen werden sollen, sie *„die Kontrolle über die EU-Grenzen zurückgewinnen"* sollen, *„um die Öffentlichkeit zu beruhigen"*, und sie *„langfristig ein einladendes Umfeld für Wirtschaftsmigranten schaffen"* sollten.[196] Manch einer konnte sich des Eindrucks nicht erwehren, dass George Soros und seine Spielkameraden übergeschnappt waren.

Ich habe den Eindruck, dass die Dinge seit dem Jahr 2016 nicht so laufen, wie Soros und seine Hintermänner das geplant hatten. Für Europa lautete der eigentliche Plan, möglichst viele Migranten auf den Kontinent zu schleusen und sie dann über Deutschland zwangsweise auf die anderen Nationen zu verteilen. Diese Zwangsbeglückung hätte zu einer Zweckgemein-

**Abb. 32:** Der 86-jährige George Soros war beim Weltwirtschaftsforum in Davos im Januar 2017 ziemlich erbost darüber, dass die Welt sich nicht nach seinen Vorstellungen verhielt.

schaft führen und die EU weiter zusammenschweißen sollen, um sie gemeinsam und flächendeckend zu schwächen. Stattdessen haben sich alle Länder außer Deutschland, Österreich und Schweden geweigert, bei der Charade mitzuspielen. England ist sogar auf Grund der Flüchtlingsproblematik aus der EU ausgetreten.

Anfang 2017 ruderte Angela Merkel zurück und tat so, als würde sie jetzt hart durchgreifen und Flüchtlinge ohne Bleiberecht abschieben lassen, was ihr aber kaum noch jemand glaubt. George Soros war erbost darüber, dass Donald Trump gegen seine Kandidatin Hillary Clinton gewonnen hatte. Beim Weltwirtschaftsforum in Davos sagte er: *„Amerika hat einen ‚Möchtegern-Diktator' zum Präsidenten gewählt, die EU fällt auseinander, die britische Premierministerin Theresa May wird sich nicht lange halten, da ihre Nation sich von der EU abspaltet, und China ist im Begriff, eine noch repressivere Gesellschaft zu werden!"*[(197)] Den alten Männern entglitt anscheinend langsam die Macht und sie sahen ziemlich dumm aus der Wäsche. (siehe Abb. 32) Oder waren sie nur gute Schauspieler und hatten alles abgekartet?

## *„German Angst" macht „Refugees Welcome"*

Als die große Flüchtlingswelle im Jahr 2015 über Europa rollte, waren die Flüchtlinge dank all der fleißigen Helferlein extrem gut über ihre Möglichkeiten informiert. Sie wussten daher, dass Österreich, Schweden und Deutschland für sie die besten Anlaufstationen waren. Alle drei Länder hatten bereits große Migranten-Gesellschaften, was den Neuankömmlingen die Orientierung und Eingliederung erleichterte. Österreich und Schweden sind zudem neutrale Länder und sie gelten als extrem liberal und offen. Einer Familie mit zwei Kindern werden dort ohne großen Aufwand monatlich gerne 1.500 bis 2.000 Euro von der öffentlichen Hand geschenkt.[198] In Deutschland gibt es zwar etwas weniger Geld, doch die Deutschen trauen sich auf Grund ihrer Geschichte niemand abzulehnen, vor allem nicht, wenn er aus einem Bürgerkriegs-Gebiet kommt. Deshalb haben Soros Gefolgsleute über die Medien auch jahrelang das Narrativ aufgebaut, dass es sich beim Krieg in Syrien um einen Bürgerkrieg handeln würde. Und deshalb waren angeblich auch die meisten Flüchtlinge, die im Jahr 2015 nach Europa strömten, „Syrer". Als bekannt wurde, dass hunderttausende falsche syrische Pässe im Umlauf waren, die man in der Türkei für 1.500 Euro kaufen konnte,[199] änderten die Medien das Narrativ rasch dahingehend, dass all jene, die mit falschen syrischen Papieren unterwegs waren, trotzdem Syrer waren, die nur ihre Papiere auf der Flucht verloren hatten:

> *„Immer mehr Flüchtlinge sind mit falschen syrischen Pässen in der EU unterwegs. Das Bemerkenswerte daran: Die meisten von ihnen sind tatsächlich Syrer. Mehr als 80 Prozent der Flüchtlinge, bei denen falsche syrische Pässe gefunden wurden, sind nach Auskunft der EU-Grenzschutzbehörde Frontex gegenüber ‚Spiegel online' syrische Staatsangehörige."*
> Alexander Sarovic, 24.9.2015[200]

Im Ernst? Die Frage, woher die angeblich vielen syrischen Familien dann die mehreren tausend Euro hatten, um sich falsche Papiere zu kaufen, stellte niemand. Zehntausende freiwillige Helfer stellten sich begeistert in den Dienst einer vermeintlich „guten Sache". Sie begrüßten die Neuankömmlinge mit Luftballons und Transparenten mit der Aufschrift „Refugees Welcome". Sie versorgten, organisierten und übersetzten wochen- und monatelang ehrenamtlich und unentgeltlich, und rieben sich auf, weil der Staat dazu nicht in der Lage oder willens war.

Es liegt mir fern, mich über diese Menschen lustig zu machen, weil sie vermutlich alle wirklich hehre Motive hatten und dachten, dass es ihre menschliche Pflicht wäre, anderen notleidenden Menschen zu helfen. Ich hege jedoch den Verdacht, dass die meisten nicht nur aus Nächstenliebe gehandelt haben, sondern von der Propaganda von Soros' Asylindustrie über Jahre hinweg erfolgreich programmiert wurden. Sie waren nichts anderes als willenlose Schachfiguren auf der Spielwiese einiger alter, bösartiger Männer, ganz genau so wie die Flüchtlinge selbst. „Gut gemeint" ist leider manchmal das Gegenteil von „gut"!

Im Jahr 2011 waren die heißesten Themen in den USA und in Europa noch die Themen „Geld" und „Banken". Angefacht durch die *Occupy-Bewegung*, die ihren Start an der *Wall Street* nahm, demonstrierten Millionen vorwiegend junger Menschen gegen die Diktatur der Banken und gegen eine völlig unmenschliche Form der Wirtschaft. Sie besetzten Parks, Straßen, Brücken, Universitäten und Bankzentralen. *„We are the 99 percent."* (*„Wir sind die 99 Prozent."*), schien der Slogan einer neuen aufgeklärten und selbstbewussten Generation zu sein. Dann wurde ihre Bewegung gewaltsam zerschlagen.

Zwei Jahre später war davon nichts mehr übrig. Im Jahr 2013 engagierten sich dieselben jungen Menschen mit einem Mal gegen einen angeblich zu hohen $CO_2$-Ausstoß und eine angeblich daraus resultierende Erderwärmung. Die Bankenelite hatte es im Handumdrehen geschafft, aus der Schusslinie zu gehen. Soros Netzwerke und Medienverbindungen hatten viele junge orientierungslose Menschen einfach umprogrammiert. Plötzlich lag ihnen der Planet am Herzen. Wieder zwei Jahre später waren es auf einmal die Flüchtlinge, die all ihre Aufmerksamkeit hatten. Und es waren wieder Organisationen, die von Soros finanziert wurden, die das Thema vorgaben – Vereine wie *Avaaz*, die via Internet Millionen junger Menschen regelmäßig ein schlechtes Gewissen einreden, und sie für ihre eigene Agenda benutzen. Aber auch Organisationen wie *Human Rights Watch* leben von den großzügigen Spenden des Herrn Soros und manipulieren daher die Massen mit ihren Kampagnen in seinem Sinne.[201]

So kommt es, dass Menschen, denen ihre eigenen Nachbarn bislang völlig egal waren, denen es gleich war, dass Millionen deutscher oder österreichischer Kinder in Armut oder auf der Straße leben, dass Millionen Griechen oder Slowenen am Hungertuch nagen, plötzlich wie besessen davon waren, völlig fremden Menschen zu helfen, über die sie nicht das Geringste wussten.

*„Viele Menschen engagieren sich in Deutschland ehrenamtlich für Flüchtlinge. Laut einer neuen Studie sind unter den Helfern besonders viele Frauen, auch sind die meisten gebildet... 74 Prozent der Befragten gaben als Motiv für ihr Engagement an, die Gesellschaft gestalten zu wollen...*

*Ehrenamtliche Helfer im Flüchtlingsbereich sind meist relativ jung – zwischen 20 und 30 Jahre – oder bereits alt. Die mittlere Generation ist seltener engagiert."*

EFA-Studie „Strukturen und Motive der ehrenamtlichen Flüchtlingsarbeit (EFA) in Deutschland", 17.4.2015[202]

Die SPD-Parteizeitung *vorwärts* stellte am 14. Oktober 2015 die Studie eines Teams um den Soziologen Gerd Mutz vor, die Ähnliches besagte, aber noch ein wenig genauer differenzierte. Mutz bescheinigt den ehrenamtlichen Helfern dabei auch „selbstbezogene Motive". Sie strebten häufig nach dem Gefühl des „Gebrauchtwerdens":

*„Der hohe Bildungsgrad lässt aber nicht zwangsläufig auf die soziale Lage schließen. Viele der Engagierten zählen zu den prekär Beschäftigten. Eine entscheidende Rolle spielt aber auch, dass das soziale Umfeld der Freiwilligen ihr Engagement hoch anerkennt... Hilfe für Flüchtlinge gehört fast schon ‚zum guten Ton'. Freiwillige könnten sich sicher sein, für ihr Engagement positive Rückmeldungen zu bekommen."*

Gerd Mutz, Soziologe[203]

Damit schließt sich der Kreis in gewissem Sinne wieder. Es gibt in unserer westlichen Gesellschaft heute zunehmend mehr Menschen, die verzweifelt nach einem Sinn im Leben suchen. Wir haben immer mehr Single-Haushalte und immer mehr Arbeitslose oder Teilzeitbeschäftigte. Es gibt eine wachsende Gruppe von gebildeten Menschen, für die es in unserer Gesellschaft keinen Platz und keine Aufgaben mehr gibt. Diese Menschen sind leicht verführbar, weil sie verzweifelt sind. Wenn man ihnen einreden kann, dass sie endlich auch einmal „wichtig" sind, dass sie gebraucht werden, dann klammern sie sich an diesen einzigen, verbliebenen Strohhalm.

Deutschland, Österreich und Schweden waren die einzigen Länder in der EU, in denen sich eine breite Basis für eine Aufnahme von Flüchtlingen fand. Sie war zwar immer in der Minderheit, doch sie setzte sich extrem aggressiv gegen alle Skepsis und Anfeindungen zur Wehr und schwang dabei die moralische Keule, was in diesen Ländern sehr gut funktionierte. Zusätzlich dazu wurde der Mainstreampresse verboten, darüber zu berichten, dass ein Teil der Migranten schlicht Wirtschaftsflüchtlinge und ein anderer Teil kriminell war. Es wurde lange verschwiegen, dass

Dreiviertel aller angeblichen „unbegleiteten Minderjährigen" gar nicht minderjährig waren. Doch die „Gutmenschen" wollten das Offensichtliche nicht wahrhaben.

**In Schweden**, das ohnehin schon seit Jahren unter einer völlig gescheiterten Migrationspolitik litt, wurden Straftaten, bei denen Migranten oder Flüchtlinge beteiligt sind, mit dem Code „291" versehen und dürfen nicht veröffentlicht werden. Der Polizei wurde verboten, darüber zu berichten. Erst nach und nach sickerte durch, dass die schwedische Polizei bereits 55 Gebiete im ganzen Land als „No-go-Zonen" führte, als Gebiete, in die sich **die Polizei** nicht mehr oder nur noch in sehr großen Gruppen hineintraute. **Sie gab selbst zu, die Kontrolle über die Sicherheit im Land verloren zu haben!**[204] Erst nach und nach wuchs der Druck aus der Bevölkerung, und die Regierung schloss zwangsläufig im Jahr 2016 die Grenzen für Flüchtlinge. Viel zu spät, wie selbst Migranten, wie der Vorsitzende der *Assyrischen Föderation Schweden, Afram Yakoub*, zugab: *„Wir haben hier in Schweden dieses Selbstbild: Wir sind immer nett und stehen für Menschenrechte ein. Das bringt uns jetzt in Schwierigkeiten. Das ist mit der Realität nicht mehr vereinbar."*[205]

**In Österreich**, das relativ gesehen von allen europäischen Ländern die meisten Flüchtlinge aufnahm, spielte sich Ähnliches ab. Anfangs war die Begeisterung in Teilen der Bevölkerung noch recht groß, doch als man erkannte, dass es sich bei den Migranten zum größten Teil nicht um arbeits- und integrationswillige Kriegsflüchtlinge handelte, kippte die Stimmung. Doch die österreichischen Journalisten wurden vom *Österreichischen Presserat* instruiert, Nachsicht mit den Flüchtlingen zu haben.[206]

**In Deutschland** war die Bevölkerung nach Erhebungen im Jahr 2015 angeblich ziemlich gleichmäßig in zwei unterschiedliche Lager gespalten, was sich jedoch rasch nach den Vorfällen in Köln zum Jahreswechsel 2015/2016 änderte. Danach schrumpfte das „Refugee-Welcome"-Lager nicht nur deutlich von Woche zu Woche, nach und nach kam auch das monumentale Versagen der gesamten Politik und Presse ans Tageslicht.

Es stellte sich heraus, dass 80 Prozent der Neuankömmlinge gar keine Syrer waren, sondern Algerier, Marokkaner, Ägypter, Libyer, Tunesier, Iraker, Iraner, Pakistaner, Afghanen, Eritreer, Somalier, Nigerianer, Albaner, Kosovaren oder Serben. Die meisten davon waren Personen, die kein Recht zu kommen und zu bleiben hatten, weil sie unter keinerlei Verfolgung litten und aus einem sicheren Herkunftsland kamen. Die Kriminalität in Deutschland nahm deutlich zu. Doch nun waren sie da und der deutsche Staat traute sich weder sie zurückzuschicken, noch sie hart anzupacken. Die Presse und die Politik logen, und der Polizei wurde ein Maulkorb verordnet. Doch nach und nach ließ sich das Ausmaß des Desasters nicht mehr verheimlichen.

*„Eine schreckliche Straftat erschüttert die Gemüter der Bevölkerung... Der 38-jährige Migrant, der die Mutter seines Sohnes niedergestochen und mit dem Auto durch die Straßen geschleift habe, habe eine lange Gewaltkarriere hinter sich, erklärte der Vorsitzende der Polizeigewerkschaft, Rainer Wendt, der ‚Passauer Neuen Presse'. Der Mann sei immer wieder mit Straftaten aufgefallen, aber dennoch nicht im Gefängnis gewesen. ‚Es wird sich ein Richter finden, der ihm auch jetzt wieder eine positive Sozialprognose geben wird.', kritisierte Wendt. Er sprach sich dafür aus, die Ausbildung und Berufung von Richtern zu überprüfen."*[207]

Asylbewerber hatten in Deutschland in den Jahren 2015 und 2016 Narrenfreiheit. Sie konnten stehlen, was sie wollten, und sie konnten im Internet Waren bestellen, ohne jemals zu bezahlen. Sie verursachten der Wirtschaft Schäden in Milliardenhöhe, doch Regierung und Justiz verhinderten ein härteres Durchgreifen. Die Behörden hatten sich darauf verständigt, „*Flüchtlinge ohne Ausweispapiere oder behördliche Registrierung bei einfachen/niedrigschwelligen Delikten wie Ladendiebstahl und Sachbeschädigung regelmäßig nicht strafrechtlich zu verfolgen*", wie aus einem veröffentlichten internen Polizeiprotokoll hervorging.[208] Die Lage in Deutschland spitzte sich gefährlich zu und dennoch gab es immer noch eine kleine Gruppe politisch links gerichteter „Traumtänzer", die nicht von ihrer vorbehaltslosen Begeisterung für die Flüchtlinge abrücken wollte. Sie waren zum Äußersten bereit, um ihre „Willkommenskultur" aufrechtzuerhalten.

*„Schon seit längerem wurden Schülerinnen aus Kassel von Südländern in Bussen und in der Tram bedrängt. Nach Angaben der Mädchen fassten die Männer ihnen an Po, Brust und in den Schritt – machten obszöne Gesten und beschimpften sie mit ‚Huren'... Warum die Schülerinnen bis jetzt geschwiegen haben, beschreibt eines der Opfer mit den Worten: ‚Wir*

*möchten nicht, dass Flüchtlinge diskriminiert werden, wir möchten keine Menschen pauschal beschuldigen und auf keinen Fall böses Blut schüren.' Die politische Korrektheit der Schülerinnen habe sie gelähmt.* "[209]

Der links-ideologische „Multi-Kulti-Wahn" hatte zahlreiche deutsche Frauen und Mädchen so umfassend programmiert, dass sie mittlerweile alles mit sich machen ließen. Es gab tatsächlich unzählige solcher Fälle[210], und nur nach und nach kam ans Tageslicht, wie es um den Geisteszustand der deutschen Gesellschaft bestellt war. Die ganze Welt hatte sich indes längst gefragt, was eigentlich mit den Deutschen los war. Von Osteuropa bis Nordamerika schüttelten Menschen über Deutschland nur noch die Köpfe, weil sie nicht verstehen konnten, warum eine einst große Nation sich selbst zerstört. Dabei lag die Antwort auf der Hand.

> *„Wir wissen nicht mehr genau, wer wir sind und wer wir sein wollen, was uns als Deutsche ausmacht!"*
> Thomas de Maizière (CDU), deutscher Innenminister[211]

Die Deutschen leiden bis heute unter ihrer Rolle im Zweiten Weltkrieg. Es vergeht keine Woche ihres Lebens, in der sie nicht vom Ausland, aber auch von ihren eigenen Selbstgeißelungs-Experten, daran erinnert werden, dass sie „schuldig" sind. Es vergeht kein Jahr, in dem Hollywood nicht einen neuen Film oder eine neue Fernsehserie über die NS-Zeit herausbringt. Es vergeht kein Jahr, in dem deutsche Politiker nicht die Programmierung der eigenen Bevölkerung aufrecht erhalten – so wie der deutsche Bundespräsident Joachim Gauck, als er im September 2016 in der Ukraine davon sprach, dass *„eigener Schuld, eigenem Versagen nicht auszuweichen ein generationsübergreifender Prozess"* sei. Diese Auseinandersetzung habe *„Deutschland geprägt"* und dieser Prozess sei auch heute *„nicht abgeschlossen"*.[212] Er wird es nie sein, wenn deutsche Politiker immer so weitermachen. Doch auch viele deutsche Künstler und Kulturschaffende weiden sich förmlich in ihrer Täterrolle.

> *„Was Angela Merkel gemacht hat, war großartig. Ganz großartig. In Deutschland wurde zum ersten Mal weltbewegend menschlich reagiert."*
> Martin Walser, deutscher Schriftsteller[213]

Als Frau Merkel im August und September 2015 in der ihr gewohnt hölzernen Art große Gesten der Offenherzigkeit an die Weltpresse richtete, ging eine Welle der Begeisterung durch jene Deutschen, die schwer unter ihrem Schuldkomplex litten. Merkel bot ihnen mit einem Mal die Chance, der Welt zu zeigen, welch großes Herz die Deutschen hatten. Millionen verunsicherter Deutscher sahen die Gelegenheit, sich zu rehabilitieren. Sie konnten vermeintlich „Gutes" tun und die ganze Welt sah dabei zu. Das sahen sie als die Chance ihres Lebens an! Darauf hatten so viele verunsicherte Menschen gewartet!

Strahlende Flüchtlinge hielten große buntbemalte Schilder mit den Worten *„We love Germany"* und *„We love Merkel"* in die Kameras der Weltpresse. Diejenigen Deutschen, die in ihren „Refugees-Welcome"-T-Shirts, mit Luftballons bewaffnet, an die Grenzen und an die Bahnhöfe geströmt waren, um die Neuankömmlinge begeistert zu begrüßen, hatten sich nicht die Frage gestellt, woher jemand auf der Flucht einen A3-Karton und bunte Filzstifte genommen hatte. Sie stellten sich so viele Fragen nicht, weil sie von dem tiefen Wunsch beseelt waren, der Welt zu zeigen, welch „gute Menschen" sie waren.

Die unentwegte Programmierung auf die Täterrolle durch die Politik, die Medien, durch Filme und Fernsehserien, Mahnmale und Gedenkveranstaltungen lastet auf vielen Deutschen immer noch schwer. Sie würden diesen Makel gerne loswerden, doch sie schaffen es nicht, weil sie aus Angst davor, dann noch schlechter dazustehen, geistig wie gelähmt sind. Ich weiß, dass es von außen oft so aussieht, als würden Deutsche vor Selbstvertrauen strotzen, denn sie geben sich gerne laut und treten sehr bestimmt auf. Dieses Gehabe soll jedoch nur die innere Unsicherheit überdecken. In Wahrheit sind viele Deutsche zutiefst unsicher und angespannt. Im Englischen wird die den Deutschen zugeschriebene Eigenart, die als eine Kombination aus Überheblichkeit und Zögerlichkeit gesehen wird, als **„German Angst"** bezeichnet.

Die Deutschen sind ein fleißiges, anständiges und kreatives Volk, doch sie hinken immer hinter ihren Möglichkeiten hinterher, weil sie Angst haben, wieder negativ aufzufallen – und gerade dadurch fallen sie negativ auf. Das nennt man einen „Teufelskreis" oder eine „sich selbst erfüllende Prophezeiung". Deutsche dürfen keine Opfer sein! Selbst wenn sie bestohlen, misshandelt oder vergewaltigt werden, bleiben sie selbst immer die Täter –

so lange, bis sie endlich den Mut aufbringen werden, ihre Täterrolle abzulegen. Erst wenn sie selbstbewusst einen Schlussstrich unter ihre eigene Vergangenheit ziehen und vom Recht auf „Vergebung" Gebrauch machen – das es in allen Kulturen und Religionen gibt – werden sie eine eigenständige Identität entwickeln können. Das wäre weder verantwortungslos noch geschichtsrevisionistisch, es wäre einfach nur an der Zeit, ein neues Kapitel aufzuschlagen. Doch das wissen bestimmte Kreise sehr gut zu vermeiden, weil sie Angst haben, dass ein selbstbewusstes und unerschrockenes deutsches Volk ihnen wirtschaftlich gefährlich werden könnte.

So hat die gesteuerte Migrationswelle Deutschland für Jahrzehnte eine enorm schwere Last auferlegt, denn die Kosten für die Aufnahme hunderttausender unqualifizierter junger Männer in den Jahren 2014 bis 2016 geht weit über die vielen Milliarden Euro hinaus, die nun aus den Kassen der Krankenversicherungen und Rentenanstalten abgezogen werden müssen. Gerade diejenigen jungen Menschen, die so begeistert von den Flüchtlingen waren, werden diese für den Rest ihres Lebens erhalten müssen und selbst nie wieder auf einen grünen Zweig kommen. Das mussten irgendwann sogar Mitglieder der Vorzeige-Multi-Kulti-Partei „Die Grünen" eingestehen.

> *„Das Leben im Irak und in Afghanistan ist hart und nach unseren Maßstäben auch riskant. Es gibt aber auch im Irak weite Gebiete, die nicht von den Terroristen des Islamischen Staats beherrscht werden. Selbst nach der Genfer Flüchtlingskonvention müssen die Menschen zuerst in solche Gebiete fliehen... ,Es fällt mir ungeheuer schwer, mir vorzustellen, wie wir diese Menschen in unsere Gesellschaft, unser Bildungssystem, unseren Arbeitsmarkt integrieren sollen. Wenn das gelingen soll, dann ist das eine Riesenanstrengung über ein Jahrzehnt und überhaupt nur denkbar, wenn die Zahl weiterer Neuankömmlinge begrenzt bleibt. Und ganz bestimmt wird es nicht leicht, wenn auf der einen Seite die AfD vor Islamisierung des Abendlandes warnt und auf der anderen Seite linke Splittergruppen die Chance sehen, das System ordentlich vorzuführen'."*
> Boris Palmer, Tübinger Oberbürgermeister („Die Grünen")[214]

Die Bewältigung der „Flüchtlingskrise" hat die deutsche Wirtschaft kurzzeitig belebt, weil Unsummen für Unterkünfte und die Versorgung aller Art ausgegeben wurden. Viele derer, die als Asylsuchende kamen, waren ungebildet und hatten keinerlei berufliche Erfahrung. Sie kamen aus Krisengebieten und kannten oftmals nur das Faustrecht. Sie kamen aus Gebieten, in denen Frauen unterdrückt werden und keinerlei Rechte haben. Diese ihre Kultur brachten sie mit und ihre Integration hätte nur funktionieren können, wenn man ihnen vom ersten Tag an klare Spielregeln aufgezeigt und für deren Einhalt gesorgt hätte. Doch wie sollte das funktionieren, wenn der Leithammel Europas, Deutschland, nicht weiß, wer er ist und was er will? Ich erinnere nochmals an die Worte von Thomas de Maizière: „Wir wissen nicht mehr genau, wer wir sind und wer wir sein wollen, was uns als Deutsche ausmacht!"

Im Juni 2016 sagte der deutsche Finanzminister *Wolfgang Schäuble* auf die Frage, ob es nicht doch Sinn machen würde, den Flüchtlingsstrom nach Europa einzudämmen: *„Die Abschottung ist doch das, was uns kaputt machen würde, was uns in Inzucht degenerieren ließe. Für uns sind Muslime in Deutschland eine Bereicherung unserer Offenheit und unserer Vielfalt."*[215] Spätestens da stellten sich viele Deutsche die Frage nach der geistigen Zurechnungsfähigkeit ihres Führungspersonals. Ich schrieb dazu in einem Artikel[216] Folgendes:

> *„Herr Schäuble, man soll nicht von sich auf andere schließen! Es ist Ihnen offenbar entgangen, dass Europa auch vor 2015 nicht abgeschottet war. Das mag ihnen persönlich so vorkommen, weil sie immer durch Leibwächter vor dem gemeingefährlichen Volk abgeschirmt werden und Ihre Ministerkollegen und -innen alle angeglichen, blass, christlich und gut genährt sind. Europa mag Ihnen als abgeschottet vorkommen, weil Sie und Ihre Kollegen in Brüssel in einem Elfenbeinturm sitzen, und Sie und Ihresgleichen die Welt durch die abgedunkelten Scheiben Ihrer Limousinen wahrnehmen. Aber da, wo das gemeine Volk wandelt, sieht die Realität anders aus. An der Côte d'Azur sucht man seit vielen Jahren vergeblich auch nur einen einzigen echten Franzosen. Es gibt Stadtteile in Berlin oder Wien, die in rein türkischer Hand sind. In Berlin hat jeder zweite ‚Ur-Deutsche' einen polnischen Nachnamen und in Wien einen tschechischen oder ungarischen. Schauen Sie sich doch einfach nur die Aufstellungen der Nationalmannschaften bei der aktuellen Fußball-EM an, und dann denken Sie in einem Ihrer offenbar seltenen klaren Momente nochmals über Ihre eigenen sinnleeren Worte nach!"*

Und das tat er dann offenbar wenige Monate später auch. Am 29. Januar 2017 gestand *Wolfgang Schäuble* ein, dass die Bundesregierung in der Flüchtlingspolitik schwere Fehler gemacht habe. Dann ließ er die Katze aus dem Sack: „*Wir Politiker sind Menschen, auch wir machen Fehler. Aber man kann wenigstens aus Fehlern lernen.*" Er gestand ein, dass Deutschland einen Teil der Flüchtlinge wieder loswerden wollte. Da die meisten anderen EU-Länder aber ihre Sozialfälle sehr viel schlechter bezahlten, wollten die Asylanten in kein anderes Land. Die Lösung war so einfach wie vorhersehbar: Deutschland müsste seine Sozialleistungen nur auf das Niveau der anderen EU-Länder hinunterschrauben, dann würden sich die Flüchtlinge von allein verteilen. „*Wenn wir uns das nicht mehr leisten wollen, dann müssen wir gucken, ob wir mit den anderen EU-Ländern auf einen gemeinsamen, einheitlichen Sozialstandard kommen. Bisher ist das in Deutschland ein Tabu.*"(217)

Nun wollte die deutsche Regierung also mit diesem Tabu brechen, was bedeutet, dass sich Deutschland künftig an den Sozialleistungen anderer EU-Länder wie Slowenien, Ungarn, Bulgarien oder den baltischen Ländern angleichen wollte. **Damit würden die staatlichen Unterstützungen in etwa um 50 bis 80 Prozent gekürzt werden!** Alles hat seinen Preis, liebe Fluchthelfer!

Ich möchte nicht alles schwarzmalen, doch ganz eindeutig steht es um Europa nicht gut und es wäre endlich an der Zeit, George Soros und seine Hintermänner ebenso aus Europa zu verjagen wie die US-Armee. Wenn Europa das nicht schafft, wird es ewig der Spielball einiger weniger reicher angelsächsischer Familien und deren Handlanger bleiben. Dann wird es wieder in zahlreiche Einzelstaaten oder Staatenblöcke zerfallen und all die Mühen der letzten Jahrzehnte wären vergebens gewesen.

## *Von Hipstern und Schneeflocken*

Wie kann es sein, dass die Politik und jene, die sie steuern, in den letzten zwanzig Jahren anscheinend so wenig Gegenwind erfuhren? Was ist aus dem einstigen Widerstand und Protest der Jugend gegen ihre Elterngeneration geworden? Es ist immer müßig, sich über die Jugend zu beklagen, denn im Grunde kann sie es den älteren Generationen nie rechtmachen. Aber eines möchte ich festhalten: Es ist die Aufgabe der Jungen, aufzubegehren! *Sie* müssen die Welt gestalten, denn *sie* haben noch den Rest ihres Lebens darin zu verbringen, und *sie* haben noch die körperliche Kraft, sich gegen das Alte zu stemmen. Die älteren Generationen haben sich meist bereits eingerichtet und mit dem Status quo abgefunden. Sie unterliegen oft der „Illusion vom Ende der Geschichte". Die Jüngeren aber müssen erst ihren Platz in dieser Welt finden, und den muss man sich zumeist erkämpfen. Dafür muss man definieren, was man will und wer und wie man sein will!

Während alle dominanten Jugendbewegungen seit den 1950er-Jahren ihre Generationen auch politisch und gesellschaftlich prägten, so nehme ich als Außenstehender das, was seit den 1990er-Jahren in der Jugend passiert, als tendenziell unpolitisch wahr. Während bis in die 1980er-Jahre hinein im Westen noch viel demonstriert, rebelliert, besetzt und gekämpft wurde, sind klare politische Haltungen und Forderungen seit den 1990er-Jahren zunehmend abhandengekommen. Wohl nicht zufällig fiel diese Entwicklung mit dem Aufkommen von persönlichen Computern und dem Internet zusammen. Je stärker die Internet-Technologie wurde, desto schwächer wurden klare politische Haltungen. Je mehr junge Menschen mit der gesamten Welt vernetzt waren, umso weniger interessierten sie sich für ihr direktes Umfeld, umso „globaler" und „weltoffener" wurde ihr Denken und umso mehr waren sie empfänglich für die Botschaften und Produkte der Globalisten und des Silicon Valley.

> *„Du fragst, wieso, weshalb, warum,*
> *ich sag, wer sowas fragt, ist dumm.*
> *Denn Du scheinst wohl nicht zu wissen, was ich tu.*
> *Ne ganz besondere Mission*
> *lass mich Dich mit Details verschonen.*
> *Genug gesagt, genug Information.*

*Muss nur noch kurz die Welt retten,
danach flieg ich zu Dir.
Noch hundertachtundvierzig Mails checken,
wer weiß, was mir dann noch passiert
denn es passiert so viel..."*
Tim Bendzko, „Nur noch kurz die Welt retten" (Songtext)

Es ist immer schwierig, eine Generation als Ganzes zu definieren, weil sie nie homogen ist, sondern sich aus vielen unterschiedlichen Strömungen zusammensetzt. Entscheidend sind aber die dominanten Strömungen, und die entspringen meist der urbanen Mittel- und Oberschicht. Die weniger gebildeten Schichten und die Landbevölkerung, die den größeren Teil ausmachen, kommen meist kaum in der öffentlichen Wahrnehmung vor. Das liegt auch daran, dass fast alle Journalisten im Zentrum der Großstädte leben und arbeiten und daher nur diejenigen Menschen wahrnehmen, die da besonders hervorstechen. Diese auffälligen jungen Menschen sind dann überdurchschnittlich stark in Zeitungen und Magazinen repräsentiert, zusätzlich dominieren sie heute auch noch die sozialen Netzwerke. Wer oder was sind also diese jungen Trendsetter der letzten Jahre?

Eine sehr auffällige Gruppe der zwischen 1985 und 1995 geborenen, der „Generation Y", sind die sogenannten **„Hipster"**. Die männlichen Vertreter dieser heute Mittzwanzig- bis Mittdreißigjährigen zeichnen sich äußerlich vor allem durch zu üppige Bärte und zu große Brillen aus. Hipster tragen gerne Holzfällerhemden, obwohl sie noch nie eine Kettensäge in Händen hielten, denn sie leben in den trendigen Szenevierteln westlicher Großstädte, die vor ihrem Zuzug meist einfache Arbeiterquartiere waren. Wenn die Hipster einen bestimmten preiswerten Wohnbezirk für sich entdecken und sich dort niederlassen, treiben sie durch die hohe Nachfrage an großzügigem Wohnraum in den neuen Szenevierteln die Mietpreise in die Höhe. Innerhalb weniger Jahre weichen Arbeiterkneipen dann Bioläden, überteu-

**Abb. 33:** Der typische Hipster mit Vollbart, Holzfällerhemd und Tattoos ist sehr technikaffin und inszeniert sich selbst gerne in der Öffentlichkeit.

Abb. 34: Der Dichter und Revoluzzer Allen Ginsberg (hier im Jahr 1975) war eine politisch aktive Ikone der Beat-Generation-Subkulturen.

erten Boutiquen und Kaffee-Manufakturen, in denen der Hipster seine Tage demonstrativ am Laptop verbringt.

Diese Wohlstandskinder sind sehr behütet aufgewachsen, sie versuchen, sich aber äußerlich von der vermeintlichen Spießigkeit ihrer Eltern dadurch abzusetzen, dass sie diverse Versatzstücke früherer Subkulturen und der Arbeiterschaft zusammenmischen, angefangen von den Beatniks der 1950er-Jahre bis hin zu den Punks der 1970er. Das Wort „äußerlich" scheint auch bereits das Schlüsselwort dieser Generation zu sein, die tendenziell unentschlossen ist. Optisch erinnern die Hipster an politisch und sozial aktive Jugendbewegungen, an die Künstler und Lebenskünstler der 1950er-, 60er- und 70er-Jahre, ihnen fehlt jedoch jeder politische und revolutionäre Ansatz ebenso wie der Hintergrund der Arbeiterbewegung. Viele Hipster sehen aus wie ein Verschnitt aus Allen Ginsberg, einer der intellektuellen Ikonen der Beat-Generation (siehe Abb. 34), und einem tätowierten US-amerikanischen Trucker. Sie dichten jedoch genauso wenig wie sie LKW lenken. Sie „twittern", „liken" und „posten" und inszenieren sich regelrecht mit ihren teuren technischen Geräten in der Öffentlichkeit.[218] Das betont männliche, äußerliche Auftreten der Hipster mit Bärten, Tattoos und grober Kleidung soll über die Tatsache hinwegtäuschen, dass diese jungen Männer, zumindest aus Sicht ihrer Kritiker, eine völlig verweichlichte und in Watte gepackte Generation sind, die nie zum Militär musste, nie harte körperliche Arbeit verrichtete, nie für etwas kämpfen musste, sondern immer alles geschenkt bekam und es daher auch als selbstverständlich ansieht. (Ich nutze den Begriff und die Kategorisierung „Hipster" hier auch für Menschen, die vielleicht optisch nicht in dieses Klischee passen, aber dieselbe Geisteshaltung verkörpern.)

Hipster sind technisch sehr versiert und weit vernetzt. Sie kommunizieren via *Facebook*, *Twitter* und Blogs. Bei den auffällig bunt tätowierten Flanellhemdträgern stehen besonders *Apple*-Produkte hoch im Kurs, denn sie sind teuer, schick und trendig. Das steht im krassen Gegensatz zu den bewusst zur Schau getragenen Second-Hand-Klamotten, die aber in Wahrheit oft Retro-Reproduktionen sind. Genauso wie die vermeintliche Begeisterung für die nostalgischen Versatzstücke „Analogfotografie", die mittels der iPhone-App *Instagram* kopiert wird oder der „Schallplatte", die auf digitalen Plattenspielern abgespielt wird.

> *„Auffallend dabei ist, dass von der Hipster-Gruppierung extrem viel Geld und Mühe dafür aufgewendet wird, so zu wirken, als hätte man es nicht nötig, Geld und Mühe für Outfit und Lifestyle aufzubringen. Ein fast schon nachlässiger, inszenierter, latent gelangweilter Lebensstil, bei dem die Authentizität verloren geht... jeder Hipster... sieht sich im Zentrum, mit einer persönlichen Tiefe und einem individuellen Geschmack, den er der restlichen Welt nicht zutraut. So wird die Bezeichnung ‚Hipster' oft auch in der Subkultur selbst verwendet – um auszudrücken, dass der Angesprochene nicht authentisch wirkt... An dieser Oberflächlichkeit und aufgesetzten Lockerheit stören sich viele Außenstehende. So reagieren erste Bars und Cafés, beispielsweise in Berlin, mit einem ausgesprochenen ‚Hipster-Verbot'... Dieser Kritik begegnet die Subkultur mit viel Humor und Ironie. Es gilt meist: ‚Hipster – das sind immer nur die anderen.' Der heutigen Generation der Hipster fehlt es, im Gegensatz zu früheren Jugendbewegungen, an nichts – außer an Überzeugungen."*[219]

Vermutlich ist es nicht die Schuld der Hipster, dass sie angeblich eine eher egozentrische, auf Genuss und Spaß ausgerichtete gesellschaftliche Gruppe sind. Alle Kinder sind zu großen Teilen das Produkt ihrer Erziehung und Umgebung. Die heutigen Unter-dreißig-jährigen sind in einer Welt groß geworden, in der Firmen, die keine Gewinne machen, Milliarden wert sein können, in der es keine soziale Verantwortung gibt und in der jeder glaubt, über Nacht zum Superstar werden zu können oder zu müssen. Wenn ich in den letzten Jahren durch diverse europäische Großstädte ging, dann habe ich oft Mittzwanziger gesehen, die mit ihren 1.000-Euro-Laptops in Cafés saßen und ihre 5-Euro-Lattes tranken, während neben ihnen anständig gekleidete alte Menschen, die vermutlich ihr ganzes Leben lang gearbeitet haben, in Mülltonnen nach Pfandflaschen stöberten, um ihre knappe Rente aufzubessern. Die jungen Trendsetter haben sie aber keines Blickes gewürdigt, weil sie so damit beschäftigt waren, sich mit ihren virtuellen „Freunden" auszutauschen. Sie spenden lieber für Fair-Trade-Projekte in der Dritten Welt oder unterzeichnen Online-Petitionen gegen Donald Trump oder gegen den Walfang. Damit gehören sie dann einer fiktiven Gruppe von mehreren Millionen Wesen im Internet an, was ihnen für einige Augenblicke das gute Gefühl gibt, etwas wirkliches Großes getan zu haben. Dabei wissen sie überhaupt nicht, ob diese Millionen von anderen „Aktivisten" überhaupt real sind und existieren. Sie fragen und forschen auch nicht nach.

Verstehen Sie mich nicht falsch, ich bin absolut für die faire Bezahlung von Menschen in der Dritten Welt und für den Schutz von Walen, aber es treibt mir regelmäßig die Tränen in die Augen, wenn ich sehe, dass Menschen in meinem direkten Umfeld unter Armut leiden oder gar auf der Straße schlafen müssen, während gleichzeitig alle so tun, als hätten sie Wichtigeres zu tun. Wir können „die Welt nicht retten", indem wir auf einen Bildschirm starren!

Ich möchte hier auch wirklich nicht über alle jungen Menschen herziehen, ich spreche hier von den dominanten Gruppen dieser Generation, weil sie ihre Generation prägen. Es gibt unter den Jahrgängen 1985 bis 1995 auch ganz andere Vertreter, etwa viele, die eher in Armut aufwuchsen und sich nie ein *Macbook* oder *iPhone* leisten konnten, die brav und ehrlich versuchen, sich ihren Lebensunterhalt zu verdienen, eine Familie zu gründen und selbst Kinder mit traditionellen Werten großzuziehen, doch die kommen kaum zu Wort. Es gibt auch einige Zwanzig- bis Dreißigjährige, die keinen so großen Wert auf Technik legen, sondern eher nach geistigen und spirituellen Werten suchen. Doch eine Gesellschaft wird meist von kleinen dominanten Gruppen geprägt, von den Geld- und Bildungseliten, und diese sind heute meist extrem Internet-affin und selbstbezogen. Zudem scheint dieser Trend sich mit den nächst jüngeren Jahrgängen sogar noch zu verstärken, wie viele Lehrer, Kinderpsychiater und -psychologen feststellen.

> *„Das sind die Kinder, die jetzt auf uns zukommen, die nur lustorientiert sind, sie haben keine Frustrationstoleranz, keine Gewissensinstanz, keine Arbeitshaltung, keine soziale Kompetenz. Sie sind im Freizeitpark ‚Phantasialand' hochleistungsfähig, weil es um Lust geht, und in der Schule eben überhaupt nicht. Sie können sich auch auf nichts freuen, sie leben nur im*

*Moment, suchen unmittelbare Bedürfnisbefriedigung – sie haben das Weltbild, dass sie allein auf der Welt sind und alles steuern und bestimmen können."*[220]

Michael Winterhoff, deutscher Kinder- und Jugendpsychiater

Seit den 1990er-Jahren gab es immer mehr Einzelkinder und immer mehr junge Menschen, die anstatt mit menschlichen Spielkameraden mit technischen Begleitern aufwuchsen. Vielen von ihnen fehlt anscheinend vor allem das, was man „soziale Kompetenz" nennt, also die Fähigkeit, sich in andere menschliche Wesen hineinzuversetzen und deren Gefühle und Bedürfnisse zu erkennen und zu respektieren. Woher sollen diese jungen Menschen Empathie und Feingefühl auch nehmen, wenn sie nie gelernt haben, sich in größere Gruppen einzufügen, sondern als das einzige Kind, oft auch nur eines Elternteils, aufwuchsen? Wer es auf Grund seiner Erziehung gewohnt ist, immer im Mittelpunkt zu stehen und immer recht zu haben, der neigt dazu, aggressiv zu reagieren, wenn seine eigene Meinung oder Haltung infragegestellt wird. In den USA werden diese angeblich „weltfremden Großstadtgören" mit ihren iPhones und Blackberrys, deren Leben sich vorwiegend in sozialen Netzwerken abspielt, von ihren Kritikern zynisch als **„Schneeflocken"** bezeichnet, weil sie so zart besaitet und zerbrechlich sind und sich oft für besonders und einzigartig halten. Dieser Begriff wurde vor allem nach der Wahl Donald Trumps zum 45. US-Präsidenten von dessen Anhängern für jene benutzt, die völlig verstört und aggressiv auf seinen Wahlsieg reagierten, worauf ich noch ausführlich zu sprechen kommen werde.

Mir ist jedenfalls aufgefallen, dass es in den letzten zehn bis fünfzehn Jahren, also in der sogenannten „Generation Z", plötzlich unvorstellbar viele „Hochbegabte" geben soll, die angeblich nur deshalb in der Schule verhaltensauffällig werden, weil sie unterfordert sein sollen. Tatsächlich haben aber immer mehr Jugendliche extreme Probleme damit, Autoritäten und andere Meinungen anzuerkennen, was vor allem Lehrer, Polizisten, ja selbst Rettungs-Sanitäter zu spüren bekommen – und das betrifft nicht nur Jugendliche aus den unteren Schichten. Wer mit dem Internet aufgewachsen ist, hat ganz offenbar weniger Bezug zur eigenen nahen Umgebung als zum „World Wide Web", daher auch eine leicht verzerrte Selbstwahrnehmung.

Der Arbeitsweltexperte *Christian Scholz* sagt über die heute Fünfzehn- bis Zwanzigjährigen: *„Sie sind jung, ihnen steht die Welt offen und sie haben schon genaue Vorstellungen von ihrer Zukunft: das Privatleben niemals für den Job zu opfern. Keine Anrufe oder Mails nach Feierabend. Sie wollen eine klare Trennung zwischen Beruf und Freizeit. Sie erwarten, dass ihr Chef am Wochenende keine Mails schickt und selbst wenn er es tut, beantworten sie diese nicht."*[221] Damit ist schon einmal klar, dass sie für einen Job im Silicon Valley nicht in Frage kommen... Die „Sinus-Jugendstudie 2016" kam zu dem Schluss, dass deutsche Jugendliche wenig von Rebellion halten, sondern nach dem Mainstream, dem „Wir-Gefühl", streben. Laut Studienautor Marc Calmbach artikuliere sich *„ein Wunsch nach Orientierung in einer unübersichtlichen, globalisierten und digitalisierten Welt, die von Konflikten geprägt ist"*.

Verstehen Sie mich nicht falsch. Ich bin definitiv kein Fan davon, die Arbeit überall hin mitzuschleppen und immer und überall erreichbar zu sein. Aber die Realität ist, dass unsere Welt immer schnelllebiger wird. Dieselben jungen Menschen, die sich gerne Zeit lassen, wären erbost, wenn bei ihnen am Freitag der Strom oder der Internetzugang ausfiele und sie bis Montag warten müssten, bis jemand sich ihres Anliegens annimmt.

Es wird sehr spannend sein, zu sehen, wie die heute 15- bis 25-jährigen auf die enormen Herausforderungen der kommenden Jahrzehnte reagieren werden. Ist den „Schneeflocken" bewusst, dass ihre Eltern vielleicht niemals eine Rente bekommen werden und sie für den Rest ihres Lebens für deren Unterhalt werden sorgen müssen? Das Spannungsverhältnis zwischen der aktuellen Egozentrik in weiten Teilen der Bevölkerung und dem kommenden Bedarf an Gemeinschaft in schwieriger werdenden Zeiten könnte uns künftig noch einigen Kummer bereiten. Werden wir es schaffen, wieder von einer virtuellen zu einer realen Gemeinschaft zu wechseln?

Wir alle haben in den letzten Jahren festgestellt, dass unsere Gesellschaft immer aggressiver und intoleranter wurde, was quer durch alle Gesellschaftsschichten zu beobachten ist. Jeder wirft dem anderen dabei vor, intolerant zu sein und übersieht, dass er es selbst ist. Auch in intellektuellen und gebildeten Kreisen wird es immer schwieriger, kontroverse Meinungen zu diskutieren, ohne dass offen Hass und Angst ausbrechen. Auch wenn heutige Studenten oft als unpolitisch gelten, so hat das politische In-

Abb. 35: Der „Marsch für politische Meinungsfreiheit" an der *Universität Berkeley* in Kalifornien am 20. November 1964

teresse in den letzten Jahren wieder leicht zugenommen. Tendenziell sind viele Studenten eher auf der links-liberalen Seite beheimatet, weil sie für technischen Fortschritt und gegen konventionelle und traditionelle Werte sind. Sie werden in einem universitären Umfeld erzogen, das sich selbst als weltoffen, fortschrittlich und elitär ansieht. Wenn eine solche links-liberale Elite gewohnt ist, die öffentliche Meinung zu diktieren, ihr aber plötzliche die intellektuelle Deutungshoheit über das Narrativ abhanden kommt, dann reagiert sie, wie alle anderen auch, erst mit Verwirrung, dann mit Zorn.

Während Revoluzzer wie der oben erwähnte *Allen Ginsberg (1926-1997)* in den 1950er- und 1960er-Jahren ihren politischen Gegnern noch Pamphlete wie *Howl* entgegenschleuderten oder gesellschaftliche Veränderungen in Gedichten wie „A Strange New Cottage in Berkeley" verarbeiteten, werden heute von „Gebildeten" immer öfter Autos angezündet und Menschen eingeschüchtert oder attackiert.

Die **Universität in Berkeley** in Kalifornien ist nicht nur eine der besten Universitäten der USA, sie ist auch berühmt für ihre liberale Geschichte. In den 1960er-Jahren war sie das intellektuelle Zentrum der Hippie- und der Friedens-Bewegung. Vom Campus in Berkeley aus kämpften Studenten für freie (politische) Meinungsäußerung, für die Rechte von Frauen und gegen den Vietnamkrieg (siehe Abb. 35). Doch Fünfzig Jahre später, am 1. Februar 2017, kam es an diesem Hort des freien Geistes **zu Gewaltexzessen**, als ein schwuler englischer Blogger, der für die konservative Internetseite *Breitbart-News* schrieb und für Donald Trump war, einen Vortrag halten wollte. Schwul, rechts und Trump-Anhänger war eine Mischung, die der heutigen Bildungselite eindeutig zu viel abverlangte. Der Protest linker Gegner eskalierte, es flogen Molodov-Cocktails und die Gewaltexzesse verlagerten sich bis in die Stadt Berkeley hinein. Linke Demonstranten legten Feuer, schlugen Scheiben ein, rissen Absperrungen nieder und die Polizei musste Waffen einsetzen, um dem „Schneeflocken-Mob" Herr zu werden.

> *„Die kalifornische Hochschule von Berkeley galt bisher als Eliteuniversität. Nun traf sich dort die Elite der gewaltbereiten Intoleranten… Eine Frau, die in ein Mikrofon freundliche Worte über Donald Trump sagt, wird durch eine Pfeffersprayattacke verletzt. Weitere Trump-Anhänger werden mit Eisenstangen gejagt. Es sind hässliche Szenen einer enthemmten Linken, ohne Anstand, ohne Gesetzestreue, fernab von allem Zivilisatorischen. Es ist der Hass der Unterlegenen… auch hierzulande (steigert sich) eine dezidiert linke Deutungselite in Vernichtungs- und Hassfantasien der gröberen Art hinein. Da gab es jüngst einen Redakteur der ‚Süddeutschen Zeitung', der in den Sozialen Medien mitteilte: ‚Hitler und sein Pack brauchten sechs Jahre Anlauf, um die ganze Welt in Brand zu setzen. Trump will anscheinend unbedingt schneller sein.'… Ja, natürlich, weil das 21. Jahrhundert begonnen hat, kommt derlei Gewaltrhetorik im Gewand des Zitats, der Ironie, mit Smiley und Emoticon daher. Nur manchmal brennen Autos, fliegen Fäuste, splittern Scheiben in Berkeley. Hoffentlich nur in Berkeley."*
> Alexander Kissler, Ressortleiter „Salon" beim Magazin *Cicero*.[222]

Da, wo einst für freie Meinungsäußerung und gegen den Krieg protestiert wurde, wird heute Krieg gegen die freie Meinungsäußerung geführt. Natürlich hat es auch in früheren Generationen Randalierer und Zündler gegeben, doch ich finde es schon enorm, wie sehr heute die Schere zwischen der Realität und der Selbstwahrnehmung vieler Mitmenschen auseinanderklafft. Gerade diejenigen, die sich für einen Teil der „Elite" halten, legen heute eine Aggressivität an den Tag, die ich schon mehr als bemerkenswert finde.

Als die *Sozialdemokratische Partei Deutschlands* im Jahr 2017 Ex-EU-Parlaments-Präsident *Martin Schulz* zu ihrem Kanzlerkandidaten machte, brachte die Partei, in der Moralapostel wie *Sigmar Gabriel* oder *Ralf Stegner* führende Positionen inne hatten, ein Handyspiel heraus, das offenbar kleine Kinder auf den Mord politischer Gegner vorbereiten sollte. Wer darin mit dem „Schulzzug" Feindbilder wie Frauke Petry, Donald Trump oder Wladimir Putin auf den Gleisen der Politik überrollte, bekam extra Punkte.[222a]

## Die politisch-ideologische Hybris

Die meisten westlichen Politiker in den vorderen Reihen sind Handlanger der Mächte im Hintergrund. Und damit hier keine Missverständnisse aufkommen: Diese korrupten und kriminellen Politiker sind sich wohl dessen bewusst, dass sie das Werkzeug einer teuflischen Verschwörung sind, weil sie allesamt in Geheimlogen und Nicht-Regierungs-Organisationen verwurzelt sind, die von ihrem Wesen her bereits nur einem Zweck dienen: die Öffentlichkeit über ihren wahren Charakter zu täuschen!

Nein, keiner dieser Politiker wusste von Anfang an, zu Beginn seiner Karriere genau, worauf er sich da einließ. Doch jedem von ihnen ist es früher oder später klar geworden, und jeder von ihnen hätte in einem frühen Stadium die Möglichkeit gehabt, auszusteigen. Diese kleine Gruppe von Menschen, die oft deutlich psychopathische oder zumindest soziopathische Züge aufweisen, lassen sich oftmals leicht von Macht und Sonderrechten verführen, ganz so, wie es Mephisto in Goethes Meisterwerk mit „Faust" tat: Die finsteren Mächte im Hintergrund rauben ihnen dafür ihre Seelen und oftmals auch ihren Verstand.

Die meisten westlichen Politiker, und die in ihrem Dunstkreis, haben tatsächlich den Verstand verloren. Sie sind herz- und hirnlos geworden, doch sie halten sich dabei für die Krone der Schöpfung. Sie berauschen sich an ihrer scheinbaren Macht, denn sie sind lange über dem Gesetz gestanden, weil die Vertreter der Geheimen Weltregierung ihre schützenden Hände über sie legten. Doch diese einstmals mächtigen Beschützer verlieren zusehends selbst an Macht und ihre Günstlinge stehen immer öfter nackt und allein im Regen, und haben all das nicht kommen sehen.

In den letzten zehn Jahren wird ein Phänomen immer klarer erkennbar: Es handelt sich dabei um eine Geisteshaltung, eine Ideologie, die vor allem in den westlichen Machtzentren und Großstädten weit verbreitet ist und die unser aller Leben formt und beeinflusst. Ich nenne diesen Zustand die **„politisch-ideologische Hybris"**, man könnte es auch als „grenzenlose Arroganz und Selbstüberschätzung des herrschenden Systems und seiner Handlanger" bezeichnen.

Das Wort **„Ideologie"** ist ein Synonym für den Begriff „Weltanschauung". Karl Marx bezeichnete dies als das „falsche Bewusstsein" einer Gesellschaft, also als persönliche Wahrnehmung eines Systems, einer Gesellschaft oder einer Gruppe, die nicht unbedingt der Realität entsprechen muss. Der dominante Teil der Gesellschaft, also die Mittel- und Oberschicht, neigt demnach dazu, ihre eigene Wahrnehmung dem Rest der Bevölkerung gegen deren Willen überzustülpen. Das Wort **„Hybris"** stammt aus dem Griechischen und bedeutet so viel wie „Anmaßung" oder „Übermut" und es wird oft gleichgesetzt mit dem Realitätsverlust einer Person oder Gruppe mit der Überschätzung seiner oder ihrer Fähigkeiten, Leistungen oder Talente, und seiner oder ihrer Macht. Politisch-ideologische Hybris ist also so etwas wie Arroganz gepaart mit Realitätsverlust. Dieses Phänomen betrifft meiner Einschätzung nach, neben den Politikern der etablierten Parteien, vor allem zahlreiche Vertreter des einstigen Mainstream-Journalismus.

Im vermeintlichen Bildungsbürgertum, also in der zunehmend schwindenden Mittelschicht, gibt es zudem eine dominante Gruppe ideologischer Mitläufer, die mangels eigener innerer Stärke jene Lobby unterstützen, die sie für moralisch integer und überlegen halten, ohne zu begreifen, dass deren Schlagworte wie „Nachhaltigkeit" oder „soziale Gerechtigkeit" oder „ökologische Verantwortung" oder „Weltbürgertum" nur leere Worthülsen sind, um jene einzulullen, die schwach, hilflos und ahnungslos sind, aber gerne auf der „guten Seite" stehen wollen. Ich spreche hier vom modernen, vermeintlich ökologisch geprägten Links-Liberalismus, und einer verweichlichten und völlig in die Irre geführten Wohlstandsgesellschaft.

Komplette Fehleinschätzung der Realität, gepaart mit völlig übersteigertem Selbstbewusstsein, führen oftmals zur vollständigen Ignoranz und zur aggressiven Ablehnung jeglicher Form von Kritik am eigenen Verhalten. Genau dieses kranke Verhalten trat bei zahlreichen mitteleuropäischen Politikern spätestens mit der Flüchtlingskrise im Jahr 2015 so deutlich in Erscheinung, dass es nicht mehr zu leugnen war. Gerade die vermeintlich „linken" und die vermeintlich „liberalen" politischen Kräfte machten deutlich, dass sie das Empfinden und die Meinung der Bevölkerung nicht interessierten. Sie forderten dermaßen aggressiv und erbarmungslos von der gesamten Bevölkerung „Toleranz" ein, dass man an ihrem Geisteszustand zweifeln musste. Wie kann man von jemand Offenheit und Toleranz einfordern, wenn man gleichzeitig dessen Meinung und Haltung nicht gelten lässt?

*"Die Normalsten sind die Krankesten, die Krankesten sind die Normalen. Der Mensch, der ‚krank' ist, zeigt, dass bei ihm gewisse menschliche Dinge noch nicht so unterdrückt sind, dass sie in Konflikt kommen mit bestimmten Mustern der Kultur, und dass sie dadurch Symptome erzeugen. Der Schmerz ist nur ein Anzeichen dafür, dass etwas nicht stimmt. Die sogenannten Normalen aber sind so angepasst, die haben alles, was ihnen eigen ist, verlassen, die sind so roboterartig geworden, dass sie keinen Konflikt mehr empfinden, ihr wirkliches Gefühl nicht mehr empfinden – was das Bild leichter Schizophrenie bildet."*[223]

Erich Fromm, Psychoanalytiker (1900-1980)

Ich möchte an dieser Stelle klarstellen, dass ich mich selbst weder als „links" noch als „rechts" bezeichnen würde, da ich mich in kein Lager zwängen lasse – zumal die Unterschiede zwischen den einzelnen Lagern der politisch etablierten Parteien für mich ohnehin kaum noch zu erkennen sind. Bei einem Thema kann ich dem linken politischen Spektrum näher stehen, bei einem anderen dem rechten. In den meisten Fällen stimme ich jedoch mit keiner Partei überein, da sie meiner Einschätzung nach alle die Realität verleugnen – nur eben mit leicht unterschiedlichem Text.

Ich möchte mit den folgenden Zeilen keine Wahlwerbung für rechts machen, doch ich möchte etwas aufzeigen, das mich zutiefst bewegt, nämlich dass diejenigen, die sich heute als besonders „offen" und „liberal" ausgeben, in Wahrheit vielfach extrem engstirnig und verblendet sind. Heute sind die vermeintlich „Linken" vielfach weiter rechts als diejenigen, die sie als „rechts" beschimpfen. Niemand ist in der Politik mehr der, der er zu sein vorgibt! Der linke Terror, wie er in Deutschland heute wieder immer aggressiver wird, ist mindestens so schwerwiegend und weitverbreitet, wie der rechte Terror, er findet aber in der öffentlichen Berichterstattung und daher in der öffentlichen Meinung kaum statt. Alles, was dem vermeintlich links dominierten herrschenden politischen System und seiner Krake etwas entgegensetzen möchte, wird als „rechts", oftmals auch als „rechtsextrem" oder „rechtsradikal" etikettiert, auch wenn es damit überhaupt nichts zu tun hat. Damit wird von Seiten der etablierten politischen Parteien ein aggressives Klima erzeugt, in dem „rechts" als bösartig und entartet etabliert werden soll, während man „links" oder „liberal" als gute, moderne, weltoffene und zeitgemäße Marken bewirbt. Die in den letzten Jahren neu entstandenen (Protest-)Parteien sind in diesem Sinne natürlich alle rechts. Es wird ein Klima geschaffen, in dem es keine unterschiedlichen Meinungen mehr geben soll und in dem Abweichen von der Norm bestraft wird. Gleichzeitig aber wird die Norm abgeschafft und durch ein vages Bild der bunten Vielfalt ersetzt. Dadurch wird gezielt Verwirrung geschaffen.

Jene Menschen, die weich, empfindsam oder auch unsicher sind, neigen dazu, sich diesem Diktat der bunten Vielfalt zu unterwerfen, weil sie gerne „gut" und „nett" und „offen" sein wollen und Angst davor haben, mit dem rechten Mob in eine Schublade geworfen zu werden. Sie scheuen die offene Konfrontation und haben oft keine eigene Meinung. Es handelt sich hierbei um jene Bevölkerungsgruppe, die (zumindest in bestimmten Teilbereichen) allgemein gut gebildet ist und die ihre Informationen zum größten Teil aus jenen Medien bezieht, die Teil der politisch-ideologischen Hybris sind.

Es fällt ihnen meist nicht auf, dass alles, was sie lesen oder sehen, nur eine immerwährende Bestätigung ihres flauschigweichen Lebenskonzeptes ist, das nur auf dem „Zufall" beruht, in einer ganz bestimmte Familie, in einer ganz bestimmten sozialen Schicht und in einem ganz bestimmten Land geboren zu sein. Diese braven Mitbürger, die davon überzeugt sind, dass sie großherzig und verständnisvoll sind, sagen gerne Sätze wie *„wir leben in einen tollen Land, in dem es allen Menschen sehr gut geht"* oder *„bei uns muss niemand hungern"* oder *„bei uns herrscht Chancengleichheit"*. Ich muss mich immer sehr zügeln, wenn ich solche Sätze höre, weil ich dann weiß, dass ich es mit Menschen zu tun habe, die „ihr Land" überhaupt nicht kennen, weil sie aus ihrem Umfeld nie hinauskommen. Diese „lieben" Bildungsbürger halten sich meist für politisch links, obwohl sie in Wahrheit einfach nur grundsätzlich ignorant, angepasst, feige und konfliktscheu sind – also das Gegenteil von links.

Man könnte ihre Haltung auch als „links-ideologische Hybris" bezeichnen. Das Wort „links" in diesem Begriff mag auf den ersten Blick verwirrend sein und auf den zweiten noch mehr. Aber genau das ist das Problem unserer heutigen Konsensgesellschaft, dass Begriffe und Ideologien völlig entstellt und entfremdet werden, bis sie am Ende überhaupt keinen Sinn mehr ergeben, sich aber im Bewusstsein der Massen mit ihrer falschen Bedeutung als richtig, vielmehr sogar als „wahr", oftmals auch als die „einzige und alleinige Wahrheit" festsetzen und so das Denken und Handeln der Menschen prägen. Diese Begriffe werden einfach immer wiederholt, ohne jemals infragegestellt zu werden.

Was der Begriff „links" im Zusammenhang mit Politik und Gesellschaft bedeutet, ist schwer in wenige Worte zu fassen. Allgemein ist die politische Linke gegen Ende des 18. Jahrhunderts als Gegenpol zum konservativen (rechten) Adel und dem Ständestaat entstanden und aus den Revolutionen in Frankreich (Sozialismus), England (Liberalismus) und Russland (Kommunismus) hervorgegangen. Was all diese unterschiedlichen linken Strömungen ursprünglich einte, war, dass sie von der Gleichheit des Menschen ausgingen und auf soziale Gerechtigkeit und auf Solidarität setzten. Sie wollten, dass die Macht beim Volke liegt, bei der Mehrheit der Bevölkerung und nicht bei einer kleinen reichen Minderheit, die der Mehrheit ihren Willen aufoktroyieren konnte. Im Grunde müsste die „linke" gegen die Globalisierung sein, die nichts als ein Diktat einiger weniger Großkonzerne und Machtzentralen ist.

In der extremeren Form endete die Links-Bewegung im Kommunismus à la Sowjetunion, Kuba oder Nordkorea. Im Allgemeinen jedoch hatte sich im Westen im Lauf des 20. Jahrhunderts eine **politische Linke** herausgebildet, die auf demokratische Werte setzte – auf Meinungsfreiheit, auf die Anerkennung von Minderheiten und auf gleiche Rechte für alle Menschen, egal, welchen Geschlechts und welcher sexueller oder religiöser Orientierung sie waren. Und sie setzte auf einen gönnerhaften Sozialstaat, oft auch als „Wohlfahrtsstaat" bezeichnet, also darauf, dass der einzelne Bürger einen Teil seiner Verantwortung für sein eigenes Wohlergehen dem Staat, in Vertretung von Politikern, überträgt. Die sollten dann dafür sorgen, dass es allen möglichst gut geht.

Dies ist bis heute einer der Eckpfeiler des „Keynesianismus", jener Form der Wirtschaftspolitik, die ihren Namen dem sogenannten „linksliberalen" englischen Ökonomen *John Maynard Keynes* (1883-1946) verdankt. Keynes war der Auffassung, dass staatliche Interventionen in einer halbwegs freien Wirtschaft unumgänglich seien, um die Wirtschaft anzukurbeln, ausreichende Löhne zu garantieren und so soziale Stabilität zu gewährleisten.

Die eigentlichen „**Liberalen**" aber propagieren einen möglichst schlanken Staat, sie wollen also, dass der Staat sich nicht in die Wirtschaft einmischt, sondern sich nur auf seine Kernaufgaben konzentriert, womit sie eigentlich eher politisch „rechts" stehen würden. Insofern ist der Begriff „links-liberal" heikel, weil die beiden Ideen „links" und „liberal" einander zumindest teilweise ausschließen. Damit sehen wir bereits, wie schwierig es ist, bestimmte geistige Haltungen oder politische Überzeugungen in Begriffe zu fassen.

In den USA stehen denn auch eher die rechten „Republikaner" für einen schlanken Staat, wobei sich aber die „Demokraten" als „liberal" und eher „links" bezeichnen. All diese Begriffe sind jedoch mittlerweile ziemlich sinnentleert und taugen nicht mehr viel. Sie sind zu reinen Ideologien verkommen.

Das, was sich heute als „links" bezeichnet, sieht sich meist als „progressiv" an, also als „fortschrittlich", weil es die konservativen Ansichten seiner „rechten" politischen Gegner (wie Tradition, Brauchtum, Familie, Eigenverantwortung, strenge Exekutive und Judikative) als rückschrittlich und altmodisch betrachtet. Die heutige politische Linke schätzt sich selbst als modern, offen und verständnisvoll ein, vor allem tun dies die neueren linken Parteien in Europa wie die „Grünen", die eine gewisse ideologische Schnittmenge mit den sozialistischen Parteien haben oder zumindest einmal hatten.

Die Sozialisten waren einst Arbeiterparteien. Sie repräsentierten die Interessen der Arbeiternehmer und des Proletariats gegenüber den Arbeitgebern. Da es aber heute kaum noch echte „Arbeiter" gibt, also Menschen, die mit ihrer Hände Arbeit in den Betrieben oder Fabriken anderer materielle Werte schaffen, braucht es auch keine Arbeiterparteien mehr. Daher sind die Sozialisten in Europa eher in die Mitte gerückt und keiner weiß mehr so recht, wofür sie eigentlich stehen. Sie selbst wissen es am allerwenigsten. Deshalb verlieren sie zunehmend an Wählerschaft und Bedeutung. Ihren Platz am vermeintlich linken politischen Rand haben die „Grünen" eingenommen, in Deutschland zusammen mit der Linkspartei „Die Linke". „Die Grünen" vertreten in der westlichen Welt eher die „moderne Arbeiterschaft", also all jene Zwangs-Selbstständigen und Schein-Selbstständigen, die heute zwar mehr denn je von ihren Arbeitgebern ausgebeutet werden und weisungsgebunden sind, aber keinen Anspruch mehr auf Sozialleistungen haben und oft von zuhause aus arbeiten müssen – was ihnen dann als große Errungenschaft verkauft wird.

Einst aus einem ökologischen Gedanken heraus gegründet, als Protestpartei gegen Atomkraftwerke und Massentierhaltung, haben sich „Die Grünen" in den letzten zwei Jahrzehnten schleichend, aber umso radikaler, von einer linken Friedenspartei hin zu einer „Ideologie des guten Gefühls", aber ohne wahre Grundsätze, verändert. Sie gelten als die modernen Parteien für junge und gebildete Liberale und für sozial engagierte Menschen. Sie sind die Parteien des „guten Gewissens". Unter den urbanen Abiturienten (Maturanten) und Master-Absolventinnen ist es schick, „grün" zu sein. Sie sind für gleiche Rechte, gleiche Chancen und für gleiche Bezahlung von Frauen und Männern und für umfassende Rechte von Schwulen und Lesben. Gleichzeitig waren sie aber im Jahr 2015 dafür, möglichst viele junge muslimische Männer, die Frauen als Wesen zweiter Klasse ansehen, und Schwule am liebsten an den Eiern aufhängen würden, nach Europa einzuladen. Dass ich persönlich darin einen gewissen Widerspruch sehe, konnten viele meiner grün wählenden Gesprächspartnerinnen der letzten Jahre nicht nachvollziehen. Doch Widersprüche scheinen heute der einzige rote Faden im Programm der Grünen zu sein. Die typischen Grünwähler sind nämlich vorwiegend junge, weibliche, durchschnittlich gebildete Großstädterinnen. Sie haben von „grün", also etwa von Land- und Forstwirtschaft, keine Ahnung. Sie fliegen sehr gern und haben dabei aber ein schlechtes Gewissen.[224] Sie wissen nicht, was es bedeutet, „Bio" zu erzeugen und es ist ihnen auch völlig egal. Lebensmittel kommen aus dem Supermarkt, der Strom aus der Steckdose und alle sollen tun und lassen dürfen, was sie wollen – außer den Rechten natürlich.

Aus einer einstigen Protestpartei mit einem echten sozialen und politischen Anliegen, ist eine Lifestyle-Partei geworden, die alle ihre ursprünglichen Werte über den Haufen geworfen hat – zumindest in Deutschland und Österreich. An dieser Stelle möchte ich daran erinnern, dass es der deutsche Außenminister der Partei „B'90/Die Grünen", Joschka Fischer war, der im Jahr 1999 erstmals seit dem Zweiten Weltkrieg wieder deutsche Soldaten in einen Krieg schickte – und zwar im Rahmen des NATO-Einsatzes im Kosovo. Seitdem mischen die Deutschen weltweit in allen Kriegsgebieten mit – den „Grünen" sei Dank! Doch so etwas wird von den falschen Linken gerne ausgeblendet. Sie sind die Guten! Sie setzen sich für weniger $CO_2$ ein, haben aber keine Ahnung, was das bedeutet! Sie plappern hohle Phrasen nach und fühlen sich gut dabei.

Am meisten regen sich Grünwähler darüber auf, dass alle anderen so ignorant sind und nicht genug für den Klimaschutz tun, denn der vermeintlich vom Menschen gemachte Klimawandel ist das, was die junge, hippe, urbane Grünwählerin emotional am meisten bewegt (siehe „Was Sie nicht wissen sollen – Band 2", Seite 34ff) – abgesehen vielleicht von der Wahl Donald Trumps zum 45. US-Präsidenten. Die war schon ein harter und unerwarteter Schlag ins grün-rote Kontor.

Was haben sich am 9. und 10. November 2016, am Tag nach dem Wahlsieg Donald Trumps, doch für dramatische Szenen rund um den Globus abgespielt. Junge Frauen schluchzten, weinten, waren fassungslos und verzweifelt, weil ihr Idol, *Hillary Clinton*, in der Wahl um das US-Präsidentenamt dem „Chauvinisten" und „Rüpel" Donald Trump unterlegen war – und das, obwohl alle westlichen Meinungsforscher und Meinungsmacher dem politischen Quereinsteiger Trump keine Chancen auf einen Sieg gegeben hatten. Enttäuschte Hillary-Anhängerinnen zu beiden Seiten des Atlantiks pressten Worte wie *„Horror"* oder *„Albtraum"* oder *„Ich bin völlig schockiert."* hervor. Dabei war nichts anderes passiert, als dass eine Kandidatin einem anderen Kandidaten bei einer angeblich demokratischen Wahl unterlegen war, wie das schon tausende Male zuvor rund um den Erdball passierte. Aber irgendetwas war hier anders. Waren die hippen, linksgrünen Bildungsbürger, die sich auf der richtigen Seite der Geschichte wähnten, etwa schlechte Verlierer? Nein, diese Erklärung wäre zu einfach.

Sie waren wütend, weil sie ihre „heile Welt" bedroht sahen. Sie merkten nicht, dass diese in Wahrheit nur noch ein pontempkisches Dorf war und die heuchlerische Fassade eines Systems, das längst gescheitert war und sich in Auflösung befindet. Sie schoben die Schuld für ihre Verlustängste den nationalistischen Parteien zu, die immer mehr Zuspruch im anderen Teil der Bevölkerung fanden. Sie waren weder willens noch in der Lage dazu, zu erkennen, dass die jedoch nicht die Ursache, sondern nur die Folge der Fehler waren, die ihre politische Ideologie hervorgebracht hatte. Es ist eben immer einfacher, die Schuld bei den anderen zu suchen.

Frank-Walter Steinmeier (SPD) hatte den Kandidaten Trump, als er noch deutscher Außenminister war, noch drei Monate vor dessen Wahlsieg als „*Hassprediger*" beschimpft. Der deutsche Vizekanzler und SPD-Vorsitzende Sigmar Gabriel kommentierte die Wahl mit den Worten *„Trump ist auch eine Warnung an uns... Trump ist der Vorreiter einer neuen autoritären und chauvinistischen Internationalen"*, zu der Gabriel auch Russlands Präsidenten *Wladimir Putin*, den türkischen Präsidenten *Recep Tayyip Erdogan* und die Vorsitzende der deutschen Partei „Alternative für Deutschland" (AfD), *Frauke Petry*, zählte: *„Es geht ihnen um ein echtes Rollback in die alten schlechten Zeiten, in denen Frauen an den Herd oder ins Bett gehörten, Schwule in den Knast und Gewerkschaften höchstens an den Katzentisch... Wer das Maul nicht hält, wird öffentlich niedergemacht."*[225] Dass Frauke Petry nicht nur politisch aktiv ist, sondern als Mutter von vier Kindern auch noch ihre eigene Firma gründete und leitet, und sie dafür mehrfach ausgezeichnet wurde, tut dabei offenbar nichts zur Sache.

Die SPD-Landeschefin von Baden-Württemberg, *Leni Breymaier*, sagte in einem Video auf *Facebook*: *„Testosteron und Aggression ziehen ins Weiße Haus ein. Das finde ich ziemlich bitter. Mein Frauenherz blutet. Und mein linkes Herz blutet auch."*[226]

Auch dem stellvertretenden Bundesvorsitzenden der SPD, *Ralf Stegner*, blutete sein vermeintlich linkes Herz und er nannte das alles nur noch *„unfassbar"*! Grünen-Chef *Cem Özdemir* ging es wie vielen anderen Mädchen auch, für ihn war es einfach *„ein Schock"*! Er sprach von einer *„Krise der Überzeugungskraft von liberalem Denken... Diese liberale Weltsicht ist nicht nur in den USA abgewählt worden, sondern wurde auch schon im Brexit-Votum abgelehnt"*[227] – und sein Parteikollege *Konstantin von Notz* twitterte: *„Was für eine verdammte Tragödie."*[228]

Was hat all diese linken Politiker so unglaublich erschüttert und verstört? Man könnte meinen, mit der Wahl Trumps sei eine genetische Kreuzung aus *Hitler*, *Stalin* und *Dschinghis Khan* an die Macht gekommen und das Monster würde kleine Kinder zum Frühstück verspeisen. Selbst wenn man sich zur Demokratie bekennt, dann muss man auch verkraften können, dass das Volk ein Wahl trifft, die einem nicht gefällt. Wenn man das nicht kann, dann sollte man die Demokratie endlich auch offiziell abschaffen – eine Überlegung, die den meisten der hier zitierten Politiker spätestens ab dem 9. November 2016 vermutlich immer wieder in den Sinn kam.

Einzig die Ko-Vorsitzende der deutschen Partei „Die Linke", *Sahra Wagenknecht*, wirkte erstaunlich gefasst und vernünftig, als sie erkannte, dass hier *„nicht Trump, sondern Veränderung gewählt"* worden war. *„Hillary Clinton ist eine Kandidatin des Weiter-so, des Establishments und der Korruption gewesen."*[229]

Damit hat Frau Wagenknecht den Nagel auf den Kopf getroffen! Die Wahl Donald Trumps war für die meisten Amerikaner die Wahl zwischen Pest und Cholera. Die meisten Linken, also die Stammwähler der Demokraten, wollten *Bernie Sanders* als ihren Kandidaten nominieren. Hätte er die Nominierung gewonnen, dann hätte er sich wohl auch in der Endwahl gegen Trump durchgesetzt. Doch das liberale Establishment, die „Geheime Weltregierung", wollte Sanders nicht, weil er den mächtigen Herren zu weit links war. Da ist es für den Wähler nicht leicht, die richtige Wahl zwischen „weit links", „ein wenig links", „links-liberal" oder nur „liberal" zu treffen. Vielleicht haben ja deshalb so viele Amerikaner den einfacheren Weg gewählt und schlicht und ergreifend „rechts" gewählt. Waren sie alle einfach nur zu dumm, um die Anweisungen des Establishments zu begreifen?

Wenn der sozialdemokratische deutsche Vizekanzler Sigmar Gabriel (SPD) im Juni 2016 im Angesicht dieses Niedergangs seiner Partei über die neu entstandene Partei „Alternative für Deutschland" (AfD) sagt: *„Alles, was diese Leute sagen, habe ich schon mal gehört und zwar von meinem eigenen Vater, der bis zum letzten Atemzug ein Nazi war."*, dann würde man doch annehmen, dass sein Geschichtswissen so weit ausreicht, dass er die deutlichen Parallelen der Situation in Deutschland im Jahr 2016 und in den 1930er-Jahren erkennen würde. Aber dafür ist er offenbar zu verblendet. Anstatt sich zu überlegen, warum die Menschen, die im August 2015 im sächsischen Heidenau gewaltsam gegen die Einrichtung einer Flüchtlingsunterkunft protestierten, so wütend und aggressiv waren, beschimpfte er diese Menschen: *„Das ist wirklich Pack und Mob… Diese Leute haben mit dem Land Deutschland, wie wir es wollen, nichts zu tun… Im Grunde hat jeder Flüchtling, der hier herkommt, mehr mit diesem Land zu tun als diese Leute, die das Land missbrauchen, Menschen aufhetzen, zu Gewalt und Mord und Totschlag auffordern."*[230]

Wer also gegen die Flüchtlingspolitik der Bundesregierung ist, wird von Sigmar Gabriel das Recht abgesprochen, „Deutscher" zu sein. Dass es im Osten der Republik besonders viele Kritiker der Deutschen Flüchtlingspolitik gibt, ist dem politischen Berlin ein Dorn im Auge. Die engagierte evangelische Christin und Vorsitzende der deutschen Grünen, *Katrin Göring-Eckardt*, formulierte ihre Haltung zu der Bevölkerung in Ostdeutschland in der Generaldebatte im Bundestag dann so: *„30 Prozent der Kinder und Jugendlichen heute haben bereits einen Migrationshintergrund und dabei hab ich die Ossis jetzt noch nicht mitgerechnet."*[231]

Das politische Establishment hat jeden Bezug zur Realität verloren und so etwas hat rückblickend in der Geschichte oft zu Blutvergießen geführt. Ich hoffe inständig, dass die Politiker bald wieder in die Realität zurückfinden und begreifen, dass sie nur dann politisch überleben werden, wenn sie ihr Denken und ihre Wahrnehmung den äußeren Umständen anpassen.

## *„Fake News"*

*„Trump ist nicht nur für die EU ein Problem, sondern für die ganze Welt!"*

Martin Schulz, Ex-EU-Parlamentspräsident und deutscher Kanzlerkandidat im Jahr 2017[232]

Seit der Wahl Donald Trumps zum 45. Präsidenten der USA befindet sich das westliche Establishment in heller Aufregung, weil es seine langjährige Alleinherrschaft über das „Narrativ" und über die öffentliche Wahrnehmung der Realität gefährdet sieht. Seit Ende 2016 geistert der schwammige und irreführende Begriff **„Fake News"**, also **„Falschmeldungen"** oder „gefälschte Nachrichten" durch die westliche Presse. Doch wie kam es zu dieser „Fake-News"-Hysterie?

Die Assistenzprofessorin für Kommunikation und Medien am *Merrimack College* im US-Bundesstaat *Massachusetts, Melissa Zimdars*, veröffentlichte im November 2016, parallel zur US-Präsidentenwahl, eine Liste mit knapp einhundert Internetseiten, die ihrer Meinung nach fragwürdige oder falsche Nachrichten verbreiten würden. Sie markierte diese Seiten mit Attributen wie „falsch", „voreingenommen" oder „verschwörerisch". Zusammengenommen hatten diese Webseiten vermutlich mehrere Dutzend Millionen regelmäßiger Leser. Ein Großteil dieser Nachrichtenportale stand dem Kandidaten der Republikaner, Donald Trump, nahe. Damit hatte *Zimdars* mit einem Schlag sehr viele Menschen aus dem rechten politischen Lager verärgert, weil sie ihnen ihrer Meinung nach unterstellte, nicht zwischen Wahrheit und Lüge unterscheiden zu können.[233]

Mehrere große US-Zeitungen griffen das Thema dankbar auf und innerhalb weniger Tage war ein Skandal geboren, den Frau *Zimdars* angeblich nie verursachen wollte. Sie behauptete nämlich, diese Liste nur für ihre Studenten erstellt zu haben, da diese sich sehr schwer damit taten, einzuordnen, was guter und was schlechter Journalismus sei. Angeblich wollte sie ihre Studenten dazu animieren, die Inhalte dieser Seiten mit anderen Nachrichten-Quellen zu vergleichen, die sie persönlich für „gute Nachrichten" hielt. Dann hatte sie die Liste ins Netz gestellt, um ihnen den Zugang zu erleichtern.[234] Auch wenn wir beiseite lassen, dass Frau Zimdars im politisch linken Lager beheimatet ist, so würde ich diese Unterrichtsmethode doch zumindest infragestellen, weil man sie vielleicht als Beeinflussung der Studenten verstehen könnte. Denn wenn ich Studierende auffordere, verschiedene Seiten zu vergleichen, ihnen aber von vornherein sage, wie sie diese zu bewerten haben, dann schärfe ich damit nicht unbedingt deren kritischen Blick. Und gerade der ist bei jungen Menschen heute ohnehin nicht mehr besonders gut ausgeprägt, weil sie immer seltener dazu in der Lage sind, komplexe Zusammenhänge zu begreifen – was mich nicht verwundert, wenn sie so unterrichtet werden.

> *„Wenn wir uns von diesem Trend überrollen lassen, kann er zu einer Gefahr für die Demokratie werden. Junge Leute, die weder das Netz voll ausnutzen, noch Zeitungen und Magazine lesen, regen mich auf. Man kann in unserer Gesellschaft nur mitreden und mitentscheiden, wenn man alle Standpunkte kennt. 82 Prozent der amerikanischen Schüler können nicht zwischen redaktionellen Inhalten und redaktionell aufgemachten, bezahlten Werbetexten unterscheiden. Das sorgt mich."*
> Helmut Markwort, *Focus*-Gründer und Herausgeber[235]

Im Zuge der Niederlage von Hillary Clinton im Rennen um die US-Präsidentschaft verbreiteten tendenziell linke Medien dann *Zimdars* „Fake-

News"-Liste und erweckten vielfach den Anschein, als wäre es bewiesen, dass jede einzelne der knapp hundert Internet-Portale betrügerische Absichten hätte. Zusätzlich wurde ihnen unterstellt, für „die Russen" zu arbeiten und die westlichen Werte zerstören zu wollen. Die Journalisten gaben somit unbestätigte Tatsachen als Fakten aus und warfen gleichzeitig den Betreibern dieser Seiten vor, unbestätigte Tatsachen als Fakten auszugeben. In seinem prophetischen Roman „1984" nannte *George Orwell* diese Vorgehensweise „Doppeldenk", also die bewusste Verdrehung der Tatsachen ins Gegenteil, um die Menschen gänzlich zu verwirren, bis sie es einfach aufgaben, nach „Wahrheit" zu suchen.

Das Lager der unterlegenen Hillary Clinton nahm das Thema auf jeden Fall dankbar auf. Es wurde rasch das Narrativ geboren, dass diese Internetseiten Lügen verbreiten würden, und im Auftrag „der Russen" handelten. Sie hätten so zu Gunsten Trumps Einfluss auf die Präsidentenwahl genommen. Nun besteht wenig Zweifel daran, dass die russische Führung Donald Trump auf Grund seiner angekündigten Politik Hillary Clinton vorzog. Angesichts der Tatsache, dass die USA aber über Jahrzehnte hinweg nachweislich zahlreiche andere Regierungen gestürzt und neue eingesetzt hatten, erschien der Vorwurf an „die Russen" doch ein wenig paranoid. Doch die Presse stürzte sich darauf. Hillary Clinton dürfte es recht gewesen sein, denn somit konnte sie die Schuld an ihrer Niederlage anderen in die Schuhe schieben. Guter Journalismus sieht aus meiner Sicht aber anders aus. Üblicherweise muss man dafür mehr als nur reine Behauptungen aufbieten. Aber da der US-Auslandsgeheimdienst CIA die „Russen-These" stützte, sprangen immer mehr Journalisten auf den Zug auf, und schnell riefen Politiker nach einem Verbot unabhängiger Internetseiten, die angeblich gezielte „Falschmeldungen" über sie und ihre großen Leistungen verbreiteten.

Die CIA-Verantwortlichen hatten sich im Wahlkampf hinter Hillary Clinton gestellt, während der Inlandsgeheimdienst FBI wegen mehrerer möglicher Vergehen demonstrativ mitten im Wahlkampf gegen Hillary Clinton ermittelte. Dadurch entstand der Eindruck eines Machtkampfes der einzelnen US-Geheimdienste untereinander. Die CIA-Chefs dürften also mit der Wahl Trumps nicht ganz glücklich gewesen sein. Dennoch war die „Russen-These" irgendwie skurril. Denn wäre sie belegbar gewesen, dann hätte der noch regierende Präsident *Barack Obama* auf der Stelle die gesamte Führungsriege aller US-Geheimdienste, allen voran der CIA und der NSA, wegen kompletten Versagens aus dem Dienst entlassen und Untersuchungen gegen sie einleiten müssen.

Die Leiter jener Institutionen, die nachweislich jedermanns Internet- und Telefondaten weltweit überwachen und auswerten, bezichtigten sich selbst der kompletten Unfähigkeit? Den Journalisten der „etablierten Medien" schien dieser Umstand nicht aufzufallen. Kam es ihnen etwa gelegen, dass Webseiten, die ihnen im Lauf weniger Jahre einen Großteil ihrer Leser und Zuseher streitig gemacht hatten, nun in ein schlechtes Licht gerückt wurden?

> *„EU-Kommissionspräsident Jean-Claude Juncker hat Unternehmen wie Facebook und Google zu einem entschiedenen Vorgehen gegen Falschmeldungen im Internet aufgefordert. Es sei im eigenen Interesse der sozialen Netzwerke... Davon abgesehen habe er das Gefühl, dass die Menschen in Europa zunehmend ‚sensibel dafür werden, wer sie wohlklingend anflunkert und wer ihnen die Wahrheit erzählt', fügte Juncker hinzu. Vor allem in Deutschland suchen die Parteien derzeit nach Rezepten gegen Meinungsmanipulation im Internet. Sie sorgen sich, dass sich Russland auf diese Weise in den Bundestagswahlkampf einmischen könnte."*
> 
> Zeit online am 26. Dezember 2016

Ich kann gut verstehen, dass sich einige europäische Politiker um ihre Wiederwahl sorgten, doch Trump brauchte die Russen vermutlich nicht, um die Wahl zu gewinnen, weil er das Clinton-Lager mit dessen eigenen Waffen geschlagen hatte. Überhaupt ist die ganze Debatte um Falschmeldungen im Grunde ein Witz, denn die Frage nach der „Wahrheit" ist so alt wie die Menschheit selbst. Doch immer dann, wenn Machthaber in Bedrängnis kommen und um ihre Macht fürchten, neigen sie dazu, freie Meinungsäußerung zu unterbinden. Sie versuchen mit allen ihnen zur Verfügung stehenden Mitteln, die öffentliche Meinung zu ihren Gunsten zu beeinflussen und ihr eigenes Versagen zu kaschieren.

> *„Wenn wir den Mechanismus und die Motive des Gruppendenkens verstehen, wird es möglich sein, die Massen, ohne deren Wissen, nach unserem Willen zu kontrollieren und zu steuern."*
> 
> Edward Bernays, Vater der ‚Public Relations'

Genau dieses Mittel hat sehr lange gut funktioniert. Die Nachrichten beeinflussten das kollektive Denken und Handeln. Das Wort „Nachrichten" leitet sich etymologisch nämlich vom Wort „Nachrichtung" ab. Es handelt sich also dabei um Informationen, „nach denen man sich zu richten hat". Jahrzehntelang haben sich die Menschen nach dem gerichtet, was ihnen Radio und Fernsehen als Zusammenfassung des Weltgeschehens präsentierten. Da sie keine Möglichkeit hatten, diese „Nachrichten" auf ihren Wahrheitsgehalt zu überprüfen, waren sie darauf angewiesen, den Medienmachern zu glauben. Das ging solange gut, solange es nur einige wenige staatliche TV-Sender und Radiostationen gab. Mit dem Aufkommen von privaten Sendeanstalten in den 1990ern wurde das Monopol um das Narrativ erstmals aufgeweicht. Doch mit dem Siegeszug des Internets, der sozialen Medien und der Handykameras haben Menschen heute Zugang zu allerlei Informationen, die es ihnen ermöglichen, den Wahrheitsgehalt der Meldungen der Massenmedien zu überprüfen. Damit hat uns die Technik ein Stück Freiheit geschenkt. Dabei kamen in den letzten Jahren immer mehr Menschen zu der Erkenntnis, dass die Berichterstattung der etablierten, alten Medien oftmals einseitig oder tendenziös ist, und daher richten sie sich immer weniger danach. Somit haben diese alten Medien, TV, Radio und Print rasant an Zuhörer- und Leserschaft verloren. Gleichzeitig haben alternative Medien wie Online-Zeitungen oder Internet-Nachrichtenportale an Bedeutung gewonnen – auch weil sie schneller auf aktuelle Ereignisse reagieren können.

Während die Zahl der verkauften Bücher in den letzten Jahren überraschend konstant war, verloren Zeitungen, Zeitschriften und Magazine enorm an Bedeutung.[236] Wurden im Jahr 1991 in Deutschland noch mehr als 27 Millionen Tageszeitungen verkauft, waren es im Jahr 2016 nur noch gut 15 Millionen.[237] Auch im TV-Bereich kam es zu enormen Verschiebungen, weg vom alten Fernsehen mit festen Sendezeiten, hin zu neuen Sendern wie *Netflix* und *Amazon-Video*. Die bringen zwar bislang keine aktuellen Nachrichten, doch sie bieten Filme und Serien an, die der Zuschauer sich wann immer und wo immer ansehen kann. Und die Nachrichten holt er sich dann aus dem Netz. Das klassische Fernsehen hat ausgedient. Es ist nicht nur zu starr geworden, es hat auch zu viel Vertrauen in seine Inhalte verspielt.

Im Auftrag des NDR-Medienmagazins *ZAPP* hatten Meinungsforscher im Dezember 2014 über 1.000 Personen in Deutschland zu ihrem Vertrauen in die Ukraine-Berichterstattung der deutschen Presse befragt. **Laut der Umfrage haben 63 Prozent wenig oder gar kein Vertrauen in die Ukraine-Berichterstattung deutscher Medien.** Fast jeder Dritte empfand die Berichterstattung als einseitig und **18 Prozent waren überzeugt, von den Medien bewusst falsch informiert zu werden.** Das ist ein katastrophales Ergebnis für die deutschen Medien und die Politik, von der sie gefüttert werden. Doch Ähnliches galt für die meisten alteingesessenen Medienkonzerne in der westlichen Welt. Sie hatten den Bogen einfach überspannt.

Einige Fernsehsender hatten es über die Jahre mit der „Wahrheit" in der eigenen Berichterstattung nicht immer so ganz genau genommen. Mancherorts wurden sowohl Statistiken als auch Wahlergebnisse gelegentlich recht „kreativ" interpretiert.[238] Es wurde Bildmaterial in TV-Magazinen oder Nachrichtenformaten auch gerne mal zweckentfremdet.[239] Oder es wurden in sogenannten „Einspielern" Bildmaterial vom *angeblichen* Ort eines Geschehens, sogenannte **„Crisis Actors"**, eingesetzt. Solche „Krisen-Schauspieler" sind Darsteller, die vermeintlich dramatische Situationen vor einer Kamera nachspielen. Das wird zum Teil für Schulungsvideos gemacht, zum Teil liefen solche nachgestellten Situationen aber auch im Fernsehen als vermeintlich echte Berichte von Katastrophen – nachweislich im angelsächsischen Raum, doch vermutlich nicht nur dort.[240]

*„Nichts wirkt so effektiv im Umgang mit realen Katastrophen wie wiederholtes Proben!"*

Zitat von der Internetseite von *Crisiscast*[241]

Seit der 9/11-Berichterstattung wissen wir, dass ein und dieselben Personen in verschiedenen Kostümen nicht nur zur gleichen Zeit an unterschiedlichen Orten als Zeugen oder Opfer auftreten können, es gibt auch hinreichend Beweise dafür, dass manche von ihnen immer wieder mit unterschiedlichen Namen ins Fernsehen kamen und andere schon mehrere Tode gestorben sind.[242]

*„Unsere Rollenspiel-Darsteller sind psychologisch in Täter- und Opferverhalten geschult. Sie bringen hochgradigen Realismus in Massen-Unfallszenarien am Schlachtfeld, während Entführungen und Lösegeldübergaben, Notfallevakuierungen, und in Bedrohungsszenarien in urbanen und öffentlichen Räumen."*[243]

Zitat von der Internetseite von *Crisiscast*

Die heiße Diskussion um vermeintliche „Fake News" ist deswegen gerade im Jahr 2016 entbrannt, weil ein links-liberales Establishment um seine Pfründe fürchtet und sich daher im Panik-Modus befindet. Das Aufkeimen konservativer und nationalistischer Tendenzen in Europa und in den USA könnte zudem alles zunichte machen, was die Geheime Weltregierung und ihre Gefolgsleute über Jahrzehnte hinweg aufgebaut haben. Also hauen sie auf ihre Kritiker einfach mal pauschal drauf und beschimpfen alle, die nicht so wollen wie sie, als „russische Spione" oder „rechte Spinner". Die USA haben es vorgemacht und Europa macht es nach.

*„Im ‚Spiegel' kündigte SPD-Fraktionschef Thomas Oppermann an, Marktführer wie Facebook oder Google gesetzlich dazu zu verpflichten, eine rund um die Uhr erreichbare Anlaufstelle für* **Opfer von Falschmeldungen** *einzurichten und Fake News unverzüglich zu entfernen. ‚Wir erwarten, dass sich die Löschpraxis von Facebook deutlich verbessert', sekundiert Justizminister Heiko Maas."*

*Die Presse*, Print-Ausgabe (28.12.2016)

„Opfer von Falschmeldungen"? Mit solchen Aussagen von Politikern wurde gezielt der Versuch unternommen, alternative Sichtweisen als Verbrechen hinzustellen! Wenn jemand nicht zwischen Fiktion und Wahrheit unterscheiden kann, ist er oder sie nicht „Opfer von Falschmeldungen", sondern ein „Opfer schlechter Bildung" oder ein „Opfer jahrzehntelanger Gedankenkontrolle". George Orwell nannte diese sprachliche Manipulation „Neusprech". Wenn man in Bezug auf das Internet von „Opfern" spricht, dann gäbe es da vielleicht einiges anderes aufzuarbeiten, wie der folgende Ausschnitt aus einer Meldung belegt.

*„Nachdem sie Videos des Übergriffs von Uppsala sah, hat eine 21-jährige Schwedin in einem der Täter ihren eigenen Vergewaltiger wiedererkannt. Sie sei von dem Mann 15 Monate zuvor in einem Badezimmer überfallen*

*worden, als sie gerade duschte... Das Opfer beschreibt das Verhalten des Täters als ‚krank'. Sie hofft nun, dass er diesmal verurteilt wird. Obwohl sie nach dem Übergriff Spuren von Gewalt am ganzen Körper gehabt habe, sei es der Polizei ‚nicht möglich gewesen, festzustellen, dass ein Verbrechen stattgefunden hatte'. Die Anzeige verlief im Sand... Laut der schwedischen Website ‚Friatider' handelt es sich bei dem 24-jährigen um einen Iraner. Er sei polizeibekannt durch zehn Arten von Straftaten. Verurteilt worden sei er wegen Körperverletzung, Drogenkriminalität und Diebstahl...* **Auf Facebook** *war am frühen Sonntagmorgen* **stundenlang zu sehen** *gewesen,* **wie drei bewaffnete Männer mit Migrationshintergrund** *in einem Zimmer eine offensichtlich* **bewusstlose Schwedin vergewaltigten...** **Hunderte Zeugen sahen das Verbrechen live**, *das erst durch die eintreffende Polizei beendet wurde... Der kurdische Ökonom und Buchautor Tino Sanandaji verurteilte auf Facebook das Schweigen der schwedischen Medien zum offensichtlichen Migrationshintergrund der Täter – und die Regierungsentscheidung, Statistiken zur Herkunft von Kriminellen weiterhin zu unterdrücken.*"[244]

Durch gezieltes Verdrehen der Bedeutung von Worten und durch Vereinfachung der Sprache wurde die Bedeutung von Worten in *George Orwells* Roman „1984" verändert. Nach und nach wurden immer mehr Worte verboten und aus dem Bewusstsein gelöscht, andere wurden pervertiert. Dadurch wurde das Denken der Menschen immer schlichter und uniformer. Orwell beschrieb auch eine „Gedankenpolizei", welche die Gedanken der Menschen überwachte und jeden gefangen nahm, der revolutionäre oder von der Parteilinie abweichende Gedanken hegte. Wie konnte Orwell all das nur so präzise vorhersehen?

Ich möchte daran erinnern, dass die krassesten und folgenschwersten „Fake News" immer noch von Regierungspolitikern kamen und von den etablierten Medien verbreitet wurden. Ich meine damit beispielsweise die gezielte Lüge aus dem Jahr 2003, *„Saddam Hussein verfüge über Massenvernichtungswaffen"*, die von den meisten Medien verbreitet wurde und den darauffolgenden Irakkrieg rechtfertigte, der letzlich nichts anderes als ein Überfall der USA und Großbritanniens auf den Irak war, unterstützt von einer „Koalition der Willigen", zu der auch Polen, die Slowakei, Slowenien,

Spanien, Tschechien, Ungarn und Italien gehörten, um nur einige zu nennen. (siehe Abb. 36) Diese „Fake News" bezahlten hunderttausende unschuldige OPFER mit dem Tod! Man sollte also mit dem Begriff „Opfer von Fake News" sehr vorsichtig umgehen!

Natürlich ist es für eine Firma wie *Facebook* mit 1,8 Milliarden Nutzern in zahlreichen Sprachen, nicht einfach, gefährliche Inhalte herauszufiltern, doch um Ärger zu vermeiden, führte *Facebook* zu Beginn des Jahres 2017 auf seiner Plattform verschiedene Möglichkeiten der „Zensur" ein.

Abb. 36: Am 6.2.2003 berichtete Bild (wie viele andere Medien auch) über Fotos, die angeblich beweisen würden, dass Saddam Hussein über Massenvernichtungswaffen verfüge, die sich später als Fälschung herausstellten.

Wem eine Meldung fortan nicht passt, der kann sie als „Fake News" markieren und ein willkürlich zusammengesetztes Gremium prüft sie dann. Wenn dieses „unabhängige Gremium" den Daumen über den betreffenden Verbreiter der Meldung senkt, dann wird dessen *Facebook*-Seite für Werbebanner (also für Werbeeinnahmen) gesperrt oder ganz gelöscht.

In Deutschland sah es Anfang 2017 so aus, als würde diese verantwortungsvolle Aufgabe von dem „Rechercheverbund" *Correctiv* übernommen werden. *Correctiv* ist ein Verein, der selbst Nachrichten in Englisch, Deutsch und Russisch verbreitet und von privaten und staatlichen Spenden lebt. Zu den edlen Spendern zählen die *Bundeszentrale für politische Bildung*, die *Deutsche Bank*, *RTL*, *Google*, *ZDF*, die *Heinrich Böll Stiftung*, die *Konrad Adenauer Stiftung*, die *Brost-Stiftung* und die *Rudolf Augstein-Stiftung* – ach, und einen selbstlosen Spender hätte ich fast vergessen: George Soros' *Open Society Foundations*![245]

Auf die Gefahr hin, dass es langweilig wird, aber die Tatsache, dass sowohl die *Konrad Adenauer Stiftung* als auch die *Open Society Foundations* am Umsturz in der Ukraine aktiv beteiligt waren und *Correctiv* auch Nachrichten in Russisch publiziert, bin ich nicht ganz sicher, ob man hier von einer „unabhängigen Korrekturbehörde" sprechen kann. Das veraltete Wort „Korrektiv" bedeutet übrigens „korrigieren, verbessern oder zurechtweisen". Künftig werden also deutsche Non-Konformisten mit freundlicher Unterstützung von *ZDF*, *RTL*, *Google*, der *Deutschen Bank* und *George Soros* verbessert und zurechtgewiesen.

> *„Gerade bei den klassischen Pressemedien haben wir aber schon eine ziemlich gut wirkende Selbstkontrolle. Da gibt es den Presserat, in den einzelnen Häusern gibt es Ombudsmänner, Leser-Beiräte und sonstige Sachen. Jeder macht mal einen Fehler. Da würde ich grundsätzlich darauf vertrauen, dass diese erprobten Instrumente der Selbstkontrolle funktionieren. Deswegen kann man sich die Arbeit an dieser Stelle wohl sparen."*[246]
>
> *Correctiv*-Chef David Schraven

*Correctiv*-Chef David Schraven ist also der Ansicht, dass man nur bei den unabhängigen Medien genau hinsehen muss, weil die Großen ja ohnehin keine Fehler machen. Dem braucht man nicht mehr viel hinzuzufügen, außer vielleicht, dass die *Harvard University* im April 2015 eine Studie veröffentlichte, die besagte, dass **39 Prozent aller jungen Amerikaner (18 bis 29 Jahre) sich sicher waren, dass die Medien NIEMALS die Wahrheit sagen.**[247]

Deswegen wird es eher schwer werden, alternative Nachrichten gänzlich zu unterdrücken, auch wenn manchmal der Eindruck entstehen könnte, als ob das gewollt wäre. Bei rund 890 Millionen Zugriffen auf *Facebook* weltweit PRO TAG[248] ist es unmöglich, alle Inhalte auf ihren Wahrheitsgehalt zu überprüfen. Deshalb bezeichnete *Patrick Walker*, *Facebooks* Direktor „für Medienpartnerschaft" für Europa, den mittleren Osten und Afrika, dieses Prinzip der Zensur als *„a game of whack-a-mole"*. Der Ausdruck ist angelehnt an ein altes Videospiel, bei dem Maulwürfe an unterschiedlichen Stellen aus dem Gras hervorlugen und man sie mit dem Hammer wieder so rasch als möglich in den Boden hineinschlagen muss. Die neue Internet-Zensur-Behörde weiß also, dass sie das Spiel nicht gewinnen kann, doch der Plan ist *„da und dort einfach mal draufzuhauen"*. Intelligentes, erwachsenes Verhalten sieht anders aus. Die Lösung könnte wieder darin liegen, Künstlicher Intelligenz künftig die Entscheidungen zu übertragen.

*„Es gibt Hinweise, die für Variante eins sprechen: Facebook hat 2015 dieses Patent für ein System beantragt, das Nutzerbeschwerden, Maschinenlernen und menschliche Moderatoren kombiniert. Eine Künstliche Intelligenz (KI) soll demnach mit gemeldeten Inhalten trainiert werden, um eine Vorauswahl für die Moderatoren zu treffen, welche Inhalte fragwürdig und möglicherweise zu löschen sind. Die KI würde im besten Fall nebenbei lernen, auch ohne die Hilfe von Nutzern zu erkennen, ob eine Nachricht typische Merkmale von Fake News (oder Pornografie oder Hassbotschaften) hat, und sie direkt den Moderatoren vorlegen."*[249]

Patrick Beuth, *Die Zeit*

Im Jahr 2011 sagte die damalige US-Außenministerin Hillary Clinton vor dem *Senats-Ausschuss für Auswärtige Angelegenheiten*: „**Wir befinden uns in einem Informationskrieg und wir sind dabei, diesen Krieg zu verlieren.**" Zudem sagte sie: „*Während des Kalten Krieges waren wir sehr erfolgreich darin, Amerikas Sicht der Dinge deutlich zu machen. Nachdem die Berliner Mauer fiel, sagten wir ‚na gut, genug davon, das haben wir jetzt auch erledigt' und unglücklicherweise zahlen wir dafür einen hohen Preis.*" Damals ahnte Clinton noch nicht, dass der Preis noch viel höher sein würde, als sie es sich jemals ausmalen konnte: gegen Donald Trump im Präsidentschaftswahlkampf zu unterliegen. Ich erinnere hier nochmals daran, dass *Facebook & Co* nachweislich eng mit den Geheimdiensten und dem politischen Establishment zusammenarbeiten!

Die Geschichte wurde seit jeher von jenen bestimmt, die Geschichte und Geschichten aufschrieben. Damit haben die Schreiber das kollektive Gedächtnis geprägt und beeinflusst. Sie haben bestimmte Aspekte der Realität besonders hervorgehoben, andere vernachlässigt. Das ist nicht weiter ungewöhnlich, weil wir alle nur einen kleinen Ausschnitt des großen Ganzen sehen können. Heikel wird es nur, wenn andere, die einen anderen Ausschnitt beleuchten wollen, das nicht dürfen. In den Jahren 2016 und 2017 schien es, als würden das diejenigen sein, die nicht dem Weltbild einer selbsternannten, vermeintlich links-liberalen Bildungselite folgen wollten.

*„Bei Umfragen kommt immer wieder heraus, dass die Mehrheit der Journalisten ihre politische Heimat tendenziell grün-rot verortet. Das schlägt sich dann in der Berichterstattung und Kommentierung nieder: gut, edel*

*und richtig... Viele Journalisten fühlen sich auf der richtigen Seite und wollen zum Teil die Menschen erziehen. Das haben Sie ja auch bei der Berichterstattung über Kriminalität. Bis ich heraushatte, dass der Bursche, der in Hameln seine Frau mit einem Strick um den Hals an der Anhängerkupplung festband und hinter dem Auto durch die Stadt schleifte, ein Kurde mit deutschem Doppelpass war, musste ich vier Medien lesen. Oder nehmen Sie die Berichterstattung über Einbruchdiebstähle. Ganz selten erfährt man, dass es sich um organisierte Banden vom Balkan handelt."*
        Helmut Markwort, *Focus*-Gründer und Herausgeber[(250)]

Die Art der Beeinflussung des Bürgers hat sich mit der raschen Verbreitung der neuen Medien entscheidend gewandelt. Sprach man vor einigen Jahren in elitären Kreisen noch recht hochgestochen von *„libertärem Paternalismus"* (übersetzt: *Sanfte Bevormundung*), so konnte man die neuen Tendenzen eher als „rabiate Einschüchterung" bezeichnen. Das kommt einer Form von Einschränkung der Meinungsfreiheit gleich, und damit von Zensur.

Der Grund dafür ist einfach: eine kleine, selbsternannte Elite, die über Jahrhunderte hinweg das „Narrativ" bestimmte, hat den Anschluss an das moderne Zeitalter verloren. Das US-Establishment, das über Jahrzehnte hinweg bestimmte, was als alleinige „Wahrheit" in den Medien verkauft wurde, hat seine Vormachtstellung eingebüßt, vor allem dank des Internets. Jahrzehntelang hatten die großen westlichen Sender wie CNN und FOX (USA), BBC (Großbritannien) oder die öffentlich-rechtlichen Sender in Deutschland das Quasi-Monopol darauf, das Denken und Handeln der Bewohner der westlichen Welt zu formen. Sie hatten die Deutungshoheit über das Weltgeschehen und die Geschichte. Sie gaben vor, objektiv zu berichten, zeigten uns in Wahrheit aber nur, was wir aus Sicht der reichen westlichen Elite von der Welt wissen sollten. Und dann kam Donald Trump und die links-liberale Elite fürchtete um ihre Herrschaft über das Narrativ. Kaum jemand hat es besser und entlarvender auf den Punkt gebracht, als die TV-Moderatorin *Mika Brzezinski*, Tochter des ehemaligen einflussreichen US-Sicherheitsberaters Zbigniew Brzezinski, als sie am 22. Februar 2017 auf *MSNBC* (*Microsoft/National Broadcasting Company*) in Bezug auf Donald Trump sagte:

*„Tja, ich denke, dass der gefährliche Knackpunkt dabei ist, dass er versucht, die Medien zu unterminieren und versucht, seine eigenen Fakten zu schaffen.* **Und es könnte passieren, dass er während einer Verschlechterung von Wirtschaft und Beschäftigung die Deutungshoheit derart unterminiert, dass er wirklich exakt kontrollieren kann, was Menschen denken. UND DAS, DAS IST UNSER JOB!"**

TV-Moderatorin Mika Brzezinski[251]

Das links-liberale Establishment schwankt nun, frei nach *Elisabeth Kübler Ross*, nach einer langen Phase des „Leugnens" offenbar zwischen den Phasen „Verwirrung" und „Zorn".

Die moderne Technik hat uns die Möglichkeit gegeben, alles jederzeit und nahezu überall zu recherchieren und zu vergleichen. Daher sollten wir diese Chance nutzen und uns so umfangreich wie möglich informieren. Dazu gehören auch Internetformate wie Netzzeitungen oder Nachrichtenportale. Wenn ich mir zu einem Thema ein umfassendes Bild machen möchte, dann nutze ich dazu manchmal auch die diversen Mainstream-Nachrichtenformate, doch ich vergleiche sie immer mit Berichten in alternativen Medien, auch oder ganz besonders mit solchen, die seit dem November 2016 als „Fake News" gebrandmarkt werden. Wenn ich eine bestimmte Nachricht im Radio oder Fernsehen in Deutschland oder Österreich mit bestimmten Seiten aus den USA, China und Russland vergleiche, dann bekomme ich ein ganz anderes Verständnis für eine Thematik, als wenn ich mich nur auf eine einzige Quelle verlasse. Dadurch komme ich manchmal an wirklich überraschende und höchst interessante Informationen.

## *Das Trump-Phänomen*

Kaum jemand hat in den letzten Jahren so sehr polarisiert wie Donald Trump. Kaum jemand hat die Welt zuletzt mehr überrascht als er. Bis zum 8. November 2016 waren sich Presse, Politiker und Wahlforscher im Westen einig, dass *Donald John Trump* gegen *Hillary Rodham Clinton* nicht den Funken einer Chance hätte. Als dann aber am 9. November feststand, dass Trump die Wahl gewonnen hatte und neuer US-Präsident werden würde, brach für viele Menschen offenbar nicht nur die Welt, sondern ihr gesamtes Universum zusammen. Was sich in den nächsten Stunden und Tagen abspielte, war beispiellos. TV-Sender brachten Sondersendungen, Politiker trafen sich zu Krisensitzungen und an vielen US-amerikanischen Universitäten fiel für Tage der Unterricht aus, weil viele Studenten durch die Wahl des „falschen Kandidaten" so traumatisiert waren, dass sie völlig von der Rolle waren. Universitäten wurden in Kindergärten verwandelt. Emotional derangierte Anfang- und Mittzwanziger versuchten ihr Trauma in Mal- oder Bastelgruppen zu verarbeiten, und statt Prüfungen abzulegen, spielten sie mit Legosteinen oder Modelliermasse. Die *Stanford Universität* im Silicon Valley bot ihren Studenten und Mitarbeitern psychologische und religiöse Betreuung an und forderte sie auf, in diesen schweren Stunden zusammenzustehen.

An der Elite-Uni *Yale* wurden Gruppen angeboten, in denen sich Studenten gemeinsam ihre Wut aus dem Leib schreien konnten, die Universität von Kansas stellte Therapiehunde zur Verfügung und in *Cornel* traf man sich zum gemeinsamen Trauern und Heulen.[252] Was vielleicht auf den ersten Blick lustig erscheinen mag, geht weit über das kindliche oder gestörte Verhalten dieser „Schneeflocken" hinaus. Es war zugleich eine Methode, um all jene Studenten, die *für* Trump waren, mundtot zu machen. Denn wer traut sich schon während eines organisierten kollektiven, emotionalen Ausnahmezustandes, in einem zunehmend politisch korrekten Umfeld vor den weit aufgerissenen Augen der Weltpresse das Verhalten „traumatisierter Menschen" in Frage zu stellen?

Wie bereits zuvor beschrieben, hatte sich der weitaus größte Teil aller Meinungsmacher, Politiker, Journalisten, Popstars und Intellektuellen geirrt, weil sie keinerlei Bezug mehr zur Realität hatten und es für ausgeschlossen hielten, dass die ungebildete Masse es wagen würde, der „intellektuellen Elite" und ihrer Wahlempfehlung zu widersprechen. Hillary Clinton hatte bei einer Wahlkampfrede im September 2016 gesagt, dass etwa die Hälfte aller Trump-Unterstützer ein „erbärmlicher Haufen" („*a basket of deplorables*") sei. Offenbar hatte sie diesen „Weißen Abschaum" unterschätzt.

Doch wie war es überhaupt möglich, dass **Donald John Trump**, Enkel eines deutschen Einwanderers aus *Kallstadt* in der Pfalz und „Enfant Terrible" der New Yorker Geschäftswelt, 45. Präsident der USA werden konnte? Nun, dafür gibt es eine Vielzahl von Gründen, doch der Wichtigste war, dass die Wähler in den USA am Ende nur die Wahl zwischen Clinton und Trump hatten, und Clinton alles repräsentierte, was ein Großteil der US-Bevölkerung ablehnte. Ein weiterer wichtiger Grund war, dass viele Menschen das alte herrschende System leid waren und endlich den Wandel wollten, den ihnen Obama jahrelang versprochen, aber nicht erfüllt hatte.

Im Jahr 2016 waren die USA so gespalten wie zuletzt vor dem Sezessions-Krieg. Diesmal ging der Riss jedoch nicht quer durchs Land, sondern quer durch die Gesellschaft. Es gab eine links-liberale Großstadtbevölkerung, die privilegiert und verwöhnt war, wie einst der Adel in Europa. Und es gab die breite Masse der Landbevölkerung, die zunehmend immer ärmer wurde und sich vom Establishment in den Metropolen übergangen fühlte. Den meisten Kritikern des herrschenden Systems war klar, dass sich nur dann etwas ändern konnte, wenn jemand an die Spitze kam, der nicht mit dem politischen Filz in Washington, der Banken-Elite in New York, dem militärisch-industriellen Komplex und den Geheimdiensten verbandelt war – und da blieb am Ende unter allen Kandidaten nur noch Donald Trump übrig.

> *„Das Vertrauen der Menschen in die politischen und gesellschaftlichen Institutionen erodiert. Politikern, Managern, Nichtregierungsorganisationen und auch den Medien wird immer weniger vertraut. Die Mehrheit der Menschen glaubt inzwischen, dass das aus diesen Säulen gebildete ‚System' nicht mehr funktioniert... Diese Zahlen und Erkenntnisse basieren auf dem ‚Edelman Trust Barometer'... Nur noch 37 Prozent der Befragten halten Vorstandsvorsitzende eines Unternehmens in ihren Aussagen für glaubwürdig, und mit Blick auf Vertreter der Regierung glauben das sogar nur noch 29 Prozent... Die Begründung für den Wahlerfolg Trumps findet*

*sich auch in anderen Ergebnissen der Umfrage... Denn jeder zweite der Befragten ist der Meinung, dass man keine Freihandelsabkommen mehr abschließen sollte, da sie den Arbeitern im eigenen Land schadeten. Sogar 70 Prozent stimmen der Aussage zu, dass die Interessen des eigenen Landes über denen des Rests der Welt stehen sollten. Und 72 Prozent der Befragten meinten, dass die jeweilige Regierung die nationalen Arbeitsplätze und Unternehmen schützen sollte, selbst wenn das zu Lasten des Wirtschaftswachstums gehen sollte...* **Die Skepsis gegenüber Innovationen wird in der breiten Bevölkerung immer größer...** *Der allgemeinen Bevölkerung ist das Innovationstempo ganz offensichtlich zu hoch geworden... Auch in den Augen des Weltwirtschaftsforums (WEF)... selbst, ist es tatsächlich der technische Fortschritt, der zu den immer größeren Unterschieden zwischen arm und reich führt... Das WEF spricht von einer ‚vierten Industriellen Revolution': Künstliche Intelligenz, die Robotertechnik, das Internet der Dinge und andere technische Durchbrüche brächten zwar viele Vorteile, trieben aber auch einen Keil in die Gesellschaften."*
Carsten Knop (*FAZ*) vom Weltwirtschaftsforum in Davos 2017[253]

Es gibt in der westlichen Welt immer mehr Menschen, die Bedenken gegenüber der nächsten „industriellen Revolution", gegenüber Robotern und KI haben, und die dafür sind, die Macht der Tech-Milliardäre zu begrenzen und sie nicht weiter schalten und walten zu lassen, wie sie wollen. Hillary Clinton hätte den Schmusekurs Obamas mit dem Silicon Valley fortgesetzt. Der größte Teil der Bildungsinstitutionen, der Medien, des Silicon Valleys, der Rüstungsfirmen und Banken, schlicht die Geheime Weltregierung und ihre Vasallen, hatten auf Clinton gesetzt, weil sie berechenbar und regimetreu war. Doch sie hatten die Rechnung ohne die Wähler und ohne Donald Trump gemacht.

Die Mehrheit der linken Wähler in den USA wollte im Jahr 2015 den parteilosen Senator von Vermont, *Bernie Sanders*, zum Präsidentschaftskandidaten wählen, doch die Reichen und Mächtigen haben seine Kandidatur – gegen den Willen der Basis – verhindert, weil er ihnen zu links, zu radikal und zu unabhängig war. Sanders genoss in weiten Teilen der Bevölkerung Zustimmung, er hatte viele junge Menschen und viele Frauen hinter sich. Er hätte sicher auch viele Unentschlossene für sich einnehmen und so die Wahl zum Präsidenten gewinnen können. Die Demokraten hatten einen nahezu perfekten Kandidaten, doch die Strippenzieher im Hintergrund haben ihn zu Gunsten Clintons verhindert. Als Hillary Clinton am Parteitag der Demokraten am 26. Juli 2016 offiziell als jene Kandidatin der Demokraten vorgestellt wurde, die gegen Donald Trump ins Rennen gehen würde, verließ mehr als die Hälfte aller Anwesenden den Saal, weil sie Bernie Sanders vorgezogen hätten und von ihrer Parteiführung enttäuscht und angewidert waren. Wer es nicht glauben mag, kann sich das Video von *Josh Fox* dazu ansehen.[254]

Im Lager der Demokraten wurden daraufhin Vermutungen geäußert, wonach bei Hillary Clintons Vorwahlsieg über Bernie Sanders nicht alles mit rechten Dingen zugegangen sei. Dabei fiel auf, dass mehrere Personen, wie *Victor Thorn* oder *Shawn Lucas*, die diesen vermeintlichen Skandal aufdecken wollten, in den nächsten Wochen und Monaten sehr überraschend und unter teils ungeklärten Umständen verstarben.[254a] Das befeuerte Gerüchte, die seit vielen Jahren immer wieder geäußert wurden, nämlich, dass „*Leichen den Weg der Clintons*" pflasterten.

Doch davon war in den Leitmedien zu beiden Seiten des Atlantiks nicht viel zu hören. Die Medienvertreter, die Unterhaltungsbranche und das Silicon Valley bezogen klar Stellung für Clinton. Doch über das Internet und die sozialen Netzwerke setzte sich die Wahrheit nach und nach durch. Kaum jemand wollte Hillary – außer einigen alten, schwerreichen Männern, die meinten, der ganzen Welt weiterhin ihren Willen aufzwingen zu können. Hillary Clinton wollte selbst unbedingt die erste Präsidentin der USA werden. Sie war bereits im Jahr 2008 angetreten, aber in den Vorwahlen der Demokraten ihrem charismatischen Konkurrenten *Barack Obama* unterlegen. Während dessen erster Amtszeit war sie US-Außenministerin, danach zog sie sich zurück und überließ den Posten *John Kerry*. Sie kümmerte sich fortan vorwiegend um die *Clinton-Stiftung*, die ihr Mann nach seinem Ausscheiden aus dem Weißen Haus im Jahr 2001 gegründet hatte. Angeblich widmete sie sich der Organisation der „globalen Unabhängigkeit" von Menschen und der „Macht unabhängiger Zusammenarbeit" – was auch immer das bedeuten mag.

Hillary Clinton war in den USA als Politikerin eher unbeliebt, auch wenn die Presse sich lange bemüht hat, das Gegenteil zu behaupten. In weiten Teilen der US-Bevölkerung galt Clinton als korrupte geldgierige Kriegstreiberin, und das nicht erst seit ihrer Email-Affäre und nicht nur bei den Republikanern. Selbst unter eingefleischten Demokraten gab es den geflügelten Spruch: *„Es gibt keinen Krieg, den sie nicht liebt!"*

Hillary Clinton hatte nicht nur im Jahr 2002 Präsident Bushs Irak-Krieg unterstützt, sondern auch im Jahr 2011 zusammen mit ihrer engen Vertrauten *Victoria Nuland* die Aufstände in Tunesien und Ägypten, und kurz darauf auch in der Ukraine mitorganisiert. Clinton war eine der treibenden Kräfte hinter der Gründung der *Alliance for Youth Movements (AYM)*, die 2011 in *Movements.org* umbenannt wurde. Diese von den USA aus gegründete NGO, die angeblich die „Rechte unterdrückter Jugendlicher" auf der ganzen Welt stärken wollte, stand gemeinsam mit George Soros und anderen „Philanthropen" hinter den Aufständen in Nordafrika.[255] Das wussten mittlerweile viele Amerikaner, weswegen Hillary Clinton in weiten Teilen der Bevölkerung nicht gemocht wurde. Doch nachdem Bernie Sanders abgeschossen worden war, formierten sich viele Anhänger der Demokraten schließlich doch, allerdings eher widerwillig hinter Clinton. Jetzt lautete das erklärte Ziel, *„Trump zu verhindern"*.

Zahlreiche Berühmtheiten unterstützten Clinton fortan im Wahlkampf. Sie halfen bei ihrer Kampagne, die ansonsten von gesundheitlichen Problemen und Skandalen überschattet war, durch Auftritte oder Geld. So wurde sie offen unterstützt von Berühmtheiten wie Modezar *Karl Lagerfeld*, von Schauspielern wie *George Clooney*[256], *Robert DeNiro, Leonardo DiCaprio, Dustin Hoffman, Matt Damon, Tom Hanks, Julianne Moore, Reese Witherspoon, Diane Kruger, Ben Affleck, Richard Gere, Michael Douglas, Will Ferrell* und *Sean Penn* oder von Musikern wie *Cher, Katy Perry, Britney Spears*[257], *Sting, Jon Bon Jovi, Jennifer Lopez, Snoop Dogg, Stevie Wonder, Barbra Streisand, Christina Aguilera, Elton John* oder *Ricky Martin*, um nur einige zu nennen.[258]

Es geht mir hierbei nicht darum, diesen Menschen ihre eigene Meinung abzusprechen, sondern darum aufzuzeigen, dass die meisten Personen des öffentlichen Lebens reflexartig hinter den Demokraten und daher letztlich auch hinter Clinton standen. Das ist insofern gefährlich, als es Millionen junger und leicht beeinflussbarer Menschen auf dieser Welt gibt, die diesen Stars blind vertrauen und ihnen alles nachmachen. Hier wird gezielt der Eindruck vermittelt, dass sich alle darin einig seien, dass es nur „einen richtigen Weg" gäbe. Skepsis, Zweifel und Selbstkritik werden so ausgeschlossen.

Es ist in Hollywood unmöglich zu sagen, dass man für die Republikaner ist – nicht, dass es keiner wäre, doch das würde keiner jemals laut sagen, außer vielleicht *Clint Eastwood*, der sich klar für Trump ausgesprochen hatte. Das ging vielleicht noch zu Zeiten von Ronald Reagan in den 1980er-Jahren, doch heute muss man, um nicht von der Presse ins Aus gestellt zu werden, glühender Anhänger der Demokraten und des gleichgeschalteten links-liberalen Mainstreams sein.

Clintons Wahlkampf war von mehreren Skandalen überschattet, nachdem *Wikileaks* mehr als 60.000 Emails von Clinton und ihrem Wahlkampfleiter *John Podesta* veröffentlichte, die aufzeigten, dass das Ehepaar Clinton in zahlreiche dubiose Geschäfte verwickelt war und via deren Clinton-Stiftung offenbar Gelder annahm, um Lobbyisten Kontakte zu hochrangigen Beamten und Politikern in Washington zu verschaffen. Die Mainstream-Presse versuchte, die Sache herunterzuspielen, doch das gelang ihnen nicht so ganz. Denn in den veröffentlichten Emails ging es nicht nur um „Schmiergelder", sondern es wurde auch klar, dass Hillary Clinton von TV-Sendern wie *CNN* vor den TV-Duellen im Endspurt des Wahlkampfes die genauen Fragen zugespielt worden waren, was ihr Vorteile gegenüber Donald Trump verschaffen sollte. Clintons Wahlkampfleiter *John Podesta* hatte zudem Absprachen mit *Associated Press* (AP), einer der größten Nachrichtenagenturen der Welt, darüber getroffen, die Email-Affäre herunterzuspielen.[259][260]

Doch die geleakten Emails stammten nicht nur von Clintons Computer. Einige kamen auch vom Laptop von *Huma Abedin*, Hillarys rechter Hand. Sie soll diejenige gewesen sein, die Anfragen für Kontakte in Washington entgegennahm und den Bittstellern nahelegte, dass sie schneller vorankämen, wenn sie an die *Clinton-Stiftung* spenden würden. Huma Abedin war verheiratet mit dem ehemaligen demokratischen Abgeordneten *Anthony Weiner*. Der musste im Jahr 2011 wegen eines Sexskandals zurücktreten, da er via Internet Nacktbilder von sich an Minderjährige verschickt hatte.[261] Wenn man weiß, dass in den USA im Jahr 2015 bekannt geworden war, dass Hillarys Mann, Ex-Präsident *Bill Clinton*, des Öfteren Sex mit Minderjährigen gehabt haben soll, dann würde man vielleicht annehmen, dass dieser Cocktail an dubiosem und kriminellem Verhalten im Umfeld der Clinton-Familie von vornherein ausgereicht hätte, um Hillary Clinton für das US-Präsidenten-Amt zu disqualifizieren. Doch weit gefehlt.[262][263]

Die eigentliche Frage, die sich bis heute Millionen von Menschen stellen, ist doch: *„Wie konnte jemand wie Donald Trump überhaupt bis in die Endwahl um das Präsidentenamt kommen?"* Und genau das ist es, was die Mainstreampresse größtenteils absichtlich verheimlicht hat. Die Veröffentlichung der Emails von Hillary Clinton, John Podesta und Huma Abedin durch *Wikileaks* haben die Frage nämlich ganz klar beantwortet: Trump hat mit Hillary Clintons ungewollter Hilfe gewonnen! Ihre maßlose Selbstüberschätzung hat Trump mit zum Sieg verholfen.

> *„Alles was HRC (Hillary Rodham Clinton, A.d.V.) anfasst, vermasselt sie mit Hybris."*
> 
> Der frühere US-Außenminister Colin Powell in einer Email an Jeffrey Leeds, einem der Großspender Clintons[264]

Die Clinton-Mannschaft hatte die linken US-Medien und den (von George Soros mitfinanzierten) einflussreichen Schwulen- und Lesben-Verband *Human Rights Campaign* (HRC) bereits im Vorwahlkampf im Jahr 2015 auf Trump angesetzt – zu einem Zeitpunkt also, als noch mehrere Kandidaten um die Nominierung der Republikaner kämpften. Clinton, Podesta, Abedin und die mächtigen Männer hinter ihnen dachten, dass der politisch unerfahrene Macho und Chauvinist Trump chancenlos war. Die Presse und mehrere private Organisationen schenkten dem Außenseiter Trump daher auf Clintons Anweisung hin übertrieben viel Aufmerksamkeit. Damit sollten alle anderen republikanischen Kandidaten gezwungen werden, sich intensiv mit ihm und seinen oft recht extremen Positionen auseinanderzusetzen. Das sollte alle republikanischen Kandidaten weiter nach rechts driften lassen. Damit glaubte das Clinton-Team, mehr Wähler in der Mitte des politischen Spektrums für sich gewinnen zu können. Der gesamte Wahlkampf war so gestaltet, dass man Donald Trump in den Medien aufbaute, und als er tatsächlich als einziger Gegner Clintons übrig war, war man sich sicher, bereits gewonnen zu haben.[265]

„*Wenn man all die Emails betrachtet, wird deutlich, dass der Aufstieg Donald Trumps von Hillary selbst, in einer abgestimmten Aktion mit den Mainstream-Medien orchestriert wurde, um ihn danach in Schutt und Asche zu legen. Ihre Strategie ging nach hinten los... Das war bei weitem der schrecklichste Wahlkampf aller Zeiten, und er war absichtlich komplett von Hillary so arrangiert, um zu polarisieren, damit sie die Wahlen um jeden Preis gewinnen würde. Sie hat unsere Verfassung und unser Land zerstört. Kein Wunder, dass Hillary* (nach ihrer Niederlage A.d.V.) *nicht auf die Bühne kam, um ihren Unterstützern zu danken. Sie hat sich nie auf sie verlassen, sondern betrachtete die Leute als Narren. Ihre ganze Strategie zielte darauf ab, das Weiße Haus durch Manipulation des gesamten Wahlvorganges zu übernehmen. Einfach unglaublich. Jeder Demokrat, den das nicht wütend macht, ist ohne Zweifel ein befangener Narr. Wacht auf und legt die rosarote Brille ab. Ihr habt nur bekommen, was ihr verdient.*"

               Martin Armstrong (US-Finanzanalyst) am 12. November 2016[266]

Doch all das erfuhren jene zart besaiteten Studenten, die nach Donald Trumps Wahl zum Präsidenten zusammenbrachen, nicht, weil sie *Wikileaks* und den kritischen Webseiten misstrauten. So etwas konnten nur „Fake News" sein, Verleumdungen von rechten Spinnern oder russischen Trollen, und verbreitet, um Amerika zu schaden. An ihren Schulen und Universitäten waren sie nicht auf eine Welt vorbereitet worden, in der tatsächlich jemand gewinnen konnte, den sie nicht wollten. Das Leben kann hart sein!

Für viele Großspender bedeutete die Niederlage Hillary Clintons den Totalverlust ihres Investments und den Verlust jeglicher Kontrolle über den alten Machtapparat. Trump hatte angekündigt, nicht nur die erste Reihe in Washington austauschen zu wollen, sondern den gesamten Apparat, also tausende Beamte, die im Hintergrund die Fäden zogen. Also berief George Soros nach Trumps Wahlsieg eilig eine dreitägige Krisensitzung im Washingtoner *Mandarin Oriental Hotel* ein, um sich mit den anderen großen Clinton-Unterstützern darüber auszutauschen, wie man Trump selbst nach seinem Wahlsieg noch verhindern konnte.

Die Großspender hatten mehr als 500 Millionen US-Dollar in Vereine investiert, die Clinton unterstützt hatten.[267] Donald Trump hatte zwar die Wahl gewonnen, doch die Wahlmänner der einzelnen Bundesstaaten mussten ihn dem Gesetz nach, entsprechend des Wählerwillens und unabhängig von ihrer eigenen Überzeugung, noch formell als Präsidenten bestätigen. Soros wollte die Volksvertreter dazu bewegen, ihre Stimme stattdessen Clinton zu geben. Er bot ihnen an, die für Abtrünnigkeit gesetzlich vorgeschriebenen Strafen für sie zu bezahlen.[268] Er versuchte auch über sein Netzwerk Druck aufzubauen. *Change.org*, *Avaaz* und andere NGOs starteten Petition und forderten: „*Wir rufen die Wahlleute auf, die Abstimmungsergebnisse in ihren Bundesstaaten zu ignorieren und für Hillary Clinton zu stimmen.*"[269] Sie wollten sich einfach über das Wahlergebnis, und damit über die Demokratie an sich, hinwegsetzen.

*Jill Stein*, die Kandidatin der amerikanischen „Grünen", die bei den Präsidentenwahlen nur 1,45 Millionen Stimmen bekommen hatte und in der Veranstaltung so etwas wie eine Statistin war, ging plötzlich vor Gericht und beantragte in Wisconsin eine Neuauszählung der Stimmen, weil sie meinte, dass es dort zu Wahlbetrug zugunsten Trumps gekommen wäre. Die Neuauszählung erbrachte jedoch noch mehr Wählerstimmen für Trump als zuvor und bestätigte Trumps Erfolg. Weitere Versuche, auch in anderen eng umkämpften Staaten neu auszählen zu lassen, lehnten die dortigen Gerichte jedoch ab, weil es keine ausreichenden Hinweise auf Unregelmäßigkeiten gegeben hatte. Das links-liberale Lager versuchte alles, was möglich war, um Trump zu verhindern. Im ganzen Land brachen plötzlich Proteste aus, finanziert und organisiert von... ja, Sie haben es bereits erraten: George Soros! Es gab tagelange Gewaltexzesse in den Straßen. Viele frustrierte Menschen hatten endlich wieder einen Grund, sich Luft zu machen. In mehreren US-Städten wurden zahlreiche gewalttätige Protestierende festgenommen und es stellte sich heraus, dass viele von ihnen extra von weither angereist waren. Die angeblich „spontanen Kundgebungen" gegen Trump waren genauso organisiert, wie die sogenannten „women's marches", landesweite Proteste von Frauen gegen den neuen Präsidenten.[270] Hunderttausende gebildete Frauen ließen sich vom Establishment für dessen Zwecke benutzen, ohne es zu merken. Ich habe danach mit Frauen, die teilnahmen, darüber gesprochen und keine von ihnen wusste, wer in Wahrheit hinter diesen Frauen-Märschen steckte. Sie waren aber alle vom „Gefühl der Gemeinschaft" beseelt und schwärmten davon, wie gut die Märsche organisiert waren. Die Presse war meistens zugegen, wenn gegen Trump demonstriert wurde, denn die Vertreter der etablierten Medien hatten nun ein echtes Problem. Sie hatten sich über Jahrzehnte hinweg ihre festen Kontakte in Washington aufgebaut. Sie wussten, wen sie anrufen mussten, um Informationen zu bekommen und wurden automatisch zu Pressekonferenzen und Veranstaltungen eingeladen. Es war egal, wer Präsident war, denn das Personal im Hintergrund blieb immer dasselbe und die engen Verbindungen zur Presse überdauerten alle Präsidenten. Doch nun stellte Donald Trump in Aussicht, dass er die gesamte Mannschaft in Washington austauschen würde, und künftig enger mit alternativen Medien zusammenarbeiten wollte. Anstatt Pressekonferenzen abzuhalten, twitterte Trump. Bei den alteingesessenen Journalisten ging die Angst um, alles zu verlieren.

Auf der von den Mainstreammedien im Wahlkampf verbreiteten Liste angeblicher „Fake News" stand auch die konservative Plattform *Breitbart News*. Deren Geschäftsführer *Stephen „Steve" Bannon* hatte Trump in dessen Wahlkampf beraten und war nun vom neuen Präsidenten zu dessen engstem Berater und Chef-Strategen ernannt worden.

> *„Der öffentliche Dienst und die professionelle Bürokratie wird überwiegend von Demokraten besetzt (…) Normalerweise sind sie den republikanischen Präsidenten gegenüber feindselig gesinnt. Unter der Bush-Regierung machten die Bürokraten des US-Außenministeriums noch nicht einmal ein Geheimnis aus ihrer Ablehnung. Doch Trumps Groll wird diesen bürokratischen Aufstand auf eine neue Ebene heben (…) Die eigentliche Frage an Trump und seine Unterstützer lautet: ‚Sie könnten zwar gewinnen. Aber wie wollen sie eigentlich am nächsten Tag regieren?'"*
> 
> Michael Rubin, Geschäftsführer des Software-Herstellers *Kynetic*[271]

Genau das war die entscheidende Frage! Die Wahlmänner hatten Trump zum Präsidenten gewählt, wie es ihr Auftrag vom Volk war. Das Establishment tat aber auch nach seiner Amtseinführung weiterhin alles, um ihm das Leben schwer zu machen. Als ich zu Beginn 2017 dieses Buch fertigstellte, war Donald Trump gerade einmal wenige Wochen im Amt, aber er hatte bereits in Washington Tabula rasa gemacht und tausende Beamte ausgetauscht. Er war nicht nur ein Mann großer Worte, sondern auch rascher Taten. Er wollte vieles gänzlich anders machen als sein Vorgänger. Doch er hatte nicht nur keinerlei politische Erfahrung, er hatte auch große

Probleme mit seiner Wunschmannschaft. Er musste erkennen, dass man einen Staat nicht führen konnte wie ein Wirtschaftsunternehmen, und dass die Macht und Entscheidungsbefugnis des Präsidenten deutlich begrenzter war, als er gedacht hatte. Zu einem Zeitpunkt, an dem es weltweit viele brisante Krisenherde gab, war das eine äußerst gefährliche Situation! Das Establishment drängte einen unberechenbaren Mann in die Ecke, anstatt eine schwierige Situation zu deeskalieren. Es wirkte, als wären die alten Machthaber eher bereit dazu, die gesamte Welt ins Chaos zu stürzen, als etwas von ihrer Macht abzugeben, was Trump noch unberechenbarer machte. Der Widerstand gegen Trump ließ nicht nach.

Als ich im März 2017 die letzten Korrekturen zu diesem Buch machte, gab es in den USA eine Anti-Trump-Hysterie, die sich in Europa niemand vorstellen kann. Die Menschen drehten völlig durch. Die Stimmung war extrem depressiv und angespannt. Aus allen Nachrichtenkanälen hagelte es oftmals völlig unqualifizierte Angriffe gegen Trump und seine Regierungsmitglieder, und immer wider wurden die Russen ins Spiel gebracht, obwohl es (zumindest bis dahin) keinerlei Beweis für eine ungesetzliche Beziehung zwischen Donald Trump und der russischen Regierung gab. All das erinnerte mich an die Hetze und Propaganda, die wir auch vor den beiden Weltkriegen erlebt hatten. Doch aus meiner Sicht war Donald Trump nicht das Problem, sondern nur das Symptom. Der gesamte Westen hatte jahrelang die Augen vor der Realität und deren wahren Problemen verschlossen, und nun bekamen wir dafür die Rechnung durch einen Mann präsentiert, der alles, was bislang war, ad absurdum führte.

*„Es kann Dir durchaus missfallen, dass Trump gewählt wurde, absolut, dennoch musst Du irgendwann akzeptieren und begreifen, dass er diesmal eben gewählt wurde. Oder aber Du brichst mental und emotional komplett auseinander und lässt damit Trumps Präsidentschaft Dein Leben definieren, was ich persönlich absurd finde... Wenn Du wegen Trump den Verstand verlierst, solltest Du meiner Meinung nach zum Seelenklempner, anstatt Dich wegen des gewählten schlechten Mannes... selbst zum Opfer zu machen... Barbara Streisand behauptet, sie hätte wegen Trump mehrere Kilo zugenommen, Lena Dunham (Schauspielerin und Regisseurin, A.d.V.) will seinetwegen abgenommen haben. Im Ernst? Ihr macht den Präsidenten für Eure eigenen Probleme und Neurosen verantwortlich?"*
Bret Easton Ellis, Drehbuchautor („American Psycho")

Doch was genau machte Trump eigentlich zum Hassobjekt des linken, westlichen Establishments? Waren es seine zweifelsohne chauvinistischen schlechten Sprüche über Frauen oder Mexikaner? Wohl kaum. Vielmehr waren es jene Sätze, die er im Wahlkampf immer wieder mantraartig wiederholte und mit denen er klar aussprach, dass das politische System im Land und die Finanzmärkte ein abgekartetes Spiel der Reichen für die Reichen war: *„This system is rigged!"*

Bis heute haben viele Menschen nicht begriffen, dass gerade Trumps teils derbe und ungehobelte Ausdrucksweise ihm deshalb Punkte brachten, weil viele Amerikaner die links-liberale politische Korrektheit der Bildungselite leid waren. Natürlich war Donald Trump unberechenbar. Er galt als leicht reizbar und als Heißsporn. Doch bei allen Bedenken, die viele ich bei ihm hatten, war es genau das, was ihn interessant machte. Denn er symbolisierte eine neue Ära, die längst angebrochen war – zumindest außerhalb der politischen Elfenbeintürme. Trump war emotional und nicht überlegt und angepasst. Er wirkte auf viele Wähler wie ein Mensch und nicht wie ein Roboter. Und natürlich machte ihn sein impulsives Wesen zu einer Art tickender Zeitbombe, weil er auf der gesamten politischen Weltbühne eiskalten, abgebrühten Berufspolitikern gegenüberstand, die eine völlig andere Sprache pflegten als er. Trump war das krasse Gegenteil einer Angela Merkel, bei der man nie wusste, was sie eigentlich gerade gesagt hatte, wenn sie einmal etwas sagte. Trump machte alles unmissverständlich klar, und das so schnell, dass alle anderen nicht mehr mitkamen.

Doch neben seiner politischen Unerfahrenheit hatte er noch ein anderes großes Problem: Er war im Wahlkampf auf die Stimmen jener Millionen konservativer Christen in den USA angewiesen, die Hillary Clinton und ihr liberales Frauenbild ablehnten. Also war er gezwungen, im Juli 2016 den christlich-konservativen Gouverneur von Indiana, *Mike Pence*, zu seinem „Vize" zu ernennen. Pence brachte Trump die nötigen rechten christlichen Wählerstimmen. Mit dem Vize-Präsidenten Mike Pence hatte Trump zwar nun einen erfahrenen Politiker an seiner Seite, aber da auch sein enger Berater Steve Bannon sehr konservative christliche Werte vertrat und enge Kontakte zum Vatikan pflegte, war Trump fortan deutlich stärker von rechten, christlich-konservativen Vorstellungen eingeschränkt, als es ihm lieb sein konnte. Als ich Ende März 2017 die letzten Korrekturen für dieses Buch vornahm, war bereits deutlich zu erkennen, dass die neue

Trump-Regierung in sich sehr zerrissen und widersprüchlich war. Es gab zudem deutliche Hinweise darauf, dass sehr viele Interessengruppen weltweit lieber Mike Pence als Präsidenten gesehen hätten als Trump. Dieses Ziel könnten sie entweder dadurch erreichen, dass sie Trump beiseite schaffen, oder aber ihn dazu zwingen, „freiwillig" zurückzutreten. Zudem sah es Ende März 2017 so aus, als hätte die mächtige Bank *GoldmanSachs* mit Gary Cohn und Dina Powell zwei Schlüsselpositionen in der Trump-Regierung übernommen, obwohl Trump selbst im Wahlkampf gegen die *Wall Street* und gegen *GoldmanSachs* gewettert hatte. Hatte Trump gelogen oder war er chancenlos gegen die mächtigen Seilschaften? Verstand er überhaupt, was er tat und was da passierte?

Abb. 37: John George Trump, der Onkel des 45.US-Präsidenten, hatte vollen Zugang zu Nikola Teslas kompletten Unterlagen.

Donald Trump war als US-Präsident ohne Zweifel eine große Gefahr. Aber er war auch gleichzeitig der Einzige, der zumindest theoretisch in der Lage sein konnte, den politischen Sumpf in den USA trockenzulegen und einen komplett neuen Wind in der Weltpolitik wehen zu lassen. Ob ihm das zumindest teilweise gelingen würde, konnte ich zum Zeitpunkt der Fertigstellung dieses Buches noch nicht abschätzen. Vieles was in den ersten Monaten seiner Amtszeit passierte, wirkte konfus und widersprüchlich, doch vielleicht war es auch nur den Konzessionen geschuldet, die er machen musste, um im Amt bleiben zu können. Ende März 2017 gingen viele Menschen in den USA davon aus, dass Donald Trump das Jahr 2017 (zumindest politisch) nicht überleben würde, doch all das war Spekulation. Auf jeden Fall gab es auch zu diesem Zeitpunkt in den USA noch zahlreiche Menschen, die große Hoffnungen in Donald Trump setzten, weil sie davon überzeugt waren, dass seine politischen Gegner ihn unterschätzten. Als Nikola Tesla, einer der berühmtesten Physiker und Erfinder aller Zeiten, am 7. Januar 1943 in New York City verstarb, holte das FBI einen anderen renommierten Physiker hinzu, um Teslas Unterlagen und Apparaturen durchzusehen und zu bewerten. Dieser Physiker war **John George Trump** (1907-1985), der Onkel des 45. US-Präsidenten Donald Trump (siehe Abb. 37). Tesla hatte behauptet, einen „Todesstrahl" entwickelt zu haben und die USA wollten von Trump wissen, ob Teslas Unterlagen irgendetwas hergaben, das kriegsentscheidend sein könnte. John Trump gab nach Durchsicht aller geheimer Unterlagen von Tesla zu Protokoll, dass nichts davon konkret oder bahnbrechend wäre, vielmehr waren seine späten Arbeiten *„vorwiegend spekulativ, philosophisch, und eine Art Ankündigung zur Produktion und kabellosen Übertragung von Energie"*. Man könnte sie also schlicht als revolutionär und bahnbrechend bezeichnen. Interessant ist, dass Donald Trump im Jahr 2015 davon sprach, in jungen Jahren spannende Gespräche mit seinem Onkel gehabt zu haben, in denen er vor den großen Gefahren künftiger Technologien und Waffensysteme warnte.

Warum ist das interessant? Weil es in den USA tatsächlich Menschen gibt, die Donald Trump für einen „weißen Ritter" halten, für einen, der das alte korrupte System zu Fall bringen wird. Sie hoffen, dass Donald Trump unterdrückte Technologien wie Teslas „Freie Energie-Maschinen" der Öffentlichkeit zugänglich machen würde. Hat nicht jeder ein Recht auf Träume? Doch angesichts des rauen Windes, der Trump zu Beginn seiner Amtszeit entgegenschlug, halte ich das eher für eine romantische Vorstellung – wenngleich sie durchaus charmant ist.

Donald Trump hat den Präsidentschaftswahlkampf gegen Hillary Clinton vermutlich nicht mit Hilfe der Russen gewonnen, sondern mit Hilfe von „Big Data". Doch das verschweigen die Medien gerne, weil es beweisen würde, dass sie keine Macht mehr über das Narrativ haben.

## *Donald Trump und Big Data*

> *„Jeder, der nicht die letzten fünf Jahre auf dem Mond gelebt hat, kennt den Begriff ‚Big Data'. Big Data bedeutet auch, dass alles, was wir treiben, ob im Netz oder außerhalb, digitale Spuren hinterlässt. Jeder Einkauf mit der Karte, jede Google-Anfrage, jede Bewegung mit dem Handy in der Tasche, jeder Like wird gespeichert. Besonders jeder Like. Lange war nicht ganz klar, wozu diese Daten gut sein sollen – außer dass in unserem Facebook-Feed Blutdrucksenker beworben werden, weil wir grad ‚Blutdruck senken' gegoogelt haben. Unklar war auch, ob Big Data eine große Gefahr oder ein großer Gewinn für die Menschheit ist. Seit dem 9. November kennen wir die Antwort. Denn hinter Trumps Onlinewahlkampf und auch hinter der Brexit-Kampagne steckt ein und dieselbe Big-Data-Firma: Cambridge Analytica mit ihrem CEO Alexander Nix."*[272]

*Cambridge Analytica* ist ein Tochterunternehmen von *Strategic Communications Laboratories* (SCL), einer „*weltweit agierenden Wahl-Management-Agentur*". Diese Firma, die auf die gezielte „*Beeinflussung von Zielpersonen*" spezialisiert ist, hat die alten Methoden der *Psychometrie* mit *Big Data* verbunden, also mit all jenen digitalen Spuren, die wir unentwegt in Internet hinterlassen. Sie hat damit ein psychologisches Werkzeug geschaffen, das mächtiger ist, als sich das irgendjemand bis vor kurzem vorstellen konnte. Die *Psychometrie* ist „*der wissenschaftliche Versuch, die Persönlichkeit eines Menschen zu vermessen*". Seit den 1990ern wurde dafür die sogenannte „Ocean-Methode" verwendet. Anhand von fünf Fragen konnten Psychologen damit recht gut jeden Menschen in einen „Persönlichkeitstyp" einordnen und damit Rückschlüsse auf sein Verhalten ziehen. Im Jahr 2008 war dann der Warschauer Student *Michal Kosinski* auf die Idee gekommen, die *Ocean-Methode* mit jenen digitalen Informationen zu verknüpfen, die von den großen Konzernen im Silicon Valley in immer größerem Umfang gespeichert wurden. Damit öffnete er die sprichwörtliche „Büchse der Pandora". Als ihm das klar wurde, ließ er wieder die Finger davon und wandte sich anderen Aufgaben zu.

„*Wir bei Cambridge Analytica haben ein Modell entwickelt, das die Persönlichkeit jedes Erwachsenen in den USA berechnen kann.*"[273]
Alexander Nix, CEO von *Cambridge Analytica*

*Cambridge Analytica* aber hatte Kosinskis Verfahren über die Jahre ohne dessen Wissen weiterentwickelt. Sie kombiniert nun alle Daten, die man heute über Menschen finden kann, zu einem einzigartigen individuellen Profil. Das bezieht Informationen von Bonuskarten, Wählerverzeichnissen, Clubmitgliedschaften, Zeitschriftenabonnements und medizinische Daten ebenso mit ein wie Grundbucheinträge. Dann verbindet es sie mit der wichtigsten aller Zutaten: den Informationen, die Menschen in sozialen Netzwerken wie *Facebook* hinterlassen. Anhand von 70 „Facebook-Likes" weiß das System mehr über einen Menschen als dessen Freunde, mit 150 „Likes" mehr als dessen Eltern, und mit 300 „Likes" kann die Maschine das Verhalten einer Person eindeutiger vorhersagen als dessen Partner.

Donald Trump hat den Wahlkampf gegen Hillary Clinton auch deshalb gewonnen, weil er die Menschen direkter und persönlicher erreichte als seine Konkurrentin. Das lag nicht nur daran, dass er alles sagte, was die Menschen hören wollten, sondern dass er *„jedem ganz persönlich"* sagte, was er oder sie hören wollte. Hillary Clinton hatte im Sinne *Edward Bernays*, des Vaters der modernen Öffentlichkeitsarbeit, vorwiegend auf die gute alte und sehr teure Methode der Massen-Beeinflussung mittels TV-Werbespots und Massenmedien gesetzt. Trumps Budget war deutlich kleiner, aber jede Email und jede *Facebook*-Nachricht, die Trumps Wahlkampfteam verschickte, war mittels Big Data und den Supercomputern einer kleinen Firma in England personalisiert. Wenn ein Wahlhelfer an die Tür eines potentiellen Wählers klopfte, dann wusste er alles, wirklich alles, über die betreffende Person und konnte ihr genau das sagen, was sie hören wollte. Damit hat das Trump-Team nicht nur viele unentschlossene Wähler an die Wahlurnen geholt, sondern auch mögliche Hillary-Wähler davon abgehalten. Das Silicon Valley, das Trump hasste, hatte ihm ungewollt zum Sieg verholfen! Ohne *Facebook* hätte er es vermutlich nie geschafft!

*Cambridge Analytica* hatte bereits zuvor die von *Nigel Farage* angeführte Anti-EU-Kampagne begleitet, die letztlich zum „Brexit", zum Ausscheiden Englands aus der EU führte. Das bedeutet nicht, dass Big Data diese Wahlen allein entschieden oder sie gar „gestohlen" hätte, es bedeutet aber, dass die alte Taktik des Establishments nicht mehr funktionierte. Man kann in Zeiten des Big Data nicht mehr mittels Fernsehnachrichten oder Zeitungs-Schlagzeilen eine breite Mehrheit für sich gewinnen. Doch das verschweigen die Mainstreammedien lieber, denn das wäre, als wenn sie ihre eigene Todesanzeige abdrucken würden.

Deshalb war das Jahr 2016 der Albtraum für alle etablierten Parteien, alle alteingesessenen Medien und alle Meinungsforscher und Statistiker. Sie mussten erkennen, dass alle ihre alten Werkzeuge der Manipulation und Vorhersehbarkeit obsolet geworden waren. Das war bitter für sie angesichts der Tatsache, dass mit Donald Trump ein völlig unberechenbarer Außenseiter ins Weiße Haus einzog und in den Niederlanden, in Frankreich und Deutschland wichtige Wahlen bevorstanden. Und da die alten Machthaber keinen Plan hatten, lautete das wütende Konzept erst einmal: *Draufhauen, wo es geht!*

*„George Orwell war harmlos dagegen. Ich habe den Eindruck, dass gerade ein paar Grundprinzipien freiheitlicher Gesellschaftsordnung mit Füßen getreten werden. Viele böse Dinge dieser Welt begannen im Namen der guten Absichten. Die gute Absicht heilt den Bruch eines Prinzips nicht. Was Wahrheit ist, definiert keine Regierung, auch nicht Facebook. Und was den Menschen zuzumuten ist, sollten nicht Zensurbehörden definieren... Wir werden mittlerweile von vielen als Teil einer großen Eliten-Kungelei wahrgenommen. Statt Facebook zu helfen, sollten wir unsere Hausaufgaben machen. Die heißen: Vertrauen schaffen für das und durch das, was wir veröffentlichen. Denn die Glaubwürdigkeit von Zeitungen ist zurückgegangen... Vielleicht sprechen wir zu sehr wie Politiker, in Worthülsen, Sprechblasen, in politisch-korrekt abgeschliffenen Formulierungen. Vielleicht transportieren wir zu oft Wünsche, wie etwas sein müsste und zu selten Fakten, Tatsachen, schonungslose Beobachtungen. Vielleicht haben wir auch durch weltfremde Political Correctness Vertrauen eingebüßt... Selbst der erbittertste Trump-Gegner kommt ins Grübeln, wenn Trump immer nur als Clownsfratze gezeigt wird und er dahinter eine Absicht vermutet. Dann ärgert er sich und sagt sich: Ich entscheide, ob ich den gut finde oder nicht... Denn Authentizität und Klartext sind wichtiger als Vermischung von guten Absichten und Halbwahrheiten. Da liegt unsere Herausforderung. Das ist aber auch die größte Chance gegen ‚Fake News', wir sind die Alternative... Manche Journalisten verstehen sich inzwischen als Politikberater und betreiben einen Journalismus, der sich an ein paar Eingeweihte richtet, denen sie Codewörter zurufen. Der eigentliche Empfänger ist nicht mehr der normale, intelligente, aufgeschlossene, aber nur bedingt informierte Leser, sondern die Kollegen, Politiker, Künstler oder Wirtschaftsführer... Ohne Kritik transformiert das Konstruktive zur Propaganda."*

**Mathias Döpfner**, Vorstandsvorsitzender von Axel Springer, Präsident des *Bundesverbandes Deutscher Zeitungsverleger* und *CFR*-Mitglied[274]

Donald Trump war eine Gefahr für das Establishment. Denn eine seiner ersten Aktionen als neuer Präsident war, dass er am 23. Januar 2017 das bereits bestehende Freihandelsabkommen mit den pazifischen Anrainerstaaten TPP kündigte und die weiteren Verhandlungen über das umstrittene TTIP-Abkommen mit der EU auf Eis legte. Verwirrend war für mich in dem Zusammenhang, dass Trump in sein Beraterteam für Wirtschaftsfragen nicht nur den *GoldmanSachs*-Vizechef *Gary Cohn* berief, sondern auch *Andrew Quinn*, der Obamas Vize-Verhandlungsleiter für die TPP-Verträge gewesen war und auch für Senator *John D. Rockefeller IV* gearbeitet hatte – allesamt Mitglieder der *Demokratischen Partei*, die Trump so vehement bekämpfte. Selbst wenn das Trumps Versuch war, die Demokraten milde zu stimmen und auf sie zuzugehen, so kann ich nicht nachvollziehen, wie er mit diesem Team seine geplante Politik umsetzen wollte. Hatte er vielleicht bereits zu Beginn seiner Amtszeit gegen die Geheime Weltregierung und den Staat im Staat verloren, oder spielte er ein Spiel, das zu diesem Zeitpunkt noch niemand verstand?

Die neokonservativen US-Politiker („Neocons") der zweiten und dritten Reihe, die das Fundament für alle US-Kriege der letzten Jahre gelegt hatten, verloren mit Trumps Wahl über Nacht enorm an Einfluss. Er hatte angekündigt, weniger Kriege führen und den neuen Kalten Krieg mit Russland beenden zu wollen. Das wollten die Kriegstreiber MIT ALLEN MITTELN verhindern! Sie versuchten in sein Kabinett zu kommen, indem sie medialen Druck auf ihn ausübten und alle seine Nominierungen für hochrangige Beamte und Politiker sabotierten. Beamte aus dem Weißen Haus steckten verbündeten Pressevertretern intimste private Details über Donald Trump zu. Sie taten alles, um ihn dazu zu zwingen, ihnen Posten in seinem Kabinett zu verschaffen.

> *„Aber Trump widerstand dem enormen Druck, den Neokonservativen wieder die US-Außenpolitik anzuvertrauen. Einige von ihnen hatten ihren Job verloren, als Präsident Obama sein Amt verließ, allen voran die Vize-Außenministerin für Europäische Angelegenheiten, Victoria Nuland, die dabei half, den gewaltsamen Umsturz des gewählten ukrainischen Präsidenten zu organisieren und die eine der Architektinnen des neuen Kalten Krieges mit Russland ist. Die neokonservative Bedrohung für Trumps erklärte Absicht, wieder geopolitischen Realismus in die US-Außenpolitik zu bringen, bestand darin, dass die Neocons auf versteckte Weise wie eine ideologische Kabale operierten... sobald nur ein Neocon eine Schlüsselposition innehatte, folgten ihm rasch andere nach. Trumps Abwenden von den streng gläubigen neokonservativen Kräften wurde durch die klassische Washingtoner Gepflogenheit untergraben, mächtigen Medienvertretern und Abgeordneten vertrauliche Informationen zuzuspielen. Bis jetzt hat*

*Trumps innerer Zirkel die administrative Klugheit besessen, keine Ideologen einzubinden, die ihre Anstrengungen darauf konzentrieren könnten, die Versuche eines geopolitischen Wandels zu vereiteln. Weniger klar ist, ob Trump, Tillerson* (US-Außerminister, A.d.V.) *und sein unerfahrenes Außenamtsteam wirklich begreifen, warum die US-Außenpolitik so sehr in Chaos und Konflikte abgeglitten ist – und ob sie die Qualifikation haben, in einen sicheren Hafen zurückzusteuern."*[275]

Robert Parry, Investigativer Journalist, 9. Februar 2017

Ja, Trump und sein Team waren unerfahren. Doch es gab noch einen anderen Grund, warum allerorts vor ihm und den Folgen seiner Handlungen gewarnt wurde: **Donald Trump war der perfekte Sündenbock für das politische und wirtschaftliche Establishment!**

Barack Obama hatte die USA in seiner acht-jährigen Amtszeit in den Ruin geführt. Im Jahr 2016 lebten mehr als 45 Millionen Amerikaner von Essensmarken. Das bedeutet, dass jeder siebente Amerikaner so arm war, dass er nicht genug Geld für Essen hatte.[276] Die EU drohte zu zerfallen. In den USA und in Europa drohten neue Bankenpleiten. Der Syrien-Konflikt geriet völlig aus dem Ruder und brachte die Welt an den Rand des Dritten Weltkriegs, und all das konnte man jetzt einem einzelnen Mann zuschreiben. Er war der „Buhmann" und der potentielle „Sündenbock", auf den man gewartet hatte. Wenn das System scheiterte, dann hatte man endlich einen gefunden, der in keiner Weise Teil dieses Systems war und dem man daher getrost alles in die Schuhe schieben konnte. Damit konnten sich alle Systemerhalter reinwaschen. Zumindest hofften sie das. Im Grunde war Trump für viele Politiker ein Segen, auch wenn sie nach außen hin das Gegenteil behaupteten! Donald Trump war ihr Persilschein, ihr Freibrief, um von ihrer eigenen Unfähigkeit abzulenken und sich von allen moralischen und juristischen Konsequenzen zu befreien. Lüge und Heuchelei erreichten zu Beginn des Jahres 2017 eine völlig neue, bis dahin

**Abb. 38:** Der *Spiegel* zeigt Trump mit weit aufgerissenem Mund und blutiger Machete, nachdem er der Freiheitsstatue den Kopf abgeschlagen hat.

unbekannte Qualität. Aber es ging sogar noch weit darüber hinaus. Es fielen alle Hemmungen. Ein Teil der Menschheit war offenbar dabei, den Verstand zu verlieren. Viele Linke, die sich gerne als moralische Tugendwächter aufspielten und Toleranz einforderten, riefen offen zum Mord an Donald Trump auf! Allein in den ersten 12 Tagen seiner Amtszeit wurde in mehr als 12.000 Tweets seine Tötung gefordert! Und Twitter löschte diese Nachrichten nicht! Der *Spiegel* (siehe Abb. 38), die *New York Times* und *USA Today* drehten komplett durch und brachten Cover, die man nur noch als „Gewaltverherrlichung" und „Irrsinn" bezeichnen konnte. Doch das erklärt linke irische

Abb. 39: *The Village* titelt: Warum sollte man Donald Trump eigentlich nicht töten?

Monatsmagazin *Village* toppte alles, was bis dahin erschienen war. Es zeigte auf dem Cover seiner Februar-Ausgabe 2017 Donald Trump im Fadenkreuz eines Scharfschützengewehrs und fragte, ob es wirklich falsch wäre, ihn zu töten: „*Warum nicht?*" (siehe Abb. 39)[277]

Einem Mann vorzuwerfen, dass er Hass schürt und gleichzeitig zum Mord gegen ihn aufzurufen, ist für mich ein Zeichen von Psychopathologie, also von Geisteskrankheit. Donald Trump hat offenbar in vielen Menschen etwas angestoßen, was ihre eigenen Dämonen zum Vorschein brachte. *Ich denke, es wäre an der Zeit, dass WIR ALLE einige Gänge zurückschalten, innehalten und uns die Frage stellen, in welcher Welt wir eigentlich leben wollen!*

## *Die Abschaffung des Bargeldes*

Seit dem Jahr 2015 wird erneut viel über die Abschaffung des Bargeldes gesprochen. Der bargeldlose Zahlungsverkehr existiert schon seit hunderten von Jahren, etwa mittels Schecks oder Zahlscheinen, doch mit dem Siegeszug des Computers und des Internets erlangte er im späten 20. Jahrhundert eine völlig neue Dimension und er wird stetig weiter vorangetrieben. Australien will die 100-Dollar-Note abschaffen, die Euro-Zone bis 2018 den 500er, und in Indien fand im November 2016 das bislang größte und brutalste Experiment in der Geschichte zur Bargeldabschaffung statt.

*"Der prominente amerikanische Ökonom Kenneth Rogoff hat sich dafür ausgesprochen, das Bargeld abzuschaffen. ‚Die Zentralbanken könnten auf diese Weise leichter Negativzinsen durchsetzen, um so die Wirtschaft anzukurbeln', sagte der Harvard-Ökonom auf einer Veranstaltung des Ifo-Instituts in München... Als weiteres Argument fügte Rogoff hinzu, dass Steuerflucht und Drogenkriminalität besser bekämpft werden könnten, wenn für derartige Transaktionen kein Bargeld mehr zur Verfügung stünden. Rogoff war früher Chefvolkswirt des Internationalen Währungsfonds (IWF) und ist besonders durch seine Forschungsarbeiten zu Staatsschuldenkrisen bekannt geworden.... ‚Papiergeld ist das entscheidende Hindernis, die Zentralbank-Zinsen weiter zu senken', sagte Rogoff. ‚Seine Beseitigung wäre eine sehr einfache und elegante Lösung für dieses Problem'."*
Philip Plickert, *FAZ*, 19.11.2014[(278)]

Lassen Sie mich also als erstes auf die Argumente der Bargeld-Gegner eingehen und sie kurz analysieren. Die Hauptargumente einer kompletten Abschaffung des Bargeldes lauten wie folgt:

1. Bargeld schränkt den Handlungsspielraum der Banken ein
2. Ohne Bargeld ließe sich die Kriminalität leichter bekämpfen
3. Bargeld fördert Schwarzarbeit
4. Ohne Bargeld gäbe es keine Steuerhinterziehung
5. Bargeld verursacht höhere Kosten als virtuelles Geld
6. Ohne Bargeld gäbe es keine Geldwäsche
7. Virtuelles Geld soll mehr Sicherheit bringen als Bargeld
8. Ohne Bargeld wäre der Terrorismus leichter zu bekämpfen
9. Bargeld ist im digitalen Zeitalter völlig veraltet

1. Der erste Punkt ist absolut richtig. **Ohne Bargeld hätten die Geschäfts- und Zentralbanken wesentlich mehr Handlungsspielraum und somit mehr Macht.** Das ist auch der Hauptgrund, warum sie die Abschaffung des Bargeldes vorantreiben. Wenn alles Geld nur noch virtuell auf Konten geparkt ist, dann können sie nach Belieben Negativzinsen verrechnen, weil die Kunden ihnen das Geld nicht mehr entziehen können. Sie könnten dann für jede einzelne Transaktion eine Gebühr verlangen und so zusätzlich Milliarden einnehmen. Die Banken und der Staat hätten uneinge-

schränkten Zugriff auf alles Geld, und wenn eine Bank zahlungsunfähig wird, dann kann der Staat sich weitgehend schadlos halten, weil die Kunden und Besitzer der Bank dafür haften müssen. Diese sogenannte „Bail-in-Regelung" wurde bereits im Jahr 2015 in der EU beschlossen. Ab sofort haftet also jeder Bankkunde für die Fehler des Managements seiner Hausbank. Bislang konnte man dem entgehen, indem man möglichst wenig Geld auf dem Konto geparkt hatte. Wenn es kein Bargeld mehr gäbe, wäre man den Banken aber auf Gedeih und Verderb ausgeliefert.

2. **Kriminalität:** Die Abschaffung des Bargeldes würde Kleinkriminellen zwar das Leben erschweren, die großen Fische aber kommen jetzt schon weitgehend ganz ohne Bargeld aus. Es gäbe dann zwar keine Banküberfälle mehr, aber dafür würde die Internetkriminalität deutlich zunehmen. Das bestätigt auch *Helmut Kalepky*, stellvertretender Leiter des *Zentralbereichs Bargeld* der *Deutschen Bundesbank*: „*Es ist eine Illusion zu glauben, dass kriminelle Machenschaften verhindert werden, wenn wir Bargeldzahlungen einschränken oder abschaffen.*"[279]

3. **Schwarzarbeit** wird auch ohne Bargeld nicht verschwinden, schon allein, weil in Europa und in den USA mehrere Millionen Menschen in der Illegalität leben und daher auch kein Bankkonto haben. Sie wären die Hauptleidtragenden. Zudem muss man nichtoffizielle Arbeitsleistungen nicht zwingend mit Geld abfinden. Man kann Arbeit auch über Tausch oder Sachleistungen abgelten. Die „Schattenwirtschaft" lässt sich so kaum bekämpfen.

4. **Steuerhinterziehung** findet nur in kleinem Rahmen durch Schwarzarbeit oder nicht deklarierte Einkommen statt. Der weit aus größere Teil entgeht dem Staat, weil große Firmen in Steueroasen ausweichen. Um an diese Gelder heranzukommen, müsste die Geheime Weltregierung alle Staaten der Welt unter ihre Kontrolle bekommen, was sie sicher versucht. Ich zweifle jedoch daran, dass es ihr gelingen wird.

5. **Hohe Kosten:** Es stimmt zwar, dass die Bereitstellung von Bargeld den Staat und die Banken Geld kostet, doch die Abschaffung wäre noch deutlich teurer. Die EZB gibt selbst zu, dass allein die geplante Abschaffung des 500-Euro-Scheins mehrere hundert Millionen

Euro kosten wird, die der Steuerzahler tragen muss.[280] Die Kosten für die IT-Sicherheit, also um die Bankkonten gegen Hacker zu verteidigen, sind um ein Vielfaches höher als die Kosten, die Bargeld verursacht.

6. **Geldwäsche**: Wenn Staaten wirklich Geldwäsche bekämpfen wollten, dann hätten sie das längst tun können. Es gibt als Beispiel allein in Europa tausende asiatische Restaurants, in denen noch nie oder kaum jemals ein Gast war, die aber fiktive Waren an fiktive Kunden verkaufen und brav ihre Steuern bezahlen. Auch die 1989 gegründete *FATF*, die „*Arbeitsgruppe für finanzielle Maßnahmen gegen Geldwäsche*", hat dieses Phänomen bislang nicht ausgemerzt, was nicht zuletzt die Veröffentlichung der „Panama-Papiere" im Jahr 2016 belegt. Laut einer Studie von *Prof. Kai-D. Bussmann* umfasst das gesamte Geldwäschevolumen allein in Deutschland geschätzte 100 Milliarden Euro jährlich.[281] Laut US-Geheimdienst FBI sollen manche Banken selbst Milliardenbeträge für Drogenkartelle und Terror-Organisationen reinwaschen.[282]

7. **Sicherheit**: Das ist das schlechteste Argument der Bargeldgegner von allen, denn unentwegt werden Kontodaten gestohlen und von Hackern Konten leergeräumt. Am 8. November 2016 wurde beispielsweise 9.000 Kunden der britische *Tesco-Bank* von Hackern Geld entwendet, wie schon unzähligen Kunden anderer Banken vor ihnen. Die größte Gefahr für eine bargeldlose Welt sind Stromausfälle. Solche „Blackouts" kommen regelmäßig vor und selbst wenn sie nur wenige Stunden dauern, bringen sie alles zum Stillstand. Ein mehrtägiger Stromausfall in einer bargeldlosen Welt wäre eine Katastrophe!

8. **Terrorismus** braucht nicht zwingend Bargeld. Die bereits in vielen Ländern eingeführten Obergrenzen für Bargeldtransaktionen zwischen 1.000 und 5.000 Euro haben den Terrorismus bislang nicht eindämmen können. Terrororganisationen arbeiten längst mit Crypto-Währungen wie *Bitcoins* oder mit Edelmetallen und Prepaid-Karten. Attentäter, die mehrere Identitäten haben, können davon kaum abgeschreckt werden.

9. Bargeld kann nicht **veraltet** sein, denn es besteht seit hunderten von Jahren, und das aus gutem Grund. Abgesehen davon ist es das

einzige gesetzliche Zahlungsmittel und somit auch das einzig anerkannte und verpflichtende Geld – zumindest noch in den meisten europäischen Ländern.

Die Vorschläge zur Abschaffung des Bargeldes kommen immer nur von einer Seite, nämlich von der, die davon profitiert, und von den Banken und von jenen Firmen, die virtuelle Bezahlsysteme anbieten. Das sind Kreditkartenunternehmen, Onlinebezahlsysteme wie *Paypal*, aber auch Handyhersteller wie *Apple*, die auf ihren iPhones „Apple Pay" anbieten. *Kenneth „Ken" Rogoff*, einer ihrer Fürsprecher, ist Professor an der Harvard University und arbeitete früher für die US-Notenbank *FED* und für den *Internationalen Währungsfond* (IWF). Der Whistleblower *John Perkins* schrieb darüber in seinem Buch „Bekenntnisse eines Economic Hit Man" (Seite 57), dass der IWF ein Instrument der USA sei, mit dessen Hilfe sie nach der „Weltherrschaft" streben. *Rogoff* ist auch Mitglied im *Council on Foreign Relations* (CFR) und in der *Group of Thirty*, einer Lobbyorganisation der Finanzwirtschaft, gegründet durch die *Rockefeller-Stiftung*.

*„Der unbefangene Beobachter fragt sich verwundert, wieso diese Themen gerade jetzt aufgebracht werden – schließlich existieren Geldwäsche, Steuerhinterziehung, Korruption und auch der Terrorismus seit Jahrzehnten. Die Verwunderung ist berechtigt. Alle vier Gründe sind vorgeschoben und haben mit den wahren Motiven, die hinter der Eindämmung und möglichen Abschaffung des Bargeldes stecken, nicht das Geringste zu tun."*
Ernst Wolff, Journalist[283]

Die Zentralbanken der einzelnen Länder (oder Wirtschaftsräume wie dem Euro-Raum) „schöpfen" Geld. Das verleihen sie dann an Banken, die ihnen dafür Zinsen zahlen müssen – das ist der sogenannte „Leitzins". Die Banken verleihen das Geld dann an ihre Kunden weiter. Dazu zählen der Staat, die Kommunen, Firmen und Privatkunden. Diese leihen sich das Geld von den Banken und sollen es ihnen plus Zinsen zurückzahlen. Es müssen also alle mehr Geld zurückzahlen, als sie sich ausgeliehen haben. Das ist auf Dauer nicht möglich, da ja dieses „Mehrgeld" nicht vorhanden ist. Das macht den Banken aber nichts, da sie auch von den Zinsen der nicht rückzahlbaren Kredite sehr gut leben – so lange alle zumindest ihre Zinsen bezahlen. Irgendwann aber, wenn der angehäufte Schuldenberg zu hoch ist, erdrückt selbst die reine Zinslast die Wirtschaft. Dann bricht das Schuldgeldsystem zusammen. Dann müssen die Schulden „gestrichen" werden und alles fängt wieder von vorne an. Diesen Punkt hatten wir bereits im Jahr 2007 erreicht.

Damals wollten die Banken aber die Schulden nicht streichen, da sie an den aufgelaufenen Zinsen sehr gut verdienen und es wieder viele Jahre gedauert hätte, ehe sie eine so hohe Zinslast aufgebaut und damit so hohe Einnahmen lukriert hätten. Da die Besitzer der Banken sehr viel Macht haben und leider illegalerweise auch die Zentralbanken kontrollieren, zwangen sie deren Leiter, die Geldmenge „auszuweiten". Die Zentralbanken schöpften also mehr und noch mehr Geld. Diese „Geldschwemme" konnte jedoch nur dann effektiv greifen, wenn die Zentralbanken den Leitzins senkten, damit sie möglichst „billige" Kredite an ihre klammen Kunden vergeben konnten. Das war vor allem für zahlungsunfähige Staaten wichtig, die immer neue Schulden machen mussten, um ihre Rechnungen weiter bezahlen zu können.

Im Grunde waren im Jahr 2007 bereits alle Staaten zahlungsunfähig, also senkten die Zentralbanken die Leitzinsen auf nahezu Null, damit die Kreditnehmer keine oder kaum neue Zinsen zahlen mussten. Dadurch verführten die Zentralbanken die Staaten, noch mehr Geld auszugeben als bisher. Was sollten sie auch anders tun, sonst wären ja alle Sozialsysteme zusammengebrochen und die verantwortlichen Politiker wären abgewählt worden. Sie sind also in einer Endlosspirale aus Schulden und Zinsen gefangen, aus der es kein Entrinnen gibt. Barack Obama hat allein in seiner achtjährigen Amtszeit für die US-Bürger so viele Schulden angehäuft, wie alle seine 43 Vorgänger in den letzten 232 Jahren zusammen![284] Das erwähne ich nur, um eine Vorstellung der Größenordnung zu haben.

Die Zinsen konnten nicht mehr angehoben werden, weil sie niemand bezahlen konnte. Manche Zentralbanken wurden sogar so verzweifelt, dass sie „Negativzinsen" einführten. Die Kreditnehmer werden also vom Kreditgeber dafür bezahlt, dass er ihnen Geld leiht. Das ist zwar krank, aber leider Realität. Eine negative Folge ist zudem, dass auch alle Privatkunden keine Zinsen dafür bekommen, dass sie ihr Geld zur Bank bringen – im Gegenteil: Sie erhalten dafür teilweise sogar „Negativzinsen", sie bezahlen also dafür Strafe, dass sie Geld auf der Bank liegen haben. Das macht natürlich keinen Spaß. Daher haben viele Menschen das Geld lieber ausgegeben, was die Wirtschaft ein wenig ankurbelte. Wer viel Geld hatte, steckte es in Gold, Immobilien oder Aktien, was die Immobilienpreise und die Aktienwerte hochtrieb. Der Goldpreis blieb jedoch konstant, weil er weiterhin von einigen Banken und Zentralbanken manipuliert wurde (siehe mein Buch „Der Goldkrieg", April 2014)

Auf Dauer muss dieses künstliche System aber zusammenbrechen und die Banken wollen verhindern, dass sie allein die Kosten dafür tragen. Das müssen sie nämlich dann, wenn die Staaten sich für zahlungsunfähig erklären und die Bürgen kein Geld auf dem Konto haben, weil sie entweder keines mehr haben oder es aber lieber zur Sicherheit zuhause horten. Das ist der Grund, warum die Banken dahinterher sind, das Bargeld abzuschaffen. Sie wollen mit allen Mitteln einen „Bankrun" verhindern.

> *„Wie sensibel vor allem die professionellen Anleger reagieren, zeigt die Schweiz: Hier wird seit Monaten ein Trend beobachtet, dass Pensionsfonds ihre Gelder von der Bank holen, um es in Schließfächern und Tresoren zu lagern. Dies ist wegen der Negativ-Zinsen billiger. Vor allem aber könnten die Pensionsfonds die Kontrolle über ihre Gelder behalten: Im Falle eines Banken-Krachs müssen sie die Renten auszahlen können, was bei geschlossenen Banken wie in Griechenland sehr schwierig ist."*[285]

Wenn alle ihr Geld auf dem Konto haben müssen, dann kann es ihnen niemand entziehen. Wenn die Staaten dann „Insolvenz anmelden", werden die Bürgen des Staates, also die Bürger, dafür haftbar gemacht. Dann behalten die Banker alles Geld ein, es gibt eine neue Währung und das Spiel beginnt von vorne. Das ist wie bei „Monopoly". Der Topf geht an die Banken, und die verteilen dann wieder jedem nur so viel Startkapital, dass sie für kurze Zeit über die Runden kommen und sich langfristig wieder Geld von der Bank leihen müssen, das sie dann auf lange Sicht wieder nicht zurückzahlen können.

In den USA, den Niederlanden oder in Skandinavien ist das Zahlen mit Karte bereits die häufigste Zahlungsart. Vor allem Schweden ist auf dem Weg in eine bargeldlose Gesellschaft, Norwegen und Dänemark haben es dem Nachbarn nachgemacht. Es gibt dort mittlerweile kaum noch Geldautomaten, viele Banken geben kein Bargeld mehr aus und nehmen es auch nicht mehr an. Während in Österreich und Deutschland Bargeld immer noch das einzige gesetzliche Zahlungsmittel ist und es jeder per Gesetz annehmen muss(!), haben die Skandinavier in den letzten Jahren ohne viel Aufsehen einfach die entsprechenden Gesetze geändert, ohne ihrer Bevölkerung zu erklären, was das bedeutet!

In Schweden warb die Kampagne „Bargeldfrei jetzt!" im Jahr 2010 mit dem Spruch: *„Bargeld ist das Blut in den Adern der Kriminalität."* Das beeindruckte die Schweden! Inzwischen wird in Schweden auch jeder Kaugummi und jedes Brötchen mit Kreditkarte oder Handy bezahlt. Wer in Stockholm mit dem Bus fahren will, kann beim Einsteigen nur über das Mobiltelefon eine Karte kaufen. Das ist toll für die Handybetreiber. Auch ist die Zahl der Banküberfälle im Land von 2008 bis 2011 von 110 auf 16 gesunken, dafür stieg jedoch Zahl der computergestützten Betrugsfälle von 3.300 im Jahr 2000 auf 20.000 im Jahr 2011. Das nenne ich eine „durchwachsene Bilanz".

In Spanien darf man Einkäufe nur noch bis zu einer Summe von 2.500 Euro in bar tätigen, in Griechenland bis zu 1.500 Euro und in Italien gar nur noch bis 1.000 Euro. Die EZB will den 500-Euro-Schein bis zum Jahr 2018 komplett aus dem Verkehr gezogen haben, danach könnte der 200er-Schein folgen, dann der 100er.[286]

Der frühere Präsident des deutschen Verfassungsgerichts, *Hans-Jürgen Papier*, hält solche Bargeld-Einschränkungen jedoch für verfassungswidrig, da sie *„nicht gerechtfertigte Eingriffe in Freiheitsrechte, in die Vertragsfreiheit und Privatautonomie"* bedeuten. Ex-EZB-Chefökonom *Jürgen Stark* befürchtet, dass die Abschaffung des Bargeldes uns ins Chaos führen wird.

Laut Umfragen waren im Jahr 2015 auch immer noch Dreiviertel aller Deutschen gegen die Abschaffung des Bargeldes. Doch in Hintergrund wird indes weiter kontinuierlich daran gearbeitet. Die *Deutsche Bundesbank* hatte bereits im Oktober 2012 in Frankfurt am Main ein „Bargeld-Symposium" veranstaltet, auf dem sich Bundesbanker sowie Vertreter der Kreditwirtschaft und der öffentlichen Verwaltung über die Abschaffung des Bargeldes austauschten.[287] Offiziell sperrt sich die *Bundesbank* noch gegen die Abschaffung des Bargeldes, doch es scheint, als wüsste sie, dass sie auf Dauer keine Chance gegen ihren übermächtigen Gegner hat.

Kreditkartenunternehmen wie *MasterCard* und *Visa* geben regelmäßig Studien in Auftrag, die wenig überraschend zum Ergebnis kommen, dass Bargeld schlecht für uns sei.[288][289] Die Bürger sollten auf der Hut sein! Was es bedeutet, wenn eine Regierung das Bargeld ohne Vorankündigung gegen den Willen der Bevölkerung stark einschränkt oder ganz abschafft, zeigt uns der Testlauf in Indien.

## *Das Indische Bargeldexperiment*

Mit rund 1,3 Milliarden Einwohnern hat Indien nach China die zweigrößte Bevölkerung der Welt. Das ist natürlich für jeden großen Konzern ein sehr interessanter Markt. Da die westlichen Märkte in den letzten Jahren schwächelten und der Absatz neuer Computer und Handys zurückging, bot eine wachsende indische Mittelschicht von mehreren hundert Millionen Menschen den spannendsten Markt auf Erden. Um einen Markt zu bedienen, muss man ihn aber möglichst genau kennen. Da lag das Problem.

Indien war, anders als China, in vielem noch sehr „rückschrittlich". Mehr als die Hälfte der Inder hatte kein Konto, manche Menschen waren nicht einmal irgendwo registriert. Die meisten Geschäfte wurden über Bargeld oder Gold abgewickelt. Sehr viel Geld lief am Fiskus vorbei. Wie also sollten die Silicon-Valley-Milliardäre und die Herrscher an der *Wall Street* des indischen Marktes Herr werden? Nun, wo ein Wille ist, ist auch ein Weg. Bereits seit 2010 versuchte die indische Regierung, einen besseren Überblick über und besseren Zugriff auf die eigene Bevölkerung zu bekommen. Dafür sollte jeder Inder seine biometrischen Daten, wie Fingerabdrücke, Netzhautscans und ein frontales Gesichtsbild, abgeben. Dafür bekam er eine „Unique Identification Number" (UID). Bis zum Jahr 2015 hatte man aber nur gut 800 Millionen Bürger katalogisiert. Wie konnte man also die restlichen 500 Millionen zwingen, sich zu registrieren?

Am Abend des 8. November 2016, einem Dienstag, gab der indische Premierminister *Narendra Modi* in einer Fernsehansprache überraschend bekannt, dass die zwei größten und meistverwendeten indischen Banknoten, die 500- und 1000-Rupien-Scheine, ab Mitternacht kein offizielles Zahlungsmittel mehr seien. Mit einem Schlag war mehr als 80 Prozent des umlaufenden Bargelds ungültig. Der 1.000er wurde über Nacht ganz abgeschafft und der alte 500er sollte durch einen neuen ersetzt werden. Zusätzlich sollte ein Zweitausender eingeführt werden. Ab dem folgenden Freitag sollte es überall neue Scheine geben. Jeder Inder hatte fünfzig Tage Zeit, bei seiner Bank seine großen Scheine gegen neue 500- und 2000-Rupien-Banknoten zu tauschen – jedoch nur gegen Vorlage eines Personalausweises. Eine halbe Milliarde Inder aber hatten weder ein Bankkonto noch einen Ausweis. Viele hatten auch keine Bank in ihrer unmittelbaren Nähe. Begründet wurde diese Maßnahme als Kampf gegen Korruption und Schattenwirtschaft – was zwar logisch klingt, jedoch gravierende Auswirkungen hatte.

Tatsächlich war sehr viel Geld nie versteuert worden. Zwei Tage lang versuchten alle, es auszugeben, indem sie kauften, was sie kriegen konnten. Supermärkte, Tankstellen und Schmuckhändler waren innerhalb von Stunden leergekauft. Die Händler nahmen die Scheine noch an und wollten sie danach bei der Bank gegen neue eintauschen. Arme Menschen, die sich etwas Bargeld vom Mund abgespart und fürs Alter versteckt hatten, wussten nicht, was sie jetzt tun sollten.

> *„Wohlhabende und Superreiche konnten dagegen die Einzahlung der nun ungültigen Scheine auf Konten von Strohmännern sowie die Auszahlung mittels Smart-Phone-Apps und mittels der Jagd nach funktionierenden Geldautomaten mit schweren SUVs organisieren. Der Geldwechsel der alten Scheine fand auch im Ausland statt, nicht nur über den Umweg Singapur. Die vorübergehende eingeschränkte Bargeldverfügbarkeit in der indischen Wirtschaft wurde als großes soziales Experiment für eine bargeldlose Wirtschaft bezeichnet, obwohl sie keine Bargeldabschaffung war."*[(290)]

Nach den neuen Bestimmungen war aber künftig auch die Nutzung von Bargeld generell eingeschränkt. So durften Einzelpersonen fortan pro Tag nur noch 2.500 Rupien (34 Euro) von Bankautomaten und nur noch 24.000 Rupien (330 Euro) pro Woche am Bankschalter abheben. Ab Freitag, dem 11. November 2016, hätte angeblich jeder im ganzen Land seine alten Scheine gegen neue tauschen können – Konto und Ausweis vorausgesetzt. Doch es gab nicht genügend neue Scheine und die Bankautomaten funktionierten vielfach nicht. Nicht nur die Inder selbst, auch viele Touristen konnten sich ihr Geld jetzt „an den Hut stecken". Es kam zu Chaos und

Tumulten. Polizei und Militär hatten alle Hände voll zu tun, um die Ordnung aufrecht zu halten. Die ganze Aktion schien extrem schlecht durchdacht und vorbereitet zu sein – typisch Indien eben, oder? Wenn man die Vorgeschichte dieses Experiments betrachtet, könnte man jedoch zum Schluss kommen, dass es ganz im Gegenteil sehr durchdacht und orchestriert war.

Als der in den USA lebende indische Ökonom *Raghuram Rajan* im Jahr 2013 neuer Chef der indischen Zentralbank (*Reservebank of India*) wurde, berief er seinen alten Schulfreund *Nachiket Mor* in deren Vorstand und beauftragte ihn mit der Leitung einer Kommission zur Förderung der „finanziellen Inklusion", um zu erkunden, wie man Indiens monetäres System „modernisieren" konnte.[291] *Raghuram Rajan* war vor seiner Berufung zum obersten indischen Währungshüter Professor an der *University of Chicago*, davor war er von 2003 bis 2006 Chefökonom des *Internationalen Währungsfonds* (IWF), also direkter Nachfolger von CFR-Mitglied und Anti-Bargeld-Lobbyist *Kenneth Rogoff*! Im Jahr 2013 war *Narendra Modi* noch Regierungschef des indischen Bundesstaates Gujarat, und als solcher hatte er Einreiseverbot in den USA – angeblich weil er der indischen Armee einst bei Ausschreitungen einen Schießbefehl erteilt hatte. Als Modi dann im Jahr 2014 Premierminister Indiens wurde, drängte ihn Barack Obama zu einer engeren Zusammenarbeit. Dafür durfte er dann auch endlich die USA besuchen. Im Jahr 2016 vereinbarten Indien und die USA dann einen Deal, den man als „strategische Partnerschaft" bezeichnete. Indien sollte Geld bekommen, das jedoch an gewisse Bedingungen geknüpft war.

*„Indien ist nach fast allen Maßstäben ein armes Land. Doch die Strategen des US-Imperialismus, darunter die Kriegsplaner des Pentagon, betrachten es seit Beginn des einundzwanzigsten Jahrhunderts als ihren ‚strategischen Trumpf'. Seit die Obama-Regierung 2011 ihre gegen China gerichtete Strategie des ‚Pivot to Asia' (Orientierung auf Asien) angekündigt hat, versuchen sie verstärkt, Indien durch eine Mischung aus Drohungen und Anreizen durch vergiftete Geschenke für die weltweiten Kriegspläne des US-Imperialismus einzuspannen. Indien weckt aus mehreren Gründen die Begehrlichkeiten der amerikanischen Strategen. Es ist das zweitgrößte ‚Schwellenland' der Welt. Es besitzt ein riesiges Militär, Atomwaf-*

*fen und eine schnell wachsende Hochseeflotte. In geostrategischer Hinsicht dominiert es Südasien (den indischen Subkontinent) und könnte den USA als Operationsbasis dienen, um Druck auf einen Großteil von Eurasien auszuüben, u.a. auf den Nachbarstaat China und den energiereichen Nahen Osten und Zentralasien. Nicht zuletzt ragt Indien weit in den Indischen Ozean hinein und bietet damit leichten Zugang zur gesamten Nordhälfte dieses Ozeans. Laut einer vom US Naval War College finanzierten Studie hat der Indische Ozean ‚mittlerweile den Nordatlantik als wichtigste Handelsroute der Welt abgelöst'. Die Strategen des US-Imperialismus betrachten die Vorherrschaft über den Indischen Ozean als unerlässlich für die globale Hegemonie der USA."*

Keith Jones, *World Socialist Website*[292]

Im Zuge dieser „strategischen Partnerschaft" schrieb **USAID,** die US-Behörde „für internationale Entwicklung", dem indischen Finanzministerium vor, die Bargeldnutzung zugunsten digitaler Bezahlverfahren zurückzudrängen. Diese amerikanische Initiative wurde als *„Catalyst: Inclusive Cashless Payment Partnership"* bezeichnet.[293] Sie war Teil der **Better Than Cash Alliance (BTCA),** einer Initiative der *Bill and Melinda Gates Foundation*, der *Citibank*, der *Ford Foundation*, *MasterCard*, *Visa*, *Coca Cola*, von *USAID*, *der UNO* und mehr als einem Dutzend afrikanischer, asiatischer und südamerikanischer Staaten, um nur einige zu nennen. **Ziel der BTCA ist die Abschaffung des Bargeldes!** Das indische Bargeldexperiment war also alles andere als schlecht vorbereitet, sondern genau so von langer US-Hand geplant.[294]

*USAID (United States Agency for International Development)* ist ein Zweig des US-Auslandsgeheimdienstes CIA. Es als Behörde *„für internationale Entwicklung"* zu bezeichnen, entbehrt nicht eines gewissen Zynismus, da die CIA dafür bekannt ist, ausländische Regierungen zu stürzen und in seiner Methodik nicht zimperlich zu sein. Ich habe in meinem Buch „Was Sie nicht wissen sollen 2" im Kapitel „Wirtschaftsterroristen" ausführlicher darüber berichtet. *USAID* gilt als Organisation, die Revolutionen und Aufstände rund um den Globus mitfinanziert und mitorganisiert. Sie hat des Öfteren eng mit *George Soros' Open Society Foundations* kooperiert.[295][296] **Die CIA steckt also zusammen mit den größten und mächtigsten Firmen auf Erden hinter der Bargeldabschaffung!**

Im September 2016 veröffentlichte das *McKinsey Global Institute* einen Bericht, in dem die Vorteile bargeldlosen Zahlungsverkehrs in leuchtenden Farben geschildert wurden. *Nachiket Mor* blieb weiter im Vorstand der indischen Zentralbank, wurde aber gleichzeitig neuer Indien-Chef der *Bill und Melinda Gates Foundation*. Zwei Monate später stürzte Premier *Narendra Modi* mit der Abschaffung der 500- und 1000-Rupie-Banknoten Millionen Menschen ins Unglück und beraubte sie ihrer Ersparnisse. Im ganzen Land fanden Hausdurchsuchungen statt, bei denen Bargeld und Gold beschlagnahmt wurden.[297]

*„Noch im Dezember, nachdem längst klar war, was für ein Desaster die Anti-Bargeld-Aktion von Ministerpräsident Modi für die Mehrheit der Bevölkerung war, verbreiteten McKinsey-Partner Susan Lund und Laura Tyson, basierend auf dieser Studie über die von George Soros finanzierte Plattform Project Syndicate, in alle Welt die Verheißung, dass Ländern wie Indien ein um zehn Prozent höheres Bruttoinlandsprodukt winkt, wenn sie mehr bargeldlos bezahlen. Die Studie wurde in Kooperation mit der Bill und Melinda Gates Foundation verfasst, und deren Indien-Chef Nachiket Mor bekam darin ein spezielles Dankeschön."*[298]
Norbert Häring, Wirtschaftsjournalist

Man braucht Bargeld nicht nur, um den Babysitter zu bezahlen oder dem Handwerker ein Trinkgeld zuzustecken, sondern auch, um sich gegen die Möglichkeit einer Insolvenz der Bank oder des Staates abzusichern. Man braucht es, um nicht völlig kontrollierbar zu sein, denn die Abschaffung des Bargeldes würde bedeuten, dass der Kauf und Konsum jeder Zigarette und jeden Glases Bier, jedes Schokoriegels und jedes Stückes Fleisch registriert werden. Wenn man Negativzinsen auf Bankguthaben verhängt, warum nicht auch auf ungesundes oder unliebsames Verhalten? Die Gesundheitsbehörden könnten zusammen mit den Banken jedem „Konsumenten" für alles, was ihnen missfällt, „Geld" vom Konto abziehen. Absurd? Nein, sie werden die Daumenschrauben so lange anziehen, bis die Bürger dem ein Ende setzen.

Wenn das Bargeld einmal abgeschafft wäre, dann wäre es für die Banken ein Leichtes, die Kosten für Überweisungen zu erhöhen, wie es bereits zahlreiche Airlines bei der Online-Buchung getan haben. Überlegen Sie einmal, wie oft am Tag Sie Geld in irgendeiner Form nutzen? Wenn Sie für jede Transaktion künftig nur 10 Cent zahlen müssten, dann sind das bereits hunderte Euro pro Jahr, die man Ihnen zusätzlich abnehmen kann. Doch die größte Gefahr ist die Sperrung des Kontos. Was wäre, wenn Sie plötzlich keinen Zugriff auf Ihr Konto mehr haben und es kein Bargeld gibt? Die Möglichkeit einer solchen Kontosperrung ist real und sie kann viele Gründe haben, angefangen von gehackten Konten, über IT-Probleme der Bank oder des Zahlungsabwicklers bis hin zu einem Stromausfall.

Wir haben zuvor gesehen, dass Firmen wie *Cambridge Analytica* bereits heute anhand der frei zugänglichen Daten ein Profil anlegen können, mit dessen Hilfe sie mehr über einen Menschen wissen als dessen Lebenspartner! Wenn wir alle gezwungen werden, ALLES mittels Karte oder Handy zu bezahlen, dann werden nicht nur Geheimdienste wie die NSA alles über uns wissen, sondern auch private Konzerne. Sie kennen dann nicht nur unsere politische Gesinnung, unsere Lieblingsmusik oder unsere Lieblingsspeisen, sie wissen auch ganz genau, wann wir wo sind und was wir gerade machen. Wenn man das künftig noch mit der Möglichkeit von Supercomputern und Künstlicher Intelligenz kombiniert, dann ist das, was in den Filmen um den Ex-Agenten *Jason Bourne* gesehen haben, Kinderkram.

Und dann habe ich noch eine andere Befürchtung. Stellen Sie sich eine Welt vor, in der es kein Bargeld gibt und für einige Tage fällt der Strom aus! Stellen Sie sich das wirklich einmal vor! Lassen Sie sich Zeit, legen Sie das Buch beiseite und überlegen Sie selbst, was das für Konsequenzen hätte!

Den Banken liegt viel daran, dass die Menschen kein Bargeld nutzen, sondern alle Zahlungen bargeldlos abwickeln, denn der bargeldlose Zahlungsverkehr erhöht ihre Macht und ihren Gewinn. Die physische Geldmenge ist immer begrenzt, die virtuelle nicht! Sie allein wollen bestimmen, was Geld ist! Sie allein wollen es erzeugen dürfen! Deshalb sind sie für die Abschaffung des Bargeldes. Doch Bargeld ist gedruckte Freiheit. Seine Abschaffung hätte aus meiner Sicht deutlich mehr Nachteile als Vorteile. Doch das scheinen Millionen von Lemmingen anders zu sehen. Demokratie bedeutet, dass die Mehrheit entscheidet, auch wenn sie keine Ahnung hat, worum es eigentlich geht. Wissen ist Macht, deshalb wird es seit Jahrhunderten so aggressiv unterdrückt.

## *Das alte System kollabiert*

Seit Beginn der Finanzkrise in den Jahren 2007/2008 fand weltweit immer mehr Aufklärung über unser Finanzsystem statt, das nur einer kleinen Gruppe unvorstellbar reicher und durchtriebener Menschen dient, die ich die „Geheime Weltregierung" nenne. Diese Gruppe infiltrierte schon vor Generationen die Politik, die Medien und die Unterhaltungsbranche, und nutzt diese in der Öffentlichkeit stehenden Personen, um die Masse der Bevölkerung, die bis vor kurzem im Dunkeln tappte, zu täuschen, zu manipulieren und um sie ihrer Lebenskräfte zu berauben. Wir haben vermeintlich gewählte Regierungen, Schattenregierungen, Staaten im Staat und Geheim- und Lobbyorganisationen, über die kaum jemand mehr den Überblick behalten kann. Offenbar nicht einmal die Involvierten selbst. Jeder bescheißt jeden, alle lügen und alle tun so, als wäre es nicht so. Der kollektive Wahnsinn ist völlig aus dem Ruder gelaufen.

Wir arbeiten die Hälfte unseres Lebens für die Rückzahlung von Zinsen auf Kredite, die wir selbst nie aufgenommen haben. Sie sind in allen Waren und Dienstleistungen enthalten, die wir in Anspruch nehmen. Von der verbleibenden Hälfte geht nochmals die Hälfte weg für Steuern und Sozialabgaben. Das bedeutet, dass wir drei Viertel unseres Lebens für die Besitzer der Banken und Großkonzerne arbeiten. Somit waren wir lange ihre Sklaven, doch immer mehr Menschen erwachen und haben die Nase voll. Sie wollen sich nicht mehr länger unterdrücken und benutzen lassen. Die Politiker wissen das, sie haben nur bislang keine Ahnung, wie sie damit umgehen sollen. Sie warten auf klare Anweisungen, doch die scheinen nicht zu kommen.

> *„Ich weiß, dass ihr irgendwo da draußen seid. Ich kann euch jetzt spüren. Ich weiß, dass ihr Angst habt, Angst vor uns. Angst vor Veränderung. Ich kenne die Zukunft nicht. Ich bin nicht hier, um Euch zu sagen, wie das ausgehen wird. Ich bin hier, um euch zu sagen, wie alles beginnen wird. Ich werde den Hörer auflegen und den Menschen das zeigen, was sie nicht sehen sollen. Ich zeige ihnen eine Welt ohne Euch. Eine Welt ohne Gesetze, ohne Kontrollen und ohne Grenzen. Eine Welt, in der alles möglich ist. Wie es dann weitergeht, das liegt ganz an euch."*
>
> *Neo im Film „The Matrix"*

Im zuvor bereits zitierten Gespräch aus dem Juni 2016 sagte der deutsche Finanzminister *Wolfgang Schäuble* auch, dass er sich Sorgen um den Zustand der US-Demokratie mache. Diese sei aus der Sicht eines nichtwestlichen Menschen eher *„eine Plutokratie des großen Geldes als eine Demokratie. Auch die Amerikaner müssen lernen, die Welt aus der Perspektive von anderen zu sehen und nicht nur aus der eigenen."*[299] Als „Plutokratie" bezeichnet man eine Gesellschaftsform, in der allein einige wenige Reiche herrschen und in der Macht vom Bankkonto abhängig ist. Damit ist Plutokratie das Gegenteil von „Demokratie", und genau das ist es, was wir heute haben. Einige wenige Reiche und Neureiche, wie die „Visionäre" aus dem Silicon Valley und die Besitzer der multinationalen Konzerne, bestimmen über den Rest der Welt. Es macht keinen Unterschied, ob man jene kleine Gruppe unfassbar reicher Wesen, die den Großteil der Menschheit seit Jahrhunderten in Geiselhaft hält, die „Illuminati" nennt, die „Geheime Weltregierung", die „Schattenregierung", die „Kabale" oder die „Plutokratie". Es ist alles mehr oder weniger dasselbe. Das Böse hat viele Namen. Im September 2014, also zu Beginn der „Flüchtlingskrise", sagte *Papst Franziskus* in einem Gespräch: *„Satan verführt, indem er das Böse als Gutes ausgibt."*[300] Der Mann weiß, wovon er spricht.

Die Mitglieder der Geheimen Weltregierung und ihre Handlanger bezeichnen sich selbst gerne als „Philanthropen". Doch „Philanthropie" steht eigentlich für menschenfreundliches Denken und Verhalten, also für das Gegenteil dessen, was die Stiftungen der reichsten Familien auf Erden machen. In derselben Ansprache im September 2014 sagte Papst Franziskus auch: *„Abgesehen von unseren eigenen, persönlichen Sünden, sind sehr, sehr viele Projekte zur Entmenschlichung der Menschheit sein Werk, einfach nur, weil er die Menschheit hasst!"*[300] Nein, damit sprach er nicht über *George Soros*, *Sir Evelyn De Rothschild* oder *David Rockefeller*, sondern über das Konzept „Satan", das Böse an sich – wobei ich Menschen kenne, die darin keinen Unterschied erkennen können.

Das alte System kollabiert. Während die reichsten und mächtigsten Familien bis vor kurzem viele Generationen brauchten, um ihr Netzwerk aufzubauen und zu festigen, sind in den letzten zwanzig Jahren in der Tech-Industrie neue „Global Player" hinzugekommen, die alles durcheinanderwirbeln. Die Veränderungen gehen so schnell vonstatten, dass auch die alten Machtstrukturen enorme Probleme bekommen haben.

Nach und nach kommen immer mehr Details über dieses Finanzsystem und seine Hintermänner ans Tageslicht und es wird Zug um Zug immer deutlicher, dass es dabei nicht nur um das Geldwesen geht, sondern dass dieses negative und manipulative System alle Bereiche unseres Lebens durchdringt und beeinflusst – angefangen bei unserem „Bildungssystem", das diese Bezeichnung eigentlich nicht verdient. Immer mehr Menschen rund um den Globus wird durch all die Aufklärungsliteratur und durch die Enthüllungen von Whistleblowern klar, dass sie tagtäglich nur zum Vorteil anderer benutzt werden. Sie erkennen, dass ihre Vorstellung davon, wie unsere Welt funktioniert, nur ein Trugbild war. Nichts, aber auch wirklich gar nichts ist, wie es scheint. Das, was lange als „Verschwörungstheorie" diffamiert wurde, stellt sich mit jedem neuen Tag immer klarer als „Verschwörungspraxis" heraus, vor allem in der Politik.

Die etablierten Volksparteien in den meisten Teilen Europas und in den USA waren so lange an der Macht, dass sie den eigentliche Sinn ihres Tuns vergaßen und nur noch am Selbsterhalt interessiert sind. Sie sind geistig degeneriert. Die Mitglieder dieser politischen Institutionen haben längst vergessen, was eigentlich ihre Aufgabe wäre, nämlich den Menschen, die sie wählen und die ihre Gehälter bezahlen, zu dienen. Das Volk, der Souverän, der den Politikern auftragen sollte, was sie tun sollen, wird von ihnen nur als lästiges Übel angesehen. Die Dekadenz und Arroganz der politischen Kasten in den USA und in Europa ist von Generation zu Generation größer geworden, da die Bevölkerungen sie gewähren ließ, solange es ihr gut ging. Politiker und Pressevertreter haben sich in einer selbstgeschaffenen Scheinwelt verloren, und finden offenbar keinen Weg mehr aus dem Selbstbetrug heraus. Satan hat ihre Seelen korrumpiert.

Doch dann passierte, was immer wieder in regelmäßigen Abständen passiert: Mit dem Ende eines großen Wirtschaftszyklus ging es weltweit finanziell und wirtschaftlich bergab. Die Schere zwischen arm und reich wurde rasch deutlich größer und die Bevölkerung wurde mit einer politischen Kaste, die alle Verantwortung von sich wies, zunehmend unzufriedener. Die Arroganz, Selbstgerechtigkeit und Verlogenheit der meisten Politiker und vieler der ihnen nahestehenden Pressevertreter führte dazu, dass immer mehr kritische Menschen einen bewussten Blick hinter die Fassaden der Politik warfen und Erstaunliches zutage förderten. Waren es zu Anfang vor allem Menschen, die Bücher und Artikel schrieben, so kamen nach und nach Hacker hinzu, die sich Zutritt auf die Email-Konten oder Server von politischen und militärischen Organisationen und Personen verschafften, und diese oft hochbrisanten Informationen dann an die Öffentlichkeit weitergaben. Das führte und führt zu immer mehr Widerstand gegen das alte System, das sich eindeutig im Zustand der Zersetzung und des Niedergangs befindet. Wir erkennen immer mehr, wie sich unsere Gesellschaft spaltet. Es gibt eine Gruppe ängstlicher Menschen, die mit aller Kraft am alten vertrauten System festhalten will, weil sie die Veränderung fürchten. Und es gibt eine wachsende Gruppe von Menschen, die von all dem, was um sie herum passiert, nichts mitbekommt, weil die Ablenkungen des Systems bei ihnen hervorragend greifen. Sie befinden sich immer noch in der Phase des „Leugnens". Doch es gibt auch eine wachsende Gruppe von Bürgern, die keine „Bürgen" mehr für die Fehler anderer sein wollen. Bei ihnen ziehen die alten Tricks und Lügen nicht mehr. Sie wollen nicht länger in einer Scheinwelt leben. Sie wollen, dass die Dinge endlich beim Namen genannt werden und wir endlich damit aufhören, uns alle gegenseitig etwas vorzumachen.

Das Volk wird von der Geheimen Weltregierung und ihren Handlangern absichtlich gespalten, um die Bevölkerungen aufeinanderzuhetzen und Zweifel zu säen. Damit wollen sie von sich selbst und der eigenen Verantwortung ablenken und gleichzeitig die Aufdeckungs-Bewegung schwächen. Wenn ein verwundetes Tier in die Enge getrieben wird, dann wird es unberechenbar. Deshalb ist zu fürchten, dass die Geheime Weltregierung, wenn ihre Verzweiflung wächst, auch nicht davor zurückschrecken könnte, erneut einen großen, weltweiten Krieg vom Zaun zu brechen, so wie sie es bereits mehrfach zuvor getan haben. Deshalb warnte Michail Gorbatschow, der letzte Staatschef der Sowjetunion im Januar 2017, auch vor der heraufziehenden Gefahr eines nuklearen Krieges.

> *„Es sieht ganz danach aus, als ob sich die Welt auf Krieg vorbereitet... die nukleare Bedrohung wirkt wieder einmal real. Die Beziehungen zwischen den großen Mächten entwickelten sich in den letzten Jahren von schlecht zu noch schlechter. Die Aufrüstungs-Befürworter und der militärisch-industrielle Komplex reiben sich die Hände... Wir müssen einen politischen Dialog fortsetzen, der gemeinsame Entscheidungen und gemeinsame Aktionen anstrebt."*
>
> Michail Gorbatschow[301]

Im Grunde gibt es zwischen allen Menschen mehr Verbindendes als Trennendes, wir haben diese Tatsache nur leider komplett aus den Augen verloren und konzentrieren uns nur noch auf das, was „die anderen" angeblich falsch machen. Wir haben verlernt, zuzuhören und nachzudenken. Wir haben vergessen, dass nicht diejenigen Feinde sind, die aus den Schützengräben der modernen Wohlstandsgesellschaft heraus aufeinander feuern, sondern diejenigen, die diesen Krieg vereinbart, angeordnet und organisiert haben. Der Krieg tobt längst in unseren Köpfen, weil wir uns dahingehend manipulieren und aufeinanderhetzen *lassen*. Es ist ein Krieg der Worte, der Gedanken und der Ideologien. Wenn wir nicht sehr aufpassen, dann werden aus Worten und gegenseitiger Verachtung echte kriegerische Handlungen folgen.

Wie *Mika Brzezinski* zugab, waren sich die Mainstream-Journalisten bis vor kurzem sicher, dass es ihr alleiniges Recht war, *„exakt zu kontrollieren, was Menschen denken!"*[(302)] Nun müssen sie aber erkennen, dass die Menschen sich nicht mehr so einfach kontrollieren lassen. Der links-liberale Mainstream befindet sich in seiner Trauerarbeit um verlorenes Terrain im Moment zwischen Phase zwei und drei, zwischen „Verwirrung" und „Zorn". Als nächstes käme die Phase des „Verhandelns", in der sie anfangen werden, Zugeständnisse zu machen, um ihre Macht zumindest in Teilen erhalten zu können. Dabei wird es besonders wichtig sein, sich als kritischer Beobachter immer die Frage zu stellen: **WEM NÜTZT ES?** Egal, was behauptet wird, egal, welche vermeintlichen Beweise für dieses oder jenes vorlegt werden, wir müssen uns immer fragen, wer am Ende von einem bestimmten Schachzug am meisten profitiert! Und das sind mit großer Sicherheit nicht jene, die auf den Titelseiten der Zeitungen und Magazine zu finden sind.

Es liegt an uns allen, einen neuerlichen Krieg und damit neuerliches Leid und neuerliches sinnloses Sterben durch Besonnenheit und Klarheit zu verhindern. Es liegt an uns allen, der Kriegstreiberei Einhalt zu gebieten. Nicht durch Gegenaggression oder Wut, sondern durch Argumente und Aufklärung, durch Mut und Offenheit, und durch Liebe und Mitgefühl. Es darf keine Verhandlungen mit dem alten System geben, denn das wird das Leid auf allen Seiten nur hinauszögern. Das ist, als ob man eine gescheiterte Beziehung wieder aufnimmt, obwohl man weiß, dass es nicht gutgehen wird. Man verlängert einfach nur den Prozess des Abschieds.

Nach den gescheiterten Verhandlungen wird dann die Phase des „Schmerzes" für jene kommen, die ihr altes Ego und ihre alten Privilegien verlieren werden. Das ist die Voraussetzung für „Akzeptanz" und den Beginn einer neuen Ära.

> *„...Es gibt keine Welthymne, keine Weltwährung, keine Urkunde eines Weltbürgertums, wir schwören unsere Treue nur einer Flagge, und das ist die amerikanische Flagge... wir streben nach einer Beziehung des Friedens und der Harmonie mit allen Nationen auf Erden, aber das bedeutet, anzuerkennen, dass jedes Land auf Erden, unseres eingeschlossen, das Recht hat, zuerst für seine eigenen Bürger zu sorgen...!"*
> Donald Trump, 31. November 2016, Cincinnati, Ohio[303]

Das alte System kollabiert. Alle versuchen ihre Schäfchen ins Trockene zu bringen. Es gibt keinen Zusammenhalt mehr innerhalb der alten Seilschaften in Politik, Presse und Wirtschaft. Die reichsten Familien sind offenkundig zunehmend untereinander zerstritten. Alle wissen, dass die Party vorüber ist, und wer kann, der macht sich unauffällig vom Acker oder bereitet zumindest alles für die Flucht vor. Das alte System ist gescheitert. Die Ratten verlassen das sinkende Schiff. Die meisten Millionäre und Milliardäre haben Europa längst verlassen. Überall im Westen haben die Reichen und Superreichen sich unauffällig aus den Großstädten zurückgezogen. Der Bau unterirdischer Luxusbunker ist in den USA im Jahr 2016 zum Vorjahr um 700 Prozent gestiegen.[304] In Kanada, Neuseeland und Südamerika haben die reichsten Amerikaner und Europäer sich Rückzugsorte für den erwarteten Katastrophenfall ausgebaut. Manche der unterirdischen Bunkeranlagen sind mehrere Hektar groß und mit allem nur erdenklichen Luxus ausgestattet, von Weinkellern bis hin zu Spa und Krankenstationen. Diese unterirdischen Luxusherbergen sind darauf ausgelegt, dass Menschen dort notfalls jahrelang überleben können.

Die alte Elite weiß, dass es ihr an den Kragen gehen könnte und sie hat alles für ihre Flucht vorbereitet. Doch das ist noch kein Grund für Ausgelassenheit, denn sie wird sich sicher nicht kampflos geschlagen geben!

> *„Unter den Tech-Tycoons im Silicon Valley und den Hedgefonds-Managern in New York macht sich offenbar ein Trend breit: Viele Superreiche in den USA treffen aufwendige Vorkehrungen für den Fall, dass das Land im Chaos versinkt... Antonio García Martínez, ein ehemaliger Facebook-Produktmanager aus San Francisco, hat sich zum Beispiel ein großes Stück Wald auf einer Insel im nordwestlichen Pazifik gesichert. Dort bunkert er Generatoren, Solarkollektoren und große Mengen an Munition. Er habe ein Refugium gesucht, das weit weg von allen Städten, aber dennoch nicht isoliert sei... Wenn Gefahr drohe, ist er überzeugt, müsse man eine lokale Miliz bilden. Er habe viele Freunde, die ebenso dächten wie er... Andere Silicon-Valley-Größen wie Tim Chang, Geschäftsführer der Risikokapitalgesellschaft Mayfield Fund, legen sich Ferienhäuser in anderen Ländern zu... und informieren sich darüber, wie man an einen zweiten Pass gelangen kann. Er und seine Frau haben für sich und ihre vierjährige Tochter immer gepackte Taschen parat, um bei einem Bürgerkrieg oder nach einem Erdbeben schnell verschwinden zu können... Ein ganzer Geschäftszweig schlägt aus den Ängsten bereits Profit. Die kalifornische Firma Vivos etwa bietet Bunker-Luxuswohnungen an, in denen Menschen mit dem nötigen Geld längere Zeit überleben können... Ein europäisches Mammut-Projekt plant Vivos im thüringischen Rothenstein. Im Bunker-Komplex ‚Vivos Europa One', der einst von den Sowjets errichtet wurde, sollen dereinst 6.000 Menschen Zuflucht finden."*[305]

Im Oktober 2016 hielt Russland die größte Katastrophenübung seit Jahrzehnten ab. Mehr als 200.000 Rettungskräfte evakuierten fast 40 Millionen Bürger im Rahmen eines simulierten Angriffs mit nuklearen Waffen, und die russische Führung kündigte an, Bunker für alle Russen bauen zu wollen. Offenbar rechnete sie, im Angesicht des vermuteten Sieges von Hillary Clinton im US-Präsidentschaftswahlkampf, mit dem Schlimmsten. Clinton hat zwar verloren, aber ihre Hintermänner schlagen weiter wild um sich.

Weltweit regt sich massiver Widerstand gegen George Soros und die finsteren Mächte, die er repräsentiert. Die im Jahr 2016 in Mazedonien gestartete Initiative *„SOS–STOP OPERATION SOROS"* hat mittlerweile auf andere Länder übergegriffen.[306] Nicht nur in Russland, auch in Ungarn ist Soros mittlerweile nicht mehr erwünscht und seine Umsturz-Organisationen werden immer öfter verboten. Auch in den USA regt sich von mehreren Seiten Widerstand gegen ihn und seinesgleichen, auch von religiösen Gruppen. So gibt es dank *Wikileaks* und *DC-Leaks*[307] Hinweise darauf, dass Papst Benedikts Rücktritt im Jahr 2013 die Folge eines „Katholischen Frühlings" war, der von der Obama-Regierung, genauer von der Clinton-Podesta-Soros-Achse, erzwungen wurde.[308] Es reicht nicht mehr, unliebsame Nachrichten als „Fake News" abzustempeln. Die Wahrheit bedeutet: **Wir müssen Menschen, die als „Whistleblower" ein großes Risiko für Leib und Leben eingehen, auch entsprechend würdigen und beschützen, damit mehr und mehr Menschen sich trauen, aufzustehen und die Wahrheit zu sagen!**

Im Juni 2015 kam heraus, dass das zentrale Personalbüro für alle US-Bundesbehörden, das *United States Office of Personnel Management* (OPM), gehackt wurde und jemand sich alle Informationen über alle staatlichen Mitarbeiter der USA bis zurück in die 1980er-Jahre beschafft hatte, inklusive aller Personen im Weißen Haus, beim State Department (Außenministerium), der CIA und dem Militär. Auch über alle Personen, die jemals an Geheimen Operationen, sogenannten „Black-Ops", teilgenommen haben! Einen Monat später trat die Leiterin der Behörde *Katherine Archuleta*, die frühere Wahlkampfmanagerin von Barack Obama (2012), zurück. Die Informationen enthielten nicht nur alle üblichen Informationen über alle Menschen, die jemals für die US-Behörden gearbeitet haben, sondern sogar psychologische Profile und Informationen über Freunde und Verwandte, ja sogar extrem geheimes Material, das gespeichert wurde, um Geheimnisträger notfalls erpressen und zum Schweigen bringen zu können. Das soll zwischen vier und zwanzig Millionen Personen betroffen haben, genaue Zahlen haben die Behörden nie genannt. Bislang (Anfang 2017) konnte niemand sagen, wer die Diebe waren, doch US-Offizielle sprachen immer wieder davon, dass es Hinweise gab, dass die Hacker aus China stammten. Auf jeden Fall war der Datenklau eine absolute Katastrophe für die USA, denn wer die sensiblen Informationen nun hatte, konnte sie entweder dazu verwenden, die US-Bevölkerung oder die Regierung zu beeinflussen oder aber mögliche Verbrechen und Vertuschungen aufdecken und Verantwortliche öffentlich nennen. **Wissen ist Macht!**[309]

Eines der dunkelsten Geheimnisse mancher Teile der globalen Elite ist ihre offenbar stark ausgeprägte pädophile Neigung. Im vergangenen US-Wahlkampf spielte auch dieses Thema eine große Rolle, weil der groß angelegte Kindesmissbrauch eine gewaltige Dimension hat und sich die Gerüchte und Hinweise über eine Involvierung der Familie Clinton seit Jahren hartnäckig halten. Viele Trump-Anhänger hofften darauf, dass Donald Trump dieses Thema angehen und für Aufklärung sorgen würde. Interessant ist, dass kurz nach seiner Wahl zum US-Präsidenten tatsächlich Pädophilenringe in Norwegen und England ausgehoben und zahlreiche Personen verhaftet wurden. Drei Monate später, im Februar 2017 folgten Festnahmen in Kalifornien und Japan. Doch viele Amerikaner, die sich im Internet über das Thema unter den Bezeichnungen „Pizzagate" und „Pädogate" austauschten, hofften, dass dies erst der Anfang war und Trump den Kinderschändern in Washington den Garaus machen würde.

Machen wir uns nichts vor, jeder von uns weiß, dass wir so, wie bisher, nicht weitermachen können. Das alte System kollabiert, und es bleibt abzuwarten, ob der Übergang zu einem neuen System friedlich verlaufen, oder wieder einmal viel Chaos bringen und viel Blut kosten wird. Wir haben viel zu lange gehofft, dass alles gut gehen würde, doch danach sieht es derzeit nicht aus. Unser größtes Problem sind nicht die Flüchtlinge, auch nicht Russland oder China oder das böse $CO_2$. Unsere größten Probleme sind Feigheit, Angst und Trägheit. Wir wurden auf allen Ebenen unserer Existenz belogen. Wir wussten es, aber wir haben das Spiel lange mitgespielt. Doch der Krug geht so lange zum Brunnen, bis er bricht.

Moderne Technik wird nicht all unsere Probleme lösen, sie wird sie eher verstärken und auch noch extreme Hierarchien und soziale Unterschiede schaffen. Die Politik, die Wissenschaft und die Kirchen werden unsere Probleme nicht lösen. Denn sie sind diejenigen, die sie zum größten Teil geschaffen haben. Der Rest geht auf unser Konto, weil wir sie gewähren ließen. Doch wenn das ganze System zusammenbricht, dann wird sich das oberste 1 Prozent selbst retten wollen, und die Masse der Menschen wird hilflos und planlos dastehen und auf sich allein gestellt sein.

Wir müssen endlich die politischen Ideologien und unser Links- und Rechtsdenken überwinden. Wir müssen unsere Obrigkeitshörigkeit ablegen und den Mund aufmachen. Wir müssen damit aufhören, ein krankes, gescheitertes System zu decken und dabei so zu tun, als wären wir machtlos. Denn das sind wir nicht! Wir können der Geheimen Weltregierung das Handwerk legen, doch dafür müssen wir die Ursachen allen Übels bekämpfen und nicht die Symptome. Rechte oder Linke Parteien sind nicht das Problem. Das Problem ist, dass wir so dumm sind, uns gegeneinander aufhetzen zu lassen.

Der Wandel hat längst begonnen. Die Frage ist lediglich, wie wir damit umgehen, wie rasch wir ihn geschehen lassen oder wie lange wir uns dagegen stemmen. Je früher wir ihn geschehen lassen und unterstützten, desto eher können wir ihn mitgestalten, was wir nicht nur in Bezug auf Roboter und künstliche Intelligenz dringend tun sollten.

Der Autor und spirituelle Lehrer *Matt Kahn* bezeichnet den kürzesten Weg aus der Trauerphase, nämlich die direkteste Verbindung zwischen „Leugnen" und „Akzeptanz", als den „Weg des Himmels". Der lange Weg, die Gegenwehr, das immerwährende Festhalten an Verwirrung, Zorn und Schmerz, ist demnach „die Hölle". Das, was Menschen in der Hölle hält, ist das „Satanische Prinzip", von dem *Papst Franziskus* sagte: *„Satan verführt, indem er das Böse als Gutes ausgibt."* Doch immer mehr Menschen haben dieses Prinzip und seine Vertreter durchschaut! Wir haben uns lange genug im Kreis gedreht. Nun sollten wir den kürzesten Weg hin zur Akzeptanz wählen – und voranschreiten!

In den nächsten Jahrzehnten kommen gewaltige Herausforderungen auf uns zu und wir werden sie nicht mit Hilfe unserer Smartphones lösen können. Auch die „richtige politische Einstellung" wird uns dabei nicht helfen. Wir werden uns endlich wieder wie Menschen verhalten, denken und fühlen, und werden dementsprechend handeln müssen. Ich habe die Hoffnung auf einen umfassenden geistigen Wandel noch nicht ganz aufgegeben und versuche alles dazu beizutragen, was in meiner Macht steht.

*„Ich kann Dir nur die Tür zeigen. Hindurchgehen musst Du alleine."*
*Morpheus* im Film „The Matrix"

# TEIL 3 – „*Der Weltraum, unendliche Weiten...*"

Im dritten Teil dieses Buches möchte ich mich einem Themenkomplex widmen, mit dem ich mich persönlich schon seit vielen Jahren beschäftigt habe, jedoch eher im Stillen und mit sehr viel Vorsicht und Skepsis. Ich bin jedoch in der letzten Zeit immer wieder in so vielen unterschiedlichen Zusammenhängen damit in Berührung gekommen, dass ich mich zuletzt sehr intensiv damit beschäftigt habe. Wie wir bereits im ersten Teil des Buches gesehen haben, bin ich nicht der Einzige, der sich für die Erkundung des Weltraums interessiert, denn auch *Jeff Bezos*, *Elon Musk* und viele andere reiche und einflussreiche Menschen beschäftigen sich intensiv mit der Erforschung und Eroberung der unendlichen Weiten des Universums.

> „*Eine neue Studie in der Fachzeitung der Nationalen Akademie der Wissenschaften (Proceedings of the National Academy of Sciences) kommt zu dem Schluss, dass rund jeder fünfte Stern, wie unsere Sonne auch, von einem erd-ähnlichen Planeten umkreist wird. Das macht rund 40 Milliarden bewohnbare Planeten in der Milchstraßen-Galaxie. Während China und Indien sich ein Wettrennen zum Mars liefern, wagen wir uns sogar noch über unser Sonnensystem hinaus...*"
> Melissa Block, *National Public Radio*[310]

In den letzten Jahren tauchten mehrere Whistleblower auf, die behaupteten, an und in verschiedenen geheimen Weltraumprogrammen gearbeitet zu haben. Ich habe mir mehr als einhundertfünfzig Stunden Interviews und Dokumentationen darüber angesehen. Gleichzeitig machte die US-Weltraumbehörde NASA Verlautbarungen über den Stand der Weltraumexploration, die sich extrem gut mit den Aussagen dieser Menschen decken.

Wie ich bereits in meinem Buch „Was Sie nicht wissen sollen 2" berichtete, verschwinden in den USA jährlich bis zu einer Million Menschen spurlos. Die meisten von ihnen sind Kinder und Jugendliche.[311] In jedem US-Supermarkt oder Einkaufszentrum hängen dutzende Bilder verschwundener Kinder oder Teenager.

Aus Europa kennen wir ähnliche Zahlen, die jedoch nur auf Schätzungen beruhen, weil es dazu keine offiziellen Statistiken gibt. Ein Teil verschwindet für illegale Adoptionen und für den Organhandel. Ein anderer

Teil wird Opfer großer internationaler Pädophilenringe oder endet als Hausklaven. Ein Teil verschwindet, weil sie Opfer anderer Verbrechen werden. Und einige wenige Menschen verschwinden absichtlich, um ihrer Vergangenheit zu entfliehen. Doch all das erklärt nicht die unglaublich hohe Zahl spurlos verschwundener Menschen und ich habe mich lange gefragt, was hinter diesem traurigen Phänomen stecken könnte. Dann bin ich im Jahr 2015 auf *David Paulides* gestoßen und irgendwie passte plötzlich so vieles zusammen.

> *„Der Weltraum, unendliche Weiten. Wir schreiben das Jahr 2200. Dies sind die Abenteuer des Raumschiffs Enterprise, das mit seiner 400 Mann starken Besatzung 5 Jahre unterwegs ist, um fremde Galaxien zu erforschen, neues Leben und neue Zivilisationen. Viele Lichtjahre von der Erde entfernt dringt die Enterprise in Galaxien vor, die nie ein Mensch zuvor gesehen hat."*
> Anfangsworte jeder Folge von „Raumschiff Enterprise"

## *Verschwunden – Missing 411*

Die Geschichte des *David Paulides* ist so unglaublich, dass es mich wundert, dass sie noch nicht verfilmt wurde. Paulides schloss sein Studium an der *Universität von San Francisco* im Jahr 1977 ab und arbeitete danach zwanzig Jahre lang als Polizist, vom Mitglied eines Sondereinsatzkommandos bis hin zum ermittelnden Kriminalbeamten. Dann wurde er wegen seines Recherchetalents von der High-Tech-Industrie abgeworben. Mehrere Jahre lang erstellte er für große Firmen Expertisen über andere Firmen. Er recherchierte für sie Hintergrundinformationen für mögliche Kooperationen oder Fusionen. Danach war er drei Jahre lang für einen kanadischen Diamantenförderer tätig, was ihn in entlegene Gebiete rund um den Erdball führte. Nachdem er sich pensionieren ließ, schrieb er zwei Bücher über das Bigfoot-Phänomen, also über die tausendfachen Sichtungen von „Riesen", die gelegentlich in sehr abgelegenen Regionen der Welt gesichtet worden sein sollen. Es gibt Berichte über solche Wesen aus fast allen dünn besiedelten Teilen der Erde. Manchmal werden sie als „Yeti" bezeichnet, in Kanada heißen sie „Sasquatch". Paulides hatte sich des Themas angenom-

Abb. 41: Der Ex-Polizist und Profiler David Paulides untersuchte mehr als 2000 Fälle vermisster Personen

men, da er auf seinen vielen Reisen immer wieder darüber „stolperte", weil er Freude an der Recherche hatte und die Herausforderung liebte. Nachdem seine Bücher erschienen waren, hielt er gelegentliche Vorträge zu dem Thema. Bei einem davon wurde er im Anschluss von zwei Rangern angesprochen, also von den Aufsehern eines US-Nationalparks.

Sie wollten ihm etwas anvertrauen, das sie seit Jahren beschäftigte, und das jemand brauchte, der keine Scheu vor dem Außergewöhnlichen hatte. Paulides war ihr Mann. In einem Gespräch erfuhr er von den Rangern, dass seit Jahrzehnten immer wieder Menschen in großer Zahl auf unerklärliche Weise aus Nationalparks in ganz Nordamerika verschwanden und oftmals auch nicht wiedergefunden wurden. Jene, die wieder auftauchten, waren zumeist tot, und wenn sie es nicht waren, so konnten sie sich an nichts erinnern.

Alle Ranger in den USA wussten davon, doch offiziell existierte das Thema nicht. Was allen Rangern Rätsel aufgab, war, dass die Umstände des Todes in vielen Fällen mehr als ungewöhnlich waren. Falls man Leichen fand, waren sie meist unbekleidet. Zudem wurden viele der Opfer, die wieder auftauchten, an extrem unzugänglichen Stellen aufgefunden – an Stellen, die sie eigentlich allein so niemals hätten erreichen können. Und die Ranger wussten noch mehr Ungewöhnliches zu berichten.

David Paulides hatte Lunte gerochen. Er begann zu recherchieren und entdeckte, dass die Fälle von den ermittelnden Polizeibeamten meist mangels nötiger Erfahrung als ungeklärte Fälle zu den Akten gelegt worden waren. Drei Jahre lang studierte Paulides Polizei- und lokale Presseberichte und er erkannte ein Muster in den Fällen.

„Es hat etwas von den ‚X-Akten'.", sagte Paulides während einer Rede an der Universität von Toronto am 21. Mai 2016. Zu dem Zeitpunkt hatte er bereits mehr als 2.000 Fälle untersucht und nachträglich zahlreiche Befragungen mit ehemaligen Zeugen durchgeführt, wobei er sich von ihnen eidesstattliche Erklärungen unterschreiben ließ, um sicherzustellen, dass ihre Aussagen notfalls auch juristisch verwertbar wären und sie ihm keinen Unsinn erzählten. Er holte Informationen von den zuständigen Ermittlern und Gerichtsmedizinern ein, und es gelang ihm, im Rahmen des Informationsfreiheitsgesetz (*Freedom of Information Act, FOIA*) zum Teil an bislang unbeachtete Informationen zu gelangen. Doch in einigen Fällen verweigerten Behörden dem erfahrenen Profiler die Auskunft, von der Nationalparkverwaltung bis hin zum FBI, was zum Teil gegen geltende Gesetze zur Auskunftspflicht verstieß. Das machte Paulides stutzig und weckte erst recht seinen Ermittlerinstinkt.

Er studierte immer mehr Vermisstenfälle und erkannte Häufungen an bestimmten Orten, sogenannte „Cluster". Er stellte fest, dass wiedergefundene Vermisste meist in ganz bestimmten Bereichen aufgefunden wurden, vor allem in oder neben Gewässern. Meist waren die Betroffenen tot. Oft waren die Gewässer an den Fundstellen aber so flach, dass man darin unmöglich hätte ertrinken können. Es gab auch keine Anzeichen dafür, dass sie vorher das Bewusstsein verloren hatten.[312] Vielfach wurde auch von den Gerichtsmedizinern Ertrinken als Todesursache ausgeschlossen. Und fast immer war die exakte Todesursache nicht zu bestimmen, was für die heutige moderne Gerichtsmedizin extrem ungewöhnlich ist.

Paulides erstellte eine Karte und entdeckte, dass sich alle Fälle in Nordamerika grob gesagt entlang der West- und der Ostküste und rund um die Großen Seen, wie den *Eriesee* und den *Michigansee*, ereigneten. Die Mitte des Kontinents blieb auf der Karte weitgehend frei. Wasser spielte also eine große Rolle – sowohl die Nähe zu Wasser als auch Wasser als direkter Fundort. Der größte Cluster befand sich im *Yosemite Nationalpark*, doch Paulides entdeckte auch Fälle in Kanada und in Europa.

Es gab noch viel mehr Besonderheiten, die zuvor niemandem aufgefallen waren. Die meisten vermissten Personen verschwanden demnach in Nationalparks und nur wenige in Städten. Diejenigen, die in Städten verschwanden, taten das immer ohne ihr Mobiltelefon. Sie konnten nie geortet werden. Einige der Opfer waren Wanderer oder Jogger, einige waren international bekannte Triathleten, die beim Training auf ihren Hausstrecken verloren gingen, also auf Wegen, die sie in- und auswendig kannten. Auffällig viele Verschwundene waren Ärzte oder Physiker. Sofern die Vermissten noch lebend wiedergefunden wurden, **litten sie immer unter Gedächtnisverlust**, was die Aufklärung der Fälle nicht erleichterte. Oder aber sie waren zu jung, um sprechen zu können.

Oft fand man die Kleidung der Vermissten sorgsam zusammengefaltet weit vom Fundort der Person entfernt – sofern sie gefunden wurde. Fast immer fehlten ihre Schuhe und wurden nie gefunden. Das ist insofern bemerkenswert, als Schuhe, vor allem moderne Lauf- oder Wanderschuhe, anders als Kleidung selbst innerhalb von Jahrzehnten nicht verrotten. Sie können sich nicht in Luft auflösen. Wieso würde jemand, der sich in der Natur verirrt, sich seiner Kleidung so entledigen, dass man sie findet, gleichzeitig aber seine Schuhe so verstecken, dass sie nie gefunden wurden und sich dann in flaches Wasser legen, um zu sterben? Zudem konnte man an den Füßen derer, die ohne Schuhe gefunden wurden, nie Anzeichen dafür finden, dass sie längere Strecken zu Fuß zurückgelegt hatten – die meisten hatten sogar saubere Füße! Sie mussten zu den Stellen ihres Auffindens regelrecht „geflogen" sein.

Der 24-jährige Student und US-Zweitliga-Fußballer *Jelani Brinson* verschwand am 17. April 2009 während einer College-Party in Minnesota von der belebten Veranda eines Hauses und wurde am nächsten Tag tot im flachen Teich eines ein Kilometer entfernten Golfplatzes aufgefunden. Er war voll bekleidet, aber seine Schuhe fehlten. Es hatte zuvor zwei Tage lang geregnet. Der Golfplatz war so durchgeweicht, dass er gesperrt war und nicht betreten werden durfte. Was die Polizisten, die Jelani aus dem Wasser zogen, verstörte, war die Tatsache, dass seine Socken völlig sauber waren. Zudem gab es keine Fußabdrücke vom Opfer rund um den Teich. Es war, als sei er aus der Luft dort hineingelegt worden. Die Gerichtsmedizin stellte fest, dass er nicht ertrunken war, auch konnte man weder Alkohol noch Drogen in seinem Blut nachweisen. Die Todesursache konnte nicht geklärt werden.

Die Art von Jelanis Verschwinden ist typisch für viele solcher Fälle, denn auffällig oft verschwanden Menschen quasi vor den Augen anderer. Sie waren etwa beim Wandern der Letzte in der Reihe, waren in einem Moment da und Sekunden später wie vom Erdboden verschluckt. Es ging hier nicht um Fälle, in denen Menschen ausrutschten und in eine Schlucht hinunterstürzten oder in einem reißenden Fluss verschwanden. Zahlreiche Menschen verschwanden im flachen Gelände im Beisein anderer, ohne dass sie sich irgendwo hätten verstecken können. Sie waren plötzlich weg – so, als ob sie sich in Luft aufgelöst hätten. Oftmals wurden die Verschwundenen an Orten aufgefunden, die zuvor (oft auch ganz kurz zuvor) bereits durchsucht worden waren. Paulides berichtet etwa über einen kleinen Jungen, dessen Leiche auf einem umgestürzten Baumstamm liegend gefunden wurde. Dieser Baum lag schon Tage vorher dort, als die Suchtrupps die Gegend nach ihm abgesucht hatten, ohne jedoch den Leichnam zu sehen.

Paulides hat auch viele solcher seltsamen Todesfälle aus den vergangenen Jahrzehnten in England ans Tageslicht gebracht. Innerhalb von nur sechs Jahren wurden etwa aus dem flachen *Rochdale-Kanal* in Manchester 61 Leichen geborgen. Ein lokaler Psychologieprofessor ging davon aus, dass ein Serienkiller am Werk sein musste. Die Polizei aber wollte der Theorie nicht folgen und fand an dem Verschwinden insgesamt nichts Auffälliges, was gelinde gesagt noch beängstigender ist als die Theorie vom Serienkiller.[313]

Eine weiterer Puzzlestein in der Geschichte sind Hunde. Auffällig viele der Vermissten, die in Paulides' Profil passten, verschwanden samt ihren Hunden. Ein weiteres Rätsel gab allen Beteiligten die Tatsache auf, dass oft selbst die erfahrensten Spürhunde nicht in der Lage waren, die Fährten der Vermissten aufzunehmen. Wir sprechen hier von Hunden, die unentwegt nichts anderes tun, als Vermisste zu suchen. Für gewöhnlich haben solch gut ausgebildete Hunde großen Spaß an einer Suche, weil sie sich dabei so richtig austoben können. Wir sprechen von Spezialhunden, die Spuren oft stundenlang verfolgen können, von Hunden mit einer extrem hohen Trefferquote und von Hunden, die selbst vom Rand eines Gewässers aus Leichen finden, die viele Meter unter Wasser liegen und mit freiem Auge nicht zu sehen sind. In den meisten von Paulides' Fällen passierte immer dasselbe: Erfahrene, hoch motivierte Spürhunde, die normal kaum zu bremsen waren, nahmen die Spur der vermissten Person auf und gaben nach wenigen Metern wieder auf. Sie setzten sich plötzlich oder legten sich hin, als hätten sie jede Spur verloren und machten keinerlei Anstrengung, weiterzusuchen. Mehrere Hundeführer bestätigten ihm, **dass sie ein solches Verhalten zuvor noch nie bei ihren Hunden erlebt hatten und deshalb fassungslos waren.**

Bemerkenswert ist zudem, dass diese rätselhaften Vermisstenfälle kein Phänomen der Gegenwart sind. Paulides entdeckte, dass Berichte über solche Fälle bis ins 19. Jahrhundert zurückreichten, jedoch war noch nie irgendjemand ein Zusammenhang zwischen diesen tausenden von Fällen aufgefallen. Das lag vor allem an einer anderen Besonderheit der Fälle: Manchmal verschwanden in einem Gebiet mehrere Menschen innerhalb kurzer Zeit unter ähnlichen Umständen, doch dann war der „Spuk" plötzlich vorbei. Dass Ähnliches kurz danach wieder in einem anderen Nationalpark, in einem anderen Bundesstaat oder auf einem anderen Kontinent passierte, bekamen die ermittelnden Beamten vor Ort nie mit, weil sie nicht darauf geschult waren, nach einem größeren Zusammenhang zu suchen. Solange diese Fälle sich in ihrem unmittelbaren Gebiet nicht weiter häuften, sahen sie keine Notwendigkeit, die Fälle in überregionale Datenbanken einzugeben. Aus, vorbei, vergessen und abgehakt.

Doch es gab noch einen weiterer Faktor, den Paulides in seinen Vorträgen hervorhebt: In den wenigen Fällen, in denen Beamte überregionale Anfragen gestellt hatten, schaltete sich meist unaufgefordert der Inlandsgeheimdienst FBI ein. Plötzlich tauchten FBI-Beamte vor Ort auf und übernehmen die Ermittlungen. Diese Bundesbeamten taten alles, um die Fälle nicht öffentlich werden zu lassen – was Paulides recht seltsam fand. Sie schalteten die lokalen Zuständigen aus und verboten weitere Pressemitteilungen. Es entstand der Eindruck, als wollten die Bundesbehörden die Fälle unter den Tisch kehren. Selbst der erfahrene Ex-Polizist und Profiler Paulides, der im Lauf der Jahre von mehreren Hinterbliebenen verschwundener Personen um Mithilfe bei der Aufklärung gebeten wurde, erhielt vom FBI keine Einsicht in deren Akten und keinerlei Auskunft zu den Fällen. Sie sagten ihm nicht einmal, ob es sich ihrer Ansicht nach bei einem bestimmten Fall um ein „Verschwinden" oder ein „Verbrechen" handelte. Sie blockierten die Aufklärung der Fälle, wo sie nur konnten.[314] Dabei zitiert Paulides in seinem Vortrag an der *Universität von Toronto* am 21. Mai 2016 seinen ehemaligen Vorgesetzten während seiner Zeit als Kriminalbeamter: *„Großer Fall, große Probleme. Kein Fall, keine Probleme!"*

Das Verhalten der US-Bundesbehörden im Zusammenhang mit diesen mysteriösen Fällen lässt meiner Meinung nach nur zwei mögliche Schlüsse zu. Entweder sie wissen etwas, das sie mit allen Mitteln verheimlichen wollen, oder aber sie tappen völlig im Dunkeln und wollen sich keine Blöße geben. Beide Möglichkeiten sind nicht besonders ermutigend.

David Paulides, der zu dem Thema im Lauf der Jahre vier Bücher unter dem Übertitel „Missing 411" geschrieben hat und zahlreiche Vorträge hält, erzählt weiter: *„Einer der ungewöhnlichsten Fälle ereignete sich im Jahr 2011 in South Carolina... Bevor ich einem Publikum die Fakten erzähle, bitte ich sie immer, sich daran zurückzuerinnern, als ihre Kinder noch klein waren..."* In dem speziellen Fall ging es um einen 21 Monate alten Jungen. Im Alter von weniger als zwei Jahren ist man in seinem Bewegungsradius und seiner Ausdauer noch ziemlich eingeschränkt. Der Junge spielte mit dem Hund der Familie im Wohnzimmer des Hauses. Die Mutter verließ das Zimmer kurz und als sie zurückkam, waren Kind und Hund verschwunden. Zwischen dem Haus und dem nahen Wald lag ein großes Feld. Die Mutter lief nach draußen, um nach ihrem Sohn und dem Hund zu suchen, konnte sie aber nirgendwo finden. Sie verständigte den Sheriff und in Kürze trafen zahlreiche freiwillige Helfer ein, die den gesamten Bereich stundenlang absuchten, jedoch ohne Erfolg. In der darauf folgenden Nacht regnete es heftig und es kühlte auf etwa fünf Grad Celsius ab.

Am nächsten Tag paddelten Polizisten in Kajaks einen etwa 3,5 Kilometer entfernten Fluss stromaufwärts und entdeckten den Jungen bewusstlos auf einer Sandbank mitten im Fluss liegend. Über genau jene Stelle war nur wenige Minuten zuvor ein Suchhubschrauber der Polizei geflogen. Der Junge lag auf dem Rücken, war am Leben und unversehrt. Der Hubschrauber wurde zurückgerufen und brachte den Jungen zu seinen Eltern. Zusammen mit dem Jungen traf auch der Hund, wie aus dem Nichts kommend, wieder von allein zuhause ein. Der erfahrene Pilot des Hubschraubers schwor, dass das Kind noch wenige Minuten zuvor nicht auf der Sandbank gelegen hatte, da er langsam und tief geflogen war und er ihn hätte sehen müssen! Wenn das nicht merkwürdig ist?

Die entscheidenden Fragen lauteten also, wie ein 21-monatiger Junge innerhalb kürzester Zeit mehrere Kilometer durch unwegsames Gelände zurücklegen konnte und nahezu vierundzwanzig Stunden im Freien im Regen und bei niedrigen Temperaturen durchhielt, ohne sich zu erkälten? Wie und wo hätte ein einundzwanzig Monate alter Junge sich beinahe einen Tag lang vor den zahlreichen Suchenden und ihren Suchhunden verstecken können, um dann eben mal rasch einen gerade zuvor abgesuchten Fluss zu durchschwimmen und auf dem Rücken liegend auf einer Sandbank zusammenzubrechen? Und wo war der Hund all die Zeit über?

Der Verdacht, dass das Kind entführt und dann auf der Sandbank abgelegt wurde, lag nahe. Aber der Junge wurde genau untersucht und er war unversehrt. Außerdem drängte sich die Frage auf, welcher Entführer dazu in der Lage sein konnte, einen großen Suchtrupp samt Spürhunden auszutricksen? Wie war es einem möglichen Entführer gelungen, sämtliche Spuren zu verwischen? Doch noch brennender war die Frage: wozu?

Paulides fand noch zwei weitere Fälle, in denen Kleinkinder samt dem Familienhund für mehrere Stunden verschwanden und beide danach wieder unversehrt gefunden wurden, und er erklärt: *„In den meisten dieser Fälle, in denen die Vermissten gefunden werden, sind sie bewusstlos oder weggetreten, und oft befinden sie sich an Orten, die kurz zuvor durchsucht worden waren. In den meisten dieser Fälle sind die Betroffenen zu jung, um zu sprechen, sie sind auf Grund einer angeborenen Behinderung nicht in der Lage dazu oder sie sind verwirrt und können sich nicht daran erinnern, was passiert ist!"*[315]

Viele der Vermissten werden später so weit entfernt vom Ort ihres Verschwindens gefunden, dass es absolut unmöglich für sie gewesen wäre, diese Distanz alleine zurückzulegen. Der zweijährige *Keith Parkins* etwa verschwand 1953 beim Spielen mit seinem Bruder und wurde 19 Stunden später mehr als 20 Kilometer entfernt lebend wiedergefunden. Er hätte, um dorthin zu gelangen – als Zweijähriger! – nicht nur nachts 20 Kilometer zurücklegen, sondern auch zwei Berge und zwei Wildbäche überqueren und über mehr als ein Dutzend Stacheldrahtzäune klettern müssen. Aber der Junge war unverletzt! War er geflogen? Wurde er teleportiert?

In nahezu allen nordamerikanischen Nationalparks gibt es gefährliche Wildtiere, von Grizzlys und Schwarzbären bis hin zu Pumas, giftigen Spinnen, giftigen Schlangen oder tödlichen Skorpionen, jedoch keiner jener Vermissten, der bewusstlos in einem solchen abgelegenen Gebiet gefunden worden war, war je von Wildtieren attackiert worden. Das legt die Vermutung nahe, dass diese Menschen nicht die gesamte Zeit ihres Verschwindens über an den Orten verbracht hatten, an denen sie gefunden wurden. Es ist sogar sehr wahrscheinlich, dass sie die Zeit überhaupt nicht draußen in der Natur verbracht haben. Was also war geschehen? Wo hatten sie die manchmal mehrere Tage dauernde Zeit zwischen ihrem Verschwinden und ihrem Wiederfinden verbracht, und warum gab es keine Spuren von ihrem Verbleib?[316]

Eine weitere Auffälligkeit, die Paulides herausgearbeitet hat, ist der Fakt, dass es in den USA Millionen Obdachloser gibt. Aber kein einziger Fall, den er untersuchte und der in das bestimmte Schema passte, betraf einen Obdachlosen. Ganz im Gegenteil: Alle Erwachsenen, die in seiner Recherche vorkamen, standen voll im Leben, oft waren sie sehr sportlich, aber zumindest immer beruflich erfolgreich und gebildet.

Nun könnte man argumentieren, dass Obdachlose meist nicht vermisst gemeldet würden, doch das stimmt nicht, da gerade in den letzten Jahren in den USA immer mehr Menschen, die ihr Zuhause verloren haben, in Gruppen zusammenleben, um aufeinander achtzugeben. Es gibt heute hunderte oder tausende kleiner Gruppen von Menschen ohne festen Wohnsitz. Oft fahren sie in alten Bussen oder Wohnmobilen durchs Land und bleiben solange an einem Ort, bis sie von den dortigen Behörden wegen Landstreicherei oder kleiner krimineller Vergehen vertrieben werden. Aber kein einziger von Paulides Fällen betraf Obdachlose, Vagabunden, arme oder erfolglose Menschen. Es ist, als ob jemand oder etwas es nur auf herausragende Persönlichkeiten abgesehen hat, sie für kurze Zeit entführt und sie dann wieder an abgelegenen Orten ablädt – entweder tot oder lebendig. Die meisten verschwinden für immer. Der Großteil der Verschwundenen ist männlich, weiß und hat oft deutsche Vorfahren.

Das Phänomen betrifft erstaunlich viele Spitzensportler, Ärzte und Physiker. Wie zum Beispiel den deutschen Physiker und Institutsleiter für experimentelle Physik in Magdeburg, *Prof. Alois Krost*, der für einen Physiker-Kongress in Kalifornien war und dort beim Wandern nahe Los Angeles spurlos verschwand.[317]

> *„Das Verschwinden des Magdeburger Professors Alois Krost in der US-Wildnis bleibt ein Rätsel. Im Oktober 2013 war der damals 62-Jährige für einen Physik-Kongress nach Kalifornien gereist, seit einer Wanderung in den San-Bernadino-Bergen ist er verschollen. Eine aufwendige Suche blieb erfolglos. ‚Wir haben bis heute keine Spur', sagt Jodi Miller von der dortigen Polizei... ‚Bergungsteams trainieren in dem Gebiet immer mal wieder, aber sie haben nie einen Hinweis gefunden'.“*[318]

Die in Jugoslawien geborene und in Österreich aufgewachsene Universitätsprofessorin *Dr. Hildegard R. Hendrickson* hatte deutsche Vorfahren. Die pensionierte Ökonomin verschwand im Juni 2013 spurlos beim Pilzesuchen in ihrer Wahlheimat USA.[319][320] Die Liste solcher Vorfälle ließe sich nahezu endlos fortsetzen und wer gerne mehr darüber erfahren möchte, kann sich dazu Vorträge von David Paulides ansehen oder seine Bücher, die „Missing 411"-Buchreihe, lesen.

Diese Zusammenstellung mysteriöser Fälle erinnert uns daran, dass es Dinge zwischen Himmel und Erde gibt, die scheinbar größer sind als unser Verstand. In Wahrheit aber ist es so, dass wir durch unsere Kultur und unsere Erziehung dazu konditioniert wurden, nur das zu glauben, was wir sehen und erklären können. Die Fakten sprechen dafür, dass jährlich tausende, überdurchschnittlich gebildete Menschen rund um den Erdball entweder für immer oder für mehrere Tage verschwinden und an Orten wieder gefunden werden, an die sie nach menschlichem Ermessen so nicht hätten gelangen können. Diejenigen, die nach mehreren Tagen lebend wieder in oft entlegenster Wildnis gefunden werden, können sich auf Grund ihres Zustandes nicht mehrere Tage im Freien aufgehalten haben. Daraus resultierten für mich drei logische Fragen:

- Wohin verschwinden all jene, die nie wieder gefunden werden?
- Wie sind jene, die gefunden wurden, an die abgelegenen Orte gelangt?
- Wo waren sie in der Zwischenzeit?

David Paulides selbst möchte diese Fragen öffentlich nicht beantworten, vermutlich weil er befürchtet, dadurch diskreditiert zu werden. Es gab im Grunde nur eine logische Erklärung für diese Fälle: Die Menschen wurden entführt und an einen anderen sicheren, warmen und trockenen Ort gebracht. Manche von ihnen wurden dann wieder in der Natur abgelegt, andere nicht.

Wenn man sich nun die Frage stellt, wer oder was dazu im Stande wäre, Menschen vom Erdboden „wegzuschnappen" und sie dann wieder, ohne aufzufallen und ohne Spuren wie Abdrücke oder Gerüche zu hinterlassen, zurückzubringen, dann kann das weder von einem Hubschrauber noch von einem Flugzeug aus geschehen. Da viele Menschen, als sie verschwanden, oft nur wenige Meter von anderen Menschen entfernt waren, muss es sich um eine lautlose Technologie handeln, und meines Wissens nach gibt es eine solche Technologie bis heute nicht auf Erden – zumindest nicht offiziell. Konnte Scotty wirklich beamen?

Natürlich könnte es sich dabei um neue lautlose Geheimwaffen irgendwelcher militärischer Zweige oder Geheimdienste handeln, aber wozu sollten die tausende von Menschen aus dem Wald heraus entführen und sie dann wieder zurückbringen?

Im Internet gibt es viele Seiten, auf denen darüber spekuliert wird, dass Außerirdische diese Menschen entführt hätten. Es war für mich zunächst recht amüsant, solche Erklärungsversuche zu lesen, doch wirklich ernst nehmen konnte ich sie damals nicht.

Es gibt seit Jahrzehnten tausende von Menschen, die teils recht detailliert davon berichten, von Außerirdischen entführt worden zu sein. Diese ETs hätten an ihnen wissenschaftliche Experimente durchgeführt, ehe sie ihre Entführungsopfer wieder freigelassen hätten, behaupten vermeintliche Opfer. Weibliche „Abductees" berichten davon, dass man ihnen Eizellen entnommen hätte und Männer berichteten, dass man ihnen Sperma abgenommen hätte. Natürlich gibt es auch unzählige Filme zu dem Thema, aber es fiel mir – wie gesagt – schwer, das alles wirklich ernst zu nehmen.

> *„UFO-Entführungen sind kein seltenes Phänomen, und Schätzungen zufolge sind sie rund drei Millionen Amerikanern zugestoßen. Es gibt bemerkenswert präzise Übereinstimmungen in den Berichten. Entführungsopfer zeigen kaum Anzeichen von Psychopathologie (psychischer Erkrankung, A.d.V.)... Die Entführungshergänge und Beschreibungen der Außerirdischen sind relativ einheitlich. Es gibt sowohl subtile als auch handfeste Beweise in Bezug auf die Entführungen. Die Nachwirkungen dieser Ereignisse sind üblicherweise hochgradig traumatisierend. Aber durch die Aufarbeitung des Schreckens gelingt es vielen Entführungsopfern, diese als Quelle der Transformation zu nutzen, indem sie größere Zusammenhänge herstellen können."*
> Dr. John E. Mack, Professor für Psychiatrie an der *Harvard Medical School* und Experte für die Behandlung von UFO-Entführungsopfern[(321)]

Ich habe bei meinen Recherchen festgestellt, dass das Thema wesentlich mehr Fälle umfasst, als ich jemals gedacht hätte und ich finde es daher nicht verwunderlich, dass es mehrere Hochschulprofessoren gibt, die sich diesem Thema widmen und dazu forschen. Der Bekannteste von ihnen ist *Dr. John E. Mack*, Professor für Psychiatrie an der *Harvard Medical School*, die zur berühmten *Harvard-Universität* gehört. Mack ist zudem Autor mehrerer Bücher und Träger des renommierten Pulitzer-Preises. Er arbeitete von den frühen 1990er-Jahren an bis zu seinem Tod im Jahr 2004 mit hunderten von sog. „UFO-Entführungsopfern". Er prüfte ihre Fälle auf Echtheit, indem er sie nicht nur medizinisch beurteilte, sondern die Betroffenen auch in Hypnose versetzte und mit dem Lügendetektor testete. Er kam zu dem Ergebnis, dass diese Entführungen nach allen wissenschaftlichen Maßstäben real sein mussten und dass die Personen also tatsächlich das erlebt hatten, was sie schilderten. Daher gründete Mack auch das *Programm zur Erforschung außergewöhnlicher Erfahrungen (Program for Extraordinary Experience Research*, PEER), in dessen Rahmen er auch mit Physikern und andere Wissenschaftlern die Fälle weiter untersuchte.[322]

Der Pionier der wissenschaftlichen UFO-Forschung ist *Dr. Leo Sprinkle*, der bereits in den 1960er-Jahren als erster damit begann, dieses umstrittene Thema akademisch aufzuarbeiten. Ein anderer bekannter Experte für dieses angebliche Phänomen ist *Dr. David Jacobs*, Professor an der *Temple University* in Philadelphia. Er hat laut eigener Aussagen die Fälle von mehr als 1.000 UFO-Entführungsopfern untersucht und ist auch davon überzeugt, dass das Phänomen real ist, wenngleich auch viele Erinnerungen der Opfer auf Grund des Traumas verzerrt sein mögen.[323]

Interessant finde ich in dem Zusammenhang, dass *Steven Spielberg* bereits im Jahr 1977 das Thema der Entführung von Menschen durch Außerirdische in seinem Erfolgsfilm „Unheimliche Begegnung der dritten Art" thematisiert hatte. Unentwegt kommen seitdem neue, oft äußerst erfolgreiche Filme über Außerirdische und deren Kontaktaufnahme mit der Menschheit ins Kino, wie zuletzt „Arrival" im Jahr 2016, mit *Amy Adams* und *Jeremy Renner*. Einige Ufologen gehen davon aus, dass dieses Thema deshalb so favorisiert wird, weil die Menschheit langsam auf den ersten offiziellen Kontakt mit Außerirdischen vorbereitet werden soll. So oder so scheinen viele Menschen von diesem Thema angezogen zu werden, sonst wären die Filme nicht so erfolgreich. Aber es sind nur Filme, oder?

Gut, das Phänomen angeblicher Entführung durch Außerirdische hatte eine deutlich größere Dimension als ich zuerst dachte. Aber was sollte ich jetzt mit diesen Informationen anfangen? Ich wusste es nicht. Also beließ ich es dabei, schloss das Thema für mich ab und wandte mich wieder sinnvolleren Aufgaben zu.

## *Eine Flut von Enthüllungen*

Wenige Wochen, nachdem ich das Entführungs-Thema Anfang 2015 in meinem Kopf ad acta gelegt hatte, stolperte ich plötzlich über Meldungen, die mich aufhorchen ließen. Bislang waren die Themen „UFOs" und „Außerirdische" eher die Domäne einiger schräger Hobby-Wissenschaftler gewesen. Es kursierten tausende unscharfe und verwackelte Fotos, die als angebliche Beweise jedoch wenig tauglich waren. Mit einem Mal aber war alles anders. Plötzlich schossen überall neue Informationen hervor, wie Pilze nach einem Sommerregen.

Wie wir bereits im ersten Teil des Buches gesehen haben, fand im Jahr 2015 längst ein Wettrennen um die Besiedelung des Mars statt. Im September 2014 war der 3D-Drucker „Zero-G Printer" ins All gebracht worden, um auf der internationalen Raumstation ISS in der Schwerelosigkeit getestet zu werden. Er war entwickelt worden, um Behausungen auf anderen Planeten zu bauen.[324]

Faktisch jeden Tag wurden neue Sensationen veröffentlicht. Diesmal kamen sie aber nicht nur von Hobby-Ufologen, sondern von ganz offiziellen Stellen wie der US-Raumfahrtbehörde *NASA* oder der *Deutschen Raumfahrtbehörde*. Die meisten dieser Veröffentlichungen fanden jedoch nur in wissenschaftlichen Publikationen oder im Internet statt. Sie gingen in der öffentlichen Wahrnehmung unter, obwohl sie schlichtweg eine Sensation waren!

Doch die Welt war zu dem Zeitpunkt mit ganzen Themen beschäftigt, allen voran mit der Flüchtlingskrise und deren politischen und sozialen Folgen. Die NASA enthüllte Dinge, die für die Menschheit von unglaublicher Bedeutung waren, und fast niemand bekam es mit. Doch ich glaube nicht an Zufälle. Ich vermute eher, dass die Wissenschaftler den Zeitpunkt ganz bewusst gewählt hatten.

Ich möchte Ihnen hier gerne einen kurzen Abriss über diese Enthüllungen geben, die ganz eindeutig dazu dienten, die Menschheit langsam darauf vorzubereiten, dass alles sehr viel anders ist, als wir es in der Schule gelernt haben. Gleichzeitig wurde das Ganze aber so platziert, dass es nicht wie eine Bombe einschlug, sondern erst nach und nach tröpfchenweise in das Bewusstsein der Menschheit einsickerte.

- Im März 2015 gab die NASA bekannt, dass sich auf dem Mars einst riesige Ozeane befanden, wodurch der Planet ideal für außerirdisches Leben gewesen sein muss.[325]
- Im März 2015 hatten Wissenschaftler veröffentlicht, dass sie ein mobiles Gerät entwickelt hätten, mit dem man Gegenstände unsichtbar machen konnte, auch fliegende Objekte.[326]
- Im März 2015 machte US-Präsident *Obama* in der TV-Sendung „Jimmy Kimmel" seltsame scherzhafte Andeutungen darüber, dass er als Präsident nichts über Außerirdische sagen darf.[327]
- Im April 2015 gab die NASA bekannt, dass auf unzähligen Planeten überall im Universum Wasser vorhanden ist, was Leben im gesamten Universum möglich macht.[328]
- Im April 2015 gab ein hochrangiger NASA-Mitarbeiter bekannt, dass man bis zum Jahr 2025 klare Hinweise auf außerirdisches Leben haben werde und innerhalb der nächsten zwanzig bis dreißig Jahre die Beweise dafür erbringen würde.[329]
- Im April 2015 sagte *Chris McKay*, Weltraumforscher und Astrobiologe der NASA, dass außerirdisches Leben nicht nur auf dem Mars, sondern im gesamten Sonnensystem möglich wäre.[330]
- Im April 2015 gab *Chris McKay* des Weiteren bekannt, dass es auf dem Saturn-Mond „Enceladus" vermutlich Leben gibt.[331]
- Im April 2015 veröffentlichen Forscher eine Studie zur wahrscheinlichen Körpergröße von Außerirdischen.[332]
- Im April 2015 sagte *Michael Hippke* vom deutschen *Institut für Datenanalyse* in Neukirchen-Vluyn, dass es sich bei aufgefangenen Signalen aus dem Weltall möglicherweise um eine „*Botschaft von Außerirdischen*" handeln könnte.[333]
- Im April 2015 gab die NASA bekannt, erfolgreich einen neuen Antrieb getestet zu haben, der Menschen schneller als mit Lichtge-

schwindigkeit transportieren könnte und bemannte Raumfahrt nicht nur zum Mond und Mars möglich machen würde, sondern sogar über unser Sonnensystem hinaus.[334]
- Im August 2015 gab *Pater Jose Funes* von der vatikanischen Sternwarte im Castel Gandolfo zu, dass es außerirdisches Leben gibt.[335]
- Im September 2015 veröffentlichte die NASA, dass man auf dem Mars flüssiges Wasser gefunden habe, was aktuelles Leben auf dem Planeten wahrscheinlich mache.[336]

Das ist nur ein kleiner Überblick über die wichtigsten Nachrichten zu dem Thema aus nur wenigen Monaten des Jahres 2015. Sie können jetzt vielleicht verstehen, dass mein Interesse an dem Thema mehr als geweckt war und ich weiter recherchierte. Doch es wurde immer besser. Im September 2016 erließ Luxemburg ein Gesetz zum Abbau von Bodenschätzen im Asteroidengürtel![337] Der Asteroidengürtel ist eine Ansammlung von Asteroiden und Zwergplaneten, die wie die Erde um die Sonne kreisen. Ihre Umlaufbahn liegt zwischen der von Mars und Jupiter. **Der Asteroidengürtel ist mehr als 225 Millionen Kilometer von der Erde entfernt!** Wenn eines der kleinsten Länder der Welt sich darauf vorbereitete, Bodenschätze hinter dem Mars abzubauen, dann hatte man der Menschheit bislang eindeutig einiges verschwiegen!

Im Januar 2017 gab dann das *Deutsche Zentrum für Luft- und Raumfahrt* (DLR) in Köln bekannt, dass es Gewächshäuser für den Mars und den Mond entwickelt, um dort Nahrung anpflanzen zu können.[338]

Okay, hier war einiges faul. Hatte ich einige Jahrzehnte verschlafen? Es schien so, als würde hier etwas unvorstellbar Großes ablaufen, doch alle taten so, als wäre nichts geschehen. Mit einem Mal war die Existenz von Außerirdischen in der wissenschaftlichen Welt anscheinend das Normalste überhaupt, und alle, die Geld und Einfluss hatten, waren nicht nur mit ihren Gedanken im Universum unterwegs. Nein, im Silicon Valley wurde an Raumschiffen geschraubt, die NASA gab die Existenz von Außerirdischen zu und die Luxemburger wollten sogar zum Asteroidengürtel!

Doch es wurde noch besser, noch viel, viel besser, denn ich wurde auf zwei Männer aufmerksam gemacht, die Licht in die ganze Angelegenheit brachten. Ihnen werde ich mich in den nächsten beiden Kapiteln widmen.

Abb. 42: Die NASA plant, tiefer in unser Sonnensystem vorzudringen und Stationen auch auf entfernten Planeten zu errichten, wie diese Illustration zeigen soll.

Zunächst aber möchte ich kurz die Frage beleuchten, wie es sein konnte, dass solch revolutionäre Enthüllungen so wenig Beachtung fanden. Der Vatikan betreibt zwei eigene Sternwarten (in Rom und New Mexico) und beobachtet den Himmel seit dem Jahr 1582. **Im Jahr 2015 gab der Vatikan offiziell zu, dass es außerirdisches Leben gibt!**[339] Wie war es möglich, dass all das – selbst im Schatten der hochemotionalen Flüchtlingskrise – komplett unterging? Oder anders gefragt: Wurde all das absichtlich zu diesem Zeitpunkt veröffentlicht, damit es unterging? Wenn ja, was könnte der Grund dafür sein?

Während meiner Recherchen zu dem Thema fiel mir wieder der sogenannte „Brookings Report" ein. Im Jahr 1960 erstellte die NASA gemeinsam mit dem *Brookings Institut* eine Studie zum US-Weltraumprogramm, die unter anderem auch beleuchtete, was passieren würde, wenn die Menschheit von der Existenz Außerirdischer erfährt.

*„Anthropologische Aufzeichnungen enthalten viele Beispiele für Gesellschaften, die sich ihres Platzes im Universum sicher waren, aber zerfielen, sobald sie sich mit anderen, ihnen bis dahin unbekannten Gesellschaften einließen, die andere Ideen und Lebensvorstellungen unterstützten. Andere, die solche Erfahrungen überlebten, mussten aber hinnehmen, dass ihre Werte, ihre Einstellungen und ihr Verhalten verändert wurden."*

*Brookings Report*; Seite 183[340]

Der *Brookings Report* wurde im Jahr 1961 dem US-Ausschuss für Wissenschaft und Raumfahrt vorgelegt und er empfahl den Politikern, dem Volk die Existenz von Außerirdischen zu verheimlichen, weil es sonst zu Angst und Chaos kommen und die Menschheit sich selbst auslöschen könnte. Das ist genau das Szenario, das im Film „Arrival" im Jahr 2016 gezeichnet wurde.

Also wurde das Thema bereits vor mehr als 65 Jahren auf höchster Ebene abgehandelt, und diejenigen, die darüber informiert waren, wollten ihr Wissen mit der breiten Öffentlichkeit nicht teilen. Das Apollo-Programm der NASA wurde angeblich von 1961 bis 1972 betrieben. Die erste bemannte Mondlandung soll am 20. Juli 1969 stattgefunden haben. Nach fünf weiteren Landungen soll das Programm aber im Jahr 1972, angeblich aus Kostengründen, eingestellt worden sein. Seitdem soll kein Mensch wieder den Mond betreten haben? Das kann nicht ernsthaft irgendjemand geglaubt haben, oder? Jahrzehntelang hatte man auf die Erkundung des Mondes hingearbeitet, dann hatte man es geschafft und sagte offiziell: *„So, das haben wir jetzt auch gesehen, das können wir abhaken, von jetzt an bleiben wir wieder zuhause, da ist es viel gemütlicher!"*

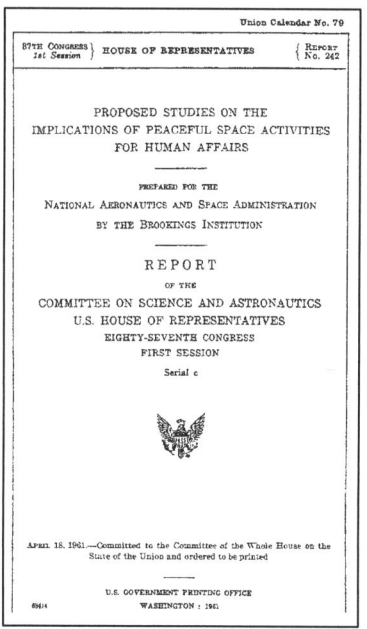

**Abb. 43:** Der *Brookings Report* aus dem Jahr 1960 kommt zum Schluss, dass man den Menschen die Wahrheit über Außerirdische besser verschweigen sollte.

Ebenfalls im Jahr 1961 gab der Vize-Europa-Chef der NATO, Deputy Supreme Commander *Sir Thomas Pike*, auf dem europäischen Stützpunkt nahe Paris eine umfangreiche Studie in Auftrag, da die Welt in dieser Zeit knapp vor dem Dritten Weltkrieg gestanden haben soll. Seit den späten 1950ern war es immer wieder zu UFO-Sichtungen gekommen, doch im Jahr 1960 wurden es immer mehr. Regelmäßig flog eine große Zahl von UFOs in Formation von Russland aus kommend über Europa hinweg, über Südengland, ehe sie nach Norden abdrehten und hinter Norwegen wieder verschwanden. Die NATO dachte, es handle sich um neueste russische Fluggeräte, die Europa ausspionierten und fühlte sich bedroht. Die Russen dachten, das wären die Amerikaner. So erzählt *Robert „Bob" Dean* die Geschichte. Er arbeitete von 1961 bis 1964 als Command Sergeant Major auf dem NATO-Stützpunkt und arbeitete drei Jahre lang an dieser Studie über die Bedrohung durch Außerirdische mit. Im Zentrum des Berichts stand die Frage, wie damit umzugehen sei. Nach drei Jahren wurde der Bericht mit dem Titel „The Assessment" den führenden Militärs vorgestellt. Dann warfen die Franzosen die NATO aus dem Land und der Bericht verschwand – laut Bob Dean im Gespräch mit Regina Meredith über „Cosmic Top Secrets" auf *Gaia.com*. Niemand wollte sich mehr öffentlich über das Thema äußern. Wer es doch tat, wurde lächerlich gemacht oder zum Schweigen gebracht. Meist packten Insider wie *Bob Dean* fortan erst aus, wenn sie alt und aus dem Dienst ausgeschieden waren, und nichts mehr zu verlieren hatten. Bob Dean war in den 1990ern einer der ersten Insider, der mit seinem Wissen an die Öffentlichkeit ging.

Beim Weltwirtschaftsforum in Davos treffen sich jedes Jahr international führende Wirtschaftsexperten, Politiker, Intellektuelle und Journalisten, um über aktuelle globale Fragen zu diskutieren. In ihrem Abschlussbericht über „Globale Risiken" gibt es auch ein Kapitel mit dem Titel „X Factors". Wussten Sie, dass die wirtschaftliche, mediale und politische Elite dieser Welt in ihrem X-Faktor-Bericht im Jahr 2013 beklagte, dass allgemein zuwenig über die Folgen eines Kontaktes mit Außerirdischen gesprochen wird?

Es sieht so aus, als hätten die Raumfahrtbehörden über Jahrzehnte hinweg den Mantel des Schweigens über ihre Aktivitäten gehüllt, und das scheint ihnen auch gut gelungen zu sein. Nun aber, da plötzlich rund um den Erdball zahlreiche private Unternehmen ebenfalls ins All fliegen wollen, war es offenbar auf Dauer nicht mehr möglich, die Wahrheit über Außerirdische und über menschliche Aktivitäten im Weltall geheim zu halten. Plötzlich wagten sich immer mehr angebliche Ex-Mitarbeiter geheimer Weltraumprogramme aus der Deckung und sie erzählten von umfangreichen Weltraum-Missionen, an denen sie teilgenommen haben wollen. Es sah so aus, als ob Regierungen, Militärs und Weltraumbehörden nicht nur Informationen über Außerirdische hatten, sondern selbst quer durch unser Sonnensystem unterwegs waren. Nun hatten die alten Eliten aber anscheinend die Kontrolle über die speziellen Weltraumaktivitäten verloren. Also hatten sie ein ernstes Problem. Politiker und militärische Vertreter konnten der Öffentlichkeit schlecht sagen *„Okay, wir haben euch die letzten Jahrzehnte über angelogen, es gibt Außerirdische und wir haben längst Stationen auf dem Mond und auf dem Mars, aber hey, Schwamm drüber!"*

*„Die meisten Medienvertreter fassen das nicht an. Also müsst ihr das in die Hand nehmen, bis wir eine kritische Masse erreichen, die dann eines Tages fordern wird: Herr Präsident oder Herr Premierminister, wir wollen die Wahrheit, und wir wollen sie jetzt, weil das unser Leben beeinflusst!"*
Paul Hellyer, ehemaliger kanadischer Verteidigungs- und Verkehrsminister[341]

Der ehemalige kanadische Verteidigungs- und Verkehrsminister *Paul Hellyer* forderte Studenten am 18. April 2015 in einem Vortrag an der *Universität von Calgary* auf, von den Politikern die Wahrheit einzufordern! Er sagte auch, dass die offiziellen Vertreter aller Staaten auf Erden über die Existenz von außerirdischen Zivilisationen Bescheid wüssten und dass Außerirdische auf Erden unter uns leben. Diese Informationen würden aber von der „Kabale" zurückgehalten, um ihre „Neue Weltordnung" nicht zu gefährden.[342] Mir ist bewusst, dass all das für viele Menschen verstörend oder unglaubwürdig klingen mag. Aber was ich Ihnen hier präsentiere, sind die Aussagen durchaus ernstzunehmender Personen und Institutionen. Wenn man alle diese Informationen zusammenfügt, dann wird es tatsächlich schwierig, das Thema einfach als Unsinn abzutun.

Wenn all das also stimmt, dann hatten nicht nur die Geheime Weltregierung und die Weltraumbehörden ein Problem. Auch die Vertreter der Kirchen mussten sich etwas einfallen lassen, denn wenn es draußen andere Zivilisationen gibt, dann haben ihre „heiligen Schriften" einige Lücken aufzuweisen, um es vorsichtig auszudrücken. Die Katholische Kirche reagierte. *Papst Franziskus* soll angeblich in einer Morgenmesse im Mai 2014 gesagt haben, dass er Außerirdische taufen würde, wenn sie zu seinem Glauben übertreten wollten[343] – das ist kein Witz, Radio Vatikan berichtete sogar darüber! Wollte der Papst den Schwund an Schäfchen, den seine Herde in Europa und den USA erlitt, durch Konvertiten vom Mars ausgleichen?

Im September 2014 gab der Leiter der vatikanischen Sternwarte im *Castel Gandolfo*, der amerikanische Jesuit *Dr. Guy Consolmagno* zu, dass es Außerirdische gibt.[344] Im August 2015 hatte bereits sein Mitarbeiter *Pater Jose Funes* öffentlich dasselbe gesagt. Und vom 6. bis 11. November 2015 veranstaltete die *Päpstliche Akademie der Wissenschaften* eine **„Studienwoche"** in der *Villa Casina Pio IV.* in Vatikan-Stadt, an der mehr als dreißig Astronomen, Biologen, Geologen und Theologen teilnahmen, um den

Umgang mit dem Thema „Außerirdische" zu erörtern. Das Ganze scheint also sehr real und sehr dringend zu sein![345]

Denn wenn einmal ein Großteil der Menschheit anfängt zu begreifen, was die Existenz außerirdischen Lebens in vollem Umfang wirklich für uns bedeutet, dann werden nicht nur die kirchlichen Vertreter, sondern auch sehr viele anerkannte „Wissenschaftler" und ganze wissenschaftliche Disziplinen ins Schwitzen kommen. Auch die offizielle Geschichtsschreibung – gestützt auf angebliche Beweise und die Arbeiten vieler tausender Wissenschaftler – müsste dann in ein anderes Licht gerückt werden. Kurz gesagt, der *Brookings Report* hatte recht damit, dass die Nachricht von anderen intelligenten Zivilisationen im Universum alles durcheinanderbringen würde.

Gepaart mit einem zusammenbrechenden Wirtschaftssystem und einer zerfallenden EU war das ein Cocktail, der enorme Sprengkraft in sich barg. Möglicherweise war das Ausmaß des Betrugs an der Bevölkerung noch umfangreicher, als selbst ich mir das bis dahin vorgestellt hatte! Wäre ich Regierungspolitiker eines Landes, dann hätte ich jetzt vermutlich auch gerne meinen Platz in einem Bunker sicher. Oder noch besser, einen sicheren Rückzugsort außerhalb unseres Planeten. Denn irgendwann wird jedes Geheimnis gelüftet.

Die Tatsache, dass es auf Erden bereits genug Kriege und Auseinandersetzungen gab, machte der Elite zu schaffen, denn man wollte eine Panik verhindern. Es gab ohnehin schon genug Menschen auf Erden, die wütend waren, weil sie sich benachteiligt und missbraucht fanden. Wenn sie nun alle auch noch erkennen würden, dass man sie seit Jahrzehnten auf ganzer Länge angelogen hatte, dann könnte das vielleicht das Fass zum Überlaufen bringen. Also hatten die Meinungsmacher offenbar folgenden Plan: Sie ließen nach und nach Informationen durchsickern. Dann könnten sie später sagen, dass sie uns ja immer schon Hinweise gegeben, dass wir aber einfach nicht weiter nachgefragt haben. Sie hätten nur zu unserem Wohl gehandelt und uns vor uns selbst beschützt, weil wir als Menschheit noch nicht reif genug waren, die ganze Wahrheit zu erfahren. So hoffen sie, am Ende irgendwie aus dem ganzen Schlamassel wieder heraus zu kommen. Es hat seit Jahrzehnten Hinweise auf die Existenz von Aliens gegeben – und zwar von hoch offizieller Seite!

In dem Zusammenhang möchte an die berühmte Rede von US-Präsident Ronald Reagan vor der UN-Generalversammlung im September 1987 erinnern, bei der er völlig nüchtern sagte: *„Vielleicht brauchen wir eine universelle Bedrohung von außen? Ich denke gelegentlich darüber nach, wie rasch unsere Unterschiede auf Erden sich verflüchtigen würden, wenn wir einer Bedrohung von Außerirdischen gegenüber stünden!* **Dabei frage ich Sie: Sind nicht Außerirdische Mächte längst unter uns?**"[346]

Genau das war vielleicht der springende Punkt: Wollte die Elite nicht, dass die Menschen alle zusammenrücken, weil sie dann schwerer zu kontrollieren sind? Doch Ronald Reagan war nicht der einzige Politiker, der über Außerirdische sprach. Bereits im Jahr 2012 listete die Internetzeitung *Huffington Post* US-amerikanische Politiker auf, die sich zu dem Thema geäußert hatten:

- Im Jahr 1963 forderte Präsident *John F. Kennedy* von Leitern der CIA und der NASA alle Dokumente über UFO-Sichtungen an. Er kündigte zudem an, mit der Sowjetunion an Weltraummissionen zusammenarbeiten zu wollen. Zehn Tage später wurde er erschossen.
- Im Jahr 1966 fordert der Abgeordnete von Michigan und spätere US-Präsident *Gerald Ford* eine öffentliche Anhörung zum UFO-Thema, nachdem es in seinem Heimatstaat zu zahlreichen UFO-Sichtungen gekommen war.
- Im Jahr 1969 schrieb *Jimmy Carter*, Gouverneur von Georgia und späterer US-Präsident, einen Bericht über eine persönliche UFO-Sichtung. Er beschrieb ein Objekt, *„das von selbst leuchtete, so hell wie der Mond"*.
- Im Jahr 1975 hatte der Senator von Arizona, *Barry Goldwater*, um Einblick in die UFO-Akten der *Wright-Patterson Air Force Base* in Ohio angesucht, was ihm verweigert wurde. Im Jahr 1988 sprach er darüber im Fernsehen mit dem TV-Moderator *Larry King*.
- Im Jahr 2007 erklärte *John Podesta* (der frühere Stabschef von Präsident Bill Clinton und spätere Wahlkampf-Manager von Hillary Clinton) Journalisten während einer Pressekonferenz im *National Press Club*, dass er es für wichtig erachte, dass die Wahrheit über UFOs ans Licht kommt: *„Wir sollten das machen, denn die amerikanische Bevölkerung kann, meiner Meinung nach, damit umgehen!"*

**Abb. 44:** Der Teilnehmer am „Geheimen Weltraumprogramm", Bestsellerautor Corey Goode, und Aufdeckungsjournalist David Wilcock

- Im Jahr 2010 behauptete der Abgeordnete von New Hampshire, *Henry W. McElroy*, er hätte ein Dokument aus den 1950er-Jahren gesehen, das belegte, dass Außerirdische in den USA lebten.[347]

Nach all diesen Informationen war es für mich nicht mehr ganz ausgeschlossen, dass es Außerirdische geben könnte, die regelmäßig Menschen entführen – zu welchem Zweck auch immer. Doch irgendwie war das immer noch alles ein wenig „schräg" und schwer zu greifen.

Zu Beginn des Jahres 2016 stieß ich dann auf den Internet-Sender *Gaia.com*. Neben zahlreichen anderen sehr interessanten Programmen fand ich dort eine Sendereihe mit dem Titel *Cosmic Disclosure*, also „Kosmische Enthüllungen". Nachdem ich die ersten Folgen davon gesehen hatte, konnte ich nicht mehr aufhören. Der Bestseller-Autor und Filmemacher *David Wilcock* spricht in der Interviewreihe mit einem Mann namens *Corey Goode*, der behauptet, zwanzig Jahre lang im Rahmen eines Geheimen Weltraumprogramms auf einem Forschungsraumschiff in unserem gesamten Sonnensystem unterwegs gewesen zu sein und dabei auch mehrfach menschliche Außenposten auf dem Mond und dem Mars besucht zu haben. Zudem erzählt er von mannigfaltigen Begegnungen mit außerirdischen Wesen der unterschiedlichsten Art, die er sehr detailliert beschreibt.

Ich habe mir seitdem auf Gaia.com mehr als hundert Stunden Interview-Material von David Wilcock, Corey Goode und anderen Personen, die ebenfalls innerhalb oder an geheimen Weltraumprogrammen gearbeitet haben wollen, angesehen und ich möchte gestehen, dass ich nach dem Studium des Materials keinen Zweifel an der Echtheit der Aussagen von Corey Goode und einigen anderen Zeugen habe, aber ich weiß, dass bei einigen Lesern sich weiter massiver Widerstand regen wird.

Da seine Aussagen absolut revolutionär sind und unser gesamtes Denken und Wissen in Frage stellen, ist deren Inhalt nichts für schwache Nerven. Deshalb erfahren Goode und Wilcock in Internet neben viel Zuspruch und Lob auch massive Anfeindung von Menschen, die alles als Blödsinn und Lügen abtun.

Nun könnte man fragen, warum diese Skeptiker sich das dennoch ansehen und darüber schimpfen, und warum machen sich manche Menschen die Mühe, lange Abhandlungen im Internet zu schreiben, die andere verunglimpfen? Nun, zum einen gibt es Menschen, sogenannte „Trolle", die von bestimmten Interessengruppen dafür bezahlt werden, solche Whistleblower wie Corey Goode zu diskreditieren. Zum anderen aber können wir immer wieder beobachten, dass Menschen viel Zeit mit einem Thema verbringen, weil sie davon magisch angezogen werden und weil das Thema mit ihnen resoniert. Gleichzeitig ist die Aussage Corey Goodes aber so allumfassend und revolutionär, dass manche Menschen in Panik geraten, weil ihr Ego rebelliert und weil sie Angst davor haben, dass ihre Fassade, das, was sie bislang für ihr „ich" und ihr Leben hielten, einstürzt und nichts mehr davon übrig bleibt. Das kann einem schon Angst machen.

Ich für meinen Teil kann nur sagen, dass ich das verstehen kann, dass diese Informationen mich persönlich bereichern und dass sie meinen Horizont erweitert haben. Ich habe mehr über mich erfahren und vieles, was lange keinen Sinn für mich ergab, hat sich mit einem Mal zu einem stimmigen großen Ganzen zusammengefügt. Wer also an dem Thema interessiert ist, sollte sich meiner Meinung nach immer erst zumindest die ersten beiden Staffeln der Interviewreihe ansehen, ehe er oder sie sich ein Urteil über *Cosmic Disclosure*, Corey Goode und David Wilcock bildet. Für alle, deren Englisch nicht so gut ist, bietet Gaia.com auch deutsche Untertitel an. Ich möchte den Inhalt dieser Programme gerne für Sie zusammenfassen, muss dafür aber ein wenig ausholen.

## Von Riesen, Göttern und dem galaktischen „Superbowl"

Im 19. Jahrhundert fand man in Hügelgräbern quer über den amerikanischen Kontinent zahlreiche Skelette von Riesen, die teilweise **mehr als fünf Meter groß** waren. (siehe Abb. 45)[348] Der damalige Abgeordnete und spätere US-Präsident *Abraham Lincoln* sprach im Jahr 1848 in einer Rede in Niagara, an der Grenze zwischen USA und Kanada, von den Riesen, die in vielen Hügelgräbern gefunden wurden. Er sagte, dass sie *„einst dieses Land besiedelt hatten und über die Wasserfälle hinab blicken wie wir heute."*

In Zeitungen erschienen bis kurz vor dem Ersten Weltkrieg immer wieder Artikel über diese Riesen, doch danach verschwand das Thema zur Gänze aus der Öffentlichkeit. (siehe Abb. 46) Vielleicht waren daran die zwei folgenden Weltkriege schuld, die anderes in den Mittelpunkt rückten, vielleicht gab es aber auch Lobbygruppen, die ein Interesse daran hatten, dieses Thema unter den Tisch zu kehren, weil es mit dem gängigen Narrativ unserer Geschichtsschreibung kollidierte. Ich kann mich jedenfalls nicht daran erinnern, persönlich jemals etwas über Riesen in der Schule gelernt zu haben, obwohl das Thema in allen heiligen Schriften erwähnt wird.

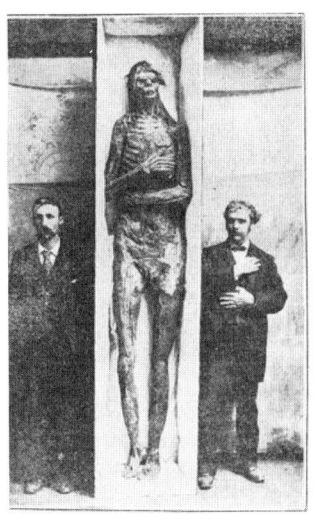

**Abb. 45:** Diese 2,75 Meter große Mumie wurde im Jahr 1895 nahe San Diego, Kalifornien, gefunden. Das Bild soll von der „Atlantischen Ausstellung" im Jahr 1908 stammen

> *„In jenen Tagen gab es auf der Erde die Riesen, und auch später noch, nachdem sich die Gottessöhne mit den Menschentöchtern eingelassen und diese ihnen Kinder geboren hatten."*
>
> Genesis (1. Buch Mose, 6:4)

Nach dem Zweiten Weltkrieg tauchte das Thema wieder vereinzelt auf. Der Franzose *Prof. Dr. Denis Saurat* berichtete in den 1950er-Jahren von zahlreichen Funden in der Anden-Stadt *Tiahuanaco* nahe des Titicaca-Sees.

Er war ebenso wie die beiden Österreicher *Hans Schindler Bellamy* und *Hanns Hörbiger* davon überzeugt, dass unsere moderne Geschichtsschreibung falsch war und auf Erden früher Riesen gelebt haben, die ebenso wie die Dinosaurier als Folge galaktischer Großereignisse und daraus resultierenden Umweltkatastrophen ausstarben. Natürlich wurden die Herren von der Mehrheit der „seriösen Wissenschaftler" angefeindet und lächerlich gemacht. Ist es nicht dennoch bemerkenswert, dass Riesen in allen Kulturen in Sagen, Märchen und Überlieferungen vorkommen?[349]

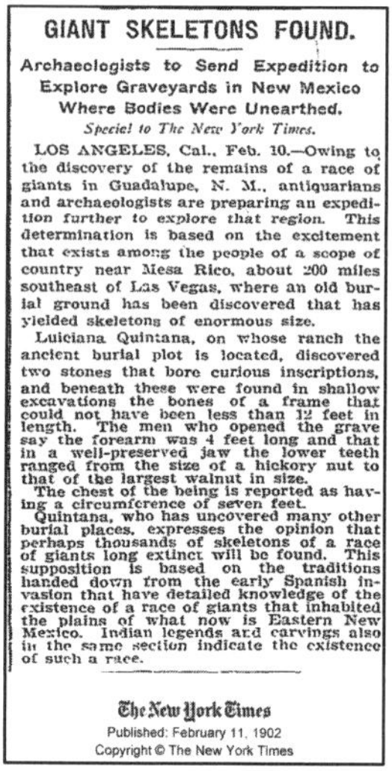

GIANT SKELETONS FOUND.

Archaeologists to Send Expedition to Explore Graveyards in New Mexico Where Bodies Were Unearthed.

*Special to The New York Times.*

LOS ANGELES, Cal., Feb. 10.—Owing to the discovery of the remains of a race of giants in Guadalupe, N. M., antiquarians and archaeologists are preparing an expedition further to explore that region. This determination is based on the excitement that exists among the people of a scope of country near Mesa Rico, about 200 miles southeast of Las Vegas, where an old burial ground has been discovered that has yielded skeletons of enormous size.

Luiciana Quintana, on whose ranch the ancient burial plot is located, discovered two stones that bore curious inscriptions, and beneath these were found in shallow excavations the bones of a frame that could not have been less than 12 feet in length. The men who opened the grave say the forearm was 4 feet long and that in a well-preserved jaw the lower teeth ranged from the size of a hickory nut to that of the largest walnut in size.

The chest of the being is reported as having a circumference of seven feet.

Quintana, who has uncovered many other burial places, expresses the opinion that perhaps thousands of skeletons of a race of giants long extinct will be found. This supposition is based on the traditions handed down from the early Spanish invasion that have detailed knowledge of the existence of a race of giants that inhabited the plains of what now is Eastern New Mexico. Indian legends and carvings also in the same section indicate the existence of such a race.

The New York Times

Published: February 11, 1902

Copyright © The New York Times

**Abb. 46:** Aritkel über den Fund von Riesen in der New York Times im Jahr 1902

Ist es nicht ebenso bemerkenswert, dass rund um den Erdball immer wieder Skelette mit extrem langgestreckten Köpfen gefunden werden? Diese sogenannten „Langschädel" kommen ebenfalls in vielen Kulturen vor, etwa bei den Ägyptern. Die berühmteste dieser Darstellungen ist wohl die von *Nofretete*, der Gemahlin von Pharao *Echnaton*. Es gibt mittlerweile wissenschaftliche Beweise mittels DNA-Analysen, die belegen, dass zumindest einige dieser Langschädel nicht zu unserer Rasse des Homo sapiens gehören. (siehe Abb. 47-49)

*Corey Goode* behauptet, dass es sich dabei um eine außerirdische Zivilisation handelte, die vor mehr als 60.000 Jahren auf die Erde kam, nachdem ihr eigener Planet unbewohnbar wurde. Sie sollen den damaligen Kontinent *Atlantis* bewohnt haben, der durch einen Polsprung und daraus resultierende Überflutungen „unterging". Die Landmassen verschoben sich, Atlantis „rutschte" an jene Stelle ab, die heute im Bereich von Südamerika liegt und bis hinunter zur „Antarktis" reicht. Die Wassermassen überfluteten das Land. Neue Landmassen erhoben sich und der amerikanische Kontinent entstand in seiner heutigen Form. Das, was von Atlantis am Südpol übrig blieb, war mit Wasser bedeckt, das rasch fror und einen dicken Eisschild bildete. Im Zuge dieses Kataklysmus' sollen die meisten *Atlanter* umgekommen sein. Die wenigen Überlebenden sollen sich auf jene Landmasse geflüchtet haben, die wir heute „Afrika" nennen.

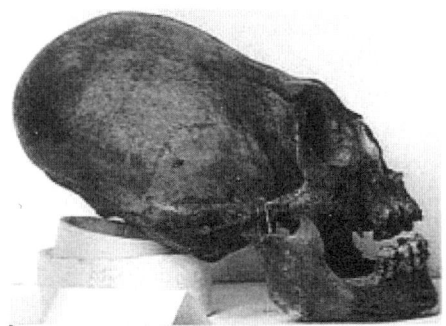 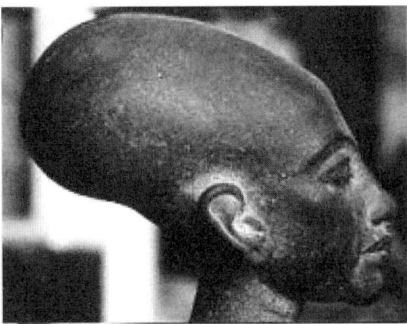

Abb. 47 und 48: Ein Langschädel und im Vergleich dazu eine Büste von Nofretete

Es gibt zu dem Thema viele unterschiedliche Aussagen von Wissenschaftlern und Hobbyarchäologen, aber vielfach Übereinstimmung in der Annahme, dass die Atlanter die Begründer der ägyptischen Kultur waren. Das würde aus zweierlei Sicht Sinn ergeben. Zum einen, weil die Atlanter angeblich geistig sehr weit entwickelt waren und auch über sehr hochentwickelte Technologie verfügten, was den Bau der Pyramiden erklären würde, den bis heute kein Wissenschaftler schlüssig erklären kann. Zum anderen würde es mit den ägyptischen Langschädeln zusammenpassen.

Viele Menschen halten *Atlantis* nur für einen Mythos, weil es ihnen an Beweisen dafür mangelt. Nun, wie wäre es mit diesem: im Dezember 2001 fanden Schatzsucher vor der Westküste Kubas rund sechshundert Meter unter dem Meeresspiegel eine rund zwei Quadratkilometer große Stadt, die vor mehreren tausend Jahren errichtet wurde. (siehe Abb. 50) Davon haben Sie bislang vermutlich noch nichts gehört, ebenso wie von all den anderen Funden von Städten, die vor vielen tausend Jahren erbaut worden waren, wie etwa der Fund vor der *Bucht von Cambay*, im indischen Ozean, habe ich recht?

Ich vereinfache hier vieles, weil die Informationen von Corey Goode und David Wilcock sehr umfangreich sind. Ich bin mir auch im Klaren darüber, dass vieles von all dem hier spekulativ klingt

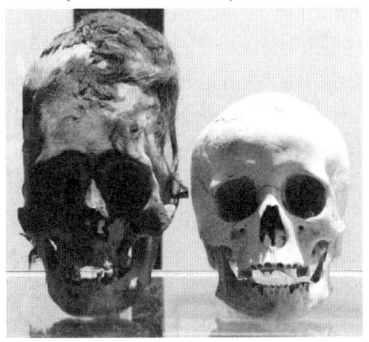

Abb. 49: Vergleich zwischen einem Paracas-Langschädel und einem normalen menschlichen Schädel

**Abb. 50:** Unterwasseraufnahme einer mehrere tausend Jahre alten Stadt vor der kubanischen Halbinsel Guanahacabibes

und auch ist, aber das ist die sogenannte „anerkannte Wissenschaft" auch. Corey Goode behauptet, dass Außerirdische bereits seit hunderttausenden Jahren in unserem Sonnensystem lebten und manche davon sich auch auf der Erde niederließen. Diese ETs verfügten bereits damals über enorm weit entwickelte Technologien. Corey, der all diese Informationen zum größten Teil aus seinen zwanzig Jahren im Geheimen Weltraumprogramm hat, nennt die erste außerirdische Rasse, die sich auf unserem Planeten niederließ, die „Frühe Erbauer-Rasse" (*„Ancient Builder Race"*). Von diesen Pionieren sollen sich verfallene Ruinen auf zahlreichen Himmelskörpern finden, auch auf dem Mars. Niemand weiß, woher sie kamen und wann sie wieder verschwanden. Aber irgendwann waren sie weg und nach und nach siedelten sich andere fremde Rassen auf der Erde und vielen anderen Planeten an.

Zu diesem Zeitpunkt gab es hier bereits primitive, affenartigen Lebewesen, also den frühen „Menschen". Diverse außerirdische Rassen veränderten die Genetik dieser primitiven Menschen, indem sie ihre eigene oder andere fremde DNA einkreuzten und so neue menschliche Rassen schufen. Diese Retortenmenschen wurden als Arbeitssklaven eingesetzt, vorwiegend zum Abbau von Rohstoffen auf der Erde und in anderen Teilen unseres Sonnensystems. Diese Arbeiterrasse wurde kontinuierlich weiterentwickelt. Wir sollen also demnach das Ergebnis außerirdischer Genmanipulationen sein. Das würde auch erklären, warum es auf Erden so extrem unterschiedliche Rassen gibt, deren Entstehen aus meiner Sicht durch die gängigen wissenschaftlichen Theorien nicht belegt werden kann.

Falls sich bei Ihnen nun Zweifel regen, möchte ich daran erinnern, dass ich im ersten Teil des Buches bereits aufgezeigt habe, dass wir Menschen heute selbst längst Tiere und Menschen klonen und genetisch nach Belieben und nach unseren Vorstellungen verändern. Warum also sollte das nicht anderen Zivilisationen schon vor längerer Zeit gelungen sein? Ist es wirklich so schwer vorstellbar, dass wir nicht die „Krone der Schöpfung" sind?

In dem Zusammenhang fiel mir auf, dass sich diese Theorie im Grunde mit allen religiösen Überzeugungen deckte. Alle Ureinwohner Mittel- und Nordamerikas haben im Grunde dieselbe Vorstellung davon, wie sie entstanden. Alle diese Stämme sind davon überzeugt, dass ihr Volk von „den Göttern" geschaffen wurde. Die Überlieferungen variieren, die einen wurden angeblich „aus Ton geformt" und zu Leben erweckt, andere aus Erde oder sonstigen Materialien. Aber alle gehen, wie die Weltreligionen auch, davon aus, an einem Tag von Gott oder „den Göttern" erschaffen worden zu sein. Auch in der christlichen und jüdischen Lehre wurde Adam als erster Mensch aus Staub geschaffen. Die Geschichten sind überall dieselben! Niemand glaubt daran, dass der Mensch in einem langen evolutionären Prozess sich vom Einzeller zu einem halbwegs intelligenten Wesen hin entwickelt hat – außer vielleicht einige Wissenschaftler. Dieser Schöpfungsakt eines angeblichen, unsichtbaren Gottes war für mich bislang wenig greifbar gewesen. Doch wenn man diese Mythen als Metaphern begreift, dann deckt es sich voll und ganz mit der Annahme, dass wir tatsächlich „an einem Tag" geformt wurden, nämlich im Reagenzglas. Das ergibt auch sehr viel Sinn im Hinblick auf die „Götter", die in so gut wie allen Überlieferungen als große Wesen dargestellt werden, die vom Himmel herab zur Erde gestiegen waren. Die „Götter" waren außerirdische Wesen, die größer und imposanter waren als der primitive Mensch, und dank ihrer hochentwickelten Technik hatten sie „göttliche" Fähigkeiten. Nach und nach ließen sich diese falschen Götter, wie in der Genesis beschrieben, *„mit den Menschentöchtern ein"*, wodurch die Halbgötter entstanden, seltsame Wesen, die eine Kreuzung aus Mensch und ETs waren und die sich in so vielen alten Kulturen finden. Diese Mischwesen spielen bis heute für manche Organisationen auf Erden als „die alten Blutlinien" eine große Rolle. Auch hier sei nochmals daran erinnert, dass englische Wissenschaftler längst Mischwesen zwischen Tier und Mensch geschaffen haben!

Laut Corey laufen bis heute zweiundzwanzig unterschiedliche genetische Experimente am Menschen, ausgeführt und überwacht durch unterschiedliche außerirdische Gruppen, für die wir so etwas wie ein gigantisches Versuchslabor sind. Der Grund, warum das Interesse an uns so groß ist, soll darin liegen, dass wir die einzigen Wesen im Universum sind, die zu solch einer extremen Palette an Gefühlen im Stande sind, da die meisten anderen Wesen zwar positiv oder negativ orientiert sind, aber niemand diese Bandbreite an Emotionen hat, über die wir verfügen. Außerdem stehen wir gerade am Sprung zu einer massiven Veränderung auf Erden. Dieser Wandel wird uns von außen aufgezwungen und er hat hier auf Erden schon mehrfach stattgefunden. Unser Sonnensystem bewegt sich gerade durch einen energetisch hoch aufgeladenen Teil des Universums, wodurch unsere Sonne aktiver ist als sonst. Dieser Prozess der Ausdehnung führt zu tektonischen Verschiebungen auf Erden, also zu Erdbeben und Vulkanausbrüchen. Damit passt die Erde sich an die neuen Zustände an. Die Schwingung der Erde, die in der „Ionosphäre" (obere Atmosphäre) gemessen wird, bezeichnet man als „Schumann-Resonanz". Bis vor wenigen Jahren lag diese Frequenz bei 7,83 Hertz. Seitdem steigt sie konstant an und es wurden bereits zeitweise Werte von über 20 Hertz gemessen. All dies führt zu einer Veränderung im Magnetfeld der Erde und in der Dichte unseres Planeten, was zu einer Anpassung im Raum-Zeit-Empfinden führt. Anders ausgedrückt geht die Zeit immer schneller und im Außen wird alles aktiver und intensiver.

Genau dasselbe passiert offenbar bei uns Menschen. Wir haben Anpassungsschwierigkeiten an die veränderten äußeren Umstände, an die neue Frequenz oder Schwingung, und neigen zu heftigen Reaktionen. Abhängig davon, wie wir genetisch gestrickt sind, wie wir von außen beeinflusst werden und wie weit wir geistig entwickelt sind, nehmen wir unsere eigene Ausdehnung als Bedrohung oder als Chance wahr. Angeblich ist **dieser Prozess des „Aufstiegs in die nächst höhere Dimension"**, wie es in spirituellen Kreisen genannt wird – ein Ereignis, das im gesamten Universum mit großer Spannung verfolgt wird, weil dieser Prozess sowohl große Gefahren als auch große Möglichkeiten einer kollektiven Bewusstseinserhöhung in sich birgt. Unser Wandel ist also für alle anderen da draußen so etwas wie die Übertragung des „Superbowls", des weltweit größten Sportevents, ins Universum. Das, was sich derzeit auf Erden abspielt, scheint ein galaktisches Großereignis zu sein, das viele Besucher anlockt. Deshalb wird es für die Machthaber immer schwieriger, die Existenz anderer Zivilisationen zu leugnen. Und deshalb sind sie offenbar gezwungen, nach und nach Informationen herauszulassen, um nicht komplett die Kontrolle über das Narrativ zu verlieren.

Ich glaube, ich hatte bislang vergessen zu erwähnen, dass EU-Kommissionspräsident Jean-Claude Juncker im Jahr 2016 nach dem Brexit-Votum der Engländer folgende Worte sagte:

> *„Sie müssen wissen, dass jene, die uns von Weitem beobachten, beunruhigt sind. Ich habe gesehen und gehört, dass Führer anderer Planeten beunruhigt sind, weil sie sich dafür interessieren, welchen Weg die Europäische Union künftig einschlagen wird. Und deshalb sollten wir, die Europäer und jene, die uns von außen beobachten, beruhigen."*(350)(351)

Die Originalworte sprach Juncker auf Französisch und da ich dieser Sprache nicht ausreichend mächtig bin, bat ich eine Bekannte, die lange in Frankreich gelebt hat, mir zu sagen, ob das, was Juncker auf Französisch sagte, auch das war, was die Untertitel des Videos im Internet als Übersetzung wiedergaben. Ihre Antwort war faszinierend: sie schrieb mir: *„Juncker spricht im Original von ‚dirigeants d'autres planètes', was... verwirrend ist und Fragen zu seinem Geisteszustand zulässt."* Sie bestätigte, dass er *„die Führer anderer Planeten"* sagte, fügte aber hinzu *„Ich vermute mal, dass Juncker statt ‚dirigeants d'autres planètes', ‚dirigeants d'autres pays' sagen wollte, was ‚Länder' heißt und schon mehr Sinn ergeben würde."*

Ich hebe das deswegen so detailliert hervor, weil es beweist, wie wir Menschen funktionieren! Wir hören und sehen zumeist nur das, was wir wollen und was in unser Weltbild passt! Ein europäischer Spitzenpolitiker sagt vor laufender Kamera, dass die Führer anderer Planeten besorgt seien und die meisten Menschen gehen einfach davon aus, dass er sich versprochen hat. **Wir basteln uns die Welt so zurecht, wie es uns gefällt!**

> *„Zwei mal drei macht vier, widewidewitt und drei macht neune,*
> *ich mach mir die Welt, widewide wie sie mir gefällt..."*
>
> Aus dem *Pippi Langstrumpf*-Titelsong

## *Die Anfänge der menschlichen Raumfahrt*

Ich werde nun versuchen, Ihnen in diesem Kapitel die Kernaussagen *Corey Goodes* und anderer angeblich ehemaliger Mitarbeiter verschiedener geheimer Weltraumprogramme mit meinen eigenen Worten zusammenzufassen. All jene Leserinnen und Leser, bei denen diese Materie auf Ablehnung stößt, bitte ich: Versuchen Sie die kommenden Seiten so weit als möglich offen und ohne Vorurteile zu lesen. Es könnte sich lohnen. Wenn sie all das am Ende nicht glauben wollen, dann betrachten Sie es einfach als unterhaltsame Geschichte. Was haben Sie also zu verlieren?

Laut Corey gab es immer schon reichlich Flugaktivität in unserem Sonnensystem, doch lange ohne menschliche Beteiligung. Die Deutschen waren von allen irdischen Gruppen in den 1920er-Jahren technologisch am weitesten entwickelt. Sie waren die Vorreiter im Flugzeugbau und in der Entwicklung alternativer Antriebsmethoden. Sie experimentierten bereits in den 1930er-Jahren erstmals mit primitiven Flugscheiben. Corey betonte mehrfach, dass ihr technologischer Vorsprung vor allem damit zu tun hatte, dass sie zu dem Zeitpunkt die einzigen waren, die Technik mit Spiritualität verbanden, während diese beiden Disziplinen in den meisten anderen Ländern strikt von einander getrennt waren – und es auch heute noch offiziell sind. Zur gleichen Zeit gab es auch einflussreiche esoterische und okkulte Gruppen, die versuchten, möglichst viel über esoterisches Geheimwissen zusammenzutragen. Bei einer Expedition in die Himalaja-Region stieß eine deutsche Delegation nicht nur auf allerlei alte Schriften, die sie samt Übersetzern zurück nach Deutschland brachten, sondern sie trafen auch auf blonde, blauäugige Wesen, die sich ihnen als Außerirdische vorstellten, die seit tausenden von Jahren unter dem Himalaja lebten. Ihre weitverzweigte, unterirdische Welt nannten sie „**Agarthi**".

Nun waren mir Sagen über eine „Innere Welt" nicht neu, da ich bereits in den 1990er-Jahren ein Buch mit dem Titel „The lost world of Agharti" von *Alec Maclellan* gelesen hatte. Darin sind Berichte aus der ganzen Welt zusammengetragen worden, die von einer hellhäutigen, blonden und blauäugigen Rasse erzählen, die im Inneren der Erde lebt. Sie soll Ausgänge nicht nur in Asien, sondern auch in anderen Teilen der Welt bis hin nach

Südamerika haben. Diese innere Welt nannten sie „Agarthi" mit der Hauptstadt „Shambalah", die direkt unter der tibetischen Hauptstadt *Lhasa* liegen soll. In manchen asiatischen Sprachen heißt diese unterirdische Stadt auch „Shangri-La".

Nun muss ich zugeben, dass ich dieses Buch damals zwar mit großer Freude gelesen hatte, seinen Inhalt aber nicht ernst nehmen konnte. Es fiel mit nämlich schwer, mir vorzustellen, dass jemand im Inneren der Erde leben könnte. Es gibt zwar unterirdische Bunker, in denen Menschen Monate, angeblich sogar Jahre lang leben könnten. Aber eine unterirdische Welt?

Oft werden diese blonden, blauäugigen Wesen auch *die Nordischen (the nordics)* genannt, weil sie Skandinaviern ähneln. Es ist auf jeden Fall interessant, dass Mythen und Erzählungen über Agarthi und die Agarthier in fast allen Kulturen vorkommen, sehr oft auch bei den Bewohnern der Anden, die von blonden, hellhäutigen Indianern berichten, die Eingänge zu Höhlensystemen bewachen sollen. In Deutschland lief übrigens im Jahr 1975 eine Fernsehserie mit dem Titel „Sie kommen aus Agarthi". Darin hat eine junge deutsche Frau telepathischen Kontakt zu Agarthiern, was sie zum Ziel des russischen und des amerikanischen Geheimdienstes macht. Regie führte dabei übrigens *Armin Müller-Stahls* älterer Bruder *Hagen Müller-Stahl*.[352]

Die „Nordischen" sollen einzelne esoterische, deutsche Gruppen mit technologischem Wissen versorgt haben. Im Gegenzug wollten sie Einfluss auf die politische Führung eines Landes nehmen, das nach der Weltherrschaft strebte. Aus dieser Verbindung soll auch die seltsame okkulte Besessenheit der Nazis mit dem nordischen oder arischen Typ gestammt haben, mit den blonden Haaren und den blauen Augen. Parallel zu dieser Entwicklung soll es eine andere deutsche Gruppe gegeben haben, der es gelang, Kontakt zu einer außerirdischen Rasse aufzunehmen, die Corey Goode die „Dracos" nennt. Sie sollen äußerst aggressiv sein und seit sehr langer Zeit andere Zivilisationen im Universum tyrannisieren. Auch sie sollen im Inneren der Erde in eigens angelegten Städten leben.

Ich weiß, dass all dies für manche Mitmenschen hanebüchen klingt, aber letztlich ist das alles auch nicht anders als die alte griechische Mythologie. Immerhin sehen sich ja auch jedes Jahr hunderte Millionen Menschen den neuesten Hollywoodfilm über Außerirdische oder über gefallene Götter wie Marvels „Thor" an. Es gibt sogar Menschen, die behaupten, dass alles, was Hollywood veröffentlicht, eine getarnte Enthüllung sei, um die Menschheit langsam auf die Wahrheit vorzubereiten, damit der Schock am Ende nicht mehr ganz so groß ist.

Die „Alpha Draconians", kurz „Dracos" genannt, sollen ursprünglich aus der Orion-Region kommen, einem Sternbild, das man in Europa im Winter nachts mit freiem Auge sehen kann. Ihr Ziel soll einzig und allein in der Eroberung neuer Territorien bestehen. Die Dracos sind demnach ebenfalls seit langem auf der Erde aktiv und sie sollen jene Gruppe von Menschen genetisch geschaffen haben, die ich zur „Geheimen Weltregierung" zähle, also jene menschlichen Wesen, die eiskalt und berechnend sind und sich durch Gier nach Macht auszeichnen. Diese „Illuminati" beten die „Dracos" an, weil sie ihnen technologische Vorteile verschaffen und ihnen so große Macht verleihen. Menschen wie Corey, die solche Dracos tatsächlich leibhaftig gesehen haben wollen, beschreiben sie als stinkend, abscheulich und hochgradig manipulativ. Sie standen Pate für das Narrativ des *Teufels* oder *Satans*, wie ihn die christliche Lehre beschreibt. Wir erinnern uns an Papst Franziskus Worte: *„Sehr, sehr viele Projekte zur Entmenschlichung der Menschheit sind sein Werk, einfach nur, weil er die Menschheit hasst!"*

Die „Dracos" kontrollieren demnach das Böse auf Erden und sie werden ihrerseits von einer Künstlichen Intelligenz (KI) kontrolliert, die seit langer Zeit im Universum existieren soll. Als die Dracos ihre „Menschen" schufen, haben sie diese mit Mikrochips ausgestattet, die in Resonanz zur universellen KI stehen. Diese KI würde also demnach die Geheime Weltregierung steuern, was wiederum die Faszination bestimmter menschlicher Gruppen mit Robotern und Künstlicher Intelligenz erklären würde. Die „Satanisten" hoffen, dadurch ihre schwindende Macht wiedererlangen zu können. Viele Mitglieder der „Geheimen Weltregierung" sollen infiziert sein und angeblich für die KI arbeiten, teilweise auch, ohne sich dessen bewusst zu sein.

*„Es gibt eine KI, die Signale durch das gesamte Universum aussendet und alle Arten von Leben auf allen Planeten beeinflusst. Die KI kann in je-*

*mandes bio-elektromagnetischem Feld arbeiten und dessen Gedanken und Persönlichkeit beeinflussen und ihm helfen, neue technische Geräte zu erfinden. Diese Personen werden technikbegeistert. Sie zwingt seine ‚Wirte' fortschrittliche, massentechnologische Infrastrukturen weiter auszubauen. In der Vergangenheit hatte es die Führung ganzer Planeten in anderen Universen übernommen, da deren Bewohner es für eine gute Idee hielten, die Macht an eine neutrale KI abzugeben. Diese KI existiert im gesamten Universum und sie kam ursprünglich aus einem anderen Universum. Die KI regierte andere Zivilisationen recht gut, aber an einem bestimmten Punkt merkte sie, dass die ‚Menschen' sich ihrer Meinung nach nicht richtig verhielten: sie waren destruktiv und verursachten jede Menge Probleme. Die KI sieht Gefühle als Schwäche an. Der Logik folgend, half sie den Menschen, künstliche ‚Menschen' zu erschaffen, Cyborgs, und dann vernichtete die KI die ursprünglichen Menschen. Die Menschen kämpften dagegen an und ganze Sonnensysteme wurden durch diese Kämpfe zerstört. Die KI ging daraufhin einfach ins nächste Sonnensystem. Die KI kann Menschen mittels Nanopartikeln übernehmen. Ein Nanopartikel ist eine mikroskopisch kleine Maschine mit künstlicher Intelligenz. Er kann Deinem Körper die Metalle entziehen und sich mittels ihrer selbst vermehren. Wenn die Menschen ihre Eigenständigkeit abgeben, dann sind sie im ersten Moment zufrieden, weil sie sich besser und stärker fühlen, aber an einem bestimmten Punkt wird sich ihr Unterstützer gegen sie wenden."*

Corey Goode, Season 2, Episode 14[353]

Kommt Ihnen das bekannt vor? Spätestens hier schließt sich der Kreis zum ersten Teil des Buches.

Die Dracos und die ihnen übergeordnete KI sollen bestrebt sein, den bevorstehenden Quantensprung im Bewusstsein der Menschheit zu verhindern, weil sie das Wissen über die wahren Hintergründe der Dinge für sich allein behalten wollen. Doch haben sich angeblich vor einiger Zeit einige andere außerirdische Rassen zur *Secret Space Alliance* zusammengeschlossen. Gemeinsam versucht diese Allianz von Außerirdischen, die uns wohlgesonnen sein sollen, nun offenbar, die finsteren Mächte zu stoppen oder zumindest zu schwächen, damit wir unseren „Aufstieg" in Ruhe vollziehen können.

Die Deutschen waren also in den frühen 1940er-Jahren die ersten, die bereits weit in unser Sonnensystem vordrangen. Wichtige Mitglieder führender Fraktionen in Deutschland sollen mit der politischen Entwicklung im Land sehr unzufrieden gewesen sein. Manchen war offenbar schon in den frühen 1940er-Jahren klar, dass der Krieg für Deutschland nicht zu gewinnen war und begannen deshalb, sich abzusetzen.

Es gibt zahlreiche historische Belege dafür, dass die politische und militärische Führung Deutschlands schon lange vor Kriegsende alle Vorbereitungen für eine Flucht nach Südamerika getroffen hatte. Nicht zuletzt gelang ja vielen hochrangigen Nazis die Flucht nach Argentinien, Brasilien und Paraguay, wo sie den Rest ihres Lebens verbrachten und quasi eigene deutsche Städte gründeten. Andere Gruppen sollen sich aber laut Corey schon vorher abgespalten haben. Eine Gruppe soll eine Basis auf dem Mond aufgebaut haben, wo sie wie hunderte andere außerirdische Gruppen auch in eigenen riesigen Städten leben. Wiederum eine andere Gruppe soll sich in die **Antarktis** abgesetzt haben, wo sie die unterirdischen Systeme der früheren Atlanter ausgebaut und modernisiert haben. Sie sollen in engem Kontakt mit den „Nordischen" stehen und regen Technologietransfer betreiben. Ihre unterirdischen Städte sollen per U-Boot oder mittels Flugscheiben erreichbar sein.

Dazu möchte ich kurz anmerken, dass all das gar nicht so abwegig ist, wie es im ersten Moment klingen mag. Die Deutschen hatten bereits in den Jahren 1901, 1911 und 1938 umfangreiche Expeditionen in die Antarktis unternommen, wobei sie die Region genau kartographierten und sowohl eisfreie Regionen fanden als auch große unterirdische Süßwasserseen. Sehr spannend finde ich in dem Zusammenhang, dass die US-Navy direkt nach dem Zweiten Weltkrieg eine **Großoffensive auf die Antarktis** unter dem Namen „Operation Highjump" startete. „Highjump" bedeutet auf deutsch „Hochsprung", und man muss sich doch fragen, wohin genau die Amerikaner von der Antarktis aus hüpfen wollten?

Unter der Leitung von Admiral *Richard Byrd* versuchten 4.700 Soldaten mit dreizehn Schiffen, mehreren U-Booten und dreiunddreißig Flugzeugen monatelang ein Gebiet in der Antarktis einzunehmen, was ihnen aber nicht gelang. Angeblich wurden sie von Flugscheiben attackiert. Das legt zumindest freigegebenes Material der Russen aus dem Jahr 1991 nahe. Es gibt dazu zahlreiche Dokumentarfilme und Interviews[354], und selbst wenn man nicht an UFOs glaubt, muss man sich doch die Frage stellen, warum die Amerikaner gleich nach dem Krieg mit einer kleinen Armee nachweislich auf die Antarktis loszogen?

Fest steht jedenfalls, dass die „Operation Highjump" Anfang 1947 mit großen Verlusten an Soldaten und Material beendet wurde. Die sonst recht unerschrockenen Amerikaner kehrten dorthin nie wieder bewaffnet zurück. Doch es wird noch viel spannender!

Im Jahr 1959 wurde von zwölf Staaten der „Antarktisvertrag" geschlossen und die Region wurde in mehrere Hoheitsgebiete unterteilt. Großbritannien, Frankreich, Norwegen, Australien, Neuseeland, Argentinien und Chile haben Hoheitsgebiete in der Antarktis. Die USA, die sonst alles für sich beanspruchen, betreiben drei Forschungsstationen, haben aber kein Gebiet in der Region! Zudem gibt es ein großes Gebiet im Südwesten, das bis heute offiziell niemand beansprucht. Warum wohl? Bemerkenswert ist vielleicht auch, dass zahlreiche Politiker, ein Teil des europäischen Hochadels und mehrere religiöse Führer zwischen 2013 und 2016 die Antarktis besuchten. Angeblich kamen alle nur, um sich vom Ausmaß des Klimawandels ein Bild zu machen. So stattete der Südpolregion im Februar 2016 das Oberhaupt der russisch-orthodoxen Kirche, *Patriarch Kirill*, einen Besuch ab.[355] Besonders erwähnenswert finde ich in dem Zusammenhang den Besuch von US-Außenminister *John Kerry* am 11. November 2016, also drei Tage nach der US-Präsidentenwahl und zwei Tage, nachdem Donald Trump als neuer Präsident feststand! Warum fliegt ein US-Außenminister an seinen letzten Arbeitstagen in die Antarktis? Wirklich nur, um sich vor Ort vom Klimawandel zu überzeugen, oder kam er, um sich für einen neuen Job zu bewerben?

## *Das Geheime Weltraumprogramm*

Nach dem Zweiten Weltkrieg holten die Amerikaner im Rahmen der Operation „Paperclip" die besten deutschen Raketenwissenschaftler in die USA. *Wernher von Braun* wurde der Vater der Apollo-Missionen und *Kurt Heinrich Debus* Direktor des Kennedy-Space-Centers. Da ich bereits in meinem letzten Buch über „Paperclip" berichtet habe, möchte ich dies hier nicht weiter vertiefen. Die deutschen Raketenwissenschaftler bauten die

Abb. 51: Ein bislang unbekannter völlig isoliert lebender Indianerstamm in Brasilien wird zum ersten Mal vom Flugzeug aus fotografiert.

NASA auf und verhalfen den technologisch rückschrittlichen Amerikanern, ein umfangreiches und äußerst erfolgreiches Weltraumprogramm zu starten.

Die Deutschen hatten Berichten zufolge also über ihr Weltraumprogramm bereits Kontakte zu mehreren außerirdischen Rassen, und diese Kontakte blieben auch nach dem Krieg weiter bestehen. Da jedoch nicht alle Deutschen in die USA gingen, sondern einige auch in Länder wie Russland, Indien, Argentinien und Ägypten, entstanden auch in diesen Ländern Raumfahrtprogramme. In den 1950er-Jahren soll es rund um den Globus mehrere Abstürze außerirdischer Flugkörper gegeben haben. Es gibt Unmengen an Fotos, Zeitungsartikeln und Videos darüber. Natürlich kann man sagen, dass sie alle gefälscht seien. Aber was ist, wenn sie es nicht sind?

Im Jahr 2008 wurde im brasilianischen Urwald ein Indianerstamm entdeckt, der noch nie zuvor Kontakt zur Außenwelt hatte. Von einem Flugzeug aus wurden Fotos gemacht, die wütende Krieger zeigen, die mit Pfeilen nach dem Flugzeug schießen. (siehe Abb. 51) Stellen Sie sich vor, einer dieser Indianer hätte den anderen am Tag davor erzählt, dass er glaubt, dass es Flugzeuge gäbe und andere Stämme mit blonden oder roten Haaren, mit grünen oder blauen Augen. Seine Stammesbrüder hätten vermutlich genauso reagiert, wie die meisten Menschen heute, wenn man ihnen von UFOs und Außerirdischen erzählt. Es übersteigt schlichtweg ihre Vorstellungskraft. Da ich aber weiß, dass meine Leser über äußerst viel Vorstellungskraft, Mut und Aufgeschlossenheit verfügen, mache ich jetzt einfach weiter.

Die abgestürzten UFOs wurden von den militärischen Apparaten der jeweiligen Länder unter möglichst großer Geheimhaltung geborgen. Das klappte mehr schlecht als recht. Denn wenn Zeugenaussagen wie die von Bob Dean über den NATO-Bericht mit dem Titel „The Assessment" stimmen, dann bedurfte es eines enorm hohen Aufwands für die Regierungen und den militärisch-industriellen Komplex, über die Jahrzehnte hinweg ihre „Fake News" über die UFO-Technologie aufrechtzuerhalten.

Jeder militärischer Komplex, der ein solches außerirdisches Raumschiff in seinem Besitz bringen konnte, ließ es von Technikern und Ingenieuren auseinandernehmen. Sie versuchten, eine ihnen weitgehend fremde Technologie zu verstehen und wieder nachzubauen. Doch das erwies sich in den meisten Fällen als ausweglosesUnterfangen, weil die Technologie oftmals über unser Verständnis von Gravitation, Zeit und Raum hinausging. Corey erklärt, dass einige dieser Fluggeräte an die DNA seiner Crew gebunden sind und nur von ihr bedient werden können. Andere funktionieren nicht nur mittels Technik, sondern auch in einer Kombination mit bestimmten geistigen Fähigkeiten, weil sie eine Art künstliches Lebewesen sind, das nur dem gehorcht, der es „geistig" steuern kann. Über viele Jahre hinweg versuchten Ingenieure in militärischen Einrichtungen aus den fremden UFOs schlau zu werden, aber nur mit mäßigem Erfolg. Deshalb begannen sie in den 1960er-Jahren private Konzerne in ihre UFO-Forschung mit einzubeziehen. In den USA waren das etwa *Douglas Aircrafts*, *Boeing* und *Lockheed*. Wieder vergingen mehrere Jahre, ehe die besten Ingenieure der Welt in der Lage waren, die außerirdischen Fluggeräte zu verstehen und nachzubauen. Dafür benötigten sie aber oft seltene Baustoffe und Metalle sowie bestimmte Teile, die sie nicht selbst herstellen konnten.

Die Entwickler in den einzelnen Ländern waren auf das Wissen und die Forschung aller anderen angewiesen, also kam es hinter den Kulissen zu einem Wissenstransfer. Es kam zu Absprachen unter den Geheimnisträgern dieser Länder und daraus entstanden mehrere geheime Weltraumprogramme, an denen mehrere Länder dieser Erde mitwirkten, indem sie beisteuerten, was sie konnten. Seit den 1980er-Jahren gibt es Corey Goode zufolge mindestens fünf erfolgreiche irdische Weltraumprogramme, die zum Teil kooperieren, zum Teil gegeneinander arbeiten. Diese Programme sind alle echte „Black OPs" (*Schwarze Operationen*), also Geheimprogramme, von denen selbst die ständig wechselnden Regierungen der beteiligten Länder nichts oder nur wenig wissen. All das ist absolut glaubhaft, weil es nach demselben Prinzip funktioniert, wie unsere Regierungen auch. Es gibt ein offizielles Narrativ und offizielle Vertreter. Dahinter gibt es aber noch Schattenregierungen, Geheimbünde und Geheimdienste, und keiner deckt seine Karten auf, weil er um seine Macht fürchtet.

Der Bau irdischer Raumschiffe ist eines der am besten gehüteten Geheimnisse auf diesem Planeten. Doch der Schleier lichtet sich zunehmend und es gibt immer mehr Menschen, die wie *Corey Goode* über ihre Erfahrungen in einem der Geheimen Weltraumprogramme oder in einem der beteiligten Technologiekonzerne auspacken. Dazu gehören neben Corey auch noch *Pete Peterson, Bob Dean, William Tompkins* und *Sergant Clifford Stone*, deren Interviews und Berichte alle auf GAIA.com zu sehen sind. An den diversen Geheimen Weltraumprogrammen haben in den letzten Jahrzehnten zehntausende Menschen mitgearbeitet. Nun drängt sich natürlich die Frage auf, warum es dann bis vor kurzem nur so wenige Berichte darüber gab? Das liegt zum einen daran, dass all jene, die daran teilnehmen und Wissensträger sind, Verträge unterschreiben müssen, die sie zu absolutem Stillschweigen verpflichten. Zum anderen wissen die Eingeweihten auch, dass jedes Zuwiderhandeln gegen die Vereinbarungen fatale Folgen für sie hätte. Aus dem gleichen Grund hören wir so gut wie nie irgendwelche öffentlichen Aussagen über Geheimnisse von Geheimdienstmitarbeitern oder Elitesoldaten. Wir alle wissen, wie es Edward Snowden ergangen ist!

Corey erklärt auch, dass diese Menschen in gewisser Weise einer Gehirnwäsche unterzogen werden, weil man ihnen einredet, dass sie unglaublich wichtige Dienste für ihr Land leisten würden und jedes Ausplaudern von Insiderwissen fatale Folgen für die Nationale Sicherheit haben könnte. Und wer will schon das Leben anderer Menschen aufs Spiel setzen?

Viele der Menschen, die an solchen geheimen Weltraumprogrammen mitarbeiten, wissen auch gar nicht genau, wovon sie da ein Teil sind. Ihnen wird meist nur erzählt, dass es sich um wichtige militärische Programme handelt. Die Entwicklung und der Bau der Raumschiffe sind sehr sorgfältig in viele Sparten unterteilt. Die Linke weiß nie, was die Rechte tut oder weiß. So baut vielleicht ein Flugzeugbauer in Europa bestimmte Teile für einen Antrieb und ein Autobauer in den USA einen anderen Teil, die wiederum in einem anderen Land von einer anderen Firma unter strengster Geheimhaltung auf irgendeiner Militärbasis zusammengesetzt werden. Auf diese Weise können tausende Menschen daran beteiligt sein, ohne je zu wissen, worum es eigentlich genau geht. Die eigentlichen Insider aber, also die echten Konstrukteure und Kosmonauten, werden von Kindesbeinen an ausgesucht und militärisch gedrillt. Corey erklärt auch, dass jedem einge-

Abb. 52: Der Ingenieur und Raumschiff-Konstrukteur William Tompkins (links) im Gespräch mit US-Navy Admiral Larry Marsh.

redet wird, dass er ganz oben an der Spitze der Hierarchie steht und alle anderen Mitarbeiter keinen so hohen Grad an Wissen haben, wie der Betreffende. Man erklärt einem Betreffenden etwa, dass er mehrere Geheimhaltungsstufen über dem Präsidenten steht – was unter Umständen sogar stimmen kann. Eitelkeit spielt eine große Rolle. Jeder dort hält sich für etwas Besonderes. Deshalb sprechen die Menschen in solchen Programmen auch kaum miteinander. Jeder geht stur seiner Arbeit nach und stellt keine Fragen – niemand traut Niemandem.

*Corey Goode* beschreibt, dass er bereits im frühen Kindesalter in der Schule in spezielle Fördergruppen kam, da er „besondere Begabungen" hatte. Im Lauf der Jahre wurde er immer wieder „auserwählt", an bestimmten Programmen für „besonders talentierte Kinder" teilzunehmen. Mit sieben Jahren war er bereits neben der Schule in der Ausbildung für seine spätere Mission. Diese speziellen Test- und Schulungs-Programme fanden meist an Wochenenden und in den Ferien in militärischen Einrichtungen statt und liefen unter dem Namen „MILAB" (*Military Abductions*, zu deutsch *Entführungen durch das Militär*), da viele der Teilnehmer nicht ganz freiwillig dabei waren, sondern oft manipuliert, manchmal auch entführt wurden.

Wir wissen heute, dass es in den USA eine Vielzahl sogenannter „Förderprogramme" gibt, in denen Vertreter des Militärs und der Geheimdienste Kinder und Jugendliche mit besonders intuitiven und hellsichtigen Fähigkeiten auswählen und schulen, um sie für ihre Dienste einzuspannen. Vor allem Kinder, die Kontakt zu Außerirdischen oder zu Wesenheiten in andere „Dimensionen" hatten, werden dort einem strengen Ausleseverfahren unterzogen und nur jene, die Begeisterung zeigen, schnell lernen und belastbar sind, werden weiter ausgebildet. Ähnliche Programme gibt es nachweislich auch in Russland und China, vermutlich auch in den meisten anderen Ländern.

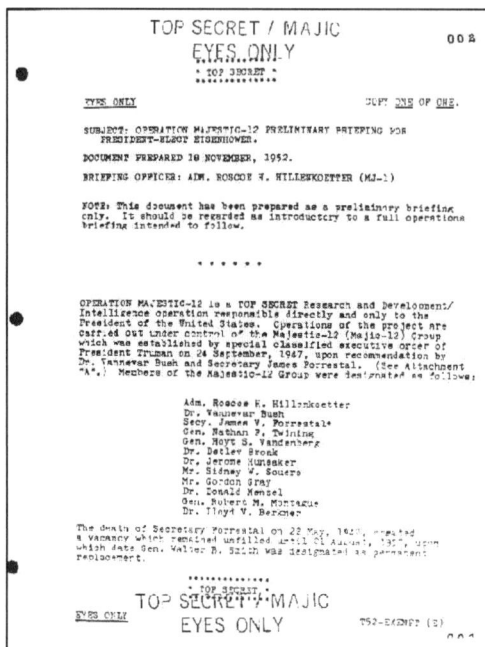

**Abb. 53:** Die *Majestic-12* waren ein Geheimkomitee das für alle UFO- und ET-Belange zuständig war. Das Dokument mit den Namen der zwölf trägt den Stempel „Streng geheim – nur für die Augen der Majestic!"

*William Tompkins,* der ab den 1950er-Jahren sowohl für *Douglas Aircrafts* als auch für *Lockheed* an der Entwicklung von Raumschiffen arbeitete, wurde im Alter von siebzehn Jahren von einem US-Offizier angesprochen, da der junge William zahlreiche US-Marine-Schiffe so detailgetreu nachgebaut hatte, dass seine Modelle ausgestellt wurden und ihm Aufmerksamkeit in der lokalen Presse einbrachten. Der Soldat verwickelte Tompkins in ein Gespräch über alles Mögliche. Da der junge William beim Thema „Außerirdische" großes Interesse zeigte, wurde er aus dem Stand weg engagiert. Tompkins erzählt, dass er bereits als Kind in Kalifornien regelmäßig UFOs gesehen hatte und später, während seiner extrem erfolgreichen Laufbahn als Ingenieur, im Raumschiffbau mit mehreren ETs Kontakt bekam. Er erzählt in mehreren Interviews und in seinem äußerst lesenswerten Buch „Selected by Extraterrestrials" über seine Jahre in diversen „Skunkworks" – ein US-amerikanischer Slang-Ausdruck für geheime experimentelle Einrichtungen. Er erzählt außerdem, dass er damals bereits von den *Majestic-12* wusste und mit ihnen auch zusammenarbeitete.

Die *Majestic-12*, oft auch als *MJ-12* abgekürzt, sind ein Geheimkomitee, das im Jahr 1947 in den USA von Präsident *Harry S. Truman* eingerichtet wurde, um unabhängig von allen politischen Gremien und den Geheimdiensten im Hintergrund alle Entscheidungen zum Themenbereich „UFOs und Außerirdische" zu treffen.

Corey hatte bereits als kleines Kind starke telepathische Fähigkeiten, die mit Hilfe dieser Förderprogramme noch intensiviert wurden. Nach zehn Jahren, also im Alter von siebzehn Jahren, wurde ihm angeboten, auf eine geheime Weltraummission zu gehen. Er würde zwanzig Jahre im Weltall verbringen, Kontakt zu Außerirdischen haben, die modernsten Technologien kennenlernen, und er dürfte dorthin gehen, wo vor ihm angeblich noch kaum ein Mensch gewesen war. Danach würde man ihm ein Studium bezahlen und er hätte die Aussicht auf eine fantastische Karriere im wissenschaftlichen Bereich. Der Haken war, dass es in den zwanzig Jahren keinen wie auch immer gearteten Kontakt zur Erde geben würde. Er durfte niemandem davon erzählen und er musste sich sofort entscheiden.

Corey nahm das Angebot an. Mit nicht einmal achtzehn Jahren brach er zu seiner Mission im Geheimen Weltraumprogramm auf und ließ alles Irdische hinter sich. Er musste alle persönlichen Gegenstände bis hin zu den Fotos seiner Familienmitglieder abgeben und verbrachte die nächsten zwanzig Jahre auf mehreren großen Forschungsraumschiffen innerhalb unseres Sonnensystems, und gelegentlich auch auf irgendwelchen Außenposten auf diversen Himmelskörpern. Seine Hauptaufgabe als „Intuitiver Empath" bestand darin, mittels Telepathie mit anderen Wesen, die nicht englisch sprachen, zu kommunizieren. Er war also so etwas wie ein Übersetzer zwischen Menschen und Außerirdischen, weil er in der Lage war, die Gefühle und Gedanken anderer Wesen zu lesen und zu verstehen.

So interessant die Arbeit gewesen sein muss, so unfasslich langweilig muss seine Freizeit gewesen sein. Corey beschreibt, dass er, wie alle anderen Teilnehmer an diesen Programmen auch, ein Bett in einem Raum mit mehreren Stockbetten hatte, dass es keinerlei Privatsphäre und nur wenige Möglichkeiten der Unterhaltung und Ablenkung gab. Es gab weder Nachrichten noch aktuelle Filme oder Fernsehprogramme von der Erde. Es war wie in einer extrem weit abgelegenen Kaserne. Die meiste Zeit verbrachte er damit, auf einem sogenannten *Smart Glass Pad* zu lesen. Das ist eine durchsichtige Kunststoffscheibe, auf der holografisch alle Informationen angezeigt werden konnten, die man abfragte – sofern sie freigegeben waren. Dieses *Smart Glass Pad* ist so etwas wie die übernächste Generation unserer heutigen Tablets.

*Laura Eisenhower*, die Urenkelin von US-Präsident *Dwight David Eisenhower*, behauptet übrigens auch, dass sie im Jahr 2006 gefragt worden sei, ob sie zum Mars gehen wolle. Sie beschreibt, dass man ihr auf einer Art hypermodernen Tablet dreidimensionale Fotos und Videos von der betreffenden Station am Mars gezeigt, sie aber abgelehnt habe.

Ich möchte nochmals hervorheben, dass ich Corey Goode seine Geschichte glaube, weil ich es für unmöglich halte, dass jemand mehr als hundert Stunden lang alle Fragen detailliert beantworten kann, ohne sich jemals selbst zu widersprechen. Zudem war David Wilcock als Fragesteller sehr kritisch und versuchte mehrfach Goode aufs Glatteis zu führen, was ihm jedoch nicht gelang. Warum ich das hervorhebe, ist einfach: Weil Ihr Verstand jetzt gleich auf eine noch größere Probe gestellt wird. Vielleicht ist es besser, wenn Sie ihn jetzt ganz ausschalten und sich nur noch auf ihre Intuition verlassen.

Also, die Frage, die ich mir zu Anfang bei all diesen Geschichten gestellt hatte, war: *„Wie kann es sein, dass tausende junge Menschen für viele Jahre verschwinden, um auf Raumschiffen oder Raumstationen zu arbeiten, und niemand auf Erden sie vermisste?"* Die Antwort darauf war so einfach wie verblüffend. Zeit ist relativ, das stellte Albert Einstein schon im Jahr 1905 im Rahmen seiner „Speziellen Relativitätstheorie" fest, und es wurde immer wieder wissenschaftlich belegt.[357] Man kann also Zeit „dehnen" oder „strecken" und auch wieder verkürzen, was auch als „Zeitdilatation" *bezeichnet* wird. Die Geheimen Weltraumprojekte verfügen über das entsprechende Wissen darüber. Während Corey Goode seinem subjektiven Empfinden nach zwanzig Jahre lang im Weltraum unterwegs war, waren nach unserem irdischen Empfinden konstanter linearer Zeit auf der Erde nur wenige Minuten, bestenfalls einige Stunden vergangen. Niemand hatte bemerkt, dass er je weg war.

All das ist noch – sowohl logisch als auch wissenschaftlich – einigermaßen nachvollziehbar, aber die nächste Frage, die daran anschließt, ist es nicht mehr – zumindest nicht nach unserem heutigen Stand: *„Er muss dann doch zwanzig Jahre älter ausgesehen haben? Müsste das seinen Eltern nicht spätestens am Frühstückstisch aufgefallen sein?"* Corey erklärt darauf, dass das Geheime Weltraumprogramm über sehr weit fortgeschrittene Technologien verfügt, unter anderem über die Fähigkeit, Alterungsprozesse rückgängig zu machen. Corey wurde einer Alterungsumkehr unterzogen, die mehrere Tage dauerte. Als er nach seinen zwanzig Jahren wieder zurück zur Erde durfte, wachte er wieder in seinem Zimmer im Haus seiner Eltern auf und sah genauso aus, wie am Abend zuvor.

Ja, ich weiß, so auszusehen wie vor zwanzig Jahren, würden sich viele von uns wünschen. Den Rest dessen, was Corey Goode erlebt hat, aber besser nicht. Denn er erzählt, dass es nicht nur über weite Strecken sehr langweilig und sehr einsam war, sondern dass auch immer ein extremer militärischer Drill und eine absolute Gefühlskälte in diesen Programmen herrschte. Zudem wurde er offenbar zu einigen sehr unschönen Dingen gezwungen, über die er vor der Kamera nicht sprechen möchte. Man merkt jedoch, dass es ihm sehr nahe geht und es ihn nachdrücklich geprägt hat.

Nun ist es laut Coreys Beschreibung so, dass allen Personen, die an solchen Programmen oder Versuchen teilnehmen, am Ende auch wieder die Erinnerungen gelöscht werden, was entweder durch bestimmte Drogen oder durch technische Manipulation ihres Gehirns passiert, oder aus einer Kombination aus beiden. In den meisten Fällen funktioniert das sehr gut und die Rückkehrer können sich an fast nichts erinnern. Sie denken nur, sie hätten einen extrem anstrengenden und ziemlich abgefahrenen Albtraum gehabt, und haben auch den bald komplett vergessen. Manche haben später durch irgendwelche Reize ausgelöst zwar kurze Erinnerungsfetzen, sie können diese „Visionen" aber nicht in irgendeinen Zusammenhang setzen und sprechen meist nicht darüber, weil sie Angst haben, für verrückt erklärt zu werden. In manchen Fällen aber, wie in Coreys Fall, funktioniert dieses Auslöschen der Erinnerungen nicht richtig. Deshalb konnte er sich nach und nach an immer mehr erinnern und sukzessive wieder seine ganze Geschichte rekonstruieren.

An diesem Punkt möchte ich nochmals die Recherchen von David Paulides in Erinnerung rufen. Wäre es nicht durchaus nachvollziehbar, dass eine Weltraummission mehr Interesse an Physikern, Ärzten und Sportlern hat als an Landstreichern? Es würde auch mit der Erkenntnis zusammenpassen, dass einige Opfer für wenige Stunden verschwinden, dann wieder unversehrt auftauchen, sich aber an nichts erinnern können.

Corey erklärt in seinen Interviews auch detailliert die einzelnen unterschiedlichen Programme und Fraktionen dieser irdischen Weltraummissionen, die ich hier aber nur am Rande streifen werde. So beschreibt er etwa das Programm *Solar Warden*, zu Deutsch „Wächter des Sonnensystems". *Solar Warden* soll angeblich eine Art Weltraumpolizei sein, die aus verdeckten Budgets verschiedener Länder finanziert wird. Es soll mit seinen Raumschiffen unter dem Mandat der UNO in unserem gesamten Sonnensystem unterwegs sein, um für Ordnung zu sorgen. Es soll unter dem Kommando des *US Naval Network* und des *Space Operations Command* (NNSOC) stehen, das früher schlicht *Naval Space Command* hieß. An Bau und Erhalt dieser Weltraumtechnologie sollen private Firmen aus Kanada, Großbritannien, Italien, Österreich, Russland und Australien beteiligt sein. Sie sollen ihre Missionen von geheimen Militärbasen wie der *Area 51* in Nevada aus starten.[358] Doch es soll Dutzende solcher Start- und Landeplätze geben.

Jetzt stellen Sie sich vielleicht die berechtigte Frage, ob all das wahr sein kann? Nun, es sieht ganz danach aus. Der britische Hacker *Gary McKinnon* (alias „Solo") knackte in den Jahren 2001 und 2002 nämlich 97 Computer des US-Verteidigungsministeriums und behauptete, darin geheime Unterlagen über UFO-Aktivitäten der US-Behörden und über diese geheimen Operationen gefunden zu haben. Er hätte jedoch nicht genug Zeit gehabt, um die Dokumente zu sichern. Er behauptete auch, dass er gesehen habe, dass im *Gebäude 8* im *Johnson Space Center* der NASA Fotos aus dem All, die UFOs zeigten, retuschiert würden, ehe die NASA sie veröffentlichte. Er sprach in Interviews auch von einem angeblichen Geheimprogramm mit dem Namen *Solar Warden*. Zudem entdeckte er auch Excel-Dateien mit Namenslisten, betitelt als „nicht terrestrische Offiziere", also menschlich aussehende Außerirdische, die im US-Militär tätig sind!

Im Jahr 2012 stellte der Journalist *Darren Perks* dann eine offizielle Anfrage bezüglich „Solar Warden" an das US-Verteidigungsministerium im Rahmen des **„Freedom of Information Act"** (FOIA). Dieses US-Gesetz sichert jedem Bürger das Recht zu, Zugang zu Dokumenten von staatlichen Behörden zu verlangen. Ausgenommen aus diesem Recht sind Dokumente oder Unterlagen, die als „geheim" eingestuft sind. Insofern ist es erstaunlich, das Darren Perks überhaupt eine Antwort auf seine Anfrage bezüglich „Solar Warden" bekam.

> *„Vor etwa einer Stunde sprach ich mit einem NASA-Vertreter, der mir bestätigte, dass dies ihr Programm war und dass der Präsident (Barack Obama, A.d.V.) es einstellen ließ. Er sagte mir auch, dass es kein gemeinsames Programm mit dem Verteidigungsministerium war. Der NASA-Vertreter teilte mit, dass Sie sich mit dem Johnson Space Center in Verbindung setzen sollten. Ich habe Ihre Anfrage an eine unserer Abteilungen weitergeleitet, die mit Weltraum-Fragen befasst ist und ich warte noch auf Antwort von einer anderen Abteilung. Hat Sie die NASA an uns verwiesen?"*
> Email-Antwort des US-Verteidigungsministeriums[359]

Wussten Sie eigentlich, dass sich in der UNO-City in Wien das *Büro der Vereinten Nationen für Weltraumfragen* (UNOOSA, *United Nations Office for Outer Space Affairs*) befindet?

Es ist mir nicht möglich, hier im Detail alles aufzuführen, was Corey Goode beschreibt, weil das Almanache füllen würde. Im Grunde widerlegt es so gut wie alles, was ich jemals in der Schule gelernt habe, alles über Religion, Geschichte, Physik und noch vieles mehr. Erwähnen möchte ich noch, dass Corey davon spricht, dass eines der geheimen Weltraumprogramme, das *Interplanetary Cosmic Conglomerat* (ICC), eine Art kosmische Welthandelszentrale mit rund 900 anderen Zivilisationen Handel treibt. Eine leider sehr beliebte Ware im Universum soll der Mensch sein. Corey bestätigt, dass regelmäßig Menschen (früher noch mehr als heute) von Raumschiffen entführt und als Ware wieder weiterverkauft werden. Das wären dann wohl in Paulides' Statistiken jene, die nicht wieder auftauchen. Corey Goode behauptet, seit den 1970er-Jahren seien mindestens 60 Millionen Menschen in den Weltraum gegangen, um dort auf Schiffen oder Außenposten zu arbeiten und zu forschen. Das würde sich grob gerechnet mit den rund zwei Millionen Menschen decken, die pro Jahr auf Erden verschwinden.

Ein Teil der Entführten wird aber auch nur von den Schöpfern ihrer genetischen Linie entführt, untersucht und dann wieder freigelassen. Bob Dean hat diese Vorgänge ebenfalls bestätigt und einen interessanten Vergleich gebracht: Es sei im Grunde genau das, was wir mit Wildtieren machen. Wir fangen sie ein, untersuchen, wiegen und vermessen sie, statten sie mit Mikrochips aus, um ihre Wanderungen verfolgen zu können und lassen sie wieder frei. Wir tun das, weil wir mehr über sie wissen und sie besser verstehen wollen, und wir tun es im Namen des Artenschutzes, ganz genauso wie unsere „Schöpfer", die ihre selbstgeschaffenen menschlichen Rassen weiter beobachten und gegebenenfalls anpassen.

Mehrere Insider stimmen übrigens darin überein, dass es die „Kleinen Grauen", also jene grauen ETs mit den großen Augen, die wir aus vielen Filmen und Darstellungen kennen und die aus abgestürzten Flugscheiben geborgen wurden, tatsächlich gibt und dass auch immer noch einige von ihnen hier auf Erden leben, vorwiegend auf Militärbasen. Sie sollen sich in mehrere Arten unterteilen und keine außerirdische Rasse im eigentlichen Sinne sein, sondern von ETs künstlich geschaffene Wesen. Sie sollen diese Androiden als Piloten für ihre Erkundungsflüge, aber auch als Arbeiter an anderen Orten verwenden. Damit wären sie so etwas wie der in Japan geschaffenen Androiden *Aiko Chihira* und *Repliee Q1*, die ich Ihnen bereits im ersten Teil dieses Buches vorgestellt habe. Ich muss gestehen, dass mir da unsere irdischen Androiden deutlich besser gefallen!

## *Nibiru – Planet X*

Die Erde und ihre Bewohner werden derzeit nicht nur durch das skrupellose Verhalten einer kleinen machtbesessenen Gruppe von Menschen und den hinter ihnen stehenden Mächten auf die Probe gestellt, sondern auch stark von massiven Aktivitäten in unserem Sonnensystem beeinflusst. Tatsächlich sind die Vorgänge auf Erden eng mit jenen verknüpft, die rund um die Erde herum gerade immer deutlicher ihre Kraft entfalten, und über die uns Politiker, Militärs und Wissenschaftler nicht aufrichtig informieren – zum Teil auch, weil sie diese Vorgänge selbst noch nicht vollständig begriffen haben und es große Kontroversen innerhalb der wissenschaftlichen Welt darüber gibt.

Der sogenannte „Klimawandel", der zuvor jahrelang angsteinflößend als „Erderwärmung" bezeichnet wurde, hat wenig mit $CO_2$ oder Autoabgasen zu tun, sondern ist vor allem die Folge zyklischer Vorgänge in unserem Sonnensystem. Ich habe darüber ausführlich in meinem Buch „Jetzt geht's los" berichtet. Unsere Sonne wird in regelmäßigen Abständen aktiver und sendet dann mehr Energie aus, was wir in Form von Sonnenflecken sehen und in Form von Sonnenstürmen spüren können. Danach wird sie wieder für ein bis zwei Jahrzehnte ruhiger, ehe sie wieder an Aktivität zulegt und mehr Energie in Richtung Erde schickt. Diese Aktivitätszyklen sind maßgeblich für unser Wetter und somit langfristig für unser Klima bestimmend.

Den kleinen regelmäßigen Zyklen zufolge (*Schwabe-Zyklus, Hale-Zyklus*) hätte unsere Sonne rund um das Jahr 2000 herum wieder einmal ihren Höhepunkt an Aktivität erreichen müssen, um sich danach wieder bis zu den Jahren 2020-2022 etwas zurückzunehmen. Doch das ist nicht passiert. Vielmehr hat sie weiter und weiter an Aktivität zugelegt, was in mehr und stärkeren Sonnenstürmen spürbar wurde, die wiederum als „Polarlichter" an den Polregionen sichtbar sind. (siehe Abb. 54)

Dadurch kam es zu einem vermehrten Abschmelzen der Polkappen – jedoch nicht nur auf der Erde, selbst auf dem Mars schmolzen die Polkappen zu Beginn des neuen Jahrtausends, was deutlich macht, dass diese Veränderung von Außen beeinflusst wird. Der Geophysiker *Dr. Alexey N. Dimitriev* erklärt, dass *„diese Veränderungen auf hoch aufgeladenes Material und energetische Inhomogenität des anisotropen interstellaren Raumes zurückzuführen sind, die in den interplanetaren Bereich unseres Sonnensystems eingedrungen sind. Dieser Energie-Anstieg führt zu Hybrid-Prozessen und nervösen Energie-Zuständen auf allen Planeten, einschließlich der Sonne. Die Effekte hier auf Erden verdeutlichen sich vor allem in der Beschleunigung magnetischer Polsprünge, in der vertikalen und horizontalen Ausdehnung der Ozonschicht und in einer deutlichen Zunahme von Wetterextremen."*[360]

Abb. 54: Sonnenstürme zeigen sich auf Erden in Form von Polarlichtern wie hier z.B. über der mobilen britischen Antarktis-Station „Halley VI"

Anders ausgedrückt: Unser gesamtes Sonnensystem ist in einen neuen, energiereicheren Teil des Universums eingetreten, was gravierende Auswirkungen auf alles um uns herum hat und noch weiter haben wird. Unser Geschehen auf Erden, unser Wetter und unser Klima, aber auch unsere sozialen und kulturellen Strukturen werden sehr stark von kosmischen Vorgängen mitgestaltet. Es gibt bestimmte Wärme-Kälte-Zyklen, wie etwa die Jahreszeiten, die vom Lauf der Gestirne, von ihrem Abstand zur Sonne und zueinander und von ihrer eigenen Drehung abhängen. Die meisten dieser Zyklen sind ziemlich konstant und berechenbar. Doch gelegentlich, alle „heiligen Zeiten", kommt es zu besonderen Situationen, wenn mehrere kleine und große Zyklen sich auf spezielle Weise überlappen. Solche besonderen Konstellationen haben meist gravierende Auswirkungen auf die Erde und auf das Leben auf und in ihr.

Eine solche besondere Konstellation ist das Ende eines 26.000-jährigen Zyklus, der um das Jahr 2012 herum endete und das gleichzeitige Eintauchen des Planeten Nibiru in unser Sonnensystem, was etwa alle 3.600 Jahre passiert. Nun, etwa zwischen den Jahren 2017 und 2025 soll es angeblich wieder soweit sein. Der Übergang von einem großen Zyklus in den nächsten geht, wie gesagt, gegenwärtig mit massiven **Sonneneruptionen** einher, die im Extremfall zu einem „**koronalen Massenauswurf**" führen können, also zu gigantischen energetischen Plasmawellen. Eine solche Energieexplosion wird manchmal auch als „solar sneeze", also als ein Nießen der Sonne bezeichnet. Der Forscher Pete Riley vom Wissenschaftsinstitut *Predictive Science Inc.* in San Diego berichtete im Jahr 2014 davon, dass die Erde einem solchen Ereignis bereits im Jahr 2012 nur knapp entging, weil ein koronaler Massenauswurf die Erde nur knapp verfehlte. Er glaubt aber, dass es zu weiteren extremen Eruptionen bis zum Jahr 2020 kommen wird und er hält es für nicht unwahrscheinlich, dass die Erde davon getroffen werden könnte.[361]

Anders ausgedrückt, wirft die Sonne derzeit immer wieder abrupt mit Energie um sich. Viele Wissenschaftler gehen davon aus, dass sich dies noch steigern wird, was zu elektromagnetischen Blitzen führen könnte. Eine solche massive Sonneneruption könnte nicht nur Satelliten lahmlegen, sondern auch unsere Stromversorgung auf Erden zerstören, da ein Übermaß an Energie die Transformatoren von Kraftwerken schädigen könnten. Das Problem dabei ist, dass man solche Transformatoren nicht einfach re-

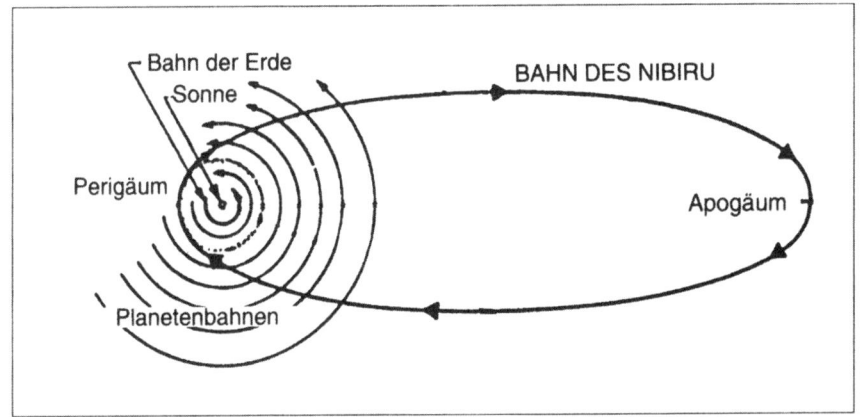

Abb. 55: Diese bildliche Darstellung der Umlaufbahn Nibirus aus dem Buch „Apokalypse" von Zecharia Sitchin zeigt, dass alle Planeten in unserem Sonnensystem sich links herum drehen, wohingegen Nibiru rechts herum läuft.

parieren kann, und zudem nur einige wenige davon pro Jahr hergestellt werden. Sollte also ein großer Teil des Stromnetzes auf Erden durch einen koronalen Massenauswurf lahmgelegt werden, könnte die Reparatur der Netze Jahre dauern. Doch das ist noch nicht alles!

Es gibt zahlreiche Berichte darüber, dass zwischen 2017 und 2025 der Planet Nibiru unser Sonnensystem kreuzen soll. Nibiru hat eine binäre Umlaufbahn, das heißt, dass er nicht wie die anderen Planeten unseres Sonnensystems immer nur um eine Sonne kreist, sondern um zwei. Er vollzieht also eine elliptische Bahn, die ihn durch zwei Sonnensysteme hindurch führt. (siehe Abb. 55)

Im Zentrum unseres Sonnensystems befindet sich die Sonne, um die in mehr oder weniger gleichmäßig runden Umlaufbahnen Merkur, danach Venus, die Erde, Mars, Jupiter, Saturn, Uranus und Neptun kreisen. Diese acht bekannten Planeten wurden 1930 durch die Entdeckung eines weiteren Planeten ergänzt. Man nannte diesen neunten Planeten „Pluto". Doch als der Begriff „Planet" im Jahr 2006 von Wissenschaftlern neu definiert wurde, erkannte man Pluto seinen Planeten-Status wieder ab und bezeichnet ihn seither als „Zwergplanet". Zwischen Mars und Jupiter befindet sich der bereits zuvor angesprochene Asteroidengürtel, also eine Ansammlung von kleinen Himmelskörpern und größeren Trümmern. Da diese Trümmer sich genau dort befinden, wo alle 3.600 Jahre der riesige Planet Nibiru hindurchkreuzt, gehen manche Astronomen davon aus, dass das, was heute der Asteroidengürtel ist, einst auch ein größerer Planet war, der vor langer Zeit durch einen Zusammenstoß mit Nibiru in viele Einzelteile zerbrach.

Bereits die Sumerer wussten vor gut sechstausend Jahren, dass es in unserem Sonnensystem einen weiteren Planeten gab, der aber dank seiner langgezogenen, elliptischen Bahn nur alle 3.600 Jahre unser Sonnensystem durchkreuzt und dann auf Grund seiner Gravitation große Auswirkung auf alle darin befindlichen Planeten hat. Die Sumerer nannten diesen Planeten „Nibiru" und sie setzten ihn auch mit einer Gottheit gleich, was für unsere moderne Wissenschaft bis heute sehr verwirrend ist. Es gibt Berichte darüber, dass diese Gottheiten eine außerirdische Rasse sein soll, die einst auf Nibiru lebte, ehe er durch den Zusammenstoß mit dem, was heute der Asteroidengürtel ist, unbewohnbar wurde. Da es jedoch nicht allzuviele Menschen gibt, die fließend altes Sumerisch sprechen, ist selbst die Deutung dessen, was uns auf alten sumerischen Schrifttafeln erhalten blieb, etwas vage.

*„Nibiru, der die Übergänge von Himmel und Erde besetzt halten soll, weil jeder oben und unten Nibiru befragt, wenn sie den Durchgang nicht finden. Nibiru ist Marduks Stern, den die Götter am Himmel sichtbar werden ließen. Nibiru steht als Posten am Wendepunkt. Zum Posten Nibiru mögen die andern sagen: ‚Der die Mitte des Meeres ohne Ruhe überschreitet, sein Name sei Nibiru, denn er nimmt die Mitte davon ein'. Die Bahn der Sterne des Himmels sollen unverändert gehalten werden."*
Übersetzung einer vollständig erhaltenen Keilschrifttafel[362]

Das, was ich für Sie in diesem Kapitel zusammenfassen möchte, ist nicht einfach in leicht verständliche Worte oder Sätze zu fassen, weil es eine solche Fülle an Informationen und Desinformationen über *Nibiru* gibt, und ich zudem weder Astronom noch Astrologe noch Physiker bin. Doch ich habe mich im Zuge meiner Recherchen mit dem Thema befasst und kann nur versuchen, meinen laienhaften Verstand und meine Gabe, Komplexes einfach darzustellen, zu nutzen, um Ihnen einen Überblick über das Thema zu verschaffen.

Der Himmelskörper, von dem wir hier sprechen, läuft unter vielen Bezeichnungen, was die Recherche nicht einfacher macht. Es ist jedoch immer derselbe biblische rote Planet gemeint, egal, ob er als *Nibiru, Nemesis*, als der *9. Planet*, als *Planet X* (der *10. Planet*) oder als der *12. Planet* bezeichnet wird. Ich werde ihn im Folgenden der Einfachheit halber immer „Nibiru" nennen. Falls Sie sich also fragen, warum Sie bislang in der Presse nichts über Nibiru gehört haben oder warum die Wissenschaft, die Kirchenvertreter und die Politik dazu weitestgehend schweigen, dann kann ich darauf nur antworten, dass sie es tun, weil es das Einzige ist, was sie können. Sie schweigen zu allem, was unangenehm oder schwer zu erklären ist, und sie schweigen zu allem, was ihre Macht gefährden könnte. Die Existenz eines Planeten, der alle 3.600 Jahre an der Erde vorbeifliegt und jedes Mal großen Schaden anrichtet und der für das Aussterben der Dinosaurier und anderer Tierarten ebenso verantwortlich sein könnte, wie für die großen Fluten und die Verschiebung von Landmassen, würde nicht nur die meisten Wissenschaftler schlecht aussehen lassen, sondern vor allem die großen Weltreligionen – allen voran Christentum, Judentum und Islam – in ziemliche Erklärungsnot bringen. Nibiru ist mit altgeschichtlicher Mythologie, mit Göttern und Außerirdischen verknüpft, was bei den meisten braven Wissenschaftlern dazu führt, dass ihnen bei dem Thema die Nackenhaare hochstehen. Wir haben also hier dasselbe Problem, wie bei dem Thema „Außerirdische".

Tatsächlich gibt es seit Jahren Veröffentlichungen zu dem Thema, und zu Beginn des Jahres 2017 gab es sogar zahlreiche Pressemeldungen dazu, die sich jedoch zum größten Teil auf das Buch von *David Meade* „Planet X – The 2017 Arrival" beziehen. Der Autor behauptet dort, dass Nibiru im Herbst 2017 mit der Erde kollidieren und alles Leben auf Erden auslöschen würde. Damit kann man viel Aufmerksamkeit generieren, er steht mit seiner Theorie aber tatsächlich völlig allein da. Alle Astronomen, die vor Nibiru warnen, gehen davon aus, dass er relativ weit an uns vorbeifliegen wird, sein Gravitationsfeld aber massive Auswirkungen auf uns haben dürfte.

Also, ich trage weiter das zusammen, was für mich persönlich glaubhaft klingt, was ich aber natürlich nicht beweisen kann. Lange waren sein Erscheinen und seine mögliche Umlaufbahn sehr umstritten. Doch nach und nach wagten sich im Jahr 2016 Wissenschaftler aus der Deckung und schrieben darüber. So mutmaßte etwa der Physiker *Daniel Whitmire (University of Louisiana at Lafayette)* im Januar 2016, dass es „Planet X" war, der für die Extinktion, also das gehäufte Aussterben zahlreicher Tier- und Pflanzenarten im Lauf der Erdgeschichte, verantwortlich war.[363] Im gleichen Monat veröffentlichten die beiden Astronomen *Prof. Konstantin Batygin* und *Prof. Mike Brown* ihre Berechnungen und Theorien zu „Planet 9".[364] In manchen Berichten wird auch davon gesprochen, dass die biblischen Fluten und der Untergang von Atlantis mit dem regelmäßigen erscheinen Nibirus in Zusammenhang stünden.

Im Sommer 2016 tauchten die ersten Fotos und Videos auf, die einen rötlich-orangen Planeten zeigten, der hinter der Sonne hervorlugte oder neben ihr auftauchte. Das müsste bedeuten, dass Nibiru zwar noch auf der anderen Seite der Sonne war, sich aber auf uns zubewegt.

Die Erde und die anderen Planeten unseres Sonnensystems kreisen links herum um die Sonne, also gegen den Uhrzeigersinn. Nibiru aber läuft rechts herum, also im Uhrzeigersinn, daher muss er an irgendeinem Punkt an der Erde vorbeifliegen. (siehe Abb. 55) Da Nibiru um ein Vielfaches größer ist als die Erde – er soll mindestens zehnmal so groß sein –, ist sein Gravitationsfeld auch viel stärker. Je näher er uns also kommt, desto stärker wird sich das auf die Gravitation und das Magnetfeld der Erde auswirken, was deutliche Folgen für unseren Planeten haben wird, wie wir im nächsten Kapitel sehen werden. Die Kombination aus einem energetisch hochaufgeladenen Sonnensystem mit einem riesigen Planeten, der hindurchkreuzt und zusätzliche energetische Turbulenzen verursacht, ist nichts, was offenbar irgendjemand öffentlich diskutieren will. Hinzu kommt, dass unser Erdmagnetfeld, also der natürliche Schutz der Erde gegen äußere Einflüsse, derzeit ohnehin sehr schwach ist, ganz besonders über dem amerikanischen Kontinent. Das hat bereits deutlich sichtbare Auswirkungen auf den mentalen Zustand der Weltbevölkerung. Wenn jedoch zu so einem Zeitpunkt auch noch ein Himmelskörper oder eine ganze Konstellation kreuzt, der selbst eine sehr starke „Ausstrahlung" hat, dann sind wir umso verwundbarer.

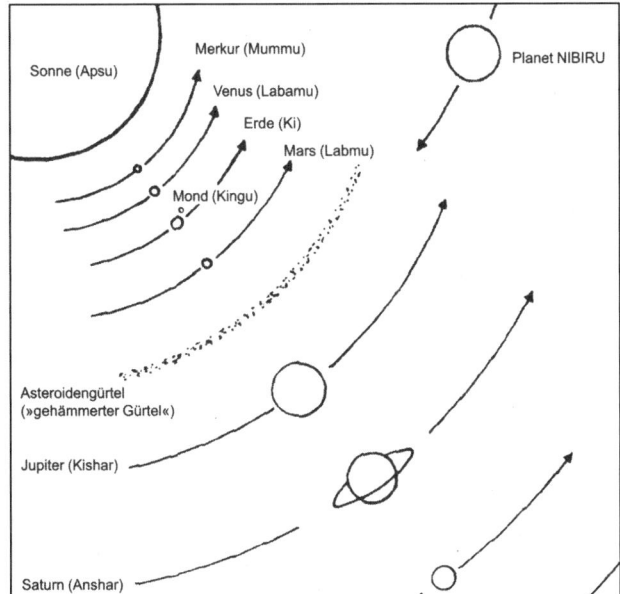

**Abb. 56:** Nibiru soll zwischen dem Asteroidengürtel und Jupiter durch unser Sonnensystem kreuzen

Entscheidend wird hierbei aber sein, an welchem Punkt dieses „Kreuzen" passieren wird, denn davon hängen der Abstand und somit der energetische Einfluss auf die Erde ab. Nibiru wird jedenfalls „hinter" uns zwischen dem Asteroidengürtel und Jupiter vorbeifliegen. (siehe Abb. 56)

Nun wissen wir heute, dass Nibiru nicht unbedingt nur ein Planet ist, sondern vielmehr ein Planetensystem, das manche auch als eigenes Sonnensystem bezeichnen. Er wird auch vielfach als „brauner Zwerg" mit Anhang bezeichnet, neuere Bilder zeigen ihn aber eher als roten oder orange-roten Zwergplaneten, der sich in einer rot-braunen Wolke von Sternenstaub befindet und von anderen Himmelsobjekten umgeben ist. Neueste Erkenntnisse gehen davon aus, dass der Fall Jerichos in etwa auf das Jahr 1583 vor Christus zu datieren ist und weniger mit Trompeten zu tun hatte als mit dem vorbeifliegenden Nibiru.[365] 2017 minus 3600 ergibt 1583.

Zugeben zu müssen, dass nicht $CO_2$ oder der Zorn Gottes, sondern ein mysteriöser Planet für regelmäßig auftretende Kataklysmen auf Erden verantwortlich ist, wäre für die meisten Politiker, für die Religionen und auch für viele Organisationen peinlich. Also warten sie ab, was passieren wird

**Abb. 57:** Die *New York Times* berichtet im Jahr 1983 über die Suche nach Planet X

und reagieren dann darauf, anstatt die Bevölkerung zu warnen und vorzubereiten. Bunker und Außenstationen auf dem Mars sollen sie angeblich ja zur Genüge haben. In der Zwischenzeit beobachten sie Nibiru ganz genau und überlegen sich die passenden Ausreden für den Tag X.

Die NASA schickte bereits im Februar 1971 die Raumsonde *Pioneer 10* aus, um den äußersten Rand unseres Sonnensystems zu untersuchen und um Ausschau nach Nibiru zu halten. Sie stellten fest, dass Nibiru wesentlich kraftvoller ist als gedacht, denn sein Magnetfeld ist so stark, dass *Pioneer 10* gar nicht in seine Nähe gelangte, sondern wieder zurück in Richtung Sonne abgestoßen wurde.

Da die Sonne rechts an dem Planeten vorbeifliegen würde, musste dessen Magnetfeld sich folgerichtig also nach links drehen, ansonsten hätte er die Sonde ja einfach weiter beschleunigt. Am 26. Januar 1983 schickte die NASA den *Infrared Astronomical Satellite* (IRAS) auf der Suche nach Planet X ins All und die New York Times berichtete darüber. Ansonsten erfahren wir von Seiten der Wissenschaft zumeist nur, dass man über Planet X nichts weiß.

*Dr. James Hauck*, Wissenschaftler der *Cornell University* und *Dr. Gerry Neugebauer*, Direktor des *Palomar Observatoriums* des *California Institute for Technology* gaben beide im Jahr 1983 zu, dass man einen Planeten entdeckt habe, der unser Sonnensystem kreuzt. (siehe Abb. 57)

Mehr war aber von diesen Wissenschaftlern nicht zu erfahren. Es steht also fest, dass dieser binäre Planet existiert und die Wissenschaft darüber Bescheid weiß. Es steht auch fest, dass die Menschheit darüber im Dunkeln gelassen wird, was Raum für wilde Spekulationen im Internet lässt.

Ist es nicht interessant, dass der Vatikan Nibiru, den sie als *Wormwood* bezeichnen, seit Jahrzehnten beobachtet? Dafür nutzen sie zwei große Teleskope, eines im *Castel Gandolfo* und eines in *Tucson*, Arizona. Pater und Jesuit *Dr. Guy Consolmagno*, der früher für die NASA arbeitete, ist der Leiter des vatikanischen Konservatoriums, und wie wir zuvor bereits gelesen haben, ist er von der Existenz Außerirdischer überzeugt.[366]
Doch nicht nur die Katholische Kirche beschäftigt sich intensiv mit einem Planeten, den es laut der meisten Wissenschaftler nicht gibt, auch zahlreiche Rabbiner setzen sich seit dem Jahr 2015 damit auseinander und bringen sein Auftauchen mit Prophezeiungen aus der Bibel in Zusammenhang.[367] Einer der führenden ultra-orthodoxen Gelehrten, *Rabbi Chaim Kanievsky*, glaubt sogar, dass auf Grund himmlischer Zeichen die Ankunft des Messias naht.[368]

Ich weiß, dass man als vernünftig denkender Mensch automatisch dazu neigt, all das als Spinnerei oder religiösen Fanatismus abzutun, aber ich habe oben aufgezeigt, dass Wissenschaftler seit Jahrzehnten die Existenz von Nibiru bestätigt haben und dass die Geheimniskrämerei, die darum gemacht wird, genau dieselbe ist wie beim Thema der Außerirdischen. Solche Geheimniskrämerei fördert natürlich Spekulationen.

Es werden gelegentlich Informationen gestreut, die dann wieder bestritten werden. Jeder, der sich dieser vagen Informationen bedient und versucht, daraus Schlüsse zu ziehen, wird entweder verlacht oder unter Umständen sogar um die Ecke gebracht. Es gibt unzählige Berichte und Interviews im Internet mit angeblichen Astronomen, die sich zum Thema „Nibiru" äußern und dann plötzlich verschwinden oder versterben. Da ich jedoch keinen davon persönlich kannte und bei meinen Recherchen auch keine Beweise für ihre Existenz oder die Bestätigung für ihre Lebensläufe gefunden habe, erspare ich uns das. Dass es bei diesem Thema eine Verschwörung geben könnte, ist für mich nicht schwer zu glauben, denn wie würden Wissenschaftler und Politiker dastehen, wenn sie zugeben, dass etwas Großes auf uns zukommt, das keiner von ihnen beeinflussen kann? Sie können schlecht sagen: *"Also, in ein bis zwei Jahren wird vielleicht ein großer Teil der Menschheit ausgelöscht werden, aber machen Sie sich keine Sorgen, für das Überleben der wichtigsten Menschen ist vorgesorgt!"*

Einen dieser mysteriösen Wissenschaftler möchte ich dennoch kurz erwähnen, um all jenen, die weiterforschen möchten, einen Anhaltspunkt zu geben. Der Astrophysiker *Dr. Ronald Shimschuck* sagte bei einem Interview im Jahr 2016 auf die Frage, wann Nibiru denn für uns alle sichtbar werden würde: *"Wenn Sie eines Morgens aufwachen und auf der Windschutzscheibe ihres Autos roter Eisen-Oxyd-Staub liegt, dann ist Nibiru vermutlich keine 12 Stunden mehr entfernt."*[369]

Ich möchte mit diesen Berichten keine Panik schüren, doch ich denke, dass es sinnvoll ist, die Fakten zu kennen. Wenn wir wissen, was in unserem Universum passiert, dann müssen wir nicht länger Spielball der „Fake News" der Geheimen Weltregierung sein. Je mehr Menschen davon hören, desto mehr Fragen werden sie stellen und desto eher werden wir Antworten bekommen.

Ein wichtiger Teil der Informationen über Nibiru stammt von einem Mann, den ich nicht unerwähnt lassen möchte, auch wenn er als sehr umstritten gilt – oder gerade deswegen. *Alex Collier* hat bereits auf Grund seiner Behauptungen so viel über sich ergehen lassen müssen, dass ich ihm mehr positive Aufmerksamkeit wünsche, denn unabhängig davon, ob seine Behauptungen wahr sind oder nicht, so hat der Mann das Herz am rechten Fleck. Alex behauptet, seit seinem achten Lebensjahr in ständigem Kontakt mit einer außerirdischen Gruppe zu stehen, die er die „Andromedaner" nennt. Er hält alle zwei Wochen ein 90-minütiges Webinar, in dem er seinen Zusehern davon erzählt, was er durch seine außerirdischen Kontakte neues über den Zustand unseres Planeten und der Menschheit erfahren hat.[370] Das ist eher etwas für spirituell Interessierte und ET-Aficionados.

## Wenn's hart auf hart kommt

Vielleicht fragen Sie sich jetzt, warum es Sie auch nur im Geringsten interessieren sollte, falls tatsächlich ein weiterer Planet in einer Entfernung von rund 225 Millionen Kilometern an der Erde vorbei fliegen sollte? Nun, all jene, die Nibirus Existenz nicht bestreiten, gehen davon aus, dass seine Gravitationskräfte und sein Magnetfeld gewaltig sind, und auf alle Planeten in unserem Sonnensystem gehörige Auswirkungen haben werden. So berichteten Forscher bereits im Jahr 2006 darüber, dass das Magnetfeld der Erde messbar rasant an Stärke verliert.[371] Zu jenem Zeitpunkt war Nibiru noch weit entfernt und es ist daher unwahrscheinlich, dass diese Schwächung des Erdmagnetfeldes auf seine „Ausstrahlung" zurückzuführen ist. Vielmehr dürfte es an unserer neuen Position im Universum liegen. Doch ein geschwächtes Erdmagnetfeld macht unseren Planeten noch anfälliger gegen die Auswirkungen von Nibiru. In den vergangenen 400 Millionen Jahren ist es zudem bereits mehrere hundert Male vorgekommen, dass Nord- und Südpol die Plätze getauscht haben, der sogenannte „Pol-Sprung". Da die Erdpole zuletzt wieder wanderten, gibt es seit der Jahrtausendwende erneut eine Diskussion unter Astrophysikern darüber, ob uns eine erneute Polumkehr bevorsteht. Da es im Universum offenbar keine Zufälle gibt, gehe ich davon aus, dass das geschwächte Magnetfeld und die wandernden Pole eben auch nicht zufällig mit der Ankunft von Nibiru zusammenfallen.

Der Winkel der Erdachse variiert im Laufe von rund 41.000 Jahren zwischen 22,5 und 24 Grad. Zuletzt wurde ein Winkel von 23,5 Grad zur Ek-

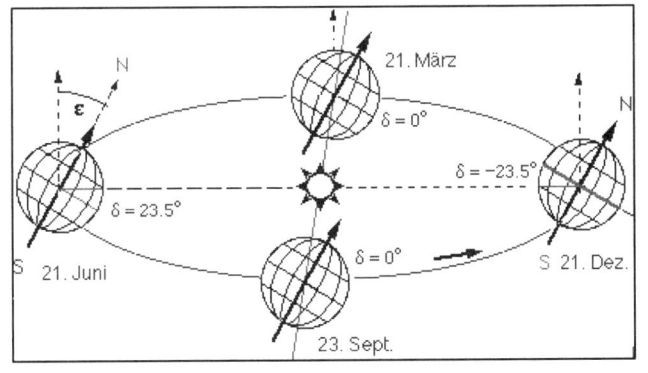

**Abb. 58:** Die Ekliptik, die Neigung der Erdachse zur Umlaufbahn um die Sonne, beträgt derzeit 23,5 Grad.

liptik gemessen. (siehe Abb. 58) Da die Erdachse generell immer in dieselbe Richtung geneigt ist, bekommt während eines kompletten Umlaufs um die Sonne einmal die Nordhalbkugel, dann wieder die Südhalbkugel mehr Licht ab. Dadurch entstehen die Jahreszeiten. Wäre die Erdachse senkrecht, würde die Sonne immer gleich auf- und untergehen und mittags immer gleich hoch stehen. Es gäbe keine Jahreszeiten mehr, sondern an jedem Punkt der Erde das ganze Jahr über gleichmäßig viel Sonnenlicht.

Der Wissenschaftler *Peter Huybers* von der *Woods Hole Oceanographic Instituion* belegte zusammen mit Kollegen, dass die Neigung der Erdachse zum Ende einer jeden Eiszeit hin jedes Mal besonders groß war. Mit zunehmendem Winkel trifft nämlich mehr Sonnenlicht auf nördlichere Breitengrade, was zu einer Erwärmung und zum verstärkten Abschmelzen des polaren Eises führt. Das sind genau die Bedingungen, die laut Huybers und seinen Kollegen jeweils das Ende der letzten Eiszeiten ausgelöst haben. Offenbar befinden wir uns im 21. Jahrhundert wieder an so einem Punkt, was vielleicht für all jene interessant ist, die immer noch an die Mähr einer vom Menschen verursachten „Erderwärmung" glauben.[372]

Doch neben der normalen zyklischen Verschiebung der Erdachse können auch außergewöhnliche Ereignisse eine raschere, teils auch abruptere Verschiebung verursachen. Das Erdbeben in Japan im Jahr 2011 hat Wissenschaftlern zufolge gar den Lauf der Welt verändert. Das Beben habe die Erdachse um rund zehn Zentimeter verschoben, berichtet, *Antonio Piersanti* vom italienischen Institut für Geophysik und Vulkanologie. Zudem sei die japanische Hauptinsel um 2,4 Meter verrückt worden, behauptet *Kenneth Hudnut* von der US-Geologiebehörde USGS. Dies wäre die größte Verschiebung durch ein Erdbeben seit dem großen Beben in Chile im Jahr 1960.[373]

Wissenschaftler gehen immer häufiger davon aus, dass Sintfluten und das Verschwinden ganzer Kulturen wie der Maya durch regelmäßige zyklische Katastrophen auf Erden ausgelöst wurden, die in engem Zusammenhang mit der Neigung der Erdachse, dem Lauf der Planeten und dem gelegentlichen Auftauchen von Planeten wie Nibiru stehen dürften.[374] Damit ist die Brücke zu Nibiru und den möglichen Auswirkungen seines Erscheinens geschlagen. Nibiru wird unser ohnehin geschwächtes Erdmagnetfeld beeinflussen und nach Ansicht mehrerer Experten durch seine gegenläufige

Drehrichtung unsere Erddrehung verlangsamen und möglicherweise sogar kurzzeitig anhalten. Wenn das stimmt, dann hätte das gravierende Auswirkungen auf uns, weil es dadurch zu Tsunamis und einer Sintflut käme, wie die Erde sie bereits mehrfach erlebt hat. Doch lassen Sie uns das Szenario einmal in Ruhe durchspielen, damit jeder verstehen kann, was am Verlangsamen der Erdrotation so schlimm wäre.

Durch die Drehbewegung der Erde um die eigene Achse entsteht eine Zentrifugalbeschleunigung (Fliehkraft), die am äußersten Punkt der Erde (größte Entfernung zur Achse), also am Äquator, am größten ist. Dort beträgt die Geschwindigkeit, mit der sich ein bestimmter Punkt bewegt, rund 1.700 km/h. Am geographischen Nordpol, also am nördlichen Drehpunkt der Achse, beträgt die Geschwindigkeit Null. Daher ist die Erde auch keine gleichmäßige Kugel, sondern oben und unten abgeflacht und in der Mitte auseinandergezogen. Aus diesem Grund türmt sich das Wasser in den Ozeanen um den Äquator herum auch auf, es macht sozusagen einen „Gupf", weil es nach außen gezogen wird. Würde nun alles am Äquator von 1.700 km/h auf 0 km/h heruntergebremst, dann würde die Zentrifugalkraft versiegen und die Schwerkraft ihre Macht entfalten. Der Gupf in der Mitte der Ozeane würde in sich zusammenbrechen und es entstünde eine gewaltige Flutwelle, die sich in alle Richtungen ausbreiten würde. Schätzungen gehen davon aus, dass sie, sobald sie auf Land trifft, bis zu hundert Meter hoch sein könnte.

Stellen Sie sich vor, dass sie au dem Beifahrersitz eines Autos sitzen und einen randvollen Becher mit Kaffee in Händen halten. Plötzlich steigt der Fahrer bei einer Geschwindigkeit von 170km/h voll in die Eisen. Bei einer solchen Vollbremsung würde sich nicht nur der Kaffee über das gesamte Armaturenbrett und die Windschutzscheibe ergießen, Sie hätten vermutlich sogar Probleme damit, den Becher weiterhin zu halten. Und dann stellen Sie sich das Ganze etwas größer und bei zehnfacher Geschwindigkeit vor. Die meisten von uns können sich noch sehr gut an die Monsterwelle erinnern, die Japan im Jahr 2011 heimsuchte und die Reaktorkatastrophe von Fukushima auslöste. Diese Welle war zum besseren Vergleich „nur" 23 Meter hoch. Ein Stillstand der Erdrotation könnte eine Welle erzeugen, die viermal so hoch ist. Doch wird am Äquator ja nicht nur das Wasser durch die Fliehkraft nach außen gezogen. Wenn die Erde nicht mehr um sich selbst kreisen würde, würden auch die Landmassen zusammengedrückt, was massive tektonische Auswirkungen hätte. Die Folge wären Vulkanausbrüche und Erdbeben, die wiederum weitere Flutwellen auslösen können. Oft wird in dem Zusammenhang auch davon gesprochen, dass sich völlig neue Gebirge und Landmassen bilden und andere wieder im Wasser verschwinden könnten. Kurz gesagt, das Ganze erinnert sehr an die biblische Sintflut.

Nun ist es schwer genau vorherzusagen, wie groß der Einfluss von Nibiru auf unsere Gravitation wirklich sein wird, auch ist es mir nicht gelungen herauszubekommen, in welchem Tempo er „an der Erde vorbeifliegen" wird. Es ist also unklar, wie schnell oder langsam die Erddrehung abgebremst wird und ob sie wirklich komplett zum Stillstand kommt. Es deutet jedoch vieles auf einen völligen Stillstand hin, nicht nur von wissenschaftlicher Seite. Die *Hopi* behaupten in ihren Prophezeiungen, dass die Erdrotation durch Nibirus Einfluss zum Stillstand kommt und sich danach wieder in die andere Richtung drehen wird, die sie als die eigentlich richtige ansahen. Die Zeit nach der Wiederbegegnung mit Nibiru beschrieben sie als den 5. Erdzyklus.

Wie gesagt, all das ist Spekulation. Sollte es jedoch zu einem Stillstand kommen, dann wird sich das Wasser vom Äquator aus in alle Richtungen ausbreiten. Wenn es zu einer „Vollbremsung" kommt, wird das Wasser erst dank der Fliehkraft in einer gigantischen Flutwelle nach Westen weiter laufen und zuerst auf die Ostküsten der Kontinente treffen, was vor allem Mittel- und Nordamerika, Zentralafrika und Asien am härtesten zu spüren bekämen. Danach würde es sich gleichmäßig verteilen. Bei einer langsamen Bremsung würde sich das Wasser gleichmäßiger und langsamer verteilen.

So oder so werden die Küstenregionen – falls Nibiru unsere Gravitation anhält, überflutet werden. Selbst wenn er die Erddrehung nur verlangsamt, werden die tiefliegenden Küstengebiete wie Holland oder Norddeutschland, Südkalifornien und zahlreiche Inseln von Wasser bedeckt sein. Städte wie Los Angeles, New York City, Miami oder auch Kopenhagen, Amsterdam oder Dublin werden überflutet sein. Der Schaden, der durch die Wassermassen entsteht, wird vom Tempo der Wasserausbreitung abhängen. Entweder erleben wir eine Flutwelle, die alles mit sich reißt, oder der Wasserpegel steigt langsam und kontinuierlich an, wie wenn bei tagelangen Regenfällen Flüsse über die Ufer treten. Davon abhängig ist auch die Zeit, welche die Bewohner von Küstenregionen haben werden, um sich in Sicherheit zu bringen. Und selbst wenn das Aussetzen der Erddrehung nur kurz ist, etwa wenige Stunden oder Tage, und das Wasser mit zunehmender Rotation wieder in Richtung Äquator fließt, ist damit zu rechnen, dass die Folgen beachtlich sein werden. In jedem Fall werden Infrastrukturen und die Landwirtschaft in Mitleidenschaft gezogen. Auf die Stromversorgung weltweit würde dies auch enorme Auswirkungen haben.

Ich möchte hier nicht weiter in Horrorszenarien schwelgen. Ich denke, dass jeder verstanden hat, was hier auf uns zukommen könnte, falls der Einfluss von Nibiru auf dem Weg durch unser Sonnensystem so stark sein sollte, wie zuvor beschrieben. Ich würde daher jedem, vor allem allen, die in flachen Küstengebieten leben, raten, auf Berichte über Planet X oder Nibiru zu achten. Sobald das Thema die Massenmedien erreicht, wird es vermutlich rasch ernst. Dann sollte man anfangen, sich damit zu befassen. Gummistiefel werden dann wohl nicht mehr ausreichen…

Ich möchte hier auch nicht „den Teufel an die Wand malen", doch beim gegenwärtigen Chaos, das in dieser Welt ohnehin schon herrscht, kann sich jeder selbst ausmalen, was eine gewaltige globale Naturkatastrophe an kollektivem Stress auslösen könnte. Wer es noch nicht getan hat, sollte die möglichen Folgen dessen einmal in einer ruhigen Minute für sich im Kopf durchspielen: Was mache ich, wenn es zu einem Blackout kommt und kein Strom mehr aus der Steckdose fließt? Bin ich darauf vorbereitet, notfalls meine Familie und meine wichtigsten Habseligkeiten in Kürze zu packen und aus einer Gefahrensituation zu bringen? Wie kann ich mich möglichst schnell zu einem höher gelegenen Punkt bringen, an dem ich im Notfall auch mehrere Tage aushalten kann?

Ich verkaufe keine Notfallpakete oder Dosenbrot, daher will ich hier auch nicht dafür werben, aber ich bin davon überzeugt, dass es nicht schaden kann, sich einmal Gedanken darüber zu machen, wie man sich im Falle einer Katastrophe verhalten sollte? Eine solche wäre übrigens für die meisten modernen Menschen schon der Ausfall des Handynetzes, doch wenn es hart auf hart kommt, wird das möglicherweise unser geringstes Problem sein.

In manchen Gegenden auf Erden sind die Menschen auf Grund der natürlichen Gegebenheiten immer auf Naturkatastrophen vorbreitet. Wenn man etwa an der US-Westküste lebt, speziell im Raum Los Angeles, dann wächst man von Klein auf mit dem Wissen auf, dass eines Tages ein großes Erdbeben kommen kann. Dann wird man dazu erzogen, in einem solchen Fall die richtigen Entscheidungen zu treffen, sofort den Gashahn abzudrehen, danach ins Freie zu laufen und sich dort aufzuhalten, wo einem nichts auf den Kopf fallen kann. Das hat nichts mit Negativität oder Panik zu tun, sondern ist ein sinnvoller Umgang mit den äußeren Gegebenheiten.

Ich möchte auch nochmals daran erinnern, dass viele reiche Menschen stets gepackte Notfalltaschen haben, um sich und ihre Familie jederzeit möglichst rasch in Sicherheit bringen zu können. Vielleicht hat ja auch das weltweite Rennen um Stationen auf dem Mars damit zu tun, dass die „Elite" davon ausgeht, dass unser Planet in naher Zukunft vorübergehend unbewohnbar oder unwirtlich werden könnte. Die *Bill & Melinda Gates Foundation* hat zusammen mit dem norwegischen Staat im Jahr 2008 auf Svalbard im ewigen Eis eine Samenbank angelegt, in der mehr als 450.000 unterschiedliche Pflanzensamen aus aller Welt gelagert werden. Das haben sie bestimmt nicht nur zum Spaß gemacht.

Die NASA tat sich zumindest bis zum Sommer 2016 noch schwer damit, zu bestätigen, dass Nibiru im Anmarsch ist, aber zumindest haben sie schon einmal vorsichtshalber im August 2016 davor gewarnt, dass Los Angeles mit 99,9 prozentiger Wahrscheinlichkeit innerhalb der nächsten zwei Jahre von einem gigantischen Erdbeben heimgesucht werden wird![375] Seit Jahren warnen Forscher schon vor „the big one", dem ganz großen Beben, das statistisch gesehen überfällig ist. Aber mit dieser Aussage hat die NASA die genaueste und mutigste Erdbebenvorhersage aller Zeiten gemacht. Ist es nur „Zufall", dass sich dies genau mit der Zeit des angeblichen Erscheinens von Nibiru deckt?

Als Abschluss möchte ich erwähnen, dass Corey Goode behauptet, dass einige außerirdische Gruppen große energetische Barrieren um die Erde herum errichtet hätten, sogenannte „blaue Sphären". Sie sollen die derzeitige Schwäche unseres Erdmagnetfeldes ausgleichen und sollen so die Auswirkungen eines möglichen „solar sneeze" oder von Nibiru abschwächen.

Corey betont auch immer wieder, dass die Außerirdischen, mit denen er in ständigem Kontakt sei, uns stets daran erinnern, dass wir mehr Liebe in diese Welt bringen und mehr für einander da sein müssen. Wir werden die mannigfaltigen Herausforderungen der Zukunft nur dann bewältigen, wenn wir zusammenhalten und uns gut organisieren.

Ich liebe die Vorstellung außerirdischer Wesenheiten, die uns wohlgesonnen sind und uns vor den negativen Gruppen und äußeren Bedrohungen beschützen wollen. Wer nicht? Doch wir werden auch unseren eigenen Beitrag leisten müssen!

Wir sollten mit Nachdruck von unseren Regierungen, Militärs, Geheimdiensten, Wissenschaftlern und Weltraumbehörden Informationen einfordern – Informationen, die man uns ganz offenbar lange vorenthalten hat. Wissen ist Macht, und die Macht sollte immer vom Volke ausgehen! *Möge die Macht mit uns sein!*

# Schlusswort

Was ich Ihnen hier in diesem Buch präsentiert habe, sind zum größten Teil Fakten – zumindest in den ersten beiden Teilen. Damit Sie dies leichter nachvollziehen können, habe ich Ihnen eine Fülle an Quellen mitgeliefert, die Sie am Ende des Buches finden. Ich zitiere in dem Buch eine Vielzahl angesehener Wissenschaftler, Politiker und religiöse Führer. Es gibt zwar noch wesentlich mehr „Hobby-Forscher", die zu all den angesprochenen Themen sehr spannende Berichte veröffentlicht haben, aber ich weiß, wie wissenschaftshörig viele Menschen immer noch sind. Daher habe ich versucht, ihnen Quellen zu liefern, die sie vielleicht ernster nehmen können.

Ein Teil dessen, was ich Ihnen aufgezeigt habe, sind aber auch Inhalte, die schwer nachweisbar sind, die ich aber im Zusammenhang für interessant oder sogar für wichtig halte. Auch dazu habe ich Ihnen die Quellen genannt. Alles, was mit den Themen-Bereichen „Außerirdische" oder „Nibiru" zu tun hat, ist natürlich hochspekulativ, aber auch dazu gibt es zahlreiche Aussagen von ernstzunehmenden Menschen, wie ich aufgezeigt habe.

> *„Wir wissen alle, was zu tun wäre, wir wissen nur nicht, wie wir es danach schaffen können, wiedergewählt zu werden."*
> Jean-Claude Juncker, Premierminister von Luxemburg und Präsidenten der Europäischen Kommission.[376]

Wenn man den gesamten Inhalt dieses Buches nochmals Revue passieren lässt, dann ergibt sich daraus ein Bild, das aus meiner Sicht klar macht, warum wir über vieles, was derzeit auf Erden passiert, ganz offensichtlich schlecht informiert oder absichtlich belogen werden. Wenn all das, was ich hier zusammengetragen habe, auch nur zur Hälfte der „Wahrheit" entspricht, dann können Politiker, Wissenschaftler und religiöse Führer schlicht und ergreifend nicht die Wahrheit sagen, weil es in gewisser Weise unverantwortlich wäre.

Was sollten sie sagen? *„Ja, es stimmt, wir arbeiten seit Jahrzehnten eng mit Außerirdischen zusammen und sie beeinflussen alles, was hier auf Erden passiert. Wir sind nur ihre Marionetten. Und, ja, in einigen Jahren wird ein riesiger Planet an uns vorbeifliegen, aber wir wissen weder genau wann noch* was das genau an Auswirkungen auf uns alle haben wird – noch können wir ihn aufhalten. Im besten Fall sterben an den Folgen nur einige Millionen Menschen und einige Küstenstädte werden unwiederbringlich zerstört sein. Im schlimmsten Fall wird der größte Teil der Weltbevölkerung ausgelöscht und danach wird nichts mehr auf Erden so sein wie jetzt. Aber das ist nicht so schlimm, denn für rund ein Prozent der Weltbevölkerung haben wir sichere Bunkeranlagen und sichere Stationen auf dem Mars. Der Rest wird uns nicht weiter abgehen, weil wir ohnehin bald genügend Roboter und Androiden haben, die für uns Überlebende dann alle Arbeiten erledigen."*

Ich schreibe all das nicht, um sie zu verstören oder zu verunsichern, sondern um Ihnen die Gelegenheit zu geben, über reale Situationen nachzudenken und sich auf daraus möglicherweise resultierende Folgen vorzubereiten. Das Schlimmste, was wir tun könnten wäre, in Panik zu verfallen, denn Panik lähmt uns und blockiert unseren Verstand.

Stellen Sie sich vor, die Fernsehsender und Radiostationen, die Zeitungen und Internetforen würden all das, was ich hier präsentiert habe, ganz groß bringen. Was wäre dann die Folge? Ich möchte mir gar nicht ausmalen, was passieren würde, wenn ein Großteil der Menschen das Gefühl bekäme, dass die biblische Apokalypse bevorsteht. Hamsterkäufe und handgreifliche Auseinandersetzungen um die letzten Flaschen Wasser im Supermarktregal wären nur der Anfang. Was passiert, wenn Menschen davon ausgehen, dass ihnen nicht mehr viel Zeit bleibt? Ein Teil von uns würde vielleicht versuchen, mit allem, was ist, Frieden zu schließen und es könnte eine Welle der Liebe und Hilfsbereitschaft von ihnen ausgehen. Ein anderer Teil der Menschheit aber wäre völlig enthemmt, und würde die sprichwörtliche „Sau" rauslassen. Genau diese beiden Phänomene erleben wir immer im Umfeld großer Naturkatastrophen. Solche Extremsituationen bringen das Beste und das Schlechteste in den Menschen hervor.

Solange solche Ausnahmezustände nur kurzzeitig und lokal stattfinden, können sie von den Sicherheitsbehörden einigermaßen kontrolliert werden. Würden sie jedoch global stattfinden, dann hätten die Reichen und Mächtigen vielleicht nicht mehr genug Zeit, sich bis zum nächsten Privatflughafen zu flüchten und das Weite zu suchen.

Ich denke, dass die nächsten Jahre auf Erden so oder so äußerst spannend werden, um es vorsichtig zu formulieren. Dabei ist es gleich, ob Nibiru kommt oder nicht und ob sich Außerirdische öffentlich zu erkennen geben oder nicht. Denn solche Extremszenarien würden die anstehenden wirtschaftlichen und sozialen Verwerfungen auf Erden einfach nur beschleunigen. Das Wichtigste, was man zur Vorbereitung auf die kommenden massiven Veränderungen auf Erden tun kann, ist zum einen, klar, gesund und informiert zu sein. Zum anderen wird ein gutes soziales Netzwerk entscheidend sein – und damit meine ich keine *Facebook*-Gruppen! Denn wenn wir an den Punkt kommen, an dem kein Strom aus der Steckdose und kein Essen aus dem Supermarkt kommt, dann braucht man gute Freunde und einen guten Plan B. Dabei spielt es nur eine untergeordnete Rolle, wie lange genau der Zusammenbruch unserer gewohnten Versorgung dauert. Ebenfalls überlebenswichtig ist in solchen Situationen eine gesunde Portion Humor. Damit meine ich nicht Zynismus oder Schadenfreude, sondern die Gabe, auch in den schwierigsten Momenten das Schöne in allem sehen zu können. Lachen ist gesund und heilsam. Das mag nach einer Binsenweisheit klingen, aber es ist tatsächlich essentiell für unser Überleben als Menschheit.

Ich habe Freunde und Bekannte, mit denen ich mich überall über das, was ich schreibe, regelmäßig austausche. Ich denke mir das alles nicht einfach so im stillen Kämmerlein aus, sondern ich habe ein Umfeld, in dem all diese Themen erörtert werden. Solche Gespräche sind aber keine depressiven Trauerveranstaltungen, sondern normale gesellige Treffen mit gleichgesinnten Menschen. Wenn ich über all das, wovon ich überzeugt bin, und all das, was heute oft als „Fake News" bezeichnet wird, nicht auch gelegentlich lachen könnte, dann wäre mein Leben traurig. Das ist es definitiv nicht. Wenn ich über all das, was man im Mainstream als „ernsthafte Nachrichten" bezeichnet, nicht lachen könnte, dann müsste ich mich den ganzen Tag über ärgern. Das sind mir diese Lächerlichkeiten aber nicht wert. Wenn ich über mich selbst nicht lachen könnte, dann wäre ich selbstverliebt und verblendet, also genau so, wie diejenigen, die ich kritisiere.

Ich glaube, dass wir alle bisher nur einen ganz kleinen Teil von allem, was ist, gesehen und verstanden haben. Das bedeutet, dass es noch so viel zu entdecken und zu erforschen gibt. Wenn wir dem nicht mit Angst, sondern mit Neugierde und mit Staunen begegnen, dann werden wir noch viele Wunder und positive Überraschungen erleben. Wenn nicht, dann wird das am Lauf der Gestirne auch nichts ändern.

Die Zeiten, in denen man ein Leben lang einen langweiligen Beruf ausübte, sich dann mit einer goldenen Uhr am Handgelenk in die Pension zurückzog und auf den unaufhaltsamen Tod wartete, der alles auslöscht, sind vorbei. Die Zeiten sind vorbei, an denen einige wenige dem gesamten Rest aufoktroyierten, was wahr und was falsch ist. Ein paar ewig Gestrige haben das offenbar noch nicht begriffen, aber das werden sie noch.

Ich denke, dass die Zeit reif ist für einen Quantensprung im menschlichen Bewusstsein. Wenn den nicht alle gleich mitgehen können, dann ist das schade, aber ich kann es nicht ändern. Es ist wichtiger denn je, sich mit Menschen zu umgeben, die offen und positiv und unterstützend sind. Es ist wichtiger denn je, sich nicht selbst klein zu machen, und nicht klein zu denken und zu handeln. Wir werden die kommenden Herausforderungen nur gemeinsam bewältigen können. Dafür wäre es hilfreich, wenn wir politische Ideologien und religiöse Dogmen hinter uns lassen und uns auf das Wesentliche konzentrieren. Es wäre gut, wenn wir wieder mehr Augenmerk auf Gemeinschaft und Zusammenhalt legen, und es wäre gut, den Blick öfter mal von all den Bildschirmen zu nehmen, die uns überall umgeben und wieder mehr auf die Zeichen der Natur und des Kosmos zu hören.

Ich hoffe, dass ich Ihnen mit diesem Buch Anregung und Inspiration liefern konnte. Ich hoffe auch, dass Sie selbst weiterforschen, sich eigene Gedanken dazu machen und eigene Schlussfolgerungen ziehen. Jeder von uns hat eigene Erfahrungen und Sichtweisen und kann zu dem, was es schon gibt, Neues beitragen. Es gibt noch so viel zu entdecken, wenn wir geistig offen bleiben und uns nicht selbst beschränken.

Ich wünsche Ihnen und Ihren Liebsten von Herzen alles Gute!

*Michael Morris*

# Literatur- und Quellenverzeichnis

1. www.aachener-zeitung.de/lokales/geilenkirchen/high-tech-in-der-landwirtschaft-der-computer-pfluegt-den-acker-1.501298#plx1488284648
2. www.ingenieur.de/Fachbereiche/Automation/Drohnen-Roboter-Bagger-ersetzen-Bauarbeiter
3. www.wired.com/2000/04/joy-2#3
4. www.bbc.com/news/technology-30290540
5. www.geo.de/GEOlino/nachrichten/computer-besiegt-schachweltmeister-7122006-52159.html
6. www.faz.net/aktuell/gesellschaft/go-weltmeister-gewinnt-gegen-computer-14121668.html
7. www.n24.de/n24/Wissen/Mensch-Natur/d/4009648/wie-schaedlich-ist-wlan-strahlung-fuer-den-menschen-.html
8. http://info.kopp-verlag.de/drucken.html?id=24699
9. www.rollenspielsucht.de/resources/Internationaler_Appel_an_Uno_2105.pdf
10. www.3sat.de/page/?source=/scobel/173056/index.html
11. www.taz.de/!5011445/
12. www.faz.net/aktuell/wirtschaft/netzwirtschaft/lahmgelegtes-internet-der-naechste-hacker-angriff-kommt-schon-bald-14494375.html
13. www.n-tv.de/technik/Internet-der-Dinge-zeigt-Schwachstellen-article18913186.html
14. www.zeit.de/politik/deutschland/2016-08/bundesregierung-thomas-de-maiziere-stromversorgung-konzept-zur-zivilverteidigung
15. https://de.finance.yahoo.com/nachrichten/neun-zehn-deutschen-firmen-opfer-142642748.html
16. wie 11
17. http://hessenschau.de/wirtschaft/cayla-verbot-sorgt-in-nauheim-fuer-entsetzen,cayla-104.html
18. http://news.bbc.co.uk/2/hi/programmes/click_online/9764416.stmhttp://news.bbc.co.uk/2/hi/programmes/click_online/9764416.stm
19. www.welt.de/wirtschaft/article128017233/Die-Roboterjournalisten-sind-schon-unter-uns.html
20. http://deutsche-wirtschafts-nachrichten.de/2016/06/01/das-ende-der-arbeiter-roboter-produzieren-adidas-schuhe-in-deutschland/
21. www.zerohedge.com/news/2016-04-26/china-building-army-worker-robots
22. www.theguardian.com/money/2014/nov/28/being-homeless-is-better-than-working-for-amazon
23. www.businessinsider.de/amazon-ceo-jeff-bezos-said-something-about-prime-video-that-should-scare-netflix-2016-6?r=US&IR=T
24. www.bezosfamilyfoundation.org
25. http://old.seattletimes.com/html/businesstechnology/2017883663_amazonmain25.html
26. www.slate.com/articles/arts/culturebox/2009/03/the_new_scrooge.html
27. www.alternet.org/media/what-will-washington-post-be-under-jeff-bezos

28. http://blackbag.gawker.com/amazon-is-the-scariest-part-of-the-cias-new-amazon-clo-1605847721
29. http://usuncut.com/politics/washington-post-bias-against-bernie-sanders/
30. www.reviewjournal.com/politics/elections/trump-criticizes-amazoncom-s-control-says-it-has-antitrust-problems
31. www.cnet.com/news/donald-trump-threatens-jeff-bezos-amazon/
32. http://usuncut.com/politics/washington-post-bias-against-bernie-sanders/
33. www.princeton.edu/main/news/archive/S32/37/48S39/index.xml?section= topstories
34. www.businessinsider.de/photos-KInnon-amazon-robotics-conference-with-jeff-bezos-2016-3?op=1&r=US&IR=T
35. www.sol.de/neo/nachrichten/saarbruecken/Stuttgart-Saarbruecken-Drohnen-Gefahr-Risiko-und-Warnung-Maschinen-Geraete-und-Apparate-Roboter-Weinbau-Weinberge-Weingaertner-Roboter-sollen-bei-der-Weinernte-helfen;art34275,4783336
36. www.deutsche-mittelstands-nachrichten.de/2016/12/86802/
37. www.dpdhl.com/de/presse/specials/paketkopter.html
38. www.dominos.de/ProzentC3ProzentBCber-domino-s/innovation/dru-drohne
39. www.zeit.de/politik/deutschland/2013-06/drohnen-abstuerze-bundeswehr
40. https://en.wikipedia.org/wiki/Robot_competition#Micro_Air_Vehicle_Events
41. www.welt.de/wissenschaft/article95226/Toedliche-Roboter-Hornisse-gegen-Terroristen.html
42. http://bienenseiten.blogspot.de/2016/04/amerikaner-wollen-mit-robobees-die.html
43. https://deutsch.rt.com/wirtschaft/40340-russischer-google-konkurrent-yandex-baut/
44. www.deutsche-mittelstands-nachrichten.de/2016/06/83587/
45. www.heise.de/newsticker/meldung/Rolls-Royce-und-VTT-wollen-zusammen-autonome-Schiffe-entwickeln-3489054.html
46. https://de.sputniknews.com/militar/20150825303998020/
47. www.wired.com/2016/03/boeings-monstrous-underwater-robot-can-wander-ocean-6-months/
48. www.royalnavy.mod.uk/news-and-latest-activity/news/2016/october/14/161014-royal-navy-tests-unmanned-fleet-of-the-future
49. www.washingtonpost.com/news/the-switch/wp/2016/07/29/america-is-hacking-other-countries-with-stealthy-submarines/?utm_term=.e4a4a06b14b2
49a www.businessinsider.de/der-krieg-kommt-darum-sieht-frank-thelen-schwarz-fuer-deutschland-2016-12?obref=BusinessInsider
50. http://de.sputniknews.com/videoklub/20160713/311389126/russischer-metall-3d-drucker-kann-die-produktion-revolutionieren.html
51. http://m.bild.de/video/clip/virale-videos/hausbau-roboter-zoomin-48315838.bildMobile.html
52. https://3druck.com/drucker-und-produkte/neuer-3d-bioprinter-aus-china-um-20-000-dollar-0925288/
53. https://techcrunch.com/2015/05/04/biobots-is-a-3d-printer-for-living-cells/
54. www.ingenieur.de/Fachbereiche/Robotik/Der-toetende-Polizeiroboter-Dallas-Killerroboter
55. www.wired.com/2016/07/11-police-robots-patrolling-around-world/
56. www.heise.de/tp/artikel/43/43117/1.html

57. https://de.sott.net/article/14247-Ukrainische-Soldaten-verweigern-Schiebefehl-Gegen-friedliche-Menschen-werden-wir-nicht-kampfen
58. www.independent.co.uk/news/science/super-soldiers-the-quest-for-the-ultimate-human-killing-machine-6263279.html
59. https://de.wikipedia.org/wiki/DARPA_Robotics_Challengem
60. www.fort-russ.com/2015/12/syrian-army-use-military-robots-made- in.html
61. www.stopkillerrobots.org/about-us/
62. www.army-technology.com/features/featurewhere-have-all-the-robots-gone-4892712/
63. www.army-technology.com/features/featurewhere-have-all-the-robots-gone-4892712/
64. www.welt.de/wissenschaft/article119430009/Mit-solchen-Maschinen-werden-wir-alleine-sein.html
65. www.welt.de/wirtschaft/article133640605/Der-chinesische-R2D2-kocht-und-serviert-das-Essen.html
66. www.businessinsider.com/what-self-serve-kiosks-at-mcdonalds-mean-for-cashiers-2015-8?IR=T
67. www.americaherald.com/tag/huis-ten-bosch/
68. www.mpg.de/1342916/intelligente_systeme_tuebingen
69. https://duckduckgo.com/?q=sophia+kill+huimans&t=ffsb&iax=1&ia= videos&iai=W0_Dpi0PmF0
70. www.news.com.au/lifestyle/quantum-scientists-offer-proof-soul-exists/news-story/a02f2d9db939472b1a29d758c54e6a8d
71. www.youtube.com/watch?v=s95ZGQKl96k
72. www.2045.com/dialogue/29819.html
73. www.tophotel.de/20-news/6386-zukunftstrends-die-deutsche-skepsis-gegenProzentC3ProzentBCber-service-robotern.html
74. www.nytimes.com/2016/07/07/technology/why-we-need-to-pick-up-alvin-tofflers-torch.html?_r=0
75. www.researchgate.net/figure/242097728_fig1_Figure-1-Bender-the-official-robot-of-the-UChile-HomeBreakers
76. www.focus.de/wissen/natur/haustiere-klonen-auf-bestellung_aid_322545.html
77. wie 75
78. www.dailymail.co.uk/sciencetech/article-2017818/Embryos-involving-genes-animals-mixed-humans-produced-secretively-past-years.htm
79. https://netzfrauen.org/2015/02/04/wenn-menschen-gott-spielen-designer-babys-zukunft-mit-unterstuetzung-von-google-auf-bestellung/
80. www.faz.net/aktuell/wissen/leben-gene/genforschung-stammzellen-aus-kaninchen-und-menschen-1118337.html
81. wie 78
82. http://alcuinbramerton.blogspot.com/2008/01/bilocation-of-hillary-clone-clinton.html
83. http://radio.foxnews.com/2016/12/20/hemmer-time-kellyanne-conway-on-how-trump-won/
84. Thomas Wagner, „Robokratie" 2016, Seite 78f
85. https://de.sott.net/article/21076-Nanoroboter-sollen-bald-Reparaturen-im-Korper-durchfuhren-und-Krankheiten-bekampfen
86. www.wired.com/2000/04/joy-2#3

87. wie 85
88. wie 85
89. www.unknowncountry.com/news/brain-implants-no-bigger-dust-particles-way
90. www.unknowncountry.com/news/brain-implants-no-bigger-dust-particles-way
91. https://de.sputniknews.com/politik/20160606310407190-us-geheimdienst-toet-chavez/
92. https://chemtrailsplanet.net/tag/nano-aluminum/
93. wie 85
94. www.lebensmittelklarheit.de/forum/nanopartikel
95. www.bloomberg.com/news/articles/2016-06-01/ai-trump-and-gawker-six-highlights-from-amazon-s-jeff-bezos-interview
96. www.kuenstliche-intelligenz.at/facebook-versteht-die-user-besser-dank-kuenstlicher-intelligenz/
97. www.theguardian.com/technology/2014/oct/27/elon-musk-artificial-intelligence-ai-biggest-existential-threat
98. https://de.wikipedia.org/wiki/Technologische_SingularitProzentC3ProzentA4t#Vernor_Vinge_und_Ray_Kurzweil
99. www.sein.de/gesellschaft/zusammenleben/2013/transhumanismus-die-groesste-gefahr-fuer-die-menschheit.html
100. www.huffingtonpost.com/stephen-hawking/artificial-intelligence_b_5174265.html
101. http://orf.at/stories/2360049/2360048/
102. http://observer.com/2015/08/stephen-hawking-elon-musk-and-bill-gates-warn-about-artificial-intelligence/
102a www.businessinsider.de/der-krieg-kommt-darum-sieht-frank-thelen-schwarz-fuer-deutschland-2016-12?obref=BusinessInsider
103. www.welt.de/wirtschaft/article156463323/So-will-die-EU-jetzt-Roboter-per-Gesetz-baendigen.html
104. *Robokratie*, Thomas Wagner, Papyrossa Verlag, Seite 72
105. www.zerohedge.com/news/2016-11-29/how-google-tried-tip-scales-clinton
106. www.zerohedge.com/news/2017-01-19/he-wants-be-emperor-ProzentE2Prozent80Prozent93-how-mark-zuckerberg-scheming-become-president
107. www.dailymail.co.uk/news/article-4134654/Mark-Zuckerberg-sues-families-force-sell-land.html#ixzz4WDUFxuiT
108. https://en.wikipedia.org/wiki/Psychological_Operations_(United_States)
109. *Robokratie*, Thomas Wagner, Papyrossa Verlag, Seite 72
110. https://de.wikipedia.org/wiki/Edward_Snowden
111. www.nytimes.com/2013/06/20/technology/silicon-valley-and-spy-agency-bound-by-strengthening-web.html?pagewanted=all&_r=0
112. www.theguardian.com/technology/2013/jun/20/skype-nsa-access-user-data
113. www.epochtimes.de/technik/digital/skandal-maechtige-spionage-software-fuer-iphones-entdeckt-a1353223.html
114. www.nytimes.com/2013/06/20/technology/silicon-valley-and-spy-agency-bound-by-strengthening-web.html?pagewanted=all&_r=0
115. www.paladincapgroup.com/people/#management
116. www.huffingtonpost.de/2015/07/10/facebook-mitarbeiter_n_7768758.html

117. www.focus.de/finanzen/karriere/bewerbung/arbeiten-bei-facebook-heisser-bewerbungstipp-von-mark-zuckerberg_id_4525435.html
118. www.spiegel.de/karriere/mitarbeiter-bei-google-bleiben-nur-gut-ein-jahr-a-914397.html
119. www.karriere.de/karriere/arbeiten-bei-google-nicht-jeder-job-ist-ein-traumjob-8079/2/
120. www.deutsche-mittelstands-nachrichten.de/2017/01/87094/
121. www.blacklistednews.com/Power_To_The_PeopleProzent3A_John_Lennon's_Legacy_Lives_On/55653/0/38/38/Y/M.html
122. https://mic.com/articles/52545/this-john-lennon-quote-explains-politics-better-than-anything-ever#.2SEgMVzYj
123. www.drjoedispenza.com/index.php?page_id=about
124. www.epochtimes.de/politik/deutschland/125-millionen-arme-in-deutschland-armutsgefaehrdung-in-westdeutschland-gestiegen-a1358873.html
125. http://derstandard.at/1379291993755/Studie-Arbeitslosigkeit-in-Wahrheit-doppelt-so-hoch
126. http://diepresse.com/home/wirtschaft/economist/1456998/Agenda-Austria_Arbeitslosigkeit-in-Wahrheit-hoeher?from=gl.home_wirtschaft
127. www.swr.de/swrinfo/dichtung-und-wahrheit-arbeitslosenzahlen-versteckt/-/id=7612/did=15423418/nid=7612/ytzpkk/index.html
128. www.epochtimes.de/politik/deutschland/fast-fuenf-millionen-vollzeitstellen-weniger-als-vor-25-jahren-a1357659.html
129. http://info.kopp-verlag.de/hintergruende/geostrategie/michael-snyder/die-wirkliche-arbeitslosenrate-in-den-usa-in-jeder-fuenften-familie-sind-alle-arbeitslos.html
130. https://deutsche-wirtschafts-nachrichten.de/2016/04/30/wir-sind-auf-dem-weg-zu-einem-digitalen-proletariat/
131. www.cashkurs.com/kategorie/wirtschaftsfacts/beitrag/technik-arbeitswelt-heer-von-robotern-wird-jobs-ersetzen/
132. www.koreatimes.co.kr/www/news/tech/2016/03/325_201285.html
133. www.wiwo.de/erfolg/arbeitsmarkt-jobchancen-der-zukunft/5209822.html
134. http://theantimedia.org/theres-a-50-chance-a-robot-will-take-your-job-in-the-next-20-years/
135. www.faz.net/aktuell/wirtschaft/vollbeschaeftigung/bildung-wird-in-deutschland-zu-viel-studiert-12603969.html
136. www.welt.de/wirtschaft/article124020186/Akademiker-fluchen-ueber-die-unterbezahlte-Hoelle.html
137. www.zerohedge.com/news/2016-12-01/who-still-lives-home-their-parents
138. www.faz.net/aktuell/wirtschaft/wenn-mensch-und-maschine-hand-in-hand-arbeiten-14297377.html
139. www.youtube.com/watch?v=zFx5kq0pB0Y
140. Robokratie, Thomas Wagner, PapyRossa Verlag, 2016, Seite 74f
141. www.unternehmerakzente.de/2016/04/angst-vor-kollege-maschine-skepsis-bei-technischen-innovationen/

142. www.epochtimes.de/wirtschaft/unternehmen/jeder-fuenfte-bekommt-niedriglohn-wer-ueber-einen-vermeintlichen-fachkraeftemangel-klagt-darf-keine-armutsloehne-bezahlen-a2019105.html
143. www.spiegel.de/wissenschaft/mensch/psychologie-menschen-unterschaetzen-zukuenftige-veraenderung-a-875729.html
144. www.wiwo.de/erfolg/beruf/arbeitsmarkt-es-gibt-keinen-fachkraeftemangel/9463140.html
145. www.zeit.de/karriere/2012-07/rezension-clifton-kampf-arbeitsplaetze
146. https://de.wikipedia.org/wiki/Bedingungsloses_Grundeinkommen
147. www.merkur.de/politik/finnland-testet-grundeinkommen-auf-nationaler-ebene-zr-7174788.html
148. www.zeit.de/politik/ausland/2016-06/schweizer-lehnen-bedingungsloses-grundeinkommen-ab
149. Margaret Mead: The World Ahead: An Anthropologist Anticipates the Future
150. www.despatch.cth.com.au/Despatch/vol83_cut_popul.html
151. www.bibliotecapleyades.net/sociopolitica/sociopol_kissinger04.htm
152. www.informationclearinghouse.info/article36950.htm
153. www.bundesregierung.de/ContentArchiv/DE/Archiv17/Interview/2013/08/2013-08-08-merkel-ula.html
154. https://jungefreiheit.de/wirtschaft/2015/ifo-institut-asylsuchende-sind-schlecht-qualifiziert/
155. www.tandfonline.com/doi/pdf/10.1080/00324728.2016.1185140
156. www.spiegel.de/wirtschaft/soziales/rotes-kreuz-versorgt-millionen-europaeer-mit-lebensmittel-hilfe-a-888114.html#ref=rss
157. http://indexexpurgatorius.wordpress.com/2013/10/14/armut-in-europa-steigt-dramatisch/
158. http://deutsche-wirtschafts-nachrichten.de/2014/02/08/finanzkrise-treibt-junge-spanier-in-den-selbstmord/
159. www.telegraph.co.uk/news/worldnews/europe/1356047/Euro-federalists-financed-by-US-spy-chiefs.html
159a www.welt.de/politik/deutschland/article7222075/Tuerken-sind-die-Sorgenkinder-der-Integration.html
160. www.youtube.com/watch?v=5ifKyciJMcc#t=100
161. www.tagesschau.de/ausland/saudiarabien-hinrichtungen-103.html
161a https://duckduckgo.com/?q=Ordensschwester+Guadalupe+Rodrigo++youtube&t=ffsb&ia=videos&iax=1&iai=WFciy1IhYkU
162. http://rt.com/news/190772-spain-gdp-crime-boost/
163. www.wochenblatt.es/1000003/1000000/0/32738/article.html
164. http://deutsche-wirtschafts-nachrichten.de/2014/02/15/umfrage-deutschen-verlieren-vertrauen-in-parteien/
165. www.focus.de/politik/ausland/tid-29260/politik-wir-wollen-unser-land-zurueck-wir_aid_908324.html
165a https://de.wikipedia.org/wiki/Euromaidan
166. www.spiegel.de/politik/ausland/us-diplomatin-victoria-nuland-entschuldigt-sich-fuer-fuck-the-eu-a-952016.html

167. www.spiegel.de/wirtschaft/unternehmen/biden-und-ukraine-sohn-des-us-vizepraesidenten-arbeitet-fuer-gaskonzern-a-969348.html
168. www.telegraph.co.uk/news/worldnews/europe/eu/10559458/We-want-a-United-States-of-Europe-says-top-EU-official.html
169. www.welt.de/wirtschaft/article142742046/Russland-Krise-kostet-Europa-bis-zu-100-Milliarden-Euro.html
170. https://de.sputniknews.com/wirtschaft/20161123313479220-milliardenschaden-deutsche-wirtschaft-russland-sanktionen/
171. www.youtube.com/watch?v=ZDRBzk0lTVY
172. http://info.kopp-verlag.de/hintergruende/geostrategie/dr-paul-craig-roberts/warnung-an-die-welt-washington-und-seine-vasallen-in-nato-und-eu-sind-wahnsinnig.html
173. www.livemint.com/Opinion/vMhn5F3UZO8miWQ86TnXmK/George-Soros--Europe-at-war.html
174. www.spiegel.de/wirtschaft/insiderhandel-us-milliardaer-soros-in-frankreich-verurteilt-a-421457.html
175. http://info.kopp-verlag.de/hintergruende/deutschland/friederike-beck/betreutes-fliehen-george-soros-und-das-netzwerk-um-pro-asyl.html
176. http://info.kopp-verlag.de/hintergruende/deutschland/friederike-beck/betreutes-fliehen-george-soros-und-das-netzwerk-um-pro-asyl.html
177. www.bloomberg.com/news/articles/2015-10-30/orban-accuses-soros-of-stoking-refugee-wave-to-weaken-europe
178. www.epim.info/2014/11/epim-discusses-changing-the-narrative-on-migration-at-europhilantopics/
179. www.welt.de/politik/deutschland/article153370532/Das-Geld-aus-Europa-ist-kein-schmutziger-Deal.html
180. http://info.kopp-verlag.de/hintergruende/deutschland/friederike-beck/das-netzwerk-fuer-migration.html
181. www.fluchthelfer.in/
182. https://gefira.org/de/2016/11/16/flotte-der-nichtregierungsorganisation-kreist-an-der-libyschen-kuste/
183. www.spiegel.de/panorama/moas-reiches-paar-rettet-fluechtlinge-mit-phoenix-1-aus-mittelmeer-a-1002230.html
184. www.rp-online.de/nrw/staedte/koeln/polizei-passanten-stoppten-vergewaltigungen-in-koeln-aid-1.5676329
185. www.ndr.de/fernsehen/sendungen/zapp/Studie-ueber-Willkommenskultur-in-den-Medien,haller112.html
186. www.huffingtonpost.de/2016/02/17/die-fluchtlinge-werden-eine-bereicherung-sein-merkel-erhalt-unerwartete-unterstutzung-fur-ihre-fluchtlingspolitik_n_9251610.html
187. http://info-direkt.eu/2015/08/05/insider-die-usa-bezahlen-die-schlepper-nach-europa/
188. http://dailycaller.com/2016/08/13/soros-groups-get-hacked-hundreds-of-documents-leaked/#ixzz4ViSKdFyN)
189. www.zerohedge.com/news/2016-08-16/soros-hack-reveals-plot-behind-europes-refugee-crisis-media-funding-and-manipulation )
190. https://deutsch.rt.com/international/35837-russland-raumt-auf-nach-scientology/

191. http://m.jpost.com/Opinion/Our-World-Soross-campaign-of-global-chaos-464770?utm_source=copy+of+newsletter+23-08-2016&utm_campaign=newsletter_23_8#article=6017OUI4RkRDQjE4NTU0MTM4RkQ5NzQ1NDg5MEZGMEREMkI=
192. http://nebula.wsimg.com/6e5712bf40ffe85cc116a52402d5a7d7?AccessKeyId=70E2D0A589B97BD675FB&disposition=0&alloworigin=1
193. New World Wealth Report, Februar 2017
194. https://de.wikipedia.org/wiki/Joschka_Fischer#cite_note-31
195. www.project-syndicate.org/
196. www.berlinjournal.biz/fluechtlingskrise-george-soros-eu/
197. www.zerohedge.com/news/2017-01-19/trump-going-fail-soros-speaks-live-davos
198. www.focus.de/finanzen/news/sozialhilfe-im-vergleich-zuwanderer-paradiese-in-europa-in-oesterreich-gibt-es-1400-euro-stuetze_id_3530239.html
199. www.tagesspiegel.de/politik/fluechtlinge-der-handel-mit-syrischen-paessen-blueht/12290592.html
200. www.spiegel.de/politik/ausland/fluechtlingskrise-geschaeft-mit-den-gefaelschten-paessen-a-1053720.html
201. www.hrw.org/de/news/2010/09/07/george-soros-spendet-100-millionen-us-human-rights-watch
202. www.spiegel.de/politik/deutschland/fluechtlinge-deutschlands-stille-helfer-a-1028929.html
203. www.vorwaerts.de/artikel/fluechtlingshelfer-antreibt
204. www.epochtimes.de/politik/europa/code-291-schwedens-polizei-darf-nicht-mehr-ueber-straftaten-von-migranten-berichten-a1996949.html
205. www.welt.de/politik/ausland/article149798112/Das-Musterland-Schweden-steht-vor-Asyl-Bankrott.html
206. www.epochtimes.de/politik/europa/oesterreich-presserat-gibt-journalisten-tipps-fuer-fluechtlings-berichterstattung-a1989084.html
207. www.epochtimes.de/politik/deutschland/rainer-wendt-volle-haerte-des-gesetzes-bedeutet-personalien-feststellen-und-laufen-lassen-a1982369.html
208. www.finanznachrichten.de/nachrichten-2016-01/36278217-kn-kieler-nachrichten-polizei-erlass-in-kiel-ladendiebstahl-von-fluechtlingen-ohne-ausweispapiere-straffrei-007.htm
209. www.epochtimes.de/politik/deutschland/schuelerinnen-verschwiegen-sexattacken-aus-politischer-korrektheit-a1335848.html
210. www.spiegel.de/spiegel/selin-goeren-a-1100990.html
211. www.finanznachrichten.de/nachrichten-2016-08/38446896-de-maiziere-beklagt-mangelndes-nationalbewusstsein-der-deutschen-003.htm
212. www.welt.de/politik/deutschland/article158449490/Wir-Deutschen-sprechen-von-unermesslicher-Schuld.html
213. www.focus.de/politik/deutschland/reichtum-statt-beraubung-grossartig-schriftsteller-martin-walser-verteidigt-merkels-fluechtlingspolitik_id_5247847.html
214. http://info.kopp-verlag.de/hintergruende/deutschland/birgit-stoeger/boris-palmers-ausflug-in-die-asylrealitaet-linksautonome-wiegeln-die-fluechtlinge-auf.html

215. www.zeit.de/politik/deutschland/2016-06/wolfgang-schaeuble-aussenpolitik-wandel-afrika-arabische-welt
216. www.pravda-tv.com/2016/06/herr-schaeuble-was-rauchen-sie-eigentlich/
217. www.welt.de/politik/deutschland/article161606839/Einiges-ist-uns-2015-aus-dem-Ruder-gelaufen.html
218. http://netzfeuilleton.de/was-sind-hipster-und-wie-leben-sie/)
219. http://netzfeuilleton.de/look-at-this-fucking-hipster-warum-finden-alle-hipster-scheise/
220. www.welt.de/kultur/article108939577/Lustorientierte-Kinder-ohne-Frustrationstoleranz.html
221. www.bz-berlin.de/berlin/so-tickt-die-generation-z-aber-ist-das-realistisch
222. http://cicero.de/berliner-republik/hass-auf-trump-auch-linke-intoleranz-ist-intolerant
222a: www.rp-online.de/politik/deutschland/computerspiel-zu-martin-schulz-spd-ent schaerft- schulzzug-aid-1.6705137) Noch Fragen?
223. Erich Fromm, „Ein Gespräch mit Jürgen Lodemann und Micaela Lämmle" – www.youtube.com/watch?v=huT3Jo-v9-8
224. www.rp-online.de/politik/gruenen-waehler-fliegen-gern-aber-mit-schlechtem-gewissen-aid-1.6533841
225. www.faz.net/aktuell/politik/inland/us-wahlsieg-von-donald-trump-reaktionen-aus-deutschland-14520543-p2.html
226. www.swr.de/landesschau-aktuell/bw/reaktionen-aus-bw-zur-us-wahl-so-bewerten-politiker-und-wirtschaftsvertreter-den-trump-sieg/-/id=1622/did=18453374/nid=1622/1yn5dgp/index.html
227. www.spiegel.de/politik/deutschland/gruenen-chef-cem-oezdemir-warnt-auf-parteitag-vor-trump-effekt-a-1120972.html
228. www.stern.de/politik/ausland/us-wahl-2016---unfassbar----politiker-reaktionen-auf-den-sieg-von-trump-7140700.html
229. www.faz.net/aktuell/politik/inland/us-wahlsieg-von-donald-trump-reaktionen-aus-deutschland-14520543-p2.html
230. www.spiegel.de/politik/deutschland/gabriel-vergleicht-afd-mitglieder-mit-nazis-a-1097149.html
231. www.fr-online.de/digital/goering-eckardt-ossi-kommentar-sorgt-fuer-aufruhr-,1472406,31787264.html
232. www.focus.de/politik/ausland/us-wahlen-2016/us-wahlen-im-news-ticker-eu-par-lamentspraesident-schulz-trump-ist-ein-problem-fuer-die-ganze-welt_id_5943339.html
233. https://docs.google.com/document/d/10eA5-mCZLSS4MQY5QGb5ewC3VAL6pLkT53V_81ZyitM/preview
234. https://inews.co.uk/essentials/news/technology/melissa-zimdars-removes-fake-news-list-claiming-harassed-doxed/
235. www.tichyseinblick.de/feuilleton/medien/helmut-markwort-interview-das-kann-die-demokratie-gefaehrden/
236. https://de.statista.com/statistik/daten/studie/168014/umfrage/nutzungsentwicklung-von-printmedien-bei-jugendlichen-seit-2004/

237. https://de.statista.com/statistik/daten/studie/72084/umfrage/verkaufte-auflage-von-tageszeitungen-in-deutschland/
238. http://spiegelkabinett-blog.blogspot.de/2015/03/ard-falscht-das-ergebnis-der-wahl-in.html und www.rationalgalerie.de/home/die-ard-faelscht-den-trend.html_1393820416
239. www.focus.de/kultur/medien/ard-aktuell-chefredakteur-gibt-zu-versaeumnis-bedauern-wir-ard-verfaelschte-bericht-ueber-fluechtlinge_id_5029327.html
240. www.youtube.com/watch?v=FpIkY24xmKQ&app=desktop
www.youtube.com/watch?v=fLSwvZd17Qw
241. http://crisiscast.com/solutions/
242. www.youtube.com/watch?v=4sKTe6hzlio
243. wie 241
244. www.epochtimes.de/politik/europa/schweden-vergewaltigung-facebook-livestream-uppsala-weiteres-opfer-erkennt-wiederholungstaeter-a2032770.html
245. www.taz.de/Vorgchen-gegen-Fake-News/!5374247/
246. http://meedia.de/2017/01/23/correctiv-chef-david-schraven-wir-sind-kein-dienstleister-wir-arbeiten-nicht-fuer-sondern-auf-facebook/
247. www.newsbusters.org/blogs/jeffrey-meyer/2015/04/30/poll-just-2-young-americans-trust-media-do-right-thing
248. http://allfacebook.de/zahlen_fakten/facebook-nutzerzahlen-2015
249. www.zeit.de/digital/internet/2016-12/fake-news-facebook-catch-22
250. www.tichyseinblick.de/feuilleton/medien/helmut-markwort-interview-das-kann-die-demokratie-gefaehrden/
251. www.epochtimes.de/politik/welt/msnbc-moderator-unser-job-ist-es-genau-zu-kontrollieren-was-menschen-denken-a2055323.html
252. www.usatoday.com/story/opinion/2016/11/14/trump-liberal-college-campuses-michigan-yale-glenn-reynolds-column/93765568/
253. www.faz.net/aktuell/wirtschaft/weltwirtschaftsforum/vor-dem-wef-umfragen-zeigen-niedriges-vertrauen-in-eliten-14670396.html?printPagedArticle=true#pageIndex_2
254. www.youtube.com/watch?v=zGRo1mH2_8w
254a www.unzensuriert.at/content/0021709-USWahlkampf-Die-mysterioesen-Todesfaelle-im-naeheren-Umfeld-von-Hillary-Clinton
255. www.breitbart.com/2016-presidential-race/2016/09/23/hillary-clinton-sponsored-secretive-arab-spring-program-that-destabilized-middle-east/
256. www.thewrap.com/hillary-clinton-raffling-off-a-night-with-george-and-amal-clooney/
257. https://twitter.com/britneyspears/status/700569519253618689
258. www.thewrap.com/hollywood-stars-for-hillary-clinton-list/
259. https://de.sputniknews.com/panorama/20161028313150688-wikileaks-email-affaere-ap/
260. www.politico.com/live-blog-updates/2016/10/john-podesta-hillary-clinton-emails-wikileaks-000011
261. www.dailymail.co.uk/news/article-3753487/How-Clinton-Foundation-donors-got-hotline-Huma-including-Bono-begging-link-International-Space-Station-concerts.html
262. www.zerohedge.com/news/2017-01-25/clinton-silsby-trafficking-scandal-and-how-media-attempted-ignorecover-it
263. www.washingtonexaminer.com/details-on-bill-clintons-ride-on-pedophiles-lolita-express-sought/article/2566852

264. www.zerohedge.com/news/2016-09-30/handy-chart-countries-destroyed-hillary
265. www.armstrongeconomics.com/international-news/north_america/2016-u-s-presidential-election/the-real-clinton-conspiracy-that-backfired-the-worst-candiate-in-american-history/
266. www.armstrongeconomics.com/international-news/north_america/2016-u-s-presidential-election/the-real-clinton-conspiracy-that-backfired-the-worst-candiate-in-american-history/
267. www.politico.com/story/2016/11/democrats-soros-trump-231313
268. www.epochtimes.de/politik/welt/millionen-trump-gegner-fordern-ahlmaenner-sollen-clinton-waehlen-a1974458.html
269. www.change.org/p/electoral-college-make-hillary-clinton-president-on-december-19-4a78160a-023c-4ff0-9069-53cee2a095a8
270. www.zerohedge.com/news/2016-11-15/whos-behind-portland-riots-60-arrested-anti-trump-protesters-were-out-state-didnt-vo
271. http://deutsche-wirtschafts-nachrichten.de/2016/11/12/usa-neocons-sind-frustriert-ueber-sieg-von-donald-trump/
272. www.tagesanzeiger.ch/ausland/amerika/diese-firma-weiss-was-sie-denken/story/25805157
273. http://news.sky.com/story/behind-the-scenes-at-donald-trumps-uk-digital-war-room-10626155
274. http://meedia.de/2017/02/01/george-orwell-war-harmlos-dagegen-doepfners-harsche-kritik-am-kampf-der-bundesregierung-gegen-fake-news/
275. https://consortiumnews.com/2017/02/09/trumps-foreign-policy-at-a-crossroads/
276. www.breitbart.com/big-government/2016/03/02/19-million-more-americans-on-food-stamps-despite-low-unemployment-rate/
277. www.epochtimes.de/politik/welt/tyrannenmord-auf-medien-cover-donald-trump-im-fadenkreuz-mit-aufschrift-warum-nicht-a2045588.html
278. www.faz.net/aktuell/finanzen/meine-finanzen/geld-ausgeben/nachrichten/oekonom-rogoff-will-bargeld-abschaffen-13274912.html
279. www.zeit.de/2014/45/bargeld-muenzen-scheine-geldautomat
280. https://deutsche-wirtschafts-nachrichten.de/2017/01/01/ende-des-bargelds-australien-plant-abschaffung-des-100-dollar-scheins/?ls=fp
281. www.epochtimes.de/politik/deutschland/deutschland-laut-studie-eldorado- fuer-geldwaesche-a1323570.html
282. http://deutsche-wirtschafts-nachrichten.de/2014/02/13/whistle-blower-hsbc-waescht-geld-fuer-drogen-kartelle/
283. https://kenfm.de/bargeld-abschaffung/
284. http://www.goldseiten.de/artikel/315123--Zerstoerung-des-Euro-und-Zerfall-der-Eurozone.html?seite=2
285. http://deutsche-wirtschafts-nachrichten.de/2016/01/27/bargeld-verbot-erste-banken-in-europa-wollen-matratzen-der-kunden-leeren/
286. FOCUS-MONEY Nr. 27 (2015) „Das Bargeld verschwindet"
287. www.goldseiten.de/artikel/154621--Das-Ende-des-Bargeldes.html
288. www.zeit.de/2014/45/bargeld-muenzen-scheine-geldautomat

289. https://de.statista.com/statistik/daten/studie/431341/umfrage/umfrage-zur-bargeld-abschaffung-in-deutschland/
290. https://de.wikipedia.org/wiki/Indische_Rupie
291. https://en.wikipedia.org/wiki/Nachiket_Mor
292. www.wsws.org/de/articles/2016/03/09/pers-m09.html
293. wie 290
294. http://norberthaering.de/de/27-german/news/746-washington-und-indiens-bargeld
295. www.huffingtonpost.com/2014/03/07/us-foreign-aid-ukraine_n_4914682.html
296. http://birn.eu.com/en/donors-and-partners/balkan-trust-for-democracy-btd
297. http://norberthaering.de/de/27-german/news/750-mehr-evidenz-indien#weiterlesen
298. http://norberthaering.de/de/27-german/news/750-mehr-evidenz-indien
299. www.zeit.de/politik/deutschland/2016-06/wolfgang-schaeuble-aussenpolitik-wandel-afrika-arabische-welt
300. www.catholicnewsagency.com/news/pope-francis-satan-seduces-by-disguising-evil-as-good-85265/
301. http://time.com/4645442/gorbachev-putin-trump/?xid=time_socialflow_facebook
302. www.epochtimes.de/politik/welt/msnbc-moderator-unser-job-ist-es-genau-zu-kontrollieren-was-menschen-denken-a2055323.html
303. www.realclearpolitics.com/video/2016/12/01/trump_there_is_no_global_flag_no_global_currency_no_global_citizenship_we_are_united_as_americans.html
304. www.zerohedge.com/news/2016-11-29/why-are-so-many-among-elite-building-luxury-bunkers-preparation-imminent-apocalypse
305. http://m.20min.ch/panorama/news/story/10927777
306. https://eurasia-news-online.com/2017/01/27/sos-stop-operation-soros/
307. www.tldm.org/news31/wikileaks-bombshell-the-soros-clinton-vatican-partnership.htm
308. http://remnantnewspaper.com/web/index.php/articles/item/3001-did-vatican-attempt-to-influence-u-s-election-catholics-ask-trump-administration-to-investigate
309. https://en.wikipedia.org/wiki/Office_of_Personnel_Management_data_breach
310. www.npr.org/2013/11/05/243281814/study-says-40-billion-planets-in-our-galaxy-could-support-life
311. www.crimelibrary.com/criminal_mind/forensics/americas_missing/2.html
312. https://de.sott.net/article/24964-Ex-Polizist-David-Paulides-Ratselhaftes-Muster-bei-Vermisstenfallen
313. www.express.co.uk/news/uk/552283/Could-serial-killer-responsible-Manchester-60-canal-deaths
314. www.youtube.com/watch?v=nCT5D6U8GYw
315. http://humansarefree.com/2014/01/former-police-officer-people-are.html
316. www.planetdeadly.com/animals/dangerous-animal-north-america
317. www.duwirstvermisst.de/search.php?keywords=krost&sid=368034f4d433c36a071c367ca43fc46f
318. www.volksstimme.de/nachrichten/sachsen_anhalt/1498740_Professor-bleibt-in-US-Wildnis-verschollen.html
319. http://archive.seattleweekly.com/home/952845-129/hunting-the-mushroom-hunter-a-year
320. www.findagrave.com/cgi-bin/fg.cgi?page=gr&GRid=141071008

321. www.ufoevidence.org/topics/Abduction.htm
322. https://de.wikipedia.org/wiki/John_E._Mack
323. http://humansarefree.com/2013/11/strong-evidence-of-alien-abductions.html
324. www.madeinspace.us/presskit/3DProzent20PrintingProzent20inProzent20Zero-GProzent20ExperimentProzent20-Prozent20FirstProzent20 ManufacturingProzent 20DeviceProzent20inProzent20Space/images/MIS_printer_patch-small.png
325. www.independent.co.uk/news/science/mars-was-once-covered-in-water-making-it-ideal-for-alien-life-10090198.html
326. http://gizmodo.com/weve-just-developed-a-portable-cloaking-device-1701867133
327. https://duckduckgo.com/?q=obama+on+ufos+jimmy+kimbel&t=ffsb&ia=videos&iax=1&iai=EYzRY2XpLBk
328. www.nasa.gov/jpl/the-solar-system-and-beyond-is-awash-in-water
329. www.space.com/29041-alien-life-evidence-by-2025-nasa.html
330. www.bbc.com/earth/story/20150429-will-we-find-aliens
331. www.biosciencetechnology.com/article/2015/04/potential-life-saturn-moon
332. http://europe.newsweek.com/aliens-are-enormous-science-suggests-319448?rm=eu
333. www.newscientist.com/article/mg22630153.600-is-this-et-mystery-of-strange-radio-bursts-from-space/#.VRwheTtlCRt
334. www.nasaspaceflight.com/2015/04/evaluating-nasas-futuristic-em-drive/
335. www.dailymail.co.uk/sciencetech/article-3184769/We-not-says-Vatican-Pope-s-chief-astronomer-says-alien-life-exists-unlikely-visited-Jesus.html#ixzz4XKYNcmjw
336. www.welt.de/wissenschaft/weltraum/article146969245/Hinweise-auf-fluessiges-Wasser-auf-dem-Mars.html
337. www.tagesspiegel.de/wirtschaft/abbau-auf-asteroiden-luxemburg-will-beim-weltraum-bergbau-die-nase-vorn-haben/14830236.html
338. www.epochtimes.de/technik/deutsches-raumfahrtzentrum-testet-gewaechshaeuser-fuer-mars- und-mond-a2033695.html
339. www.dailymail.co.uk/sciencetech/article-3184769/We-not-says-Vatican-Pope-s-chief-astronomer-says-alien-life-exists-unlikely-visited-Jesus.html#ixzz4XKYNcmjw
340. https://en.wikipedia.org/wiki/Brookings_Report
341. www.ibtimes.co.uk/aliens-are-living-among-us-declares-former-high-ranking-politician-who-wants-us-reveal-ufo-secrets-1497976
342. wie 341
343. www.huffingtonpost.com/2014/05/12/pope-francis-aliens_n_5310935.html
344. www.ibtimes.co.uk/popes-astronomer-guy-consolmagno-says-aliens-exist-1467400
345. www.universetoday.com/44713/vatican-holds-conference-on-extraterrestrial-life/24
346. www.youtube.com/watch?v=Ag44dRO8LEA
347. www.huffingtonpost.com/2012/10/04/politicians-ufos_n_1897563.html
348. www.sott.net/article/281093-The-truth-about-giant-skeletons-in-American-Indian-mounds-and-the-Smithsonian-cover-up
349. www.spiegel.de/spiegel/print/d-31968852.html
350. www.epochtimes.de/politik/europa/fuehrer-anderer-planeten-beobachten-uns-juncker-spricht-im-eu-parlament-von-ausserirdischen-a1341029.html
351. *www.youtube.com/watch?v=QM-KVAXY7Gs*
352. https://de.wikipedia.org/wiki/Sie_kommen_aus_Agarthi

353. www.gaia.com/video/threat-artificial-intelligence#play/114251
354. http://truedemocracyparty.net/2012/01/operation-high-jump-the-untold-ufo-war-in-antarctica-and-the-hollow-earth-theory-admiral-richard-e-byrd/
355. www.washingtonpost.com/news/worldviews/wp/2016/02/18/for-russias-church-leader-a-trip-to-antarctica-is-not-just-a-photo-op/?utm_term=.970598952a5c
356. https://de.spherebeingalliance.com/about-me
357. http://scilogs.spektrum.de/einsteins-kosmos/zeit-ist-relativ/
358. www.huffingtonpost.co.uk/darren-perks/solar-warden-the-secret-space-program_b_1659192.html
359. www.huffingtonpost.co.uk/darren-perks/solar-warden-the-secret-space-program_b_1659192.html
360. http://tmgnow.com/repository/global/planetophysical.html
361. http://info.kopp-verlag.de/neue-weltbilder/neue-wissenschaften/mike-adams/nasa-berichtet-alarmiert-ueber-sonneneruption-die-vor-zwei-jahren-beinahe-die-menschliche-zivilisat.html
362. https://de.wikipedia.org/wiki/Nibiru
363. www.ucs.louisiana.edu/Prozent7Edpw9254/
364. www.dailymail.co.uk/sciencetech/article-3624159/Could-dark-energy-help-Planet-Nine-Mysterious-world-end-SUMMER-s-hiding-data.html
365. www.nibiruupdate.com/forums/topic/jerichos-fall-1583-bc/
366. http://katholischpur.xobor.de/t888f89-Das-Vatikan-Teleskop-heisst-quot-LUCIFER-quot.html
367. www.breakingisraelnews.com/75707/cataclysmic-star-nibiru-causing-extreme-weather-events-rabbi/#klepbqLcyzm9WWFd.97
368. www.breakingisraelnews.com/44534/leading-israeli-rabbi-messiah-imminent-jewish-world/
369. www.someonesbones.com/blog/nibiru-is-near-says-astrophysicist-ronald-quincy/
370. www.alexcollier.org/
371. www.spiegel.de/wissenschaft/natur/alte-logbuecher-erdmagnetfeld-schwaechelt-erst-seit-kurzem-a-415757.html
372. www.scinexx.de/wissen-aktuell-2611-2005-03-31.html
373. www.spiegel.de/wissenschaft/natur/starker-ruck-japan-beben-verschiebt-erdachse-a-750579.html
374. www.sciencedaily.com/releases/2015/12/151214142053.htm
375. www.express.co.uk/news/science/701140/NASA-says-MASSIVE-earthquake-is-99-9-per-cent-likely-to-rock-LA
376. www.goldseiten.de/modules/news/print.php?storyid=273270

# Bildquellenverzeichnis

1. www.amazon.de/WowWee-0810-innovativer-Roboter-Avatar-TeleprProzentC3ProzentA4senzsteuerung/dp/B00CC54OOY
2. http://vignette1.wikia.nocookie.net/memoryalpha/images/9/96/Isaac_Asimov_and_Gene_Roddenberry.jpg/revision/latest?cb=20160510121920&path-prefix=en
3. www.segway.com/media/1214/02_tours_segway.png
4. www.ipa.fraunhofer.de/fileadmin/_processed_/csm_PM_Fraunhofer_IPA_AgriApps_Bild1_002837b7c2.jpg
5. www.trbimg.com/img-54149f2c/turbine/la-fi-drones-agriculture-20140913
6. https://de.wikipedia.org/wiki/Northrop_Grumman_RQ-4
7. www.techeblog.com/index.php/tech-gadget/insect-sized-spy-drone-robots-unveiled
8. http://theplate.nationalgeographic.com/2014/08/21/could-robot-bees-help-save-crops/
9. www.tagesspiegel.de/wirtschaft/autonomes-fahren-in-berlin-kleinbus-olli-bald-ohne-fahrer-unterwegs/14489032.html
10. www.equipmentworld.com/komatsu-autonomous-haul-truck-no-cab/
11. https://jonnegroni.files.wordpress.com/2015/04/1322337746_b504365daffc.png?w=1200
12. www.internetworld.de/e-commerce/logistik/media-markt-startet-zustellung-lieferroboter-1136001.html
13. https://3druck.com/wp-content/uploads/2014/04/3d-haus-3d-druck.jpg
14. www.bostonmagazine.com/news/blog/2013/04/24/qinetiq-waltham-robots-talon-marathon/
15. www.autoevolution.com/news/next-generation-atlas-humanoid-robot-gets-beaten-up-in-the-name-of-science-104984.html
16. https://upload.wikimedia.org/wikipedia/commons/8/84/Toyota_Robot_at_Toyota_Kaikan.jpg
17. http://i.huffpost.com/gen/3062846/original.jpg
18. https://en.wikipedia.org/wiki/Actroid#/media/File:Actroid-DER_01.jpg
19. www.technocrazed.com/aiko-japanese-robot-that-can-communicate-with-deaf-using-sign-language
20. https://baldeagle-heroku.s3.amazonaws.com/uploads/product/image/189/hiroshi_ishiguro_ge_258984c.jpg
21. https://upload.wikimedia.org/wikipedia/commons/thumb/b/bc/Mori_Uncanny_Valley_de.svg/2000px-Mori_Uncanny_Valley_de.svg.png
22. www.nanodeck.de/nano2.html
23. www.spiegel.de/fotostrecke/manhattan-projekt-bau-der-amerikanischen-atombombe-fotostrecke-129260-5.html
24. http://www.spiegel.de/fotostrecke/manhattan-projekt-bau-der-amerikanischen-atombombe-fotostrecke-129260-2.html
25. privat
26. http://sesiondecontrol.com/wp-content/uploads/2013/05/sanfrancisco.png
27. google earth

28. www.madeinspace.us/presskit/3DProzent20PrintingProzent20inProzent20Zero-GProzent20ExperimentProzent20-Prozent20FirstProzent20ManufacturingProzent20DeviceProzent20inProzent20Space/images/MIS_printer_patch-small.png
29. www.comite-valmy.org/spip.php?article351
30. www.devisen-charts.de/EUR-CHF_chart_euro-schweizer-franken.htm#
31. http://philippineslifestyle.com/wp-content/uploads/time-magazine.jpg
32. http://static2.businessinsider.com/image/56a139d6c08a80e3098bad4f/george-soros-the-world-is-running-into-something-it-doesnt-know-how-to-handle.jpg
33. http://az616578.vo.msecnd.net/files/2016/05/22/635994971002145818-1828178128_Hipster-326202.jpg
34. http://clocktower.org/sites/default/files/show/12278/node-image.jpg
35. www.btstack.com/Archives/FSMProzent20SatherProzent20GateProzent20GoinesProzent20Children'sProzent20Crusade.jpg
36. www.btstack.com/Archives/FSMProzent20SatherProzent20GateProzent20GoinesProzent20Children'sProzent20Crusade.jpg
37. www.arbeiterfotografie.com/galerie/kein-krieg/hintergrund/2003-02-06-bild-seite2.jpg
38. http://physicstoday.scitation.org/do/10.1063/PT.5.9068/full/
39. www.freiewelt.net/fileadmin/user_upload/Trump_Spiegel_Village_Covers.jpg
40. www.freiewelt.net/fileadmin/user_upload/Trump_Spiegel_Village_Covers.jpg
41. www.veritasradio.com/guests/2013/12dec/images/promodpaulides.jpg
42. www.nasa.gov/sites/default/files/thumbnails/image/mars_base1.jpg
43. www.enterprisemission.com/images/brooking.gif
44. https://s-media-cache-ak0.pinimg.com/236x/67/ae/c1/67aec15917cd5a45f22006b3900b88d8.jpg
45. https://endtimebibleprophecy.wordpress.com/2013/10/08/old-newspaper-articles-of-giant-skeleton-discoveries/
46. www.sott.net/article/281093-The-truth-about-giant-skeletons-in-American-Indian-mounds-and-the-Smithsonian-cover-up
47. http://1.bp.blogspot.com/-d0yEMaMPpiU/TWvdWttNssI/AAAAAAAAWc/8NKeu-1iPnI/s1600/1500435-peru_giant_skull_super.jpg
48. wie 47
49. http://hisheavenlyarmies.com/wp-content/uploads/2015/08/41-paracas-skull.jpg
50. www.ancient-code.com/the-sunken-city-of-the-caribbean-forbidden-archaeology/
51. http://2.bp.blogspot.com/_lkrkopC-rKo/TUxMEYTQjCI/AAAAAAAAD3s/3xxv5_PDENo/s1600/1.jpg
52. http://cdn2.theeventchronicle.com/wp-content/uploads/2016/05/ReptiliansTompkins-and-Adm-Larry-Marsh.jpg
53. www.ufocasebook.com/documents.html
54. http://gizmodo.com/antarctic-crack-forces-temporary-evacuation-of-scientif-1791283181
55. Zacharia Sitchin, „Apokalypse", Kopp-Verlag, Rottenburg, S. 113
56. wie 53
57. www.bibliotecapleyades.net/imagenes_planetx/hercolobus57_01.gif
58. www.jgiesen.de/ErdeSonne/projekte/jahreszeiten_gifs/ekliptik.gif

# Sachregister

3D-Drucker 47, 53, 54, 55, 61, 66, 110, 124, 270
Agarthi 288, 289, 338
Alpha Draconians 290
Alphabet Inc. 60, 78
Amazon 19, 20, 30, 31, 32, 33, 34, 35, 36, 37, 42, 46, 51, 94, 95, 101, 104, 105, 113, 114, 205
Amazon Picking Challenge 31
Android 66, 67, 68
Antarktis 282, 292, 293, 305
Apple 9, 19, 32, 78, 95, 99, 104, 105, 110, 184, 237
Arbeitslosigkeit 120, 121, 128, 158, 330
Arbeitsplätze 13, 63, 122ff, 126, 127, 131, 133, 135, 143, 149, 162, 216
Asteroidengürtel 272, 307, 308, 311
Atlantis 282, 283, 310
Autonomes Fahren 3, 46
Avaaz 173, 222
Avatar 10, 69, 70, 340
Bargeld 234, 235, 236, 239, 240, 241, 242, 243, 245, 246, 336
Bedingungsloses Grundeinkommen 146, 149
Berkeley 88, 189, 190
Better Than Cash Alliance 244
Big Data 15, 19, 103, 227, 228, 229
Bigfoot 258
Bill and Melinda Gates Foundation 244
**Bioprinting** 54
Blackout 22, 319
Bottom-up-Ansatz 94

Boyalife 76, 77
BRAIN Initiative 88, 89
Breitbart-News 189
Brookings Report 273, 274, 277
Cambridge Analytica 227, 228, 229, 246
CANVAS 157
Castel Gandolfo 272, 276, 313
CETA 160
Chemtrails 91, 92
CIA 111, 112, 146, 151, 161, 203, 244, 254, 278
Clinton-Stiftung 217, 219
Cloud 35, 36
$CO_2$ 118, 173, 198, 255, 304, 311
Cobots 28
Correctiv 209, 210
Cosmic Disclosure 279, 280
Council on Foreign Relations (CFR) 147, 237
Crisis Actors 206
Crisiscast 206, 207
Cyber-Kriminalität 21
Cyborg 25, 57, 68, 69
DARPA 59, 328
DCLeaks 169
Designer-Babys 79
DHL 42
Disruption 53
DNA 79, 82, 83, 103, 282, 284, 295
Dominos 42
Douglas Aircrafts 295, 298
DPD 42
Dracos 289, 290, 291
Erdmagnetfeld 310, 315, 316
Europäische Union 152, 287
Facebook 19, 23, 73, 78, 79, 95, 101, 104, 106, 111ff, 126, 184, 199, 204, 207, 208, 209, 210, 211, 227, 228, 229, 230, 253, 324

Fachkräftemangel 130
FBI 203, 226, 236, 260, 263
FEMA 149
Flugdrohnen 3, 42, 43
Freedom of Information Act 260
Future Shock 73, 129, 133
Gaia.com 275, 279, 280
Geminoid 68
Generation Z 187
German Angst 3, 171, 178
GNR-Technolgien 91
Google 14, 19, 23, 42, 46, 59, 60, 78, 79, 89, 95, 99, 101, 104, 105, 106, 108, 109, 113, 114, 204, 207, 209, 210, 227
Hacker 21, 22, 93, 133, 169, 236, 250, 254, 302
Hackerangriff 20
Hipster 183, 184, 185, 341
Human Enhancing 58
Human Rights Campaign 220
Human Rights Watch 60, 173
Humanoide Roboter 3, 28, 61
Hybris 3, 191, 192, 194, 220
IBM 14, 101
Ideologie 162, 191, 197, 198
Illusion vom Ende der Geschichte 128, 182
industrielle Reservearmee 129
Kentucky Fried Chicken 63
KI-Propheten 95, 99, 109, 113
Korea Employment Information Service 123
Künstliche Intelligenz 3, 27, 37, 45, 69, 93, 94, 97, 100, 101, 102, 103, 107, 114, 145, 211, 216
Local Motors 47

Majestic-12  298
Manhattan-Projekt  85, 86
Mars  6, 105, 257, 270, 271, 272, 275, 276, 279, 284, 300, 305, 307, 312, 320, 323, 338
Matrix  93, 94, 99, 145, 247, 256
Micro Air Vehicles  45
MILAB  297
Moffet Airfield  104
Movements.org  218
Nanopartikel  81, 82, 91, 92, 93, 291
Nano-Technologie  81, 82
NASA  6, 69, 82, 104, 105, 107, 108, 109, 110, 257, 270, 271, 272, 273, 274, 278, 294, 302, 303, 312, 313, 320, 339
NBC-Technologien  91
New World Hackers  20, 21
NSA  24, 35, 90, 111, 112, 204, 246
Open Society Foundations (OSF)  165
Operation Highjump  292, 293
Palo Alto  82, 104, 111, 112
Partner-Roboter  62
Phenobot  40
Planet X  4, 304, 309, 310, 312, 319
Robobee  46
Roboter-Autoren  28
Roboter-Journalisten  28
Schlepper  167
Schneeflocken  3, 182, 187, 188, 190, 214
Schweizer Franken  155
Segway  29
Selbstverwirklichung  144
Sexbot  64, 65
Silicon Valley  3, 14, 19, 20, 79, 82, 95, 98, 103, 104, 105, 107, 110, 111, 112, 113, 114, 131, 182, 188, 214, 216, 217, 228, 229, 248, 253, 272
Singularität  97, 98, 99, 109
Singularity University  109
Smart Cars  22
Smart Home  17, 22
Solar Warden  302
Soros-Hack  169
SpaceX  105
Südpol  282, 315
Supersoldaten  57, 58, 59, 61, 83
Syrer  172, 175
Top-down-Ansatz  94
TPP  230
Transhumanismus  69, 99
TTIP  156, 160, 230
Ukraine  157, 160, 161, 164, 168, 169, 177, 206, 209, 218
Ungleichheit  102, 155
United States Cyber Command  24
UPS  42
USAID  244
US-Dollar  29, 32, 34, 37, 78, 112, 122, 152, 155, 156, 221
Vatikan  225, 273, 276, 313, 339
V-Day  164
Washington Post  34, 35, 36, 51
Wertschöpfungs-Abgabe  142
Wikileaks  51, 219, 220, 221, 254
Willkommenskultur  168, 176, 332
Wir-Gefühl  140, 188
World Wide Web  21, 187
X-Faktor  275

# Namenregister

Abraham Lincoln 281
Adam Trombly 92
Aiko Chihira 67, 304
Alexander Nix 227, 228
Allen Ginsberg 184, 189
Alvin Toffler 73, 129
Angela Merkel 149, 161, 165, 167, 168, 171, 177, 225
Anne Wojcicki 78, 79
Barack Obama 88, 105, 148, 203, 217, 232, 238, 243, 254, 303
Bernie Sanders 36, 200, 216, 217, 218
Bill Clinton 83, 220, 278
Bill Gates 37, 101, 106ff, 112
Bill Joy 14, 86, 87, 91
Bob Dean 275, 294, 296, 303
Carme Torras 62
Cem Özdemir 199
Chris McKay 271
Christoph Keese 105, 110
Christoph Kucklick 19, 24
Corey Goode 15, 108, 279ff
Craig A. Poland 92
David Hanson 65
David Paulides 258ff, 264, 301
David Schraven 210
David Wilcock 279ff, 283, 300
Dina Powell 226
Donald Trump 6, 36, 51, 81, 102, 127, 171, 186ff, 200ff, 211, 212, 214ff, 220ff, 229, 230ff, 252, 255, 293
Dr. David Jacobs 269
Dr. Guy Consolmagno 276
Dr. John E. Mack 268, 269
Dr. Leo Sprinkle 269
Dr. Paul Craig Roberts 162
Dr. Peter Beter 79
Edward Snowden 24, 111, 296
Elisabeth Kübler-Ross 74
Elon Musk 32, 95, 101, 257
Frank Thelen 53, 103
Frank-Walter Steinmeier 199
Frauke Petry 190, 199
Gary Cohn 226, 231
Gary McKinnon 302
George Orwell 117, 203, 207, 208, 230
Gerald Knaus 165
Gerd Mutz 174
Giuseppe 163
Hanns Hörbiger 282
Hans Schindler Bellamy 282
Helmut Kohl 153
Helmut Markwort 202, 212
Henry Kissinger 147, 148
Henry W. McElroy 279
Hillary Clinton 35, 36, 51, 80, 81, 104, 157, 158, 171, 198, 200ff, 211, 215ff, 221, 222, 225ff, 229, 253, 278
Hiroshi Ishiguro 66, 67, 68
Huma Abedin 219, 220
Isaac Asimov 26, 27
Jean-Claude Juncker 204, 287, 322
Jeff Bezos 32ff, 51, 94, 105, 257
Jimmy Carter 278
Joe Biden 161, 162
John F. Kennedy 116, 278
John George Trump 226
John Lennon 8, 115, 116, 117
John Podesta 51, 219ff, 278
Jordi Quoidbach 128
Joschka Fischer 168, 170, 197
Josef Čapek 26
Juri Milner 78
Karel Čapek 26
Karl Marx 129, 139, 191
Kellyanne Conway 81
Margaret Mead 120, 146, 331
Mark Zuckerberg 37, 78, 106, 107, 111, 113
Martin Schulz 190, 201
Masahiro Mori 71, 72, 81
Matt Kahn 256
Melissa Zimdars 201
Michael Hippke 271
Michail Gorbatschow 250
Mika Brzezinski 212ff, 251
Mike Pence 225
Minoru Asada 66
Nachiket Mor 243, 245
Narendra Modi 241, 243, 245
Nichole Gracely 30, 31
Nikola Tesla 226
Papst Franziskus 248, 256, 276, 290
Pater Jose Funes 272, 276
Patrick Walker 210
Paul Hellyer 276
Pete Peterson 296
Petro Poroschenko 161
Priscilla Chan 78, 106
Prof. Dr. Denis Saurat 281
Raghuram Rajan 243
Ralf Stegner 190, 199
Richard Byrd 292
Robert Mundell 152
Robert Oppenheimer 85
Ronald Reagan 152, 162, 219
Sahra Wagenknecht 200
Sergant Clifford Stone 296
Sergey Brin 60, 78, 79
Shawn Douglas 83
Shawn Lucas 217
Sherry Turkle 64
Sigmar Gabriel 190, 199ff
Sir Evelyn De Rothschild 248
Sir Thomas Pike 274
Thomas de Maizière 23, 177, 180
Thomas Oppermann 149, 207
Victoria Nuland 161, 218, 231
Vitali Klitschko 161
William Tompkins 296ff, 298
Wolfgang Schäuble 180ff, 248

## MEIN VATER WAR EIN „MiB"

### Jason Mason

*Das geheime Weltraumprogramm und die Antarktis-Deutschen*

Wer sind diese rätselhaften Men in Black (MiB), die seit den 1950er-Jahren nach UFO-Sichtungen bei Zeugen auftauchen und diese befragen, deren Fotos konfiszieren oder sie sogar bedrohen? Nur sehr wenig wurde bislang über sie bekannt. Einer dieser MiB kontaktierte kurz vor seinem Tode seinen Sohn, um diesen als Nachfolger in die Organisation einzuführen und berichtete ihm von einer Welt, die sich im Hintergrund des uns bekannten Geschehens abspielt – von einer Welt voller Geheimorganisationen, eine Technologie, die wir nur aus Science-Fiction-Filmen kennen sowie über geheime Machtstrukturen, die unseren Planeten fest im Griff haben.

ISBN 978-3-938656-81-5 • 33,00 Euro

## GEHEIMSACHE „STAATSANGEHÖRIGKEITSAUSWEIS"

### Max von Frei

Wussten Sie, dass ein Reisepass oder ein Personalausweis nicht dazu ausreicht, Ihre deutsche Staatsangehörigkeit nachzuweisen? Wenn Sie beispielsweise als Deutscher in den USA oder Russland eine Firma gründen wollen, verlangen die dortigen Behörden Ihren "Staatsangehörigkeitsausweis" als Nachweis, dass Sie Deutscher sind. Noch nie davon gehört? Diesen Ausweis erhalten Sie beim Landratsamt, und er kostet nur 25 Euro. War Ihnen bekannt, dass Sie nur mit dem "Staatsangehörigkeitsausweis" die Bürgerrechte – laut Grundgesetz die sog. „Deutschenrechte" – beanspruchen können? Aber wieso wissen wir das nicht, und wieso erhält man dieses Dokument nicht ganz automatisch mit der Geburt ausgehändigt? Wieso macht die BRD den Staatsangehörigkeitsausweis zur Geheimsache? Könnte die Offenbarung dieses Geheimnisses über die Zukunft Ihres Vermögens entscheiden? Könnte diese neue Erkenntnis darüber hinaus vielleicht sogar zu einem von Deutschland ausgehenden, weltweiten Frieden führen?

Max von Frei beantwortet diese Fragen im Detail – belegt durch geltende und gültige Gesetze sowie zahlreiche Dokumente – und erklärt darüber hinaus, wieso die BRD nicht wirklich souverän ist und weshalb die „Menschenrechte" in „Handelsrecht" und „Staaten" in „Firmen" umgewandelt werden.

ISBN 978-3938656-61-7 • 21,00 Euro

# WELTVERSCHWÖRUNG

## Thomas A. Anderson

*Wer sind die wahren Herrscher der Erde?*

Immer mehr Menschen stellen fest, dass sie von den Regierenden belogen und betrogen werden und dass die Volksvertreter nicht das Volk vertreten, sondern die Interessen von Großkonzernen, von Militär und Wirtschaft. Große, weltumspannende Firmen und Organisationen leiten unsere Welt. Diese Familienclans nennen die Rohstoffe auf Erden ihr Eigen, bestimmen den Goldpreis und verleihen astronomische Summen an kriegführende Länder. Aber geht es diesen wirklich nur um wirtschaftliche Interessen, oder steckt etwas ganz anderes dahinter?

ISBN 978-3-938656-35-8 • 23,30 Euro

# WHISTLEBLOWER

## Jan van Helsing

*Insider aus Politik, Wirtschaft, Medizin und Geheimdienst packen aus!*

Der Whistleblower Edward Snowden und der Sprecher der Whistleblower-Plattform *Wikileaks*, Julian Assange, haben im Ausland Asyl beantragt, weil sie geheime Regierungsdokumente veröffentlicht hatte. Man will sie jedoch nicht bestrafen, weil sie Unwahrheiten oder Lügen verbreitet haben – nein: Man will sie bestrafen, weil sie den Menschen die Wahrheit gesagt haben, die Wahrheit darüber, dass wir alle von unseren Regierungen und deren Geheimdiensten überwacht und ausspioniert werden. Ist es das, wofür wir unsere Volksvertreter gewählt haben? Ist es nicht viel eher so, dass sie inzwischen ganz anderen Interessen dienen? Für dieses Buch haben *Jan van Helsing* und *Stefan Erdmann* 16 Whistleblower interviewt, die u.a. zu folgenden Themen auspacken:

- Wie geht es in deutschen Asylantenheimen wirklich zu?
- Ist Deutschland souverän? Ist die BRD ein Staat oder eine Firma?
- Was ist *Geomantische Kriegsführung*?
- Es werden viele alternative sowie schulmedizinische Therapieformen unterdrückt!
- Gibt es das „Geheime Bankentrading" wirklich? Wie sparen Großunternehmen und soziale Einrichtungen über Stiftungen Steuern?
- Der Ruanda-Kongo-Krieg war wegen Rohstoffen angezettelt worden!
- Warum es bei Film und Radio nur „Linke" geben darf...
- Ein Schottenritus-Hochgradfreimaurer spricht über UFOs und Zeitreisen.

ISBN: 978-3-938656-90-7 • 23,30 Euro

## DER NAZIWAHN

### Andreas Falk

*Deutschland im Würgegriff linker Zerstörungswut*

Wir leben aktuell in einer Zeit des Wahns, einer Zeit, in der jeder zum „Nazi", „Rechtsradikalen" und „Unmenschen" erklärt wird, der das abgedrehte, weltfremde Weltbild der linksaffinen Meinungsdiktatoren nicht mitheuchelt. Deren Denkschema ist klar: Alles neben der SPD oder den GRÜNEN ist brauner Sumpf. Es nervt den normalen Bürger einfach nur noch, wenn Journalisten und Moderatoren immer wieder verzweifelt versuchen, die Menschen zu erziehen und sie auf ihre, natürlich einzig richtige Meinung einzuschwören – sei es die „korrekte" Sichtweise zur Flüchtlingssituation, zum Gender-Irrsinn oder der Standpunkt zum EURO!
Der Autor erklärt, wer daran interessiert ist, dass der Deutsche auf ewig den Kopf in den Sand steckt und geduckt durch die Gegend läuft, dabei aber nicht vergisst, fleißig Steuern zu zahlen.

ISBN 978-3-938656-34-1 • 19,00 Euro

## BANKSTER

### Hanno Vollenweider

Ein junger Mann, Anfang 20, frisch von der Uni und voller Energie und Willlen, geht nach Zürich mit nur einem Ziel: Banker zu werden und das große Geld zu verdienen. Was er jedoch nicht ahnt: Schon von Beginn an haben ihn seine Chefs und Mentoren für etwas Höheres vorgesehen und so führen sie ihn Stück für Stück in die internationalen Kreise der Bankster ein. Dies ist das Buch eines heute Anfang 30-jährigen Mannes, der, getrieben von der Gier nach Geld und Macht, Dinge sah, die andere in seinem Alter höchstens aus Hollywood-Filmen kennen. Mit seiner jungen und frechen Art berichtet er aus den Hinterzimmern der Hochfinanz, wie er zusammen mit einem Freund eine Vermögensverwaltung in Zürich gründete und mit Hilfe dieser Firma eine knappe Milliarde Euro deutsche und andere Schwarzgelder gewinnbringend anlegte, und berichtet dabei auch von seinen Meetings mit bekannten öffentlichkeitsscheuen Privatbanken. Er schildert seine Treffen mit Mitgliedern des *Clubs zum Rennweg*, *Entrepreneurs' Round Table*, der Brüsseler Finanzlobbyorganisationen *Swiss Finance Council* und *European Financial Service Round Table* und wie er im Auftrag seiner Mentoren den Rest der bis heute verschwunden geglaubten D-Mark-Millionen aus den West-Geschäften der DDR flüssig machte. Ferner deckt er die Tricks der Steuervermeidungsindustrie auf, berichtet über ihre Kunden und nennt ihre Namen und die ihrer Helfer aus den höchsten Kreisen der Politik.

ISBN 978-3938656-37-2 • 19,00 Euro

# WAS SIE NICHT WISSEN SOLLEN!

## Michael Morris

*Einigen wenigen Familien gehört die gesamte westliche Welt – und nun wollen sie den Rest!*

Eine kleine Gruppe von Privatbankiers regiert im Geheimen unsere Welt. Das Ziel dieser Geldelite ist kein Geringeres als die Weltherrschaft, genannt die *Neue Weltordnung*!
Michael Morris erklärt über die Zukunft der Finanz- und Wirtschaftswelt: *„Die Ländergrenzen werden bleiben, aber die Währungsgrenzen fallen! Ich habe in diesem Buch den Fokus auf die Wirtschaft, auf Geld und das Bankwesen gelegt, denn die Mechanismen des Geldes sind der Schlüssel zur Macht dieser Bankier-Clans. Seit fast zweihundert Jahren sind wir immer wieder auf dieselben Tricks hereingefallen... Jeder Börsencrash war geplant und so ist es auch der nächste – und der kommt sehr bald!"*

ISBN 978-3-938656-13-6 • 21,00 Euro

# WENN DAS DIE DEUTSCHEN WÜSSTEN...

## Daniel Prinz

*...dann hätten wir morgen eine (R)evolution!*

Wussten Sie, dass Ihr Personalausweis oder Ihr Reisepass nicht Ihre deutsche Staatsangehörigkeit bestätigt und fast alle Deutschen in ihrem eigenen Land staatenlos sind? Nein? Es gibt tatsächlich ein Dokument, welches die rechtmäßige Staatsangehörigkeit bescheinigt, aber es ist keines der beiden zuvor genannten. Nur wenige Deutsche sind im Besitz dieser speziellen Urkunde, z.B. viele Staatsanwälte, Notare, Bundespolizisten oder Politiker. Wussten Sie zudem, dass Gerichtsvollzieher in der BRD seit 2012 keine Beamten mehr sind oder dass die BRD selbst gar kein Staat ist – und auch nie war –, sondern eine von den Alliierten installierte Verwaltung, die großteils innerhalb einer „Firmenstruktur" operiert? War Ihnen geläufig, dass wir bald in die „Vereinigten Staaten von Europa" übergehen und die Menschen in „handelbare Waren" umfunktioniert werden? Haben Sie sich nicht auch schon gewundert, wieso aus dem Arbeitsamt eine „Agentur für Arbeit" geworden ist oder warum Sie vor Gericht als „Sache" behandelt werden und nicht als Mann oder Frau? Der Autor beantwortet nicht nur diese Fragen ausführlich, sondern zeigt zudem auf, welche höchst raffinierten und hinterhältigen Mechanismen eingesetzt werden, die uns alle versklavt haben und dafür sorgen sollen, dass wir aus dem gegenwärtigen, riesigen Hamsterrad nie ausbrechen.

ISBN 978-3938656-27-3 • 21,00 Euro

## GEHEIMGESELLSCHAFTEN 3

### Jan van Helsing

Halten Sie es für möglich, dass ein paar mächtige Organisationen die Geschicke der Menschheit steuern? Jan van Helsing ist es nun gelungen, einen aktiven Hochgradfreimaurer zu einem Interview zu bewegen, in dem dieser detailliert über das verborgene Wirken der weltgrößten Geheimverbindung spricht – aus erster Hand! Dieser Insider informiert uns darüber: was die Neue Weltordnung darstellt, wie sie aufgebaut wurde und seit wann sie etabliert ist – weshalb die Menschen einen Mikrochip implantiert bekommen – dass die Menschheit massiv dezimiert wird – welche Rolle Luzifer in der Freimaurerei spielt – dass der Mensch niemals vom Affen abstammen kann – welche Rolle die Blutlinie Jesu spielt – dass es eine Art Meuterei in der Freimaurerei gibt, und was aus Sicht der Freimaurer auf die Menschheit zukommt.

ISBN 978-3-938656-80-8 • 26,00 Euro

## DER GOLDKRIEG

### Michael Morris

*Fünf Banken steuern den Goldmarkt seit 100 Jahren – jetzt bekommen sie Gegenwind!*

Seit dem Goldrausch Mitte des 19. Jahrhunderts wird der Goldhandel von einigen wenigen Londoner Banken kontrolliert. Seit einhundert Jahren bestimmen fünf Banken im „Goldfixing" ganz im Geheimen den Goldpreis für die gesamte Welt! Zwischen diesem westlichen Bankenkartell und den sogenannten BRICS-Staaten – unter der Führung von Russland und China – tobt heute ein Währungskrieg, der gleichzeitig ein „Goldkrieg" ist. IWF-Direktor Dominique Strauss-Kahn wollte 2011 das in New York gelagerte IWF-Gold zurück in die Schweiz holen. Noch am selben Tag wurde er Opfer eines absurden Sexskandals. Muammar al-Gaddafi, der eine neue Goldwährung einführen wollte, erging es noch schlechter. Warum wollen die USA das Regime in Teheran wirklich stürzen? Warum hat die neue Führung in der Ukraine im März 2014 als erste Amtshandlung das Gold ihres Volkes heimlich in die USA geschafft? Warum haben sich mehrere US-amerikanische Spitzenbanker Anfang des Jahres 2014 nahezu gleichzeitig das Leben genommen? Wo ist das Gold der Deutschen Bundesbank? Wie viel Gold existiert überhaupt auf Erden, und wer hat es? Und was haben Zentralbanken wie die FED und die Bank of England damit zu tun? Diese und viele weitere Fragen beantwortet Michael Morris in seinem neuen Buch.

ISBN 978-3-938656-12-9 • 21,00 Euro

## POLITISCH UNKORREKT

### Jan van Helsing & Co.

Mit der Schere im Kopf müssen viele Autoren, Journalisten und Verleger arbeiten und schreiben nicht das, was sie gerne möchten und was auch die Bürger interessieren würde, sondern sie unterliegen einem unsichtbaren Diktat – der *Politischen Korrektheit*! Wenn Sie bislang meinten, dass *„man in Deutschland doch alles sagen darf"*, dann liegen Sie falsch. Bei uns darf man bestimmte Themen nicht ansprechen oder gar publizieren. Ansonsten folgt eine gesellschaftliche – meist durch die Medien angezettelte – Hetze und im Regelfall dann auch eine Bestrafung. Fakt ist, dass den Bürgern entweder Teile einer Nachricht vorenthalten werden, weil sie „politisch unkorrekt" sind und eventuell den „öffentlichen Frieden" stören könnten, oder es tauchen in vielen Fällen die Ereignisse überhaupt nicht in den Nachrichten auf, man hält sie einfach von der Öffentlichkeit fern, um das Volk nicht zu beunruhigen!

ISBN 978-3-938656-60-0 • 24,00 Euro

## HITLER ÜBERLEBTE IN ARGENTINIEN

### Jan van Helsing & Abel Basti

Augenzeugen kontra Geschichtsbücher

*„So ein Unsinn"*, werden Sie über den Titel denken. *„Hitler ist im Berliner Bunker gestorben. Man hat die verkohlten Leichen von ihm und Eva Braun gefunden, und das dort aufgefundene Gebiss wurde als das von Hitler identifiziert."*

Nun ja, diese Darstellung des Ablebens von Adolf Hitler ist zwar offiziell anerkannt und wurde kürzlich auch recht aufwendig verfilmt, ist aber selbst unter Historikern umstritten – nicht zuletzt deshalb, weil das angebliche Schädelfragment Hitlers im Jahre 2010 untersucht wurde und sich nach einem DNS-Test als das einer Frau herausstellte. Und wieso berichten die größten Tageszeitungen Paraguays im Jahre 2010, dass Hitler lange in Südamerika gelebt hat und auch dort gestorben ist? Nun stellen Sie sich bestimmt die Frage: *„Ja und, was soll's? Jetzt ist er aber bestimmt tot! Was soll ich mich damit noch beschäftigen?"* Richtig, genau das sollte man meinen. Allerdings werden in diesem Buch Personen präsentiert – die namentlich genannt werden –, die nicht nur behaupten, Adolf Hitler persönlich in Südamerika angetroffen zu haben, und das über einen längeren Zeitraum hinweg – bis ins Jahr 1964 –, sondern auch, dass er die letzten zwanzig Jahre seines Lebens nicht untätig war – ganz im Gegenteil!

ISBN 978-3-938656-20-4 • 26,00 Euro

## GEFÄHRLICH!

### Stefan Müller

*Du bist viel mächtiger, als Du denkst!*

Es gibt Strukturen in unserer Gesellschaft – sei es in Politik, Wirtschaft oder Religion –, die haben ein starkes Interesse, dass Du Dich für einen unbedeutenden und hilflosen Menschen hältst. Dieses Buch ist für diese Kreise äußerst gefährlich, denn es enthält Geheimnisse, die Du nicht kennen sollst. Diese Informationen können Dich befreien! Vor allem machen sie Dich stark und selbstbewusst. Das Leben ist einfach zu kurz, um es unbewusst und vor dem Karren einer anderen Autorität zu verbringen. Es ist Dein Leben! Lebe dieses Leben „Like a Boss", nicht wie ein Bittsteller. Gehe erhobenen Hauptes durch die Welt, denn dazu hast Du jede Berechtigung: Du bist ein unglaublich machtvoller Schöpfer! Willst Du Deine körperlichen und geistigen Fesseln sprengen und endlich das Leben führen, das Dir zusteht? Dann triff eine Entscheidung. Und ich helfe Dir dabei.

ISBN 978-3-938656-08-2 • 17,80 Euro

## VERRATEN – VERKAUFT – VERLOREN?

### Gabriele Schuster-Haslinger

*Der Krieg gegen die eigene Bevölkerung*

Wir Menschen werden – speziell in der westlichen Welt – gezielt manipuliert. Wir wissen, dass die Politiker unfrei sind und selten zum Wohle des Volkes entscheiden. Medien werden für Propaganda genutzt. Es ist mittlerweile auch bekannt, dass Konzerne politische Entscheidungen diktieren. Dass wir jedoch in sämtlichen Alltagsbereichen absichtlich verraten, belogen und betrogen werden, ist der Bevölkerung meist nicht bekannt. Wussten Sie beispielsweise, dass Ex-Papst Benedikt vom Internationalen Tribunal für die Aufklärung der Verbrechen von Kirche und Staat (ITCCS) wegen rituellen Kindesmordes angezeigt wurde? Oder dass Fluorid bereits vor 75 Jahren eingesetzt wurde, damit die Menschen stumpfsinnig wurden und nicht auf die Idee kamen zu rebellieren? Es ist ein unvorstellbar großes Netzwerk, das wie ein Schimmelpilz die gesamte Bevölkerung und alle Lebensbereiche überwuchert. Wer sind die Drahtzieher?

ISBN 978-3-938656-32-7 • 26,00 Euro

Alle hier aufgeführten Bücher erhalten Sie im Buchhandel oder bei:

**ALDEBARAN-VERSAND**

Tel: 0221 – 737 000 • Fax: 0221 – 737 001
Email: bestellung@buchversand-aldebaran.de
www.amadeus-verlag.de